Geschichte

des

Preußischen Verwaltungsrechts.

Von

Conrad Bornhak.

In drei Bänden.

Dritter Band.

Bis zur neuesten Verwaltungsreform.

Springer-Verlag Berlin Heidelberg GmbH 1886

Geschichte

des

Preußischen Verwaltungsrechts.

Von

Conrad Bornhak.

In drei Bänden.

Dritter Band.

Bis zur neuesten Verwaltungsreform.

Springer-Verlag Berlin Heidelberg GmbH 1886

ISBN 978-3-662-23636-9 ISBN 978-3-662-25716-6 (eBook)
DOI 10.1007/978-3-662-25716-6

Softcover reprint of the hardcover 1st edition 1886

Vorrede.

Mit dem hier vorliegenden dritten Bande der Geschichte des preußischen Verwaltungsrechts ist das Werk, welches die innere Entwicklung unseres Staatswesens während eines Zeitraums von ungefähr 750 Jahren umfaßt, in dem anfänglich entworfenen Plane zu Ende geführt. Der erste Teil dieses Bandes, der die Zeit vom Frieden zu Tilsit bis zur Einführung der konstitutionellen Staatsform zum Gegenstande hat, konnte sich in Systematik wie geschichtlicher Behandlungsweise an die beiden ersten Bände ziemlich unverändert anschließen. Wenn auch für die ersten Jahre dieser Periode, was die Organisation der inneren Verwaltung anbetrifft, erst vor kurzem eine vortreffliche Monographie, Ernst Meiers „Reform der Verwaltungsorganisation unter Stein und Hardenberg", erschienen ist, so dürfte doch eine neue Bearbeitung selbst dieses Teiles unserer Rechtsgeschichte nicht ohne Gewinn sein. Denn durch den geschichtlichen Zusammenhang und durch die Behandlung des materiellen Verwaltungsrechts gleichzeitig mit dem Behördenorganismus erhalten manche Punkte ein ganz anderes Licht, als dies bei einer Monographie möglich ist, die nur die einzelnen Reformgesetze ins Auge faßt. Namentlich tritt bei einer erschöpfenden Darstellung des ganzen Gegenstandes erst das Verhältnis und die Wechselwirkung der beiden nach einander erfolgenden großen Reformen, der Verwaltungsreform Steins und der Sozialreform Hardenbergs, die vereint die Wiedergeburt Preußens herbeigeführt haben, in der richtigen Weise hervor. Die folgende Zeit, von 1813 bis

1848, ist zwar vom allgemein geschichtlichen Standpunkte neuerdings in v. Treitschkes Deutscher Geschichte, vom rechtsgeschichtlichen und staatsrechtlichen dagegen überhaupt noch nicht behandelt worden.

Das Quellenmaterial für die ganze Periode lag vollständig erschöpfend und reichlicher als für jede andere gedruckt vor in den Gesetzsammlungen und in den verschiedenen Sammlungen der Ministerialreskripte.

Für den letzten Abschnitt, der die Zeit von der Einführung der konstitutionellen Staatsform bis zur neuesten Verwaltungsreform behandelt, konnte dagegen die für die früheren Perioden befolgte Methode nicht zur Anwendung kommen. Denn das in dieser Zeit geltende Verwaltungsrecht ist zum Teil noch jetzt in Kraft und verträgt deshalb die geschichtliche Behandlung nicht, die immer nur die Entwicklung der Vergangenheit zum Gegenstande haben kann. An die Stelle der Rechtsgeschichte würde lediglich ein dürftiges Kompendium des heutigen Rechts getreten sein. Es war deshalb eine Beschränkung auf die Darstellung der verschiedenen gesellschaftlichen Strömungen notwendig, welche auf die weitere Ausbildung des preußischen Staatsrechts im Laufe des letzten Menschenalters eingewirkt haben.

Die in einem Anhange beigefügte Übersicht der Quellen und der Literatur zur Geschichte des preußischen Verwaltungsrechts dürfte bei der großen Masse des vorhandenen Materials denjenigen nicht unwillkommen sein, die selbständige Studien über einzelne Teile dieses Gegenstandes anstellen wollen.

Berlin, den 18. Januar 1886.

Der Verfasser.

Inhalt.

VII. Periode.

Bis zur Einführung der konstitutionellen Staatsform.

Vom J. 1807 bis zum J. 1848.

VIII. Periode.

Bis zur neuesten Verwaltungsreform.

Vom J. 1848 bis jetzt.

Siebente Periode.

Bis zur Einführung der konstitutionellen Staatsform.

Vom J. 1807 bis zum J. 1848.

Kap. I. Einleitung.

Durch eine politische und militärische Niederlage ohne gleichen war Preußen auf die Hälfte seines Gebietes beschränkt, der unbedingten Herrschaft eines fremden Staates, der neuen Universalmonarchie, unterthan. Es war nicht das Heer, das diese Niederlagen verschuldet, nach schwereren hatte Friedrich der Große es zu neuen Siegen geführt, auch nicht die Führer, waren es doch die alten Generäle aus der Schule des großen Königs, nein allein die Verfassung des Staates, die Teilnahmlosigkeit seiner Unterthanen hatte den Sturz verursacht. Selbst die herrschende Klasse verzweifelte, da sie sich allein zu schwach fühlte, den Staat zu halten, aber doch nicht wagte, die anderen Stände zur Thätigkeit für denselben aufzurufen und dadurch ihre eigene exklusiv bevorrechtete Stellung preiszugeben. Den charakteristischen Ausdruck fand diese Gesinnung in der Proklamation des Gouverneurs von Berlin, Ministers Graf v. d. Schulenburg-Kehnert, nach der Schlacht bei Jena: „Der König hat eine Bataille verloren, die erste Bürgerpflicht ist Ruhe," und weiterhin: „Ruhige Fassung ist dermalen unser Los, unsere Aussichten müssen sich nicht über dasjenige entfernen, was in unsern Mauern vorgeht, dies ist unser einziges höheres Interesse, mit welchem wir uns allein beschäftigen müssen." An der Teilnahmlosigkeit des Kapitalbesitzes, des Handels- und Gewerbestandes, wie des Kleingrundbesitzes, an der egoistischen Verzweiflung des herrschenden Großgrundbesitzes und Beamtentums war der Staat zu Grunde gegangen.

Um nach hergestelltem Frieden den in Lethargie versunkenen Staat zu neuem Leben zu erwecken, war zweierlei erforderlich, es mußte eine neue Verbindung zwischen Staat und Gesellschaft, nicht nur einer Klasse derselben, dem Großgrundbesitze, geschaffen werden, vorher aber mußte die privatrechtliche Abhängigkeit des Kleingrundbesitzes vom Großgrundbesitze gelöst werden, da nur einer wirtschaftlich freien Besitzklasse eine wirksame Teilnahme am Staate möglich ist. Um die innere Wiedergeburt des Staates herbeizuführen, wurde Stein berufen. Die Politik, die er verfolgte, ist am klarsten ausgesprochen in dem bei seinem Scheiden aus dem preußischen Staatsdienste an die obersten Verwaltungsbehörden gerichteten, von Schön entworfenen Rundschreiben vom 24. 11. 1808, dem sog. politischen Testamente, wo es heißt:

„Es kam darauf an, die Disharmonie, die im Volke stattfindet, aufzuheben, den Kampf der Stände unter sich, der uns unglücklich machte, zu zernichten, gesetzlich die Möglichkeit aufzustellen, daß jeder im Volke seine Kräfte frei in moralischer Richtung entwickeln könne. Der letzte Rest der Sklaverei, die Erbunterthänigkeit, ist zernichtet, und der unerschütterliche Pfeiler jedes Thrones, der Wille freier Menschen, ist gegründet. Das unbeschränkte Recht zum Erwerbe des Grundeigentums ist proklamiert, die Städte sind mündig erklärt. Es sind nur noch wenige Hauptschritte nötig.

1. Regierung kann nur von der höchsten Macht ausgehen. Sobald das Recht, die Handlungen eines Mitunterthans zu bestimmen und zu leiten, mit einem Grundstücke ererbt oder erkauft werden kann, verliert die höchste Gewalt ihre Würde und im gekränkten Unterthan wird die Anhänglichkeit an den Staat geschwächt. Nur der König sei Herr, insofern diese Benennung die Polizeigewalt bezeichnet, und sein Recht übe der aus, dem er es jedesmal überträgt. Vorschläge zur Ausführung dieses Prinzips sind gemacht.

2. Derjenige, der Recht sprechen soll, hänge nur von der höchsten Gewalt ab. Die Aufhebung der Patrimonial-Jurisdiktion ist bereits eingeleitet.

3. Die Erbunterthänigkeit ist vernichtet u. s. w. In diesen dreien Sätzen ist die Freiheit der Unterthanen, ihr Recht und ihre Treue gegen den König gegründet. Alle Bestimmungen, die hiervon ausgehen, können nur Gutes wirken.

Das nächste Beförderungsmittel scheint mir 4. eine allgemeine Nationalrepräsentation. Heilig war mir und bleibe uns das Recht und die Gewalt unseres Königs. Aber damit dieses Recht und diese unumschränkte Gewalt das Gute wirken kann, was in ihr liegt, schien es mir notwendig, der höchsten Gewalt ein Mittel zu geben, wodurch sie die Wünsche des Volkes kennen lernen und ihren Bestimmungen Leben geben kann.

Wenn dem Volke alle Teilnahme an den Operationen des Staates entzogen wird, wenn man ihm sogar die Verwaltung seiner Kommunalangelegenheiten entzieht, kommt es bald dahin, die Regierung teils gleichgiltig, teils in einzelnen Fällen in Opposition mit sich zu betrachten.

Daher ist Widerstreit oder wenigstens Mangel an gutem Willen bei Aufopferung für die Existenz des Staates.

Wo Repräsentation des Staates unter uns bisher stattfand, war sie höchst unvollkommen eingerichtet.

Mein Plan war daher, jeder aktive Staatsbürger, er besitze 100 Hufen oder eine, er betreibe Landwirtschaft oder Fabrikation oder Handel, er habe ein bürgerliches Gewerbe oder er sei durch geistige Bande an den Staat geknüpft, habe ein Recht zur Repräsentation. Mehrere von mir hierzu eingereichte Pläne sind von mir vorgelegt. Von der Ausführung oder Beseitigung eines solchen Planes hängt Wohl oder Wehe unseres Staates ab; denn auf diesem Wege allein kann der Nationalgeist positiv erweckt und belebt werden."

Die Disharmonie der Stände, d. h. der verschiedenen Besitzklassen, zu lösen und sie alle in den Dienst des Staates zu stellen, war also das Steinsche Programm. Ersteres geschah durch das Edikt vom 9. 10. 1807 betreffend den freien Gebrauch des Grundeigentums und die Aufhebung der Erbunterthänigkeit. Es fielen die Schranken, die bisher die verschiedenen Besitzklassen geschieden, den Übergang von der einen in die andere unmöglich gemacht und die Besitzklassen zu in sich abgeschlossenen Ständen gestaltet hatten. Der Erwerb von Rittergütern war nicht mehr allein Adligen, sondern auch Bürgern und Bauern, der Erwerb von Bauergütern auch Adligen und Bürgerlichen, der Betrieb von Handel und Gewerbe nicht nur Bürgern, sondern auch Adligen und Bauern gestattet. Damit war „die Disharmonie, die im Volke stattfand, aufgehoben, der Kampf der Stände unter sich, der uns unglücklich machte, zernichtet, gesetzlich die Möglichkeit aufgestellt, daß jeder im Volke seine Kräfte frei in moralischer Richtung entwickeln könne."

Jetzt kam es darauf an, die verschiedenen Besitzklassen in den Dienst des Staates zu stellen, d. h. die Selbstverwaltung für alle Besitzklassen durchzuführen. Seit den Zeiten des großen Kurfürsten war in den mittleren Provinzen diese Selbstverwaltung in der Kreisverfassung bereits vorhanden für den adligen Großgrundbesitz, in dem damals dem Staate verlorenen Kleve-Mark und Münsterland in den Erbentagen und den Kirchspielsversammlungen auch für den größeren bäuerlichen Besitz. Jetzt galt es besonders, den Kapitalismus, die handel- und gewerbetreibende städtische Bevölkerung, wieder dem Staate dienstbar zu machen, nicht durch Steuern, sondern durch eigene persönliche Dienste. Dies geschah durch die Städteordnung vom 19. 11. 1808. Die Kommunalverwaltung wurde vollständig den aus der Mitte der Bürgerschaft und durch sie gewählten städtischen Behörden überlassen. Gerichtsbarkeit und Polizei der Städte nahm der Staat wieder als seine unveräußerlichen Hoheitsrechte in Besitz, behielt sich aber vor, die Ausübung der Polizeigewalt dem Magistrate zu übertragen, der sie dann kraft Auftrags ausübte. So war für die Städte ebenfalls jene glückliche Verbindung der Kommunalverwaltung mit der obrigkeitlichen Selbstverwaltung geschaffen, die von Anbeginn an das Charakteristische der Kreisverfassung war.

Noch ein weiterer Schritt auf dieser Bahn war Stein vorbehalten. Die Verordnung wegen verbesserter Einrichtung der Provinzialbehörden vom 26. 12. 1808 bestimmte, daß bei jeder Regierung, wie die Kriegs- und Domänenkammern jetzt hießen, neun landständische Repräsentanten Sitz und Stimme haben sollten. Außerdem erhielt durch das Publikandum vom 16. 12. 1808 die Centralverwaltung eine neue Gestalt, an die Stelle der bisherigen Centralbehörden traten für Äußeres, Inneres, Finanzen, Krieg und Justiz je ein Minister, die sich mit den Chefs der Unterabteilungen der Ministerien zu dem Geh. Staatsrate vereinigen sollten. Die Verordnung vom 26. 12. 1808 gestaltete die Provinzialbehörden um, indem die bisher erst in einigen Provinzen unternommene zweckmäßige Ressortabgrenzung zwischen Justiz und Verwaltung und die Beseitigung der Verwaltungsgerichtsbarkeit allgemein durchgeführt, und die schwerfälligen Kriegs- und Domänenkammern in bewegliche Regierungen verwandelt wurden.

Nach dem Verwaltungsplan Steins blieben zur Neugestaltung des Staates noch zwei Dinge übrig, die Verwaltungsreform des flachen Landes und als Krönung des neuen Gebäudes die Nationalrepräsentation. Bei ersterer handelte es sich um eine Neubildung der Landgemeindeverfassung, unabhängig von patrimonialen Elementen, und um eine Umgestaltung der Kreisverfassung in der Richtung, daß nicht nur der Großgrundbesitz, sondern auch der bäuerliche Kleingrundbesitz in den persönlichen Dienst des Staates gestellt, zur Selbstverwaltung herangezogen wurde. Es entstanden die verschiedensten Pläne, Stein war anfangs geneigt, die westfälischen Erbentage und Kirchspielsversammlungen auf den Osten zu übertragen, Vincke wollte die englische Grafschaftsverfassung einführen, alle diese Pläne mußten aber scheitern und hätten auch bei längerem Verbleiben Steins an der Spitze der Geschäfte scheitern müssen, da die notwendige Voraussetzung für die Verwaltungsreform des flachen Landes, die Lösung der dinglichen Abhängigkeit des bäuerlichen Grundbesitzes vom Großgrundbesitze noch nicht erfolgt war. Die Durchführung dieser wirtschaftlichen Reform lag der durchaus konservativen Politik Steins fern, er wäre auch nicht der Mann dazu gewesen, diese trotz ihrer Notwendigkeit doch im Grunde revolutionäre Maßregel durchzuführen. Gerade in dem Augenblicke, als das Werk Steins nicht weiter gedeihen konnte, als es zum Stillstand gelangen mußte, wurde er durch die Ächtung seitens Napoleons vom Schauplatz abgerufen. Es ist kein Zufall, daß das von Stein empfohlene, in seinem Geiste weiter regierende Ministerium Dohna-Altenstein während seiner Verwaltung von 1808 bis 1810 so gut wie gar keine Erfolge erzielt hat.

Nicht die Personen trugen die Schuld, sie haben unter anderen Umständen ausgezeichnetes geleistet. Die Sachlage war jetzt derart, daß das konservative Programm Steins, alle Besitzklassen in den persönlichen Dienst des Staates zu stellen, alle zur Selbstverwaltung zu zwingen, durch die wirtschaftlichen Verhältnisse an den Grenzen seiner Durchführbarkeit angelangt war. Selbst in der auswärtigen Politik scheiterte das bisherige System, da bei der Beibehaltung der veralteten Steuerverfassung der Staat seinen finanziellen Verpflichtungen gegen Frankreich nicht nachkommen konnte, und Altenstein sich derselben durch Abtretung schlesischen Gebiets entledigen wollte. Ein Systemwechsel, wodurch der Schwerpunkt der staatlichen Thätigkeit auf das Gebiet der Steuer- und Wirtschaftsreform verlegt wurde, war eine dringende Notwendigkeit geworden. Es war daher ein Glück für Preußen, daß, zunächst veranlaßt durch die Schwierigkeiten der äußeren Lage, namentlich der französischen Kontributionen, im Juni 1810 Hardenberg als Staatskanzler die Leitung der Geschäfte übernahm.

Stein und Hardenberg vertreten zwei durchaus entgegengesetzte Richtungen der inneren Politik. Sozialismus und Individualismus sind die beiden Angelpunkte, zwischen denen sich der Staat bewegt. Innerhalb einer herrschenden Gesellschaftsklasse, der englischen Gentry wie des preußischen Beamtentums, dem sowohl Stein wie Hardenberg angehörten, sind daher nur zwei Parteirichtungen möglich. Der Staatsmann kann ausgehen von dem Interesse der Gesamtheit und dieses zur Geltung bringen, soweit es die notwendige Freiheit des Individuums duldet, er kann aber andererseits auch ausgehen von der Freiheit des Individuums und diese durchführen, soweit es die Interessen der Gesamtheit gestatten. Ersteres war das torhistische Programm Steins, letzteres das whighistische Hardenbergs. Stein glaubte die höchsten Ziele des Staates zu erreichen durch die Verwaltung, indem er die Unterthanen in den persönlichen Dienst des Staates stellte, Hardenberg durch die wirtschaftliche Befreiung des Individuums, zu der die Verwaltung nur ein Mittel war.

Mit Hardenberg wurde daher die ins Stocken geratene Verwaltungsreform abgelöst durch die Wirtschaftsreform, die konservative Politik durch die liberale. Die wirtschaftliche Befreiung des Bauernstandes vom Großgrundbesitze, die Entfesselung aller materiellen Kräfte der Nation, die Befreiung von jeder staatlichen Leitung und Bevormundung, die Übertragung der Errungenschaften der französischen Revolution auf Preußen im Wege der friedlichen Reform, „Freiheit und Gleichheit," das war das politische Programm Hardenbergs, des ersten liberalen Staatsmanns, den Preußen gehabt, den mit Fug und Recht schon 1811 die konservative Partei, der Großgrundbesitz, als Jakobiner bezeichnete. In diesem Geiste erfolgte bereits am 28. 10. 1810 die Einführung der Gewerbefreiheit nach französisch-westfälischem Muster, am

14. 9. 1811 erging das Edikt, die gutsherrlich-bäuerlichen Verhältnisse betreffend, eine Reform der Steuergesetzgebung in dem Sinne: Gleiches Recht für alle, dieselben Steuern für Stadt und Land, für Adlige, Bürger und Bauern, wurde in Angriff genommen.

Zur Durchführung dieser Wirtschaftsreform konnte der schwerfällige Mechanismus einer obrigkeitlichen Selbstverwaltung nicht genügen. Der neue Chef der Verwaltung, der Staatskanzler, bedurfte unbedingt von ihm abhängige, ihm dienstbare Organe. Die Städteordnung blieb zwar zunächst unangetastet, sollte jedoch auf die größten Städte beschränkt werden, die Verwandlung der Regierungsbezirke in Departements mit Präfekten, der Kreise in Unterpräfekturen ohne jede obrigkeitliche Selbstverwaltung wurde geplant, teilweise bereits vom Könige genehmigt und vereinzelt zur Ausführung gebracht, als die politischen Ereignisse der Jahre 1812 und 1813 die Wirtschaftsreform und die nunmehr in ihren Dienst gestellte Verwaltungsreform unterbrachen.

Das Ergebnis der Freiheitskriege war außer der territorialen Wiederherstellung des Staates die 1814 erfolgte Einführung der allgemeinen Wehrpflicht, entgegen den französisch-liberalen Anschauungen Hardenbergs, der die französische Konskription vorgezogen hätte, ein Schritt im Sinne der konservativen Politik Steins, alle Unterthanen in den Dienst des Staates zu stellen.

Die territoriale Vergrößerung des Staates machte jetzt eine Ausdehnung der bisherigen Verwaltungs- und Wirtschaftsreform auf die neuen Erwerbungen erforderlich. Das Trümmerfeld von über hundert kleinen Gebietsabsplissen, die Preußen zugefallen waren, mußten durch die Verwaltung zu einem einheitlichen Staatswesen verschmolzen werden. Zunächst ergingen neue Verordnungen über die Organisation der Provinzialbehörden, die im Anschluß an die bisherigen Einrichtungen an dem Kollegialsystem festhielten und das Präfektursystem wieder fallen ließen. Nur die Einführung der ständischen Repräsentanten, die auch in den alten Provinzen unter Hardenberg nur ganz vereinzelt erfolgt war, unterblieb ganz. Mehrere Regierungsbezirke wurden wie bisher zusammengefaßt unter einem Oberpräsidenten, die Unterbezirke der Regierungsbezirke bildeten Kreise mit Landräten an der Spitze, in den alten Provinzen in ihrer bisherigen, aus dem 18. Jahrhundert überkommenen Verfassung, in den neuen Erwerbungen als reine Unterpräfekturen der Regierungen. Die Kommunalverfassung blieb überall in ihrem bisherigen Zustande, in den neuen Gebieten herrschte vorwiegend das französische Gemeinderecht. Ganz den französischen Anschauungen entsprechend war also in der allgemeinen Landesverwaltung, abgesehen von der in den alten Provinzen bestehenden Städte- und Kreisverfassung jede Spur einer obrigkeitlichen Selbstverwaltung beseitigt.

Der Absolutismus war jetzt zum Gipfelpunkt gelangt; er war mit einer Konsequenz durchgeführt, die überhaupt möglich ist. Außer jenen beiden letzten Resten der Selbstverwaltung waren die „pouvoirs intermédiaires, subordonnés et dépendants“, in denen schon Montesquieu das Charakteristische der Monarchie, der Herrschaft eines einzigen nach Fundamentalgesetzen, sah, beseitigt. Der vollendete Despotismus war vorhanden, es fehlte ihm nicht einmal der nach demselben Schriftsteller sein Merkmal bildende allmächtige Großvezier, der Staatskanzler. Der konsequente Liberalismus mit der Devise „Freiheit und Gleichheit“ hatte auch hier wieder einmal zum Despotismus geführt.

Mit dem Wesen des neuen Despotismus wäre ein Parlament nicht unvereinbar gewesen. So hatte schon das bald nach der Übernahme der Geschäfte durch Hardenberg ergangene Steueredikt vom 7. 9. 1811 ausgesprochen: „Unsere Absicht geht noch immer dahin, wie Wir im Edikte vom 27. Oktober 1810 zugesagt haben, der Nation eine zweckmäßig eingerichtete Repräsentation zu geben.“ Nach Wiederherstellung des Staates, noch vor Vollziehung der deutschen Bundesakte vom 8. 6. 1815 mit ihrem bekannten Art. 13: „In allen Bundesstaaten wird eine landständische Verfassung stattfinden,“ hatte eine kgl. Verordnung vom 22. 5. 1815 die Bildung einer Repräsentation des Volkes angeordnet. Zu diesem Zwecke sollten die Provinzialstände da, wo sie mit mehr oder minder Wirksamkeit noch vorhanden, hergestellt und dem Bedürfnisse der Zeit gemäß eingerichtet, wo keine Provinzialstände vorhanden, solche angeordnet, und aus den Provinzialständen die Versammlung der Landesrepräsentanten mit dem Sitze zu Berlin gewählt werden. Die Wirksamkeit der letzteren sollte sich erstrecken auf die Beratung über alle Gegenstände der Gesetzgebung, welche die persönlichen und Eigentumsrechte der Staatsbürger mit Einschluß der Besteuerung beträfen. Die Landesrepräsentation wäre also dem neuen Ministerdespotismus ziemlich unschädlich geblieben, da sie erstens eine nur beratende Stellung einnehmen sollte, und ferner das vom Staatskanzler unbedingt abhängige Beamtentum für gute Wahlen gesorgt haben würde. Nicht die Erwägung, daß in dem Parlamente die centrifugalen Kräfte der neuen Erwerbungen, Sachsens, Posens, der Rheinprovinz und des Münsterlandes die Oberhand gewinnen könnten, sondern allein die politischen Ereignisse, namentlich die Studenten- und Turnerbewegung, verzögerten die Bildung der Repräsentation.

Der von allen Schranken befreite absolute Beamtenstaat unter Leitung des allmächtigen Staatskanzlers stand in seiner höchsten Vollendung da.

Keine gesellschaftlichen Interessen wirkten auf das Beamtentum ein, Grundbesitz und Kapitalismus waren gleich einflußlos auf dasselbe. Die herrschende Klasse des Staates bildete einzig und allein das höhere Beamtentum, „die Studierten," ohne Rücksicht auf den Besitz. Es war ein großartiger Versuch, den Staat auf eine Aristokratie des Geistes zu gründen. Die unbedingte Herrschaft eines einzigen über dieses Beamtentum spornte es zu den höchsten Leistungen an. Es war die zweite Blütezeit des preußischen Beamtentums, welche die unter Friedich Wilhelm I. noch zu übertreffen schien.

Mit diesen vortrefflichen Werkzeugen wurde die wirtschaftliche Reform auf den ganzen Staat übertragen und fast vollendet. Im ganzen Staatsgebiete fielen die wirtschaftlichen Schranken, die Gewerbefreiheit hatte in dem größten Teile des Staates über die Zünfte gesiegt, überall erfolgte die Regulierung der gutsherrlich-bäuerlichen Verhältnisse. In den Jahren 1818 bis 1820 erging eine umfassende einheitliche Steuergesetzgebung mit Ausnahme der Grundsteuern für den ganzen Staat. Die den Verkehr hindernden Steuern im Innern wurden beseitigt, Preußen umgab sich mit einer einzigen Zollgrenze. Hieran knüpft sich zugleich das größte Ereignis der deutschen Geschichte von 1815 bis 1848, die Gründung des Zollvereins. Es schien, als wollte der Absolutismus vor seinem Scheiden sich noch einmal im strahlendsten Lichte zeigen. Aber diese Steuergesetzgebung vernichtete doch auch die in den mittleren Provinzen noch vorhandene obrigkeitliche Selbstverwaltung der Kreise, welche auf die Kommunalverwaltung beschränkt wurden. Auch hier ging die Wirtschaftsreform auf Kosten der Verwaltungsreform vor sich.

Mit dem Tode Hardenbergs im J. 1822 verlor das herrschende Beamtentum sein Haupt, es wurde kein Nachfolger des Staatskanzlers ernannt. Man machte jetzt von neuem die Erfahrung, daß sich der Einfluß der besitzenden Klassen, besonders der reichsten, auf die Staatsverwaltung dauernd nicht zurückdrängen ließ, daß jene Aristokratie des Geistes eine Chimäre war, die an den realen Verhältnissen scheiterte. In dem Kerne des Staates, den östlichen Provinzen, war aber die mächtigste Klasse der Großgrundbesitz, welcher unter dem alten Regiment gemeinsam mit dem Beamtentum die herrschende Klasse im Staate gebildet hatte, aber aus dieser Stellung besonders durch die Vernichtung der obrigkeitlichen Selbstverwaltung der Kreise verdrängt war. Die Regulierung der gutsherrlich-bäuerlichen Verhältnisse hatte ihn nicht geschwächt, er war aus der Reformzeit mit vergrößertem Grundbesitz hervorgegangen, ja er hatte sich in den östlichen Provinzen sogar die gutsherrliche Polizei und Gerichtsbarkeit noch vorläufig gerettet.

Der adlige Großgrundbesitz machte seinen ganzen Einfluß bei Hofe geltend. Dies gelang auch derart, daß der König einer von Hardenberg kurz vor seinem Tode entworfenen Kommunalordnung für das flache Land nach französisch=liberaler Schablone seine Sanktion verweigerte. Bald nach Hardenbergs Tode, am 5. 6. 1823, erging dann aus der eigenen Initiative des Königs das Gesetz wegen Anordnung der Provinzialstände, welches die neue Bewegung einleitete. Wie schon einmal unter dem alten Regimente teilten jetzt Beamtentum und Großgrundbesitz die Gewalt unter einander. Das Ergebnis des Bundes, die Prämie für den Großgrundbesitz sind die in den zwanziger Jahren für die Provinzen und Kreise erlassenen neuständischen Verfassungen. Dem Wunsche des Adels, die früheren ständischen Verfassungen wiederherzustellen, hatte man wegen der Ungleichheit und Zerrissenheit der zahllosen alten Territorien unmöglich Rechnung tragen können.[1]) Man entschloß sich daher zu einer Neubildung, die unter durchaus veränderten Besitzverhältnissen dem Großgrundbesitze dasselbe Übergewicht sicherte wie die alten ständischen Verfassungen.

Da im Mittelalter unter ganz anderen volkswirtschaftlichen Verhältnissen, bei einer vollkommenen Naturalwirtschaft der Großgrundbesitz naturgemäß die erste Rolle im Staate gespielt hatte, so erschien es äußerst bequem, den neuen Verfassungen, die allein den Grundbesitz, nicht den ihm nunmehr völlig ebenbürtigen Kapitalbesitz berücksichtigten, einen historischen Mantel umzuhängen. Die damals allmächtige romantische Richtung gewann auch Einfluß auf die Gestaltung des Staatsrechts. Es entstanden die pseudohistorischen Provinzial- und Kreisstände „im Geiste der älteren deutschen Verfassung.“ Bedingung für jede Standschaft war der Grundbesitz, ein Rittergut hatte daher dieselben ständischen Rechte wie eine, ja selbst mehrere Städte, wie eine ganze Reihe von Dörfern. Nicht die Leistungen für den Staat verliehen Rechte, sondern der Besitz. Dies wäre, da sich damals Besitz und Leistung in Preußen im wesentlichen entsprachen, an sich kein Fehler gewesen. Es war aber nicht jeder Besitz berechtigt, sondern nur der Grundbesitz.[2])

Das zweite Zugeständnis an den Großgrundbesitz war die Erhaltung der gutsherrlichen Polizei und Gerichtsbarkeit, in denen man jetzt wertvolle ständische Rechte, historisch begründet, sah. Der zweite im Bunde, das Beamtentum, nahm dagegen für sich in Anspruch die unumschränkte Handhabung der allgemeinen Landesverwaltung. Während im 18. Jahrhundert die Verbindung von Beamtentum und Grundbesitz, gipfelnd in der obrigkeit=

---

1) Vgl. über diese Bestrebungen in den meisten pr. Provinzen die vortreffliche Darstellung bei v. Treitschke, Deutsche Geschichte im 19. Jhd., Bd. 2, S. 278 ff.

2) Wissenschaftlich verteidigt vom historischen Standpunkte aus ist das neuständische System vor allem von Lancizolle, Über Königtum und Landstände in Preußen. Berlin 1846.

lichen Selbstverwaltung der Kreise, aus deren Häuptern das Beamtentum der höheren Instanzen größtenteils hervorging, eine organische gewesen war, standen sich jetzt beide Klassen völlig zusammenhangslos gegenüber.

Die ständischen Versammlungen waren auf die Kommunalverwaltung unter strengster Kontrolle der Staatsbehörden und auf eine beratende Thätigkeit in der allgemeinen Landesverwaltung beschränkt. Nur das Recht des Vorschlags zu den Landratsstellen wollte sich der Großgrundbesitz nicht rauben lassen, es wurde daher allgemein den Kreistagen, in einem großen Teile der östlichen Provinzen sogar allein den Rittergutsbesitzern des Kreises eingeräumt. Die Herrschaft des Beamtentums wurde also durch dieses Kompromiß nicht erschüttert, es blieb die allein ausschlaggebende Macht im Staate. Die Städteordnung von 1808, fast die letzte Spur der Steinschen Zeit, wagte es zwar nicht anzutasten, sie wurde sogar in wesentlich verbesserter Gestalt 1831 in den östlichen Provinzen, soweit in ihnen die von 1808 nicht in Geltung war, und in Westfalen eingeführt. Die Landgemeindeordnung für Westfalen von 1841 und die Gemeindeordnung für die Rheinprovinz von 1845 wurden dagegen ganz nach französischem Vorbilde erlassen, sie stellten die Gemeindeverwaltung, selbst die Kommunalverwaltung unbedingt unter die Herrschaft des Beamtentums.

Unter König Friedrich Wilhelm IV. kam die ständische Bewegung wieder in Fluß. Der Großgrundbesitz hatte sich auf der ersten Staffel seiner Macht, den Kreis- und Provinzialversammlungen, fest konsolidiert und verlangte nunmehr weitere Rechte, den Ausbau der „historisch begründeten" ständischen Verfassungen. Für die einzelnen Provinzen wurden ständische Ausschüsse gebildet, um, wenn die Stände nicht versammelt, an deren Stelle zu treten, endlich durch ein Patent vom 3. 2. 1847 die Berufung der Provinzialstände zu einem Vereinigten Landtage angeordnet. Derselbe war also lediglich eine Vertretung des im Staate vorhandenen Grundbesitzes, ganz im Gegensatz zu dem Steinschen Plane: „Jeder aktive Staatsbürger, er besitze 100 Hufen oder eine, er betreibe Landwirtschaft oder Fabrikation oder Handel, er habe ein bürgerliches Gewerbe oder er sei durch geistige Bande an den Staat geknüpft, habe ein Recht zur Repräsentation." Mit Notwendigkeit mußte der Vereinigte Landtag dazu gelangen, die Interessen einer einzigen Gesellschaftsklasse, des Grundbesitzes, besonders des Großgrundbesitzes, zu vertreten. Das, was der Vereinigte Landtag sein sollte und wirklich war, ist offen ausgesprochen in der kgl. Thronrede:

„Sie, M. H., sind deutsche Stände im althergebrachten Wortsinn, d. h. vor allem und wesentlich Vertreter und Wahrer der eigenen Rechte, der Rechte der Stände, deren Vertrauen den bei weitem größten

Teil dieser Versammlung entsendet. Nächstdem aber haben Sie die Rechte auszuüben, welche die Krone Ihnen zuerkannt hat. Sie haben ferner der Krone den Rat gewissenhaft zu erteilen, den dieselbe von Ihnen fordert. Endlich steht es Ihnen frei, Bitten und Beschwerden, Ihrem Wirkungskreise, Ihrem Gesichtskreise entnommen, aber nach reiflicher Prüfung an den Thron zu bringen. Das sind die Rechte, das die Pflichten, das Ihr herrlicher Beruf. Das aber ist Ihr Beruf nicht: Meinungen zu repräsentieren, Zeit- und Schulmeinungen zur Geltung bringen zu sollen."

Seit Begründung der neuständischen Verfassungen war Erhaltung und Ausbau des Bestehenden das Parteiprogramm des Grundbesitzes, besonders des Großgrundbesitzes, er wurde zur erhaltenden, konservativen Partei, der Umsturz der bestehenden neuständischen Verfassungen, die Bildung eines aus der Wahl aller Besitzenden hervorgegangenen Parlaments, mit einem Worte die Freiheit von der Übermacht jener einen Klasse das Programm des Kapitalismus, der handel- und gewerbetreibenden städtischen Bevölkerung.

Nach Berufung des Vereinigten Landtags mußte dieser Zwiespalt der beiden Besitzklassen zum offenen Ausbruch kommen aus zwei Gründen. Der Interessenvertretung des Großgrundbesitzes, dem Vereinigten Landtage, war nicht nur der Beirat bei der Gesetzgebung und eine Mitwirkung bei dem Staatsschuldenwesen, sondern auch das Recht der Zustimmung bezw. Ablehnung bei Einführung neuer oder Erhöhung bestehender Steuern eingeräumt worden, er hatte also in dieser Beziehung nicht nur eine beratende, sondern eine entscheidende Stimme. Es war zu erwarten, daß er von diesem Rechte in dem Sinne Gebrauch machen würde, alle Steuern von dem Grundbesitz auf den Kapitalbesitz zu wälzen, wie denn thatsächlich der Großgrundbesitz die Reform der Grundsteuer und die Beseitigung der Steuerprivilegien der Rittergüter bisher aufzuschieben gewußt hatte. Dazu kam aber, daß die materielle Macht des Kapitalismus besonders durch Gründung des Zollvereins, durch Einführung der Gewerbefreiheit, durch die friedlichen für Handel und Gewerbe günstigen Zeiten bedeutend gestiegen war, daß er dem Staate die meisten Steuern zahlte, daß die in Frankreich aus seiner Mitte hervorgegangenen Ideeen der französischen Revolution das preußische Beamtentum beherrschten.

Indem man über das Hab und Gut dieses Kapitalbesitzes dem Vereinigten Landtage, in welchem jener gänzlich unvertreten war, eine ziemlich weitgehende Verfügung einräumte, mußte man ihn zum offenen Kampfe treiben. Jedes Zugeständnis neuer Rechte seitens der Krone an den Vereinigten Landtag war nur geeignet, die Katastrophe zu beschleunigen. Durch äußere Verhältnisse begünstigt, konnte der Kapitalismus, da er auf friedlichem

Wege nichts zu hoffen hatte, den Weg der Revolution beschreiten. Die Revolution von 1848 ist der Kampf des Liberalismus, wie sich der Kapitalbesitz als politische Partei nannte, gegen den Konservatismus, den Grundbesitz, welcher sich in den Besitz der Staatsgewalt gesetzt hatte. In diesem Kampfe der gesellschaftlichen Interessen spielte das Beamtentum eine durchaus passive Rolle. In seinen Spitzen, besonders den Vertretern, die aus dem Landratsamte hervorgegangen waren, vielfach mit den Interessen des Großgrundbesitzes verknüpft, war es doch seit Hardenberg erfüllt von den liberalen Ideeen der französischen Revolution, die es in Preußen hatte durchführen helfen. Gegenüber beiden kämpfenden Besitzklassen seine Stellung zu behaupten, war es zu schwach. Gerade seine Vorzüge, seine volle Hingabe an den Staat, machten es unfähig, egoistisch sein Standesinteresse zu vertreten. Die Geschichte ging über das Beamtentum zur Tagesordnung über, um es in der folgenden Periode in den Strudel der Parteien hineinzuziehen, es zum Diener der jeweilig mächtigsten Besitzklasse zu machen.

Kap. II. Die Gemeindeverwaltung.

Die notwendige Voraussetzung einer lebensfähigen Selbstverwaltung, wie sie in dem Plane Steins lag, ist die privatrechtliche Unabhängigkeit der schwächeren Klassen von den stärkeren. Diese Unabhängigkeit war in den Städten fast vollständig, auf dem flachen Lande der östlichen Provinzen nirgends vorhanden. Stein mußte daher seine Reform der Gemeindeverfassung auf die Städte beschränken, da auf dem flachen Lande die privatrechtliche Abhängigkeit des Kleingrundbesitzes vom Großgrundbesitze noch ungebrochen war. Die Hardenbergische Reformgesetzgebung löste zwar diese Aufgabe, kam aber nicht zu einer Neugestaltung der Verfassung der ländlichen Gemeinden. Besonders durch den Einfluß der romantischen neuständischen Richtung erhielt sich daher auf dem flachen Lande die patrimoniale Gemeindeverwaltung, wie sie im Allgemeinen Landrechte kodifiziert war. In den 1815 neu oder wieder erworbenen Provinzen bestand zum größten Teile die französische Gemeindeverfassung, nur in Neuvorpommern und in den ehemals sächsischen Gebieten gab es besondere statutarische Rechte. Für die östlichen Provinzen traten, soweit in ihnen das Allgemeine Landrecht eingeführt wurde, die Bestimmungen desselben über die Landgemeindeverfassung an die Stelle des bisherigen Rechtes. Die Städte der neuen Erwerbungen, in denen die Städteordnung von 1808 nicht galt, bekamen erst durch die Städteordnung von 1831 eine neue Verfassung, welche auch auf die Städte Westfalens übertragen wurde. Das französische Gemeinderecht erhielt sich daher nur für die Landgemeinden Westfalens und für die Gemeinden der Rheinprovinz. In Westfalen wurde es verdrängt durch die Landgemeindeordnung von 1841, in der Rheinprovinz durch die Gemeindeordnung von 1845, in denen beiden aber die französischen Ideeen von maßgebendem Einfluß waren.

Die Gemeindeverfassungen sind daher abgesehen von Neuvorpommern, wo sich besondere statuarische Rechte erhielten, in sechs Gruppen zu behandeln: 1. die Städteordnung von 1808, 2. die Städteordnung von 1831, 3. die Landgemeindeordnung nach dem A. L.-R. und den ergänzenden Gesetzen, 4. das französische Gemeinderecht und seine Nachbildungen, 5. die Landgemeindeordnung für Westfalen von 1841, 6. die Gemeindeordnung für die Rheinprovinz von 1845.

§ 1. Die Städteordnung von 1808.

Die ersten Anregungen zur Städteordnung, dem bedeutendsten Werke der Steinschen Reformperiode, gingen von Stein selbst aus, der sich in seiner bekannten Nassauer Denkschrift für unbesoldete Magistrate ausgesprochen hatte. Ihre Wahl sollte durch die Bürgerschaft, ihre Bestätigung durch die Provinzialbehörden erfolgen, und unter der Aufsicht der letzteren von den Magistraten die Kommunalangelegenheiten, die niedere Gerichtsbarkeit und die Ortspolizei verwaltet werden, während eine Beteiligung der Stadtverordneten an der Verwaltung von Stein nur in demselben Umfange angenommen wurde, in dem sie schon bestand. Es wurde dann, nachdem der Plan verschiedene Vorstadien durchlaufen hatte, zunächst eine Städteordnung für Königsberg, dann eine solche für alle Städte von Ost- und Westpreußen und Lithauen entworfen und darauf die Übertragung der neuen Städteordnung auf das ganze Staatsgebiet beschlossen.[1]) Endlich erfolgte am 19. 11. 1808 die Publikation der Städteordnung für alle Provinzen der Monarchie.[2])

Wenn auch das Gesetz selbst in seinen Einzelheiten ein Werk der Mitarbeiter Steins ist, so rühren doch die leitenden Ideeen allein von ihm her. Die Motive der Städteordnung, vollständig im Sinne der politischen Anschauungen Steins, sind offen dargelegt in der Einleitung derselben, wo es heißt: „Der besonders zu neuern Zeiten sichtbar gewordene Mangel an angemessenen Bestimmungen in Absicht des städtischen Gemeinwesens und der

1) Vgl. über die Vorstadien die Darstellung bei Ernst Meier, Reform der Verwaltungsorganisation unter Stein und Hardenberg, Leipzig 1881, S. 275—306.

2) S. dieselbe im N. C. C. XII, 2, Nr. 57.

Vertretung der Stadt-Gemeine, das jetzt nach Klassen und Zünften sich teilende Interesse der Bürger und das dringende Bedürfnis einer Teilnahme der Bürgerschaft an der Verwaltung des Gemeinwesens, überzeugen Uns von der Notwendigkeit, den Städten eine selbständigere und bessere Verfassung zu geben, in der Bürgergemeine einen festen Vereinigungspunkt gesetzlich zu bilden, ihnen eine thätige Einwirkung auf die Verwaltung des Gemeinwesens beizulegen und durch diese Teilnahme Gemeinsinn zu erregen und zu erhalten." Es ist also durchaus der Steinsche Gedanke, wonach der Staat nur gedeihen kann, wenn die Unterthanen durch eigene Thätigkeit ein Interesse an demselben gewinnen. Die Durchführung dieses Gedankens war in den Städten möglich, da die wirtschaftliche Befreiung der schwächeren Klassen in ihnen schon unter Friedrich Wilhelm I. erfolgt war. Die Städteordnung knüpfte durchaus an das bisherige Gemeinderecht an, namentlich an die bisherigen städtischen Verwaltungsorgane, sie gab nur den bestehenden Einrichtungen einen tieferen Gehalt.

Sie regelte im Anschluß an die bisherigen Verhältnisse zunächst das städtische Bürgerrecht. Schon das A. L.-R. II, 8 §§ 15 ff. 72 ff. hatte einige Bestimmungen über das städtische Bürgerrecht getroffen. Da diese aber nur subsidiärer Natur waren, und in jeder Stadt besondere Vorschriften über das Bürgerrecht galten, so sind die des A. L.-R. nie ins Leben getreten. Auch war das Bürgerrecht ausgenommen für die Gewerbetreibenden, die dasselbe erwerben mußten, wertlos, da so gut wie gar keine politischen Rechte an dasselbe geknüpft waren. Dagegen bedurfte nach der Städteordnung, die die städtischen Behörden von unten herauf durch Wahl der Bürger neu bildete, das Bürgerrecht einer eingehenden gesetzlichen Regelung.

Die städtischen Einwohner zerfielen, wie es bisher schon in sämtlichen Statuten und nach dem A. L.-R. geltendes Recht war, auch nach der Städteordnung in Bürger- und Schutzverwandte. Die Wirkungen des Bürgerrechts waren privatrechtliche und öffentlich-rechtliche, das Bürgerrecht gab nicht nur, wenn man sich so ausdrücken darf, das Jus suffragii et honorum, sondern auch das Jus commercii. Es gewährte nämlich das Recht, städtische Gewerbe zu treiben und Grundstücke im Bezirk der Stadt zu besitzen.[1]) Diejenigen, welche bis dahin in einer Stadt ein städtisches Gewerbe betrieben oder ein Grundstück besessen hatten, ohne im Besitze des Bürgerrechtes zu

1) Die privatrechtlichen Wirkungen sind also im Vergleich zu dem bisherigen gemeinen Rechte erweitert. Denn nach dem A. L.-R. II, 8 § 18 war nur jeder, der ein bürgerliches Gewerbe in einer Stadt treiben wollte, schuldig, sich um Erteilung des Bürgerrechts zu melden.

sein, sollten dasselbe sogleich nachsuchen und erlangen, widrigenfalls sie ihr Gewerbe aufgeben oder das Grundstück veräußern mußten. Nur wegen dieser privatrechtlichen Wirkungen des Bürgerrechts war es erforderlich, auch den Frauen die Möglichkeit der Erwerbung und des Besitzes desselben zu gewähren, wogegen ihnen die politischen Rechte, selbst die Ausübung derselben durch Stellvertreter, ausdrücklich abgesprochen wurden.

Die Erteilung des Bürgerrechts erfolgte durch den Magistrat nach vorheriger Anhörung der Stadtverordneten. Es durfte niemand versagt werden, der sich in der Stadt häuslich niedergelassen hatte und von unbescholtenem Wandel war.

Das Bürgerrecht ging verloren durch Verlegung des Wohnsitzes, wenn der Betreffende nicht binnen drei Monaten beim Magistrate die Erhaltung desselben nachsuchte. Wer sich ferner ohne Verlegung des Wohnsitzes aus der Stadt entfernte und keinen Stellvertreter ernannte, verlor das Bürgerrecht nach Ablauf von zwei Jahren. Schließlich ging das Bürgerrecht verloren durch verschiedene schwere Verbrechen.

Der Verlust des Bürgerrechts hatte nicht nur den der politischen Gemeinderechte, also des aktiven und passiven Wahlrechts, sondern auch den der an das Bürgerrecht geknüpften privatrechtlichen Befugnisse zur Folge, so daß der, welcher des Bürgerrechts verlustig ging, sein städtisches Gewerbe aufgeben und sein städtisches Grundstück veräußern mußte. Gegenüber den beständig fluktuierenden Elementen in den Städten wurde also die Gemeinde auf festen korporativen Grundlagen aufgebaut. Diejenigen, bei denen man ein Interesse an den Gemeindeangelegenheiten voraussetzen durfte, die Grundbesitzer und die Gewerbtreibenden, wurden notwendig Mitglieder der Gemeinde, ohne daß andere Personen von derselben ausgeschlossen gewesen wären. Die Härte, die darin lag, daß man Grundbesitz und Gewerbebetrieb von dem Erwerbe und Besitze des Bürgerrechts abhängig machte, wurde erst durch die Verordnung vom 25. 8. 1822[1]) gemildert, und überhaupt die privatrechtliche Wirkung des Bürgerrechts aufgehoben, indem bestimmt wurde, daß die Versagung des nachgesuchten Bürgerrechts und die Ausschließung von dem schon besessenen nur den Verlust der politischen Rechte zur Folge haben, aber auf Grundbesitz und Gewerbebetrieb ohne Einfluß sein solle. Bestehen blieb seitdem nur die Verpflichtung für städtische Grundbesitzer und Gewerbtreibende, das Bürgerrecht nachzusuchen, auf Grundbesitz und Gewerbebetrieb selbst war es wirkungslos.

---

1) S. dies. bei v. Rönne, Die preußischen Städteordnungen. Breslau 1843. S. 125.

Sämtliche Bürger waren zur Tragung der Gemeindelasten, von denen Befreiungen irgend welcher Art unzulässig waren, und zur Übernahme der Gemeindeämter verpflichtet. Persönliche Dienste konnten von den Bürgern nur soweit gefordert werden, als dieselben nicht kunst- oder handwerksmäßig waren. Stellvertretung bei Leistung der Dienste war zulässig. Von Staatsbeamten konnten Dienste nur gefordert werden, sofern ihre Amtsthätigkeit dadurch nicht beeinträchtigt wurde.

Alle Einwohner der Stadt, die nicht Bürger waren, hießen nach altem Gebrauche Schutzverwandte. Sie waren ausgeschlossen von den politischen Rechten und bis 1822 auch vom städtischen Grundbesitz und Gewerbebetrieb, hatten aber alle Lasten der Bürger zu tragen.

Die Bürgerschaft besorgte ihre Gemeindeangelegenheiten selbst und verwaltete dieselben durch die aus ihrer Mitte gewählten Stadtverordneten und Magistrate. Die hinsichtlich der Bestellung der städtischen Behörden bisher bestandenen Unterschiede zwischen Immediat- und Mediatstädten wurden ausdrücklich beseitigt, also die Mediatstädte von der Grundherrlichkeit befreit. Dagegen wurden die Städte jetzt eingeteilt in große, die nach Abzug des Militärs über 10000 Einwohner zählten, in mittlere mit über 3500 und in kleine mit unter 3500 Einwohnern. Städte von mehr als 800 Einwohnern sollten in kleinere Bezirke mit Bezirksvorstehern an der Spitze geteilt werden.

Die Bürgerschaft wählte nur die Stadtverordneten, eine unmittelbare Beteiligung an der städtischen Verwaltung, die bisher noch vereinzelt vorgekommen war,[1]) fand nicht mehr statt. Während früher die Stadtverordneten entweder vom Magistrate oder von den einzelnen Zünften gewählt worden waren, erfolgte jetzt die Wahl durch die Bürgerschaft unmittelbar. Die Zahl der Stadtverordneten sollte in kleinen Städten 24 bis 36, in mittleren 36 bis 60, in großen 60 bis 102 betragen. Jedesmal wurden so viele Stellvertreter gewählt, als ein Drittel der neugewählten Stadtverordneten ausmachte. Aktiv wahlberechtigt waren selbstverständlich nur die Bürger, aber auch unter diesen waren vom Stimmrechte ausgeschlossen: 1. wer wegen eines Verbrechens zu Festung oder zu Zuchthaus von mindestens drei Jahren verurteilt war, oder wer sich in Konkurs befand; 2. Magistratsmitglieder während ihrer Amtsdauer; 3. weibliche Personen; 4. unangesessene Bürger mit nicht 200 Thlr. Einkommen in großen, mit nicht 150 Thlr. in mittleren und kleinen Städten; 5. mit Entziehung des Stimmrechts bestrafte Personen. Jeder zur Wahl berechtigte Bürger war auch zur Ausübung

---

1) Vgl. Band II, S. 289; A. L.-R. II, 8 § 153.

dieses seines Rechtes verpflichtet. Wer wiederholt bei der Wahl unentschuldigt ausgeblieben, war durch Beschluß der Stadtverordneten des Stimmrechts und der Teilnahme an der öffentlichen Verwaltung verlustig zu erklären oder auf gewisse Zeit davon auszuschließen.

Die Wahl fand statt in jedem Bezirke unter Leitung eines Magistratskommissars durch direkte und geheime Wahl. Wählbar zum Stadtverordneten war jeder nur in seinem Bezirke. Die Wahl erfolgte auf drei Jahre derart, daß jedes Jahr ein Drittel der Stadtverordneten ausschied. Die Stadtverordneten, welche sämtlich ihr Amt unentgeltlich verwalteten, sollten wenigstens monatlich einmal Versammlungen abhalten, wobei die Anwesenheit von mindestens zwei Dritteln der Stadtverordneten erforderlich war. Aus ihrer Mitte hatten die Stadtverordneten für die Dauer eines Jahres einen Vorsteher und einen Protokollführer zu wählen.

Die Exekutive in der städtischen Verwaltung gebührte allein dem Magistrate, der sich jetzt nicht mehr kooptierte, sondern aus Wahlen der Stadtverordneten hervorging. In jeder Stadt sollte nur ein einziger, aus Mitgliedern der Bürgerschaft bestehender Magistrat vorhanden sein, die besonderen Magistrate für die französischen und pfälzer Gemeinden waren also ebensowohl beseitigt wie die Magistrate für einzelne Stadtteile. Eine besondere Verordnung vom 30. 10. 1809[1]) hob ausdrücklich die besondere Gemeindeverfassung und Gerichtsbarkeit der französischen Kolonien auf. Die französischen Gemeinden blieben nur bestehen als Kirchengemeinden und Pflegschaften für das Armenwesen.

Entschädigung für ihre Amtsführung erhielten von den Magistratsmitgliedern nur diejenigen, welche ihre Zeit dem Amte ganz zu widmen hatten. Der Magistrat bestand in kleinen Städten aus einem besoldeten Bürgermeister, einem besoldeten Ratmanne, der zugleich Kämmerer war, und vier bis sechs unbesoldeten Ratmännern, in mittleren Städten aus einem besoldeten Bürgermeister, einem besoldeten Ratmanne, der zugleich Kämmerer, und einem solchen, der zugleich Syndikus war, und sieben bis zwölf unbesoldeten Ratmännern, in großen Städten aus einem besoldeten Oberbürgermeister, ein bis zwei besoldeten gelehrten Stadträten, einem besoldeten Stadtrate für das Baufach, wo ein solcher erforderlich, einem besoldeten Stadtrate als Syndikus und einem solchen als Kämmerer und zwölf bis fünfzehn unbesoldeten Stadträten. Die Syndici, die gelehrten Stadträte und der Stadtrat für das Baufach wurden auf zwölf Jahre, alle anderen Magistratsmitglieder auf sechs Jahre derart gewählt, daß jährlich oder alle zwei Jahre ein Teil von ihnen

1) N. C. C. XII, 2, Nr. 92.

ausschied. Die Deklaration vom 4. 6. 1832 erklärte eine lebenslängliche Wahl bei Übereinstimmung der beiden städtischen Behörden und unter Genehmigung der Regierung für zulässig.

Die Magistratsmitglieder mußten 26 Jahre alt sein, die unbesoldeten durften nach Ablauf von drei Jahren ihr Amt niederlegen und neben demselben ihr Gewerbe weiter treiben. Unzulässig war es, daß die neugewählten mit älteren Magistratsmitgliedern bis zum dritten Grade verwandt waren. Die von den Stadtverordneten zu den Magistratsämtern getroffene Wahl bedurfte mit Ausnahme derjenigen zum Oberbürgermeisteramte der Bestätigung der Provinzialbehörde. Zu der Stelle des Oberbürgermeisters präsentierten die Stadtverordneten drei Kandidaten, von denen der König einen ernannte.

Um bei den besoldeten Magistratsmitgliedern nach Ablauf der Amtsperiode derselben einerseits den Stadtverordneten die Freiheit der Wahl zu sichern, andererseits aber auch willkürliche Neuwahlen an Stelle bewährter städtischer Beamten zu verhüten, wurde den besoldeten Magistratspersonen, die nach zwölfjähriger Dienstzeit nicht wieder gewählt wurden, eine Pension im gesetzlich bestimmten Mindestbetrage zugesichert, der nach wenigstens vierundzwanzigjähriger Dienstzeit, also nach zweimaliger Wahl, noch bedeutend erhöht wurde. Auf zwölf Jahre wurden aber nur die Syndici, die gelehrten Stadräte und der Stadrat für das Baufach gewählt. Die Bürgermeister und Oberbürgermeister, welche nicht wiedergewählt wurden, erhielten also, da ihre Wahlperiode nur eine sechsjährige war, keine Pension. Erst ein Gesetz vom 11. 5. 1839 über die Pensionsberechtigung der nach der Städteordnung vom 19. 11. 1808 angestellten Bürgermeister sicherte auch ihnen nach sechsjähriger Amtsdauer ein Viertel, nach zwölfjähriger die Hälfte, nach vierundzwanzigjähriger zwei Drittel ihres Diensteinkommens als Pension zu.

Die städtische Verwaltung hatte bisher nicht nur in der Kommunalverwaltung, sondern auch in der Gerichtsbarkeit und Polizei bestanden, staatlichen Hoheitsrechten, die die Städte gleich den Patrimonialherren im Mittelalter zu eigenen Rechten vom Staate vorbehaltlich des obersten Aufsichtsrechtes des Staates erworben hatten. Indem der Staat auch in den untersten Instanzen mit dem bisherigen patrimonialen Systeme brach, fragte es sich, inwieweit er Gerichtsbarkeit und Polizei, unveräußerliche Staatshoheitsrechte, innerhalb des Staates bestehenden Korporationen überlassen könne. Über die städtische Gerichtsbarkeit schweigt die Städteordnung ganz. Erst eine Kabinettsorder vom 16. 4. 1809[1]) beseitigte dieselbe und machte sämtliche Stadtgerichte zu königlichen Gerichten. Damit war die Justiz aus

1) v. Rönne, Die preußischen Städteordnungen, S. 500.

dem Kreise der städtischen Verwaltung ausgeschieden und wieder vom Staate in Besitz genommen.

Einen anderen Weg schlug man hinsichtlich der Polizei ein, worunter im Sinne der Städteordnung nur die Sicherheitspolizei zu verstehen ist. Die bestehenden polizeilichen Vorschriften wurden durch die Städteordnung ausdrücklich aufrecht erhalten. Über die Ausübung der Polizei ferner sagt der § 106:

„Dem Staate bleibt vorbehalten, in den Städten eigene Polizeibehörden anzuordnen oder die Ausübung der Polizei dem Magistrate zu übertragen, der sie sodann vermöge Auftrags ausübt. So wie die besonderen Polizeibehörden, welche in den Städten angeordnet werden, unter den oberen Polizeibehörden stehen, so steht auch der Magistrat, welcher die Polizei vermöge Auftrags erhält, unter diesen höheren Behörden rücksichtlich alles dessen, was auf die Polizeiübung Bezug hat. Die Magistrate werden in dieser Hinsicht als Behörden des Staates betrachtet. Der Magistrat muß die Ausübung der Polizei, soweit sie ihm übertragen wird, unweigerlich übernehmen, und die ganze Bürgerschaft in diesem Fall sowohl, als auch dann, wenn die Polizei durch eine eigene Behörde verwaltet wird, die Polizeiübung, so weit es gefordert wird, unterstützen."

Der Staat nimmt also die Polizei ebenso wie die Gerichtsbarkeit wieder für sich in Anspruch. Zur Ausübung derselben als sein Organ kann er eine besondere Behörde oder den Magistrat bestellen, letzteren Falls ist der Magistrat eine Staatsbehörde wie jede andere, die Polizei steht ihm nicht mehr aus eigenem Rechte zu. Verwaltet also der Magistrat die Polizei, so ist die reine obrigkeitliche Selbstverwaltung vorhanden, welche in der gelungensten Weise mit der wirtschaftlichen Selbstverwaltung, der Kommunalverwaltung, in einer Behörde verbunden ist. Diese Verbindung, welche sich in der Kreisverfassung seit anderthalb Jahrhunderten bewährte und die Rechte des Staates auf seine unveräußerlichen Staatshoheitsrechte mit denen der Unterthanen auf Teilnahme an der Verwaltung vereinigte, wurde jetzt auf die Städte übertragen.

Nur in einer Reihe größerer Städte, in Berlin, Königsberg, Stettin, Breslau, Memel, Elbing, Potsdam, Frankfurt, Brandenburg, Landsberg, Stargard, Kolberg, Anklam, Demmin, Stolpe, Brieg, Neiße, Schweidnitz, Kosel, Liegnitz und Glogau, machte der Staat von dem ihm vorbehaltenen Rechte Gebrauch und errichtete eigene Polizeidirektionen, welche büreaukratisch organisiert wurden. Die besondere Polizeibehörde für Berlin, welche am 1. 4. 1809 bestellt wurde, erhielt die Bezeichnung Polizeipräsidium und zerfiel nach einer Bekanntmachung des Polizeipräsidenten Gruner vom

5. 11. 1809[1]) in vier Büreaus, das Hauptbüreau, das Polizeiamt, das Fremdenbüreau und das Sicherheitsbüreau. Auch hier wurde die bisherige kollegialische Form, welche das Polizeidepartement des Magistrats gehabt, durch die büreaukratische ersetzt. Dem Polizeipräsidenten als Exekutivorgane untergeordnet waren 4 Inspektoren, 24 Polizeikommissare, einer für jedes der 24 Reviere, 3 Polizeimarktmeister und 34 Polizeisergeanten.

Die Kosten der örtlichen Polizeiverwaltung waren, da es sich dabei hauptsächlich um die Sicherheit und das Wohl der städtischen Einwohner handelte, nach der Städteordnung ohne Unterschied, ob der Magistrat oder eine besondere Behörde die Polizei ausübte, von der Stadt zu tragen. Erst nach § 10 des Gesetzes vom 30. 5. 1820[2]) wurde die Besoldung der rein staatlichen Polizeibehörden vom Staate übernommen.

Die eigentliche Kommunalverwaltung besteht nun nicht nur in der Verwaltung des Gemeindevermögens, sondern ist auch in gewissem Sinne eine polizeiliche, indem die Unterhaltung verschiedener polizeilicher Anstalten Sache der kommunalen Verwaltung ist. Gegenstand der Kommunalverwaltung ist also die Wohlfahrtspolizei. Namentlich gehört hierher das Armenwesen, Sanitätspolizei, Bauwesen, Feuersocietät, Sicherheitsanstalten und dergleichen. Die Regelung der Rechte der einzelnen städtischen Organe in Bezug auf diese Kommunalverwaltung ist einer der schwächsten Punkte der Städteordnung. Als Grundsatz wurde nur aufgestellt, daß die Exekutive nicht den Stadtverordneten, sondern allein dem Magistrate gebühre. Namentlich sollten allein zu dessen Ressort gehören: 1. Die Besetzung der Magistratsstellen, Bezirksvorsteher- und Bürgerämter nach der Wahl der Stadtverordneten, die Wahl und Anstellung der Unterbedienten; 2. die städtische Verwaltung betreffende Generalien und die auf Antrag der später zu erwähnenden Deputationen zu erteilenden Bestimmungen in Spezialien; 3. Beschwerdesachen; 4. Annahme der Bürger, Führung der Bürgerrollen, Verzeichnung der Grundstückseigentümer, Erteilung der Gewerbekonzessionen, letztere, sofern eine besondere Polizeibehörde bestellt war, nur mit Einwilligung derselben; 5. Handlungs-, Strom-, Schiffahrts-, Manufaktur- und Fabrikensachen; 6. die Kontrolle der öffentlichen Kassen.

Für diejenigen Angelegenheiten, womit Administration verbunden, oder die wenigstens anhaltende Aufsicht und Kontrolle oder Mitwirkung an Ort und Stelle erforderten, sollten dauernde Deputationen oder Kommissionen aus einem oder mehreren Magistratsmitgliedern, Stadtverordneten und Bürgern

1) Spenersche Zeitung 1809, Nr. 134, S. 7.
2) G. S. 1820, S. 134.

gebildet werden. Solche Kommissionen und Deputationen wurden als geeignet bezeichnet: 1. für die kirchlichen Angelegenheiten, indem bei jeder Kirche ein Obervorsteher aus dem Magistrate und zwei Kirchenvorsteher aus der Gemeinde die Externa besorgen sollten; 2. für Schulsachen; 3. für Armenwesen. Diese Kommission, Armendirektion genannt, sollte bestehen in kleinen Städten aus dem Bürgermeister und Stadverordneten und Bügern verschiedener Stadtgegenden, zu denen in mittleren und großen Städten der Syndikus und erforderlichen Falls noch ein Magistratsmitglied hinzutrat. Außerdem sollten Geistliche, Ärzte und der Vorsteher der etwa bestellten besonderen Ortspolizei zugezogen werden. 4. Für Feuersozietät; 5. für Sicherungsanstalten; 6. für Sanitätspolizei unter Zuziehung des Physikus; 7. für Bausachen, in den großen Städten unter Zuziehung des Stadtrats für das Baufach; 8. für Kuratel der Kämmereikassen; 9. für das Ajustieramt der Maße und Gewichte, Straßenbeleuchtung, Stadthofwirts-, Gefängnis-, Zuchthaus- und Arbeitsanstalten, Landwirtschaften u. s. w., wofern es erforderlich; 10. für Serviswesen. Den Vorsitz in jeder Kommission führte das älteste zu derselben gehörende Magistratsmitglied, im übrigen hatte jedes Mitglied gleiche Rechte.

Der Bezirksvorsteher bildete das Organ des Magistrats für seinen Bezirk.

Die Stadtverordneten sollten die städtische Verwaltung in allen Zweigen kontrollieren, namentlich wurden ihnen folgende Befugnisse eingeräumt: 1. Alle Kämmerei- und städtische Kassen-, auch Nutzungs- und Verbesserungsetats, sowie alle Etatsüberschreitungen waren ihnen zum Gutachten vorzulegen, und der Magistrat durfte ihre Erinnerungen, soweit nicht Gesetze oder höhere Vorschriften im Wege standen, nicht unbeachtet lassen. 2. Neue Gehälter durften nur mit Zustimmung der Stadtverordneten ausgezahlt werden. 3. Über anzustellende Prozesse, abzuschließende Vergleiche, Aufnahme und Kündigung von Kapitalien, Veräußerung und Verpfändung der Kämmereigüter, Belegung derselben mit Dienstbarkeiten, Bewirtschaftungspläne u. s. w., überhaupt über alle Gemeindegegenstände von Wichtigkeit sollten sich künftig die Stadtverordneten jederzeit zuvor erklären, und ihre Erinnerungen genau berücksichtigt werden. 4. Alle Rechnungen der Kämmerei, der Deputationen, Kommissionen und Bezirksvorsteher waren von den Stadtverordneten durch einen Ausschuß aus ihrer Mitte zu prüfen, 5. jeder Neubau durch eine Deputation der Stadtverordneten abzunehmen. 6. Die Stadtverordneten waren befugt, selbst die Geschäftsführung der Deputationen und Kommissionen des Magistrats durch Deputationen aus ihrer Mitte zu untersuchen, mußten aber jedesmal zuvor beim Magistrate auf die Zuordnung eines Magistratsmitgliedes antragen.

Nach diesen Bestimmungen kann es keinem Zweifel unterliegen, daß eine Übereinstimmung des Magistrats und der Stadtverordneten bei den einzelnen Verwaltungsmaßregeln nicht erforderlich war. Die Stadtverordneten hatten zu beschließen, und der Magistrat die Beschlüsse auszuführen. Nichts anderes ist es, wenn bestimmt wird, daß der Magistrat in allen wichtigen Angelegenheiten die Stadtverordneten sich erklären lassen und ihre Erinnerungen genau berücksichtigen solle. Stadtverordnete und Magistrat standen sich nicht anders gegenüber als wie die Generalversammlung einer Aktiengesellschaft und deren Vorstand. Dies tritt besonders hervor bei dem städtischen Besteuerungsrechte.

Im allgemeinen hatten bisher für die laufenden städtischen Verwaltungskosten die Erträge des Kämmereivermögens genügt, nur in außerordentlichen Fällen war mit Genehmigung der Staatsbehörden eine Kommunalsteuer, eine Kollekte, von den städtischen Einwohnern erhoben worden.[1]) Auf diesem Standpunkte steht auch noch die Städteordnung. Dieselbe (§ 52) erklärte es zunächst für eine Pflicht der Bürgerschaft, also, da diese nur durch ihre Vertreter handelt, der Stadtverordneten, dahin zu sehen, daß das zu gemeinsamen städtischen Zwecken bestimmte Vermögen demgemäß und zum Besten der Stadt verwandt werde. Sie ermächtigte sogar den Magistrat zu Veräußerungen von Grundstücken in Fällen der Notwendigkeit und Nützlichkeit ohne weitere Anfrage bei der oberen Staatsbehörde. Erforderlich war nur Einwilligung der Stadtverordneten, öffentliche Versteigerung, Bekanntmachung der Gründe, weßhalb sie notwendig und nützlich, und Anzeige bei der Ortspolizeibehörde. Nach der Städteordnung waren aber die Stadtverordneten auch berechtigt, auf die Nutzungen des gemeinschaftlichen Vermögens, welche lediglich für die einzelnen Mitglieder der Bürgergemeine bestimmt waren, im Namen der Stadtgemeinde für die jetzigen und künftigen Gemeindemitglieder Verzicht zu leisten und dieselben zu den gemeinschaftlichen Zwecken der Stadt zu bestimmen. Ausnahmsweise wurde hier die Bestätigung des Beschlusses der Stadtverordneten durch den Magistrat verlangt.

Diejenigen Bedürfnisse, welche aus dem Gemeindeeinkommen nicht bestritten werden konnten, sollten die Stadtverordneten durch Verteilung auf die Stadteinwohner aufbringen. Die einzige Einschränkung dieses Besteuerungsrechtes bestand darin, daß eine Prägravation einzelner nicht durch Beschluß der Stadtverordneten, sondern nur auf Grund des Gesetzes erfolgen konnte. Die Stadtverordneten hatten also für die kommunalen Bedürfnisse ein unbedingtes Steuerbewilligungsrecht. Nur die Kosten für die örtliche Polizei- und Justizverwaltung, welche vom Staate durch dessen Behörden bestimmt wurden,

---

1) Vgl. Bd. II, S. 21.

durften nicht versagt werden. Die Geldbedürfnisse der Gemeinde wurden vom Magistrate zusammengestellt, während die Stadtverordneten die Notwendigkeit derselben zu prüfen und die Bedarfssumme zu bestimmen hatten. Die Entscheidung über die Art der Deckung, wobei der Magistrat seine Vorschläge machte, und die Verteilung der Steuersumme auf die Bürger und Schutzverwandten war wiederum Sache der Stadtverordneten.

Dieses fast in keiner Weise beschränkte Steuerbewilligungsrechtder Stadtverordneten findet allein darin seine Erklärung, daß die Verfasser der Städteordnung die Erhebung von Gemeindesteuern nur als einen außerordentlichen Notbehelf ansahen. Die gesteigerten Anforderungen an die städtische Verwaltung, die Verschuldung der meisten Städte infolge des Krieges und die schlechte Wirtschaft verschiedener, nunmehr der staatlichen Aufsicht enthobener Stadtverordnetenversammlungen mit dem Kämmereivermögen machte aber sehr bald die Erhebung dauernder Kommunalsteuern notwendig.

Das Gesetz vom 30. 5. 1820 über die Einrichtung des Abgabewesens[1]) sah sich daher veranlaßt, nähere Bestimmungen über die Gemeindesteuern zu treffen. Nach dem Vorbilde der französischen Zuschlagscentimen wurden die Gemeinden ermächtigt, einen Zuschlag zur Klassen- bezw. Mahl- und Schlachtsteuer zu erheben, jedoch nur mit Genehmigung der vorgesetzten Regierung. Andere Auflagen und Aufschläge durften nur erhoben werden, wenn sie bereits bestanden, und das Bedürfnis dazu noch fortdauerte, oder wenn sie in der Verfassung und auf landesherrlicher Bewilligung beruhten, in allen Fällen aber nur, insofern sie den Bestimmungen der allgemeinen Steuergesetze und der Freiheit des inneren Verkehrs nicht hinderlich waren. Ferner wurde durch eine Kabinettsordre vom 29. 4. 1829[2]) den Gemeinden die Einführung einer Hundesteuer im Höchstbetrage von jährlich drei Thalern für jeden nicht mehr saugenden Hund gestattet. Verbunden zur Zahlung der Gemeindesteuern war jeder, der in der Gemeinde seinen Wohnsitz hatte.

Eine Beschränkung der Steuerpflicht der Staatsbeamten führte das Gesetz vom 11. 7. 1822[3]) ein. Schon die Deklaration zur Städteordnung vom 11. 12. 1809[4]) hatte bestimmt, daß die Beamten vom ihrem Diensteinkommen zu den Kommunallasten bei einem Gehalt unter 250 Thlrn. 1 %, bei einem solchen von 250 bis 500 Thlrn. ausschließlich $1\frac{1}{2}$ %, bei einem solchen von 500 Thlrn. und darüber 2 % jährlich zu entrichten hätten.

1) G. S. 1820, S. 134.

2) v. Rönne, Die pr. Städteordnungen, S. 253.

3) G. S. 1822, S. 184.

4) v. Rönne, Die pr. Städteordnungen, S. 274.

Das Gesetz vom 11. 7. 1822 setzte dagegen fest, daß das Diensteinkommen der Beamten nur dann von den Gemeinden besteuert werden könne, wenn auch der Beitrag der übrigen Einwohner des Ortes in Form einer allgemeinen Gemeindesteuer erhoben werde. Aber auch in diesem Falle sei nur die Hälfte des Einkommens zu besteuern und unter keinen Umständen solle mehr gefordert werden können als die in der Deklaration vom 11. 12. 1809 bestimmten Prozentsätze. Von allen direkten Gemeindeabgaben wurden befreit: a. vom Staate für Witwen und Waisen ehemaliger Staatsdiener gezahlte Pensionen und Erziehungsgelder, b. Pensionen und Wartegelder der Staatsdiener bis zu 250 Thlr. jährlich, c. Sterbe- und Gnadenmonate, d. als Ersatz barer Auslagen zu betrachtende Dienstemolumente und e. alle Besoldungen und Emolumente der aktiven Militärpersonen, der auf Inaktivitätsgehalt gesetzten Offiziere, der Geistlichen und Schullehrer. Zu den indirekten Gemeindeabgaben waren dagegen alle Einwohner in gleicher Weise beizutragen verpflichtet. Streitigkeiten über die Verbindlichkeit zu den geforderten Kommunalsteuern gehörten nach dem A. L.-R. II, 8 § 131 zur Erörterung und Entscheidung des ordentlichen Richters.

Das Oberaufsichtsrecht des Staates über die städtische Verwaltung war ein zwiefaches. Inbetreff der Polizeiverwaltung des Magistrats, der in dieser Beziehung nur als Staatsbehörde galt, war es das gewöhnliche Aufsichtsrecht der oberen Behörde über die untere, inbetreff der Kommunalverwaltung behielt § 1 der Städteordnung dem Staate das Oberaufsichtsrecht vor, soweit auf eine Teilnahme an der Verwaltung nicht ausdrücklich Verzicht geleistet war. Diese Aufsicht sollte der Staat dadurch ausüben, daß er die gedruckten Rechnungsextrakte oder die öffentlich darzulegenden Rechnungen der Städte über die Verwaltung ihres Gemeinvermögens einsah, die Beschwerden einzelner Bürger oder ganzer Abteilungen über das Gemeinwesen entschied, neue Statuten bestätigte und zu den Wahlen der Magistratsmitglieder die Genehmigung erteilte. Sofern also keine Beschwerde einlief, konnten die Stadtverordneten im allgemeinen thun und lassen, was sie wollten. Die bisherigen staatlichen Aufsichtsorgane über die Städte, die Steuerräte, verschwanden bald nach Erlaß der Städteordnung, indem zufolge einer Kabinettsordre vom 30. 3. 1809 die Städte in die Kreise eingefügt, und die Aufsicht über die Polizei- und Kommunalverwaltung der städtischen Behörden den Landräten übertragen wurde.[1])

Die durch die Städteordnung umgestaltete städtische Verfassung wurde für die städtische Bevölkerung das, was die Kreisverfassung seit anderthalb

1) Vgl. das folgende Kap.

Jahrhunderten für den Großgrundbesitz gewesen war, die Dienstbarmachung des Besitzes für die Zwecke des Staates. Der Kapitalbesitz war ebenso wie der Großgrundbesitz wieder zu eigener Thätigkeit für den Staat gezwungen, die schwache gesellschaftliche Basis, die den Untergang des alten Staates herbeigeführt hatte, war bedeutend erweitert worden. Nicht zu verkennen sind die zahlreichen Mängel der Städteordnung, wie sie bei einem vollständigen Bruche mit dem bisherigen Systeme, bei einer Neuschöpfung von Grund auf naturgemäß hervortreten mußten, namentlich die der wirtschaftlichen Entwicklung hinderliche Knüpfung privatrechtlicher Befugnisse an den Besitz des Bürgerrechts, die Allmacht der Stadtverordneten gegenüber dem bloß ausführenden Magistrate und die mangelhafte Regelung des staatlichen Aufsichtsrechts. Zum Teil wurden diese Mängel schon durch die zahlreichen Novellen zur Städteordnung abgestellt, vollständig beseitigt aber in der revidierten Städteordnung von 1831.

Das Geltungsgebiet der Städteordnung von 1808 ist das Staatsgebiet in dem Umfange, den es nach dem Tilsiter Frieden hatte. Später wurde sie noch eingeführt durch Kabinettsordre vom 13. 4. 1831 in den zum provinzialständischen Verbande des Kgr. Preußen gehörenden Städten, in denen sie noch nicht eingeführt war, also in Danzig, Thorn und in den Städten des Kulm- und Michelauschen Kreises, durch Kabinettsordre vom 26. 4. 1831 in den zum provinzialständischen Verbande des Herzogtums Schlesien, der Grafschaft Glatz und des preußischen Markgrafentums Oberlausitz gehörenden Städten, wo sie noch nicht galt, also in den zu der Provinz Schlesien geschlagenen, ehemals sächsischen Gebietsteilen.[1])

§ 2. Die revidierte Städteordnung von 1831.

Da man beabsichtigte, die Städteordnung auch auf die anderen neu und wieder erworbenen Gebiete auszudehnen, machte sich das Bedürfnis geltend, statt die Städteordnung von 1808 mit den zahlreichen sie ergänzenden oder abändernden Novellen einzuführen, diese Novellen in den Text selbst einzufügen und, wo außerdem noch Mängel hervorgetreten waren, diese abzustellen, also eine Revision der Städteordnung zu veranstalten. Diese Revision wurde unter dem Namen revidierte Städteordnung gleichzeitig mit einer Instruktion behufs der Geschäftsführung der Stadtverordneten am 17. 3. 1831 publiziert und zunächst den zum provinzialständischen Verbande der Mark Brandenburg und des Markgraftums Niederlausitz gehörigen Städten, in denen die Städteordnung von 1808 nicht eingeführt war, verliehen.

1) v. Rönne, Die pr. Städteordnungen, S. 42.

Die Rechtsgrundlage der städtischen Verfassung bildete außer der Städteordnung ein Statut, welches für jede Stadt abgefaßt werden sollte. Dasselbe sollte enthalten: 1. eine genaue Bestimmung aller Punkte, in Rücksicht welcher das Gesetz selbst Verschiedenheiten innerhalb gewisser Grenzen nachgelassen, 2. alle übrigen nach dem Gesetz noch außerdem dahin verwiesenen Punkte und 3. ausnahmsweise Abweichungen von dem Gesetze, die nach der Eigentümlichkeit einzelner Städte nötig befunden wurden. Die Initiative zum Erlaß des Statuts konnte von den städtischen wie von den vorgesetzten staatlichen Behörden ausgehen, jedenfalls mußten die Statuten von ersteren beraten und begutachtet, durch die Regierungen und Oberpräsidenten, mit ihren Gutachten begleitet, an das Ministerium des Inneren eingereicht werden, dessen Bestätigung zur Gültigkeit der Statuten hinreichte. Nur wenn die Statuten Abweichungen von der Städteordnung enthielten, bedurften sie der landesherrlichen Bestätigung und Publikation.

Was das Bürgerrecht anbetrifft, so fielen die privatrechtlichen Befugnisse, die die Städteordnung von 1808 daran geknüpft, und die bereits durch eine Novelle zu derselben aufgehoben waren, jetzt fort. Es heißt daher in § 11: „Bürger ist derjenige, welcher das Recht gewonnen hat, an den öffentlichen Geschäften der Stadtgemeinde durch Abstimmung bei den Wahlen teil zu nehmen. Die Erteilung des Bürgerrechts erfolgte durch den Magistrat nach eingeholtem Gutachten der Stadtverordneten. Da das Bürgerrecht jetzt nur noch politische Rechte gewährte, so waren zum Erwerbe desselben allein berechtigt Personen männlichen Geschlechts, welche weder unter väterlicher Gewalt noch unter Vormundschaft und Kuratel standen, im Stadtbezirk ihren Wohnsitz nahmen und unbescholten waren. Unter diesen Voraussetzungen berechtigt und verpflichtet zum Erwerbe des Bürgerrechts waren: 1. die, welche im Stadtbezirke ein Grundeigentum hatten, dessen geringster Wert in kleinen Städten nicht unter 300 Thlr., in größeren nicht über 2000 Thlr. bestimmt werden sollte, 2. die, welche im Stadtbezirke ein stehendes Gewerbe betrieben und aus demselben eine reine Einnahme erzielten, deren geringster Betrag auf 200 bis 600 Thlr. zu bestimmen war. Nur berechtigt, aber nicht verpflichtet zum Erwerbe des Bürgerrechts war, wer aus anderen Quellen ein statutarisch näher zu bestimmendes reines Einkommen von 400 bis 1200 Thlrn. nachwies und zwei Jahre lang in der Stadt wohnte. Auch andere Personen, die persönlichen Anspruch auf ausgezeichnetes Vertrauen erworben, konnten das Bürgerrecht durch übereinstimmenden Beschluß des Magistrats und der Stadtverordneten erlangen. Diese waren auch berechtigt, ausgezeichneten Männern, die sich um den Staat oder die Stadt verdient gemacht, ohne Rücksicht auf den Wohnsitz ein Ehrenbürgerrecht zu verleihen, welches keine städtischen Verpflichtungen auferlegte.

Das Bürgerrecht ging unbedingt verloren durch Verurteilung wegen gewisser Verbrechen und konnte wegen Verurteilung um anderer Verbrechen willen oder wegen verächtlicher Handlungen vom Magistrate nach eingeholtem Gutachten der Stadtverordneten entzogen werden. Durch Verlegung des Wohnsitzes ging das Bürgerrecht verloren, wenn der Betreffende nicht binnen Jahresfrist einen Stellvertreter zur Erfüllung seiner bürgerlichen Verpflichtungen bestellte. Das Bürgerrecht ruhte für denjenigen, der längere Zeit abwesend oder unter Kuratel war, der in Strafuntersuchung oder Konkurs verfiel.

Die Schutzverwandten unterschieden sich von den Bürgern nur dadurch, daß ihnen die politischen Gemeinderechte fehlten, sie konnten aber wie die Bürger städtische Grundstücke erwerben und Gewerbe treiben.

Die Bestimmungen über allgemeine Verpflichtung der Einwohner zur Leistung von Abgaben und Diensten wurden unter Vorbehalt der Befreiungen und Vorrechte der Beamten aus der Städteordnung von 1808 übernommen.

Die städtischen Behörden sind die Stadtverordneten und der Magistrat. Die Unterscheidung von kleinen, mittleren und großen Städten und die Bestimmung der Zahl der Stadtverordneten danach wurde fallen gelassen und nur angeordnet, daß die Zahl der Stadtverordneten, die nicht unter neun und nicht über sechzig betragen solle, durch das Statut zu bestimmen sei. In gleicher Zahl wie die Stadtverordneten waren Stellvertreter zu wählen. Die Wahl beider erfolgte auf drei Jahre so, daß jährlich ein Drittel ausschied. Wenigstens die Hälfte der Stadtverordneten mußte aus Grundbesitzern bestehen.

Die Wahl erfolgte in kleinen Städten durch eine Versammlung aller Bürger, in größeren nach Bezirken oder, wo die verschiedenartigen Verhältnisse der Bürger es rätlich machten, nach Klassen der Bürger, welche aus der Beschäftigung und Lebensweise hervorgingen, also nach Interessengemeinschaften, die namentlich nach Steins Ansicht einen größeren Gemeingeist hervorzurufen geeignet waren als Bezirksgemeinschaften. Die nähere Bestimmung des Wahlmodus blieb dem Statut überlassen.

Die Bezirke und Klassen konnten auch nicht zu ihnen gehörige Bürger wählen. Wählbar waren aber nur die Bürger, die ein statutarisch näher zu bestimmendes Grundeigentum im Mindestwerte von 1000 bis 12000 Thlrn. oder ein jährliches Mindesteinkommen von 200 bis 1200 Thlrn hatten. Dieser Census fiel fort in den Städten, in denen die Stadtverordneten von den Klassen gewählt wurden. Städtische Verwaltungsbeamte waren während ihrer Amtsdauer nicht wählbar, und Stadtverordnete, die ein städtisches Amt annahmen, mußten ihr Mandat niederlegen.

Die Wahl war wie nach der Städteordnung von 1808 eine direkte und geheime unter Leitung eines Magistratsmitgliedes als Wahlvorstehers, auch war die Wahlpflicht der einzelnen Bürger aus der Städteordnung von 1808 übernommen. Die Stadtverordneten, welche ihr Amt unentgeltlich verwalteten, wählten aus ihrer Mitte einen Vorsteher und einen Protokollführer. Für den Inhalt ihrer Beschlüsse waren sie nur verantwortlich, wenn sie wider besseres Wissen, also in unredlicher Absicht, verfahren waren. Dem Könige blieb das Recht vorbehalten, eine Stadtverordnetensammlung, die fortwährend ihre Pflichten vernachlässigte und in Unordnung oder Parteiung verfiel, nach genauer Untersuchung aufzulösen und eine Neuwahl anzuordnen.

Jeder Stadt sollte als Verwalter der Gemeindeangelegenheiten und als Organ der Staatsgewalt ein Magistrat, eine kollegiale Behörde vorgesetzt sein. Derselbe bestand nach der revidierten Städteordnung aus einem Bürgermeister oder in größeren, besonders vom Könige zu bestimmenden Städten einem Oberbürgermeister, dem ein Bürgermeister als Stellvertreter und Gehilfe beigegeben werden konnte, und drei oder mehreren besoldeten oder unbesoldeten Magistratsmitgliedern, deren Zahl durch das Statut zu bestimmen war. Persönliches Erfordernis für alle Magistratsmitglieder war Besitz des Bürgerrechts vor dem Amtsantritt und Nichtverwandtschaft oder Schwägerschaft bis zum dritten Grade mit einem schon vorhandenen Magistratsmitgliede, wovon aber die Regierung dispensieren konnte. Die Erfordernisse für die unbesoldeten Magistratsmitglieder waren dieselben wie für die Stadtverordneten. Die Bürgermeister mußten sich zur christlichen Religion bekennen. Bei den besoldeten Magistratsmitgliedern, die ein Gewerbe betrieben, hatte außerdem die Regierung die Vereinbarkeit desselben mit dem Amte zu prüfen.

Die Magistratsmitglieder mit Ausnahme des Oberbürgermeisters wurden von den Stadtverordneten in geheimer Wahl mit absoluter Mehrheit gewählt. Die Amtsdauer der Bürgermeister und der besoldeten Mitglieder betrug zwölf, die der unbesoldeten sechs Jahre. Doch war aus besonderen Gründen mit Zustimmung des Magistrats und der Regierung auch eine Wahl auf Lebenszeit zulässig. Jede getroffene Wahl bedurfte der Bestätigung der Regierung, die bei Verzögerung der Neubesetzung der Stelle dieselbe auf Kosten der Stadt kommissarisch verwalten lassen konnte. Zu den Oberbürgermeisterstellen präsentierten die Stadtverordneten drei Kandidaten, von denen der König einen ernannte. Die Unterbeamten und Diener setzte der Magistrat auf Lebenszeit, die bloß zu mechanischen Diensten bestimmten auf Kündigung ein, wobei er die Bestimmungen über Versorgung der Invaliden zu befolgen und vorher die Stadtverordneten über die Würdigkeit der anzustellenden Personen zu hören hatte. Die Wahl von Bezirksvorstehern war, wo es die

Bedürfnisse erforderten, gestattet. Die Bestimmungen über die Pensionen entsprachen denen der Städteordnung von 1808.

Hinsichtlich der Polizeiverwaltung besteht der einzige Unterschied der beiden Städteordnungen darin, daß nach der von 1831 dem Staate vorbehalten war, nicht nur den Magistrat, sondern auch allein den Oberbürgermeister, den Bürgermeister oder ein anderes Magistratsmitglied mit der Polizeiverwaltung speziell zu beauftragen, die in diesem Falle unabhängig von ihrem Verhältnisse als Gemeindevorsteher bloß im Auftrage der vorgesetzten Regierung handelten.

In der kommunalen Verwaltung wurde jetzt eine genaue Regelung des Verhältnisses von Magistrat und Stadtverordneten vorgenommen. Der Magistrat ist nicht mehr allein das ausführende Organ der allmächtigen Stadtverordnetenversammlung, sondern es entscheidet in einigen Fällen der Magistrat allein, in anderen die Stadtverordnetenversammlung allein, in noch andern die Übereinstimmung beider, wozu bisweilen die Genehmigung der Staatsbehörden hinzutreten muß.

Der Magistrat allein entschied in allen Angelegenheiten, in welchen es auf Erfüllung von Pflichten gegen den Staat, gegen Institute und gegen Privatpersonen ankam, wobei örtliche Verhältnisse Einfluß hatten, wie Anlage und Unterhaltung von Polizeiinstituten, Armenanstalten, Angelegenheiten der Kirchen und Schulen. Er hatte zwar in diesen Fällen ein Gutachten der Stadtverordneten einzuholen, welches ihn aber nicht band. Die Stadtverordnetenversammlung entschied bindend für den Magistrat, sofern der Beschluß den bestehenden Gesetzen nicht widersprach, in allen Angelegenheiten, welche sich lediglich auf den inneren Haushalt der Gemeinde bezogen, wie Festsetzung des Haushaltungsetats, Verpachtung oder Verwaltung, Verpfändung und Meliorationen von Grundstücken, Anstellung von Prozessen, Abschließung von Vergleichen, Verträge und außerordentliche Geldbewilligungen. Dem Magistrate stand jedoch, wenn er der Überzeugung war, daß ein Beschluß der Stadtverordneten dem Gemeinwohle nachteilig werden würde, das Recht des Widerspruchs zu, über den, wenn eine Einigung zwischen Magistrat und Stadtverordneten nicht zu Stande kam, die Regierung entschied. Bei Einführung neuer, Aufhebung oder Abänderung bestehender Einrichtungen war Übereinstimmung zwischen beiden städtischen Organen erforderlich. Kam eine solche nicht zu stande, so entschied ebenfalls die Regierung. Genehmigung des von dem Magistrate und den Stadtverordneten übereinstimmend gefaßten Beschlusses seitens der Regierung war erforderlich zur Veräußerung von städtischen Grundstücken und Sammlungen, Gemeinheitsteilungen, Anleihen und Ankauf von Grundstücken, Verwandlungen des Bürgernutzens in Kämmereivermögen.

Die Aufsicht über die städtische Verwaltung war eine doppelte, seitens der früheren Privatbesitzer der Stadt und seitens des Staates. Gehörten die Städte zu dem Landbezirke ehemals reichsunmittelbarer Stände, so sollten deren Rechte über die Stadtgemeinden nach der Instruktion vom 30. 5. 1820 und den besonderen Recessen beurteilt werden. Den übrigen Besitzern der Mediatstädte verblieben folgende Rechte: 1. Sie waren bei Abfassung des Statuts gutachtlich zu hören, um ihre eigenen Rechte wahrzunehmen und sich über das Interesse der Stadt zu äußern. 2. Sie bestätigten die Magistratsmitglieder. 3. Sie hatten in verschiedenen Fällen ihr Gutachten abzugeben, so bei Neubestimmung der Bürgerrechtsgelder und, wenn die Genehmigung der von den städtischen Behörden gefaßten Beschlüsse seitens der Regierung notwendig war. 4. Sie verwalteten die Polizei in der Stadt, konnten dieselbe aber nach vorheriger Einigung über den Kostenpunkt dem Magistrate übertragen.

Die Staatsaufsicht wurde durch die Regierungen ausgeübt. Diese waren berechtigt und verpflichtet, 1. sich die Überzeugung zu verschaffen, ob in jeder Stadt die Verwaltung den Gesetzen gemäß eingerichtet sei; 2. dafür zu sorgen, daß die Verwaltung fortwährend in dem vorgeschriebenen Gange bleibe und angezeigte Störungen beseitigt würden; 3. die Beschwerden einzelner über die Verletzung der ihnen als Mitglieder der Gemeinde zustehenden Rechte zu untersuchen und zu entscheiden; 4. die Stadtgemeinde zur Erfüllung ihrer Pflichten anzuhalten und 5. in den ihnen besonders überwiesenen Fällen eine Entscheidung zu treffen. In allen Gemeindeangelegenheiten ging der Rekurs an die Regierung und von den Entscheidungen dieser an die höhere Staatsbehörde. Der Rechtsweg gegen die Entscheidungen der Regierung war nur zulässig, wenn die Klage sich auf einen speziellen privatrechtlichen Titel gründete.

Die revidierte Städteordnung unterscheidet sich also fast nur dadurch von der von 1808, daß sie die Novellen zu derselben in den Text des Gesetzes aufnahm und eine wirksame staatliche Kontrolle, deren Mangel besonders in den kleineren Städten zu den ärgsten Mißständen geführt hatte, herstellte. Die einzige wesentliche Veränderung und zugleich der einzige Rückschritt gegenüber der Städteordnung von 1808 besteht in der Anerkennung des Rechtes der Patrimonialherren über die Verwaltung der Mediatstädte, die in den veränderten Ansichten über die Verwaltungsorganisation des flachen Landes und in der neuständischen Bewegung ihren Grund hatte.

Es war allerdings die Absicht, die revidierte Städteordnung allmählich im ganzen Staatsgebiete einzuführen, die Einführung erfolgte aber zunächst nur für die Städte der Provinz Brandenburg, in denen die Städteordnung von 1808 nicht galt, also für die zu der Provinz gehörigen ehemals sächsischen Gebietsteile. Den Städten, in denen die Städteordnung von 1808 galt, wurde die Wahl gelassen, ob sie diese beibehalten oder die revidierte Städteordnung annehmen wollten. Letzteres thaten nur die drei Städte Königsberg i. N.-M. 1832, Wendisch-Buchholz und Kremmen 1839. Ferner erfolgte die Einführung der revidierten Städteordnung durch Kabinettsordre vom 28. 4. 1831 für die Provinz Sachsen, soweit in ihr die Städteordnung von 1808 nicht galt, was im Herzogtum Magdeburg rechts der Elbe der Fall war, in der Provinz Westfalen zunächst durch Verleihung an die größeren Städte und zufolge Verordnung vom 31. 10. 1841 allgemein für die Gemeinden von über 2500 Einwohnern, in der Rheinprovinz für die Städte Wetzlar 1839, Essen und Mühlheim a./R. 1846, in der Provinz Posen nach und nach für die Städte von über 2500 Einwohnern.[1])

§ 3. Die Landgemeindeverfassung der östlichen Provinzen.

In der Steinschen Reformperiode hatte man die Absicht gehegt, auch für die Landgemeinden nach Beseitigung der patrimonialen Verwaltung eine neue Landgemeindeordnung zu erlassen. Die neue Verfassung der Landgemeinden mußte jedoch in engster Verbindung stehen mit der geplanten neuen Kreisverfassung. Bei beiden kam es hauptsächlich darauf an, die Verwaltung des flachen Landes nicht mehr wie bisher allein auf den adligen Großgrundbesitz, sondern auch auf den bäuerlichen Kleingrundbesitz zu stützen, beide Besitzklassen zur Verwaltung des flachen Landes gleichmäßig heranzuziehen. Vincke fand das Ideal einer solchen Verwaltung in der englischen Grafschaftsverfassung. Er wollte daher nach seinem Gutachten vom 4. 6. 1808 diese auf Preußen übertragen, indem er die Friedensrichter Landräte, die Constables Schulzen nannte, im übrigen aber die englische Verfassung fast unverändert beibehielt. Auch Stein war diesem Plane geneigt. Während derselbe sich aber noch in den ersten Vorbereitungsstadien befand, mußte Stein zurücktreten.

Die nach kurzer Unterbrechung folgende Hardenbergische Verwaltung richtete ihr Hauptaugenmerk auf die Befreiung des bäuerlichen Grundbesitzes vom Großgrundbesitze und ließ die Verfassung der Landgemeinden zunächst unberührt. Erst das Gensdarmerieedikt vom 30. 7. 1812 traf wie über die Kreisverfassung so über die Verfassung der Landgemeinden einige dürftige Bestimmungen, die nie zur Ausführung gekommen sind. Danach sollte die Ortspolizeiverwaltung von den Schulzen und Dorfgerichten ausgeübt werden, während die Gutsherren nur diese zu beaufsichtigen und bemerkte Mißstände den Kreisdirektoren anzuzeigen hatten. Da diese Bestimmungen des Gens-

1) v. Rönne, Die pr. Städteordnungen, S. 50

darmerieedikts, wie wir später sehen werden, sehr bald, ehe sie ausgeführt werden konnten, suspendiert wurden, so blieb die Landgemeindeordnung in der Verfassung, wie sie das Allgemeine Landrecht geregelt hatte.[1]) Diese Landgemeindeordnung wurde auch in denjenigen neu und wieder erworbenen Gebieten der östlichen Provinzen eingeführt, in denen das Landrecht überhaupt zur Einführung gelangte, jedoch mit Abänderungen für die Provinzen Sachsen und Posen.

Für die Teile der Provinz Sachsen, welche zum Königreich Westfalen gehört hatten, erklärte eine Verordnung vom 31. 3. 1833[2]) zwar ausdrücklich, daß auch die Landgemeindeordnung des A. L.-R. II, 7 §§ 18 bis 86 für eingeführt zu erachten sei. Da nun das A. L.-R. an dieser Stelle immer nur von der Gerichtsobrigkeit spricht, so konnten die den Gutsherrschaften gegenüber den Landgemeinden eingeräumten Rechte naturgemäß nur denjenigen Gutsherrschaften zustehen, welche die Patrimonialgerichtsbarkeit wieder erworben hatten. Der Besitz der gutsherrlichen Polizei und der Aufsicht über die Landgemeinden war also bedingt durch den Besitz der Patrimonialgerichtsbarkeit. Außerdem wurde aber das Recht der Patrimonialherren noch dadurch eingeschränkt, daß statt der nach §§ 33 bis 35 II, 7 A. L.-R. für gewisse Rechtsgeschäfte der Gemeinde, nämlich für den Erwerb unbeweglicher Güter durch lästigen Vertrag, die Eingehung einer Pachtung außerhalb der Feldflur, sowie zur Veräußerung von Gemeingründen und Gerechtigkeiten und zu Schulden erforderlichen Erlaubnis der Gerichtsobrigkeit die des Landrats verlangt wurde. Ferner war der Schulze dem Landrate zu präsentieren, welcher die Qualifikation prüfte und die Bestätigung erteilte.

Diejenigen Gutsbesitzer, welche die Gerichtsbarkeit nicht wieder erworben hatten, hatten das Recht und die Pflicht, die in § 37 II, 7 A. L.-R. bezeichneten polizeilichen Anstalten auf ihrem eigenen Grundbesitz unter Aufsicht des Landrats zu treffen, die Polizeigerichtsbarkeit stand ihnen dagegen nicht zu.

In Posen war die Patrimonialgerichtsbarkeit und damit nach damaliger Anschauung auch die gutsherrliche Polizei und das Recht der Aufsicht über die Landgemeinden beseitigt. Als Ersatz der gutsherrlichen Polizei wurden die Woytämter und später die Distriktkommissare eingeführt.[3]) Hinsichtlich des Schulzenamts bestimmte eine Kabinettsordre vom 16. 4. 1823,[4]) daß jedes Mitglied einer Landgemeinde, welches eine Vormundschaft nicht ablehnen

1) Vgl. Band II, S. 283 ff.
2) G. S. 1833, S. 61.
3) Vgl. das folgende Kap.
4) v. Kamptz, Annalen der inn. Verw. Bd. 7, S. 317.

dürfe, das Amt des Schulzen drei Jahre lang zu verwalten verpflichtet sei. Das Ernennungsrecht der Gutsherrschaften blieb damals trotz der ihnen mangelnden Gerichtsbarkeit noch unberührt. Dagegen ordnete eine Kabinettsordre vom 9. 3. 1833[1]) nach Bewältigung des polnischen Aufstandes an, die Vorsteher der hinsichtlich ihrer Eigentumsverhältnisse regulierten Ortsgemeinden seien von den selbständigen Gutsbesitzern und Gewerbtreibenden derselben unter dem Vorsitze des Woyts auf sechs Jahre zu wählen und von dem Landrate zu bestätigen, nachdem dieser das Gutachten der Gutsherrschaft eingeholt; in den nicht regulierten Ortsgemeinden sei der Schulze von der Gutsherrschaft zu wählen und vom Landrate zu bestätigen. An die Stelle der von den ständischen Rechten wegen des letzten polnischen Aufstandes suspendierten Gutsherren trat der Landrat, welcher den Schulzen ernannte. Jedes Gemeindeglied, welches eine Vormundschaft nicht ablehnen durfte, war zur Übernahme des Schulzenamtes auf drei Jahre verpflichtet. Der Schulze erhielt von der Gemeinde Ersatz für bare Auslagen und eine angemessene Remuneration.

Abgesehen von diesen Bestimmungen, die sich hauptsächlich gegen den staatsfeindlichen polnischen Adel richteten, kam auch in Posen die Landgemeindeordnung des A. L.-R. zur Durchführung.

§ 4. Das französische Gemeinderecht und seine Nachbildungen.

Das französische Gemeinderecht und seine Nachbildungen in mehreren Rheinbundsstaaten, welches in den preußischen Provinzen links der Elbe im Jahre 1815 fast ausschließlich herrschte, wurde zwar in den östlichen Provinzen sehr bald wieder verdrängt, hat aber einen maßgebenden Einfluß erlangt auf die westfälische Landgemeindeordnung von 1841 und die rheinische Gemeindeordnung von 1845, so daß es hier wenigstens in seinen Grundzügen darzustellen ist.

Die Unterwerfung der französischen Städte, die im Mittelalter gleich denen Deutschlands Staaten im Staate gebildet hatten, unter die Staatsgewalt war im wesentlichen erst unter Ludwig XIV. wie in Preußen unter Friedrich Wilhelm I. erfolgt. Diese Unterwerfung, parallel gehend mit der Vernichtung aller kommunalen Selbständigkeit, war aber in Frankreich in viel höherem Maße erfolgt als in Preußen. Während man sich hier in der Regel damit begnügte, die städtischen Behörden unter die strengste staatliche Aufsicht zu stellen, nur ausnahmsweise für einzelne Verwaltungszweige besondere staatliche Behörden anzuordnen, bildete letzteres in Frankreich die Regel.

1) A. a. O. Bd. 17, S. 119.

Für Paris wurden 1667, für alle Provinzialstädte 1679 königliche Lieutenants généraux de police ernannt, denen 1693 und 1699 besondere, allein von ihnen abhängige Polizeikommissare unterstellt wurden, so daß die städtische Polizeiverwaltung vollständig von den Städten auf den Staat überging. Die Steuerverteilung wurde 1692 ebenfalls staatlichen Beamten übertragen. Die städtische Verwaltung des Magistrats, Corps de ville genannt, wurde daher materiell auf ein äußerst geringes Gebiet beschränkt und auch hier unter die strengste Staatsaufsicht gestellt.

In den Landgemeinden hatte sich ähnlich wie in Preußen eine eigentliche Kommunalverwaltung unter der Patrimonialherrschaft gar nicht entwickeln können. Hier hatte jedes Kirchspiel nur einen jährlich wechselnden Beamten, dessen Hauptaufgabe in der Verteilung der Staatssteuern auf die einzelnen Dorfbewohner bestand und zwar bei den schon vor der Revolution im wesentlichen vollendeten Absterben der patrimonialen Gewalten unter Kontrolle der staatlichen Aufsichtsbehörden. Ein kommunales Leben war also in den französischen Landgemeinden in noch beschränkterem Maße vorhanden als in den Städten.

Die Revolution, deren Ziel die Durchführung der sozialen Reformen war, konnte selbstverständlich kommunale Körperschaften, die der Durchführung der Sozialreform nur Schwierigkeiten hätten bereiten können, nicht ins Leben rufen. Sie mußte nur die allgemeine Landesverwaltung der Gemeinden neu ordnen und zwar derart, daß die neuen Gemeindebehörden von der Centralverwaltung durchaus abhängig waren. Schon aus diesem Grunde war eine Unterscheidung von Stadt- und Landgemeinden nicht am Platze, indem die innere Verschiedenheit beider lediglich bei der korporativen Gestaltung der Kommunalverbände hervortreten muß. Notwendig war nur für jede Gemeinde ein staatlicher Exekutivbeamter und ein Gemeindeausschuß für gewisse einzelne Geschäfte in bescheidener Stellung.

In der ersten Zeit der Revolution hatte die konstituierende Versammlung im Jahre 1789 auf den Vorschlag von Sieyès auch die Kommunalverfassung neu geregelt nach den Prinzipien der Volkssouveränetät. Die Gemeindeverwaltung wurde daher einem Conseil général und einer Munizipalität übertragen, die beide unmittelbar vom Volke gewählt wurden und ohne jede gesetzliche Kontrolle als Organe des souveränen Volkes die Verwaltung führten. Diese Organisation, welche naturgemäß zur Auflösung aller staatlichen Ordnung führte, hatte die sozialen Errungenschaften der Revolution aufs schwerste gefährdet. Erst die Konsulatsverfassung vom 24. 12. 1799, die sog. Constitution de l'an VIII, und ein sich daran anschließendes Gesetz vom 28. Pluviose des Jahres VIII (17. 2. 1800), die Loi concernant la division du territoire français et l'administration,[1]) schuf wesentlich im Anschluß an das Verwaltungsrecht des ancien régime die Grundlagen der neuen Gemeindeverfassung.

Mitglieder der Gemeinde waren alle innerhalb derselben wohnenden Staatsbürger, neben dem allgemeinen Staatsbürgerrecht gab es kein besonderes Gemeindebürgerrecht. Jede Gemeinde erhielt einen Gemeinderat von 10 bis 30 Mitgliedern je nach der Bevölkerung, der nur berechtigt war, sich jährlich einmal am 15. Pluviose auf 14 Tage zu versammeln, um von der Rechnung über die Gemeindeeinnahmen und Ausgaben Kenntnis zu nehmen, sich darüber zu beraten und über die Bedürfnisse der Gemeinde, die zu machenden Anleihen, anzufangende oder fortzusetzende Rechtsstreite, die Oktroiabgaben, die zur Bestreitung der Lokalbedürfnisse erforderlichen Zusatzcentimen, über die Verwaltung des Gemeindevermögens und die für Rechnung der Gemeinde zu bewirkenden neuen Anlagen und Reparaturen seine Meinung abzugeben.

Schon die geringe Zeit, die der Gemeinderat überhaupt beisammen war, dann seine fast nur beratende Thätigkeit erklärt es, daß er einen entscheidenden Einfluß auf die Kommunalverwaltung nicht ausüben konnte. Dazu kam die eigentümliche Art der Zusammensetzung des Gemeinderats. Ursprünglich wurden die Mitglieder desselben einfach von der Regierung ernannt. Erst ein Senatuskonsult vom 16. Thermidor X bestimmte, in Städten mit wenigstens 5000 Einwohnern sei den Kantonalversammlungen, die ebenfalls ausschließlich unter Regierungseinfluß gebildet wurden, gestattet, aus den 100 höchstbesteuerten Staatsbürgern der Gemeinde zwei Individuen für jede Stelle des Gemeinderats vorzuschlagen, aus denen dann die Regierung ernannte. In Gemeinden von unter 5000 Einwohnern erfolgte die Ernennung ohne ein solches Vorschlagsrecht einfach durch den Präfekten. In allen Gemeinden sollte aber der Gemeinderat nach dem Senatuskonsult vom 16. Thermidor X alle zehn Jahre zur Hälfte erneuert werden. Der Gemeinderat charakterisiert sich daher als ein Zugeständnis des neuen Militärdespotismus an die besitzenden Klassen, denen wenigstens ein Scheineinfluß auf die Kommunalverwaltung eingeräumt wurde, ein Einfluß, der die Exekutive infolge der Zusammensetzung wie der geringen Befugnisse des Gemeinderats in keiner Weise behindern konnte.

Der staatliche Verwaltungsbeamte der Gemeinde, welcher ausschließlich

1) Bormann und Daniels, Handbuch der für die Kgl. preuß. Rheinprovinzen verkündeten Gesetze, Verordnungen und Regierungsbeschlüsse aus der Zeit der Fremdherrschaft, Köln 1834 bis 1837, Band 4, S. 124.

die Exekutive der Kommunalverwaltung und die allgemeine Landesverwaltung hatte, war der an die Stelle des Lieutnant général de police tretende Maire, dem zur Vertretung bei Abwesenheit, Krankheit oder sonstiger Behinderung ein oder zwei Beigeordnete und in Städten von über 5000 Einwohnern wie schon unter dem ancien régime ein oder mehrere Polizeikommissare zugegeben wurden. Die Ernennung der Maires, Beigeordneten und Polizeikommissare erfolgte, ohne daß irgend ein Vorschlagsrecht der Gemeinde bestanden hätte, in Gemeinden von über 5000 Einwohnern durch die Regierung, in kleineren Gemeinden durch den Präfekten. Während im inneren Frankreich jede Ortschaft einen Maire hatte, wurden in den Grenzdepartements, namentlich in den Rheinlanden, vielfach mehrere Orte unter einem Maire und einem Gemeinderate zu einer einzigen Gemeinde vereinigt.

Nach einem Konsularbeschluß vom 2. Pluviose IX (22. 1. 1801)[1]) war jeder Maire vermöge seines Amtes Mitglied und Vorsitzender des Gemeinderats, in seiner Vertretung einer der Beigeordneten, die sonst den Gemeinderatssitzungen nicht beiwohnen durften. Bei Vorlegung der Verwaltungsrechnungen hatte jedoch der Maire auf seinen Vorsitz zu verzichten und wurde durch ein in geheimer Abstimmung gewähltes Mitglied des Gemeinderats ersetzt. Eine noch engere Verbindung zwischen den Exekutivbeamten und dem Gemeinderate wurde durch das Senatuskonsult vom 16. Thermidor X hergestellt, indem der erste Konsul verpflichtet wurde, den Maire und die Beigeordneten unter den Mitgliedern des Gemeinderats auszuwählen. Die Ernennung des Maires sollte nach demselben Gesetze auf fünf Jahre erfolgen, jedoch nach Ablauf dieser Zeit eine neue Ernennung nicht ausgeschlossen sein. Der Maire bezog kein Gehalt, sondern nur Büreaukosten für die baren Auslagen.

Dem Maire lag die gesamte innere Verwaltung der Gemeinde ob. Er hatte also nicht nur die Kommunalverwaltung unter der beschränkten Mitwirkung des Gemeinderats, sondern auch ohne jegliche Mitwirkung desselben die Verteilung und den Empfang der direkten Steuern, die Leitung und Beaufsichtigung der Staats- und Kirchenbauten und die örtliche Polizei.

Bei dieser Konstruktion der Gemeindeverfassung, der ausschließlichen Handhabung der Gemeindeverwaltung durch einen Staatsbeamten, ergiebt sich die staatliche Aufsicht aus der Verpflichtung des Maires zum unbedingten Gehorsam gegen die Anordnungen der höheren Verwaltungsbehörde nicht nur in Bezug auf die allgemeine Landesverwaltung, sondern auch die Kommunalverwaltung. Von irgend welcher gesetzlich geschützten Selbständigkeit der

1) Bormann und Daniels, a. a. O. S. 210.

Gemeinden ist daher nicht die Rede; die höheren Verwaltungsbehörden, der Präfekt und das Ministerium entscheiden allein über die kommunalen Angelegenheiten der Gemeinden.

Diese büreaukratische Verwaltungsordnung, welche von jeder Selbstverwaltung der Gemeinden absah, war eben deshalb überall ohne Rücksicht auf die Verschiedenheit der Besitzverhältnisse, die bei der Selbstverwaltung zur Geltung kommen muß, in gleicher Weise möglich. Zunächst fand das französische Gemeinderecht Nachahmung in den beiden Rheinbundstaaten, welche nur napoleonische Sekundogenituren waren, in Westfalen und Berg.

Die Konstitution des Königreichs Westfalen vom 15. 11. 1807, Art. 37[1]) hatte sich auf die Bestimmung beschränkt, jede Munizipalität solle durch einen Maire verwaltet werden, und es solle in jeder Munizipalität ein Munizipalrat sein. Die weitere Ausführung enthielt das kgl. Dekret vom 11. 1. 1808, die Verwaltungsordnung enthaltend.[2])

Wie in Frankreich gab es kein besonderes Gemeinderecht, sondern nur ein allgemeines Staatsbürgerrecht. Für jede Gemeinde wurde ein Maire, je nach der Bevölkerung ein oder mehrere Adjunkten und in Gemeinden von über 5000 Einwohnern ein oder mehrere Polizeikommissare bestellt. Die Verwaltung stand allein dem Maire zu, dem Adjunkten nur vermöge Delegation oder bei Abwesenheit, Krankheit oder gesetzmäßiger Verhinderung des Maires. Die dem Maire unter Aufsicht und Inspektion der Präfekten und Unterpräfekten obliegenden Verrichtungen umfaßten die Kommunalverwaltung der Gemeinde und die örtliche Polizei, auch konnten ihm noch andere Zweige der Verwaltung, namentlich die Leitung der Erhebung der direkten Steuern und der öffentlichen Arbeiten übertragen werden. Zur Erledigung der Büreaugeschäfte war jedem Maire ein Sekretär beigegeben.

Dem Maire zur Seite stand ein Munizipalrat von acht bis zwanzig Mitgliedern. Der Maire war von Rechtswegen Mitglied und Vorsitzender des Munizipalrats, in Behinderungsfällen sollte ihn das der Ernennung nach älteste Mitglied desselben vertreten. Den Protokollführer ernannte der Munizipalrat aus seiner Mitte. Der Munizipalrat versammelte sich jeden 15. November auf zehn Tage, um die Rechnungen über die Munizipaleinnahmen und Ausgaben, welche der Maire dem sie endgültig abschließenden Unterpräfekten vorzulegen hatte, abzuhören und nötigenfalls darüber Monita zu machen. Hierbei hatte der Maire den Vorsitz im Munizipalrate abzugeben und war

1) Bulletin des lois du royaume de Westphalie, Gesetzbülletin des Königreichs Westfalen von 188, Teil I, S. 23.

2) A. a. O. S. 188, Tit. 3.

durch ein geheim mit absoluter Mehrheit gewähltes Mitglied zu ersetzen. Außerdem hatte der Munizipalrat über verschiedene örtliche Bedürfnisse zu beraten. Außer seiner ordentlichen Sitzung konnte er vom Präfekten außerordentlich berufen werden. Dies sollte namentlich geschehen, wenn es darauf ankam, über Erwerbungen und Veräußerungen unbeweglicher Güter, über die Verwendung von Verkaufssummen, rückgezahlter und beigetriebener Gelder und über angefangene oder fortzusetzende Prozesse sich zu äußern. Die Thätigkeit des Munizipalrats war aber in jeder Beziehung eine rein beratende. Seine Beschlüsse konnten nur auf Grund einer vom Präfekten auf das Gutachten des Unterpräfekten nach freiem Ermessen zu erteilenden Autorisation in Vollzug gesetzt werden.

Die Maires, Adjunkten, Polizeikommissare und Mitglieder des Munizipalrats wurden vom Könige ernannt. Den Sekretär ernannte in Gemeinden von über 4000 Einwohnern der König, in den anderen der Maire. Abweichend von der französischen Gemeindeverfassung bezogen im Kgr. Westfalen zufolge Dekrets vom 13. 12. 1808[1]) die Maires, Adjunkten, Polizeikommissare und Sekretäre ein festes, je nach der Größe der Gemeinden verschieden normiertes Gehalt aus der Gemeindekasse.

Im Großherzogtum Berg bildet die Grundlage der Gemeindeverfassung das Gesetz vom 18. 12. 1808,[2]) welches sich eng an das westfälische Recht anschließt. Jede Gemeinde hat einen Maire, einen oder mehrere Beigeordnete und, wenn sie über 5000 Einwohner zählt, einen oder mehrere Polizeikommissare, sowie einen Gemeinderat von acht bis zwanzig Mitgliedern. Die diesen Behörden obliegenden Amtsverrichtungen in Bezug auf die Verwaltung des Innern, der Polizei, des Kriegswesens, der Finanzen, der streitigen Verwaltungsgegenstände und der Verteilung der öffentlichen Abgaben, ihr wechselseitiges Dienstverhältnis und ihre Gehälter werden in analoger Weise bestimmt wie in Westfalen.

Nach Beseitigung der Fremdherrschaft erfuhr die in den ehemals bergischen Gebietsteilen herrschende Gemeindeverfassung nur insofern eine Veränderung, als nach einer Verordnung des provisorischen Generalgouverneurs von Berg, Justus Gruner, vom 8. 12. 1813[3]) die Maires den Titel Bürgermeister erhielten mit Ausnahme desjenigen von Düsseldorf, der als Ober-

---

1) Bulletin des lois, Gesetzbülletin v. 1808, Teil III, S. 523.

2) Scotti, Sammlung der Gesetze und Verordnungen, welche in den ehemaligen Herzogtümern Jülich, Kleve und Berg und in dem vormaligen Großherzogtum Berg ergangen sind, Düsseldorf 1822, III, S. 1180, Nr. 3045.

3) A. a. O. S. 1525, Nr. 3458.

bürgermeister bezeichnet wurde, die Munizipalräte in den Städten die Benennung Stadträte, in den Landgemeinden Schöffen, ohne daß allgemein bestimmt wurde, welche Gemeinden als Städte und welche als Landgemeinden aufzufassen seien. In derselben Weise wurden die französischen Bezeichnungen durch deutsche ersetzt in dem Generalgouvernement des Niederrheins, welches die Departements Roer, Ourthe und Niedermaas und seit Juni 1814 das ganze an Preußen gefallene linke Rheinufer umfaßte, zufolge einer Verordnung vom 11. 3. 1814.[1]) Den Titel eines Oberbürgermeisters erhielt hier der Maire von Aachen. Auch in den sofort unter preußische Verwaltung zurückkehrenden Gebietsteilen der Provinzen Sachsen und Westfalen fand diese Veränderung der Namen statt, während die Gemeindeverfassung unverändert blieb.

Im Großherzogtum Hessen wurde am 1. 6. 1811 eine neue Gemeindeordnung[2]) nach französischem Vorbilde erlassen, welche sich von dem französisch-westfälischen Gemeinderecht fast nur dadurch unterschied, daß der Maire Schultheiß hieß, und daß der Gemeinderat von der Gemeinde gewählt wurde. Eine ähnliche Gemeindeordnung war 1809 für das Herzogtum Warschau erlassen worden.

Nach der Restauration des preußischen Staates im Jahre 1815 herrschte nun, was die neu und wieder erworbenen Provinzen anbetrifft, soweit überhaupt ein kodificiertes Gemeinderecht vorlag, was in Neuvorpommern, den ehemals sächsischen Gebieten und dem rechtsrheinischen Teile des Regierungsbezirks Koblenz nicht der Fall war, ausschließlich das französische Gemeinderecht mit seinen Nachbildungen. In den ehemals warschauischen Gebietsteilen von Posen und Westpreußen galt die warschauische Verfassung von 1809, in dem linkselbischen Teile der Provinz Sachsen, soweit er nicht zum Königreich Sachsen gehört hatte, und im Gebiete von Paderborn die westfälische Gemeindeordnung, in Berg, Essen, Werden und der Grafschaft Mark die bergische, im Herzogtum Westfalen und den beiden Grafschaften Sayn und Wittgenstein die hessische Gemeindeordnung, während auf dem linken Rheinufer und in dem Rest der Provinz Westfalen, der zu Frankreich gehört hatte, die französische Gemeindeverfassung herrschte. In den Landgemeinden der östlichen Provinzen wurde das fremde Recht sofort durch das Allgemeine Landrecht verdrängt, in den Städten der östlichen Provinzen und der Provinz Westfalen, sowie in einigen rheinischen Städten durch die revidierte Städte-

---

1) A. a. O. S. 1577, Nr. 3491.

2) Scotti, Kurkölnische Gesetzsammlung, Düsseldorf 1830/31, II, 2, S. 594, Nr. 443.

ordnung von 1831. Nur in den Städten der Provinz Posen von unter 2500 Einwohnern erhielt sich die warschauische Verfassung, in den Landgemeinden der Provinz Westfalen und den Gemeinden der Rheinprovinz die verschiedenen fremden Kodifikationen.

§ 5. Die Landgemeindeordnung für Westfalen von 1841.

In der Provinz Westfalen waren, nachdem für die Städte die revidierte Städteordnung zur Einführung gelangt war, für die Landgemeinden nicht weniger als vier Gemeindeordnungen, die französische, bergische, westfälische und hessische in Kraft. Schon um diese zahllosen Varianten zu beseitigen, war eine einheitliche Landgemeindeordnung für Westfalen erforderlich. Die Landgemeindeordnung des A. L.-R. konnte hier nicht zur Einführung gelangen, da in Westfalen die patrimonialen Elemente bereits seit mehr als einem Menschenalter beseitigt waren, auch eine Wiederherstellung derselben bei dem Vorwiegen des Kleingrundbesitzes und der Industrie unmöglich schien. Bereits 1833 wurde daher dem westfälischen Provinziallandtage der Entwurf einer Landgemeindeordnung vorgelegt, der nach nochmalizer eingehender Beratung im Staatsrate am 3. 10. 1841 publiziert wurde.[1])

Die neue Landgemeindeordnung hielt die durch die fremde Gesetzgebung erfolgte Beseitigung der patrimonialen Elemente auch fernerhin aufrecht und schuf unter Aufhebung der fremdherrlichen und großherzoglich hessischen Gesetze eine Gemeindeverfassung, die ungefähr in der Mitte stand zwischen dem in den östlichen Provinzen herrschenden Systeme der reinen obrigkeitlichen und kommunalen Selbstverwaltung und den französischen Bürgermeistereien.

Als Gemeinden wurden konstituiert die Orte (Dörfer, Bauerschaften und Kirchspiele), welche für ihre Kommunalbedürfnisse einen eigenen Haushalt hatten, sei es auf Grund eines besonderen Etats oder einer Abteilung der Bürgermeisterei oder des Kantons. Zu den Gemeinden, denen die Rechte öffentlicher Korporationen beigelegt wurden, gehörten alle Einwohner des Gemeindebezirks, sowie alle Güter desselben, einzelne Besitzungen, die nicht Rittergüter waren, mußten mit einer Gemeinde vereinigt werden. Den Rittergutsbesitzern wurde dagegen das Zugeständnis gemacht, daß ihre Besitzungen, welche unter der Fremdherrschaft durchgängig mit den Landgemeinden vereinigt worden waren, von denselben wieder unter Übereinstimmung beider Teile getrennt werden konnten. Kam eine Vereinbarung des Rittergutsbesitzers mit der Gemeinde hierüber nicht zu stande, so war die Entscheidung dem Minister des Innern vorbehalten.

---

1) G. S. 1841, S. 297.

Mitglieder der Landgemeinden waren 1. sämtliche selbständigen Einwohner derselben, 2. die in der Gemeinde mit einem Hause angesessenen Personen, 3. diejenigen, welche das Gemeinderecht besonders erlangt hatten. Es wurde also nach französischem Vorbilde die gesamte Einwohnerschaft der Gemeinde mit dem Gemeindebürgerrechte beliehen, ohne daß wie in den fast ausschließlich Ackerbau treibenden Landgemeinden der östlichen Provinzen der Grundbesitz zur Bedingung der Mitgliedschaft gemacht wurde. Die Teilnahme an den Wahlen und den öffentlichen Geschäften, also die politischen Gemeinderechte, welche als das Gemeinderecht bezeichnet wurden, stand aber nicht allen Gemeindemitgliedern zu, sondern nur 1. den Meistbeerbten und 2. den besonders mit dem Gemeinderecht beliehenen Personen. Zu den Meistbeerbten gehörten die Gemeindeglieder, die im Gemeindebezirke mit einem Hause angesessen waren und eine Steuer im Mindestbetrage von zwei bis fünf Thalern entrichteten. Die Festsetzung des Mindestbetrages erfolgte durch den Oberpräsidenten nach Vernehmung der Gemeindebehörden. Die Ausübung des Gemeinderechts durch die Meistbeerbten und die besonders damit Beliehenen war geknüpft an drei Bedingungen, männliches Geschlecht, ein Alter von 24 Jahren und unbescholtenen Ruf. Im Gegensatz zu den Städteordnungen war eine Stellvertretung der Ehefrauen durch ihre Ehemänner, der Unmündigen durch ihre Vormünder, der Witwen durch ihre Söhne, der Rittergutsbesitzer durch ihre Pächter gestattet, es lag also der Gemeinderepräsentation nicht die Idee einer Verpflichtung zum persönlichen Dienste, sondern einer Vertretung der Steuerzahler zu Grunde.

Die Vertretung der kleineren Gemeinden erfolgte durch die Inhaber des Gemeinderechts in Person, die der größeren durch Gemeindeverordnete. Zu letzteren gehörten stets die im Gemeindeverbande verbliebenen Rittergutsbesitzer, außerdem von den Inhabern des Gemeinderechts gewählte Mitglieder, deren Zahl von dem Oberpräsidenten nach Vernehmung der Gemeindebehörden auf sechs bis achtzehn festzusetzen war. Die Wahl erfolgte auf sechs Jahre derart, daß alle drei Jahre die Hälfte ausschied.

Der Gemeindevorsteher wurde wie nach der französischen Kommunalverfassung in kleineren Gemeinden aus den Meistbeerbten, in größeren aus den Gemeindeverordneten vom Landrate nach eingeholtem Gutachten des Amtmanns auf sechs Jahre ernannt und hatte sein Amt unentgeltlich zu verwalten.

Die Landgemeinde ist lediglich ein Kommunalbezirk, mit der allgemeinen Landesverwaltung ist der Gemeindevorsteher nur insofern befaßt, als er den Anordnungen des Amtmanns, dessen Hilfsorgan er war, Folge leisten mußte. Die Verfassung der Gemeinden schließt sich also in allen wesentlichen Punkten an das französische Recht an, welches die westfälische Landgemeindeordnung in zwiefacher Hinsicht fortbildete, durch die Wahl des Gemeinderats seitens der Gemeindeglieder und durch das Erfordernis eines gewissen Grundbesitzes für die Ausübung der politischen Gemeinderechte.

Ein oder mehrere Landgemeinden und selbständige Rittergüter wurden als Samtgemeinde zusammengelegt zu einem Amte unter einem Amtmanne. Wenn auch schon durch das fremde Recht vielfach mehrere Ortschaften zu einer Gemeinde vereinigt waren, so war doch die Vereinigung mehrerer Gemeinden zu einer Samtgemeinde ein Unternehmen, welches jetzt zuerst versucht wurde. Als Amtsbezirke sollten zunächst die bestehenden Bürgermeistereien, Kantons und ähnliche Verwaltungsbezirke bestehen bleiben.

Der Amtmann, der in den aus einer Landgemeinde bestehenden Ämtern zugleich Gemeindevorsteher sein mußte, in anderen Ämtern zugleich Gemeindevorsteher der Gemeinde, in der er seinen Wohnsitz hatte, sein konnte, wurde nach erfordertem Gutachten des Landrats von der Regierung ernannt. Er erhielt eine Besoldung und eine Dienstkostenentschädigung, die 3 Sgr. und, wo er zugleich Gemeindevorsteher war, 4 Sgr. jährlich auf den Kopf der Bevölkerung nicht übersteigen sollten. Die Hauptaufgabe des Amtmanns bestand in der örtlichen Polizeiverwaltung des Amtsbezirks, wobei der Gemeindevorsteher als sein Hilfsorgan thätig war. Beiden Beamten war außerdem die Polizeigerichtsbarkeit übertragen, dem Amtmanne ganz allgemein, dem Gemeindevorsteher in Ortspolizeikontraventionen, die mit einer Geldstrafe von höchstens einem Thaler bedroht waren. Ausgenommen von der Polizeigewalt des Amtsmanns waren nur die standesherrlichen Gebiete, in denen nach der Instruktion vom 30. 5. 1820 die niedere Polizei bis zu der Grenze, wo solche von den Regierungen ausgeübt wurde, sowie die Polizeigerichtsbarkeit den Standesherren und ihren Behörden zustand.

Das Amt konnte nun aber außer einem Bezirke für die allgemeine Landesverwaltung zugleich einen Kommunalverband bilden. Was Gegenstand der Kommunalverwaltung war, sollte, soweit nicht besondere gesetzliche Bestimmungen bestanden, durch Beschluß der Amtsversammlung mit Genehmigung der Regierung festgestellt werden. Lediglich für die Kommunalverwaltung stand dem Amtmann eine Amtsversammlung zur Seite, welche in den aus einer Gemeinde bestehenden Ämtern identisch war mit der Gemeindeversammlung, in den anderen Ämtern bestand aus sämtlichen Rittergutsbesitzern und Gemeindevorstehern und ausgewählten Abgeordneten, deren in der Regel jede Gemeinde einen wählen sollte.

Gemeinde und Amt stehen sich also bezüglich der Kommunalverwaltung gegenüber als engerer und weiterer Gemeindeverband, beide sind vollkommen einander entsprechende Bildungen. Hinsichtlich der Polizeiverwaltung handeln

Gemeindevorsteher und Amtmann ganz unabhängig von der Gemeinde und deren Vertretung als Staatsbehörden, der Amtmann beaufsichtigt außerdem als unmittelbare Staatsbehörde die Kommunalverwaltung der einzelnen Gemeinden.

Die Gemeinde und in der Regel das Amt bildet aber gleichzeitig einen Kommunalverband, und hier tritt die Gemeinde-, bezw. Amtsversammlung in Thätigkeit. Diesen beiden Gemeindevertretungen liegt ob die Beschließung über alle dem Gemeindevorsteher und Amtmann nicht ausschließlich überwiesenen Gemeindeangelegenheiten, namentlich die Feststellung der Haushaltungsetats, die Kontrolle der Verwaltung und der Ausführung ihrer Beschlüsse, insbesondere bezüglich der Verwendung der Geldeinnahmen und der Ausführung der Gemeindearbeiten. Für die Kommunalbesteuerung seitens der Gemeinden wie der Ämter galten die für das ganze Staatsgebiet erlassenen gesetzlichen Bestimmungen.[1]) Die Ausführung der Beschlüsse der Versammlung gebührte allein dem Gemeindevorsteher bezw. dem Amtmanne.

Die staatliche Aufsicht gestaltet sich verschieden je nach dem die Gemeindeorgane als Polizei- oder als Kommunalbehörden thätig sind. Hinsichtlich der Polizeiverwaltung hat der Amtmann, dem als Hilfsorgan der Gemeindevorsteher untergeordnet ist, unbedingt nach den Anweisungen der höheren Polizeibehörde, also des Landrats, zu handeln.

Denselben Charakter hatte nach französischem Gemeinderecht die Kontrolle der Kommunalverwaltung, da der Gemeinderat keine entscheidende, sondern nur eine beratende Stimme hatte, und der Maire als staatliches Organ die Kommunalverwaltung führte. Letzteres ist auch nach der westfälischen Landgemeindeordnung der Fall, dagegen ist die Thätigkeit des Gemeinderats keine lediglich beratende mehr, sondern Gemeindevorsteher wie Amtmann haben die Kommunalverwaltung in Gemäßheit der Beschlüsse der Gemeinde- bezw. Amtsversammlung zu führen. Sollte die entscheidende Thätigkeit der Kommunalversammlungen kein leerer Wahn sein, so mußte sich die staatliche Aufsicht auf eine Prüfung der Gesetzmäßigkeit der Beschlüsse beschränken, durfte sich aber nicht wie bei der Polizeiverwaltung und nach der französischen Gemeindeverfassung auch bei der Kommunalverwaltung auf die Zweckmäßigkeit erstrecken. Demgemäß bestimmt die Landgemeindeordnung, daß die staatliche Aufsicht durch die Regierungen und die Landräte als deren Kommissare auszuüben sei. Dieselben hätten das Recht und die Pflicht: a. sich darüber, ob in jedem Amte und jeder Gemeinde die Verwaltung nach den Gesetzen überhaupt und nach dem gegenwärtigen Gesetze insbesondere eingerichtet sei, die

---

1) S. S. 25 ff.

Überzeugung zu verschaffen; b. dafür zu sorgen, daß die Verwaltung fortwährend in dem vorgeschriebenen Gange bleibe und Störungen vermieden würden; c. Beschwerden einzelner über die Verletzung der ihnen als Mitglieder zustehenden Rechte zu untersuchen und zu entscheiden; d. die Ämter und Gemeinden zur Erfüllung ihrer Pflichten anzuhalten; e. die ihnen besonders überwiesenen Fälle zu entscheiden. Von der Entscheidung der Regierung fand der Rekurs an die höheren Behörden statt. Der Rechtsweg war nur zulässig auf Grund eines speziellen Privatrechtstitels.

Die westfälische Landgemeindeverfassung stellt sich also dar als eine zweckmäßige Fortbildung der französischen Kommunalverfassung im Sinne einer größeren Selbständigkeit der Gemeinden, die beiden Städteordnungen von 1808 und 1831 erreicht sie in keiner Hinsicht, namentlich hat sie eine obrigkeitliche Selbstverwaltung der Gemeinden, eine Verpflichtung zum persönlichen Dienste für Staat und Gemeinde nicht geschaffen.

§ 6. Die Gemeindeordnung für die Rheinprovinz von 1845.

Anfangs hatte die Absicht bestanden, die revidierte Städteordnung von 1831 auch in den Städten der Rheinprovinz einzuführen, und thatsächlich erfolgte die Einführung auch in einigen rheinischen Städten.[1]) Es gab sich aber in der Rheinprovinz, die mit dem französischen Rechte am meisten verwachsen war, der in vorwiegend industriellen Gegenden bei einer gleichen Beschäftigungsart von Stadt und Land natürliche Wunsch zu erkennen, die bisherige Gleichstellung der Stadt- und Landgemeinden auch fernerhin beizubehalten.[2]) So erging denn nach dem Muster der westfälischen Landgemeindeordnung am 23. 7. 1845 eine Gemeindeordnung für die Rheinprovinz mit Ausnahme der wenigen Städte, in denen die revidierte Städteordnung galt, wesentlich im Anschluß an das französische Recht.

Wie in der westfälischen Landgemeindeordnung waren auch hier den Mediatisierten ihre Rechte vorbehalten. Jede Ortschaft, die einen selbständigen Haushalt hatte, bildete eine Gemeinde unter einem Gemeindevorsteher, eine oder mehrere Gemeinden eine Bürgermeisterei, die zugleich ein weiterer Kommunalverband mehrerer Gemeinden sein konnte. In diesem Falle wurden die Gegenstände der Kommunalverwaltung, soweit sie nicht gesetzlich besonders bestimmt wurden, durch Beschluß der Bürgermeistereiversammlung mit Ge-

---

1) S. S. 33 ff.

2) Über die Bedeutung einer gemeinsamen Gemeindeordnung für Stadt und Land vgl. die folgende Periode Kap. I § 2.

3) G. S. 1845, S. 523.

nehmigung der Regierung festgestellt. Die wesentliche Abweichung vom bisherigen französischen Rechte liegt also in der Bildung der Samtgemeinden.

Mitglieder einer Gemeinde waren: 1. alle selbständigen Einwohner derselben mit Ausnahme der servisberechtigten aktiven Militärpersonen, 2. die mit einem Wohnhause in der Gemeinde Angesessenen, 3. diejenigen, welche das Gemeinderecht besonders erlangt hatten. Die politischen Gemeinderechte standen aber wie in den westfälischen Landgemeinden nicht allen Gemeindegliedern zu, sondern nur den Meistbeerbten und denen, welchen das Gemeinderecht besonders verliehen war. Zu den Meistbeerbten gehörten in den auf dem Provinziallandtage unter den Städten vertretenen Gemeinden, in denen die Schlacht- und Mahlsteuer eingeführt war, die Gemeindemitglieder mit einem Einkommen, dessen Mindestbetrag auf 200 bis 600 Thlr. festzusetzen war, in den anderen auf dem Provinziallandtage unter den Städten vertretenen Gemeinden diejenigen Gemeindeglieder, welche eine Grundsteuer im Mindestbetrage von 2 bis 10 Thlrn. oder eine Klassensteuer von 4 bis 12 Thlrn. jährlich entrichteten, in den Landgemeinden die mit einem Wohnhause Angesessenen, welche eine Grundsteuer im Mindestbetrage von 2 bis 10 Thlrn. zahlten. Die Feststellung des zur Ausübung der politischen Gemeinderechte erforderlichen Mindesteinkommens bezw. der Mindeststeuer erfolgte durch den Oberpräsidenten nach Anhörung des Gemeinderats. Außerdem konnte das Gemeinderecht, auch ohne daß der erforderliche Census vorhanden war, durch den Gemeinderat besonders verliehen werden. Persönliches Erfordernis zur Ausübung der politischen Rechte war ferner das Alter von 24 Jahren, preußische Staatsangehörigkeit und unbescholtener Ruf.

In Gemeinden, die nicht mehr als achtzehn Inhaber des Gemeinderechts zählten, bildeten diese den Gemeinderat, in anderen Gemeinden bestand er aus von den Inhabern des Gemeinderechts auf sechs Jahre gewählten Gemeindeverordneten. Die Wahl erfolgte nach dem Dreiklassensystem, welches hier zum erstenmale auftaucht. Der Gemeindevorsteher wurde auf Vorschlag des Bürgermeisters vom Landrate auf sechs Jahre aus den Mitgliedern des Gemeinderats ernannt.

Ein oder mehrere Gemeinden bildeten eine Bürgermeisterei unter einem Bürgermeister. Dieser mußte zugleich Gemeindevorsteher sein, wenn die Bürgermeisterei nur aus einer Gemeinde bestand, und konnte, wenn dies nicht der Fall, zugleich Gemeindevorsteher der Gemeinde seines Amtssitzes sein. Die Ernennung des Bürgermeisters erfolgte auf Vorschlag des Landrats durch die Regierung, wobei besonders auf angesehene Grundbesitzer der Bürgermeisterei und andere Personen, die das Vertrauen der Eingesessenen genossen, Rücksicht genommen werden sollte. Zur Unterstützung und Vertretung in

Behinderungsfällen waren dem Bürgermeister zwei auf Vorschlag des Landrats für sechs Jahre von der Regierung ernannte Beigeordnete untergeben.

Für die Kommunalangelegenheiten bestand in jeder Bürgermeisterei eine Bürgermeistereiversammlung, zusammengesetzt aus den Grundbesitzern, welche wenigstens 50 Thlr. jährlich an Hauptgrundsteuer zahlten, aus den Gemeindevorstehern der Bürgermeisterei und vom Gemeinderate aus seiner Mitte gewählten Abgeordneten, deren jede Gemeinde wenigstens einen entsandte, und die vom Landrate zu bestätigen waren. In den aus einer Gemeinde bestehenden Bürgermeistereien bildete der Gemeinderat zugleich die Bürgermeistereiversammlung.

Die Gemeinde war zu allen Leistungen verpflichtet, welche das Gemeindebedürfnis erforderte, und die Gemeindeangehörigen mußten diese Leistungen aufbringen, sofern die Einkünfte des Gemeindevermögens nicht ausreichten. Die besonderen Bestimmungen über die Kommunalbesteuerung[1]) galten auch für die Rheinprovinz. Über die Art der Aufbringung hatte der Gemeinderat mit Genehmigung der Regierung zu beschließen.

Der Gemeinderat konnte nur zusammentreten auf Berufung des Bürgermeisters oder des von diesem beauftragten Gemeindevorstehers. Der Bürgermeister führte den Vorsitz und hatte bei Stimmengleichheit die entscheidende Stimme, aber kein Stimmrecht, wenn er nicht zugleich Gemeindevorsteher war. Der Gemeindevorsteher hatte als Mitglied des Gemeinderats stets Stimmrecht, den Vorsitz und die entscheidende Stimme nur, wenn er vom Bürgermeister mit seiner Vertretung beauftragt war. Der Gemeinderat faßte Beschluß über die von der Gemeinde zu bestreitenden Ausgaben und zu leistenden Dienste, durfte aber die zur Erfüllung der Pflichten der Gemeinde gegen den Staat, gegen Institute und Privatpersonen notwendigen nicht verweigern. Sofern es sich um Angelegenheiten handelte, die sich auf Erfüllung der Pflichten der Gemeinde bezogen, hatte der Gemeinderat nicht einmal eine entscheidende Stimme, sondern sein Gutachten war nur soweit zu beachten, als es den Zwecken entsprechend und mit den allgemeinen Staatsgrundsätzen vereinbar war. Für die Angelegenheiten, welche das Interesse der Gemeinde, namentlich die Vermögensverwaltung betrafen, war zwar der Beschluß des Gemeinderats entscheidend. Der Bürgermeister hatte aber die Ausführung zu versagen und an den Landrat zu berichten, wenn der Beschluß den Gesetzen widersprach oder dem Gemeinwohl nachteilig war. Kam dann eine Einigung nicht zu stande, so entschied die Regierung. Die Aufstellung der Etats erfolgte durch den Bürgermeister, die Feststellung durch den Gemeinderat. Der

---

1) S. S. 25 ff.

Landrat konnte aber die Ausführung der Etats suspendieren, um die Entscheidung der Regierung einzuholen. Der Bürgermeister hatte dafür zu sorgen, daß die Verwaltung nach dem Etat geführt wurde, außerordentliche Ausgaben bedurften der Genehmigung des Gemeinderats und des Landrats.

Die freiwillige Veräußerung von Grundstücken und Gerechtigkeiten konnte nur erfolgen auf Antrag des Gemeinderats mit Genehmigung der Regierung, die von Sachen, die einen wissenschaftlichen oder Kunstwert hatten, mit Genehmigung des Ministers des Innern.

Die Bürgermeistereiversammlung hatte für die auf die Bürgermeisterei übertragenen Kommunalangelegenheiten dieselben Rechte und Pflichten wie der Gemeinderat. Gegen die Entscheidung des Bürgermeisters fand der Rekurs an den Landrat, von diesem an die Regierung und weiter an den Oberpräsidenten statt. Die Einlegung des Rekurses war an eine Notfrist von vier Wochen geknüpft.

Die Gemeindeordnung hält sich also fast durchweg an das französische Vorbild. Der einzige Fortschritt ist die Zusammenlegung der kleineren Gemeinden zu Samtgemeinden. Von einer kommunalen Selbstverwaltung der Gemeinden finden sich kaum einzelne Spuren. Die Exekutive steht allein den ohne Einwirkung der Gemeinde staatlicherseits bestellten Bürgermeistern und Gemeindevorstehern zu. Der Gemeinderat hat zwar angeblich in Gemeindeangelegenheiten eine entscheidende Stimme, seine Entscheidung kann aber unter der Behauptung, daß sie gesetzwidrig oder der Gemeinde schädlich sei, jederzeit von der oberen Verwaltungsbehörde kassiert werden. Der Gemeinderat hat daher nur die Stellung einer Notabelnversammlung, mit der auch seine Zusammensetzung aus den wohlhabendsten Klassen der Gemeinde im Einklang steht. Es entspricht diese Gemeindeverfassung nicht derjenigen Preußens im 18. Jahrhundert, wo eine kommunale Selbständigkeit wenn auch unter schärfster staatlicher Kontrolle fortbestand, es ist durchaus das Recht Frankreichs, das unter dem alten Regiment zu einer fast vollständigen Vernichtung der Kommunen gelangt war und während der Revolution die Gemeinden als Kommunalverbände thatsächlich beseitigte. Es ist allerdings sehr die Frage, ob auf dem flachen Lande der rheinischen Industriebezirke mit ihrer fluktuierenden Arbeiterbevölkerung etwas anderes als das französische Bürgermeistereisystem möglich war, in den Städten war jedenfalls, wie dies die teilweise erfolgte Einführung der revidierten Städteordnung gerade in den Industriebezirken zeigt, eine lebensfähige Selbstverwaltung kein Ding der Unmöglichkeit. Aber das Interesse der Büreaukratie begegnete sich hier mit dem der rheinischen Industriellen, die vor allem eine verschiedene Behandlung von Stadt und Land verhüten wollten, und so blieb das französische System erhalten.

Da die kommunale Selbständigkeit der Gemeinden sich schon in den allerengsten Grenzen bewegt, so kann natürlich von einer obrigkeitlichen Selbstverwaltung noch viel weniger die Rede sein. Die örtliche Polizei übt der Bürgermeister unter Beistand der Gemeindevorsteher aus, er ist wie der französische Maire ein reiner Staatsbeamter. Die Büreaukratie ist also bis in die untersten Kreise des staatlichen Lebens vorgedrungen.

In den Städten und Landgemeinden Neuvorpommerns und Rügens blieb die bisherige auf einzelnen Statuten, städtischen Reglements, Dorfordnungen und Gewohnheitsrecht beruhende Gemeindeverfassung bestehen, die im allgemeinen derjenigen der östlichen Provinzen Preußens im 18. Jahrhundert entspricht. Charakteristisch ist namentlich der städtischen Verfassung, daß Gerichtsbarkeit und Polizei eigene Rechte der Kommunen blieben, während in den übrigen Provinzen die eigene Gerichtsbarkeit der Städte ganz verschwand, die Polizei ihnen ferner nicht mehr als Gegenstand ihrer kommunalen Verwaltung aus eigenem Rechte, sondern nur kraft staatlichen Auftrags zustand. Da die Verfassung jeder einzelnen Ortschaft in Neuvorpommern besonders geregelt ist, so ist eine genauere Darstellung derselben nicht möglich.

Kap. III. Die Kreisverwaltung.

Seit den Zeiten Friedrichs des Großen waren die Kreise allgemein die untersten Verwaltungsbezirke des preußischen Staates, seit 1772 war es Grundsatz, in jeder neuen Erwerbung sofort die Kreiseinteilung einzuführen, während die Kreisverfassung der einzelnen Provinzen allerdings je nach der Verschiedenheit der Besitzverhältnisse noch ziemlich mannigfaltig war. In der Zeit der Reform von 1808 bis 1812 hatte man auch keinen Augenblick daran gedacht, die altbewährte Kreiseinteilung aufzugeben, nur die Verwaltung der Kreise sollte verbessert werden, und nach der Restauration des Staates war es einer der ersten Schritte, in den neu und wieder erworbenen Gebieten die Kreiseinteilung durchzuführen. Für die alten Provinzen hatte schon das Gensdarmerieedikt vom 30. 7. 1812[1]) eine neue Kreiseinteilung in Aussicht genommen, nach welcher das Land aus einer angemessenen Zahl geographisch abgerundeter, möglichst gleicher Kreise bestehen sollte. Diese Neueinteilung in den alten wie in den neuen Provinzen erfolgte sofort nach Beendigung der

---

1) G. S. 1812, S. 142

Freiheitskriege in den Jahren 1816 und 1817 und wurde durch die Amtsblätter der einzelnen Regierungen publiziert.

Nach dieser allgemeinen neuen Kreiseinteilung zerfällt:

1. der Regierungsbezirk Königsberg in 20 Kreise, Memel, Fischhausen, Stadtkreis Königsberg, Landkreis Königsberg, Labiau, Wehlau, Gerdauen, Rastenburg, Friedland, Pr. Eylau, Heiligenbeil, Braunsberg, Heilsberg, Rössel, Allenstein, Ortelsburg, Neidenburg, Osterode, Mohrungen und Pr. Holland;

2. der Regierungsbezirk Gumbinnen in 16 Kreise, Heidekrug, Niederung, Tilsit, Ragnit, Pilkallen, Stallupönen, Gumbinnen, Insterburg, Darkehmen, Angerburg, Goldap, Oletzko, Lyck, Lötzen, Sensburg und Johannisburg;

3. der Regierungsbezirk Danzig in 8 Kreise, Elbing, Marienburg, Stadtkreis Danzig, Landkreis Danzig, Stargardt, Berent, Karthaus und Neustadt;

4. der Regierungsbezirk Marienwerder in 13 Kreise, Stuhm, Marienwerder, Rosenberg, Löbau, Strasburg, Thorn, Kulm, Graudenz, Schwetz, Konitz, Schlochau, Flatow und Deutsche Krone;

5. der Regierungsbezirk Posen in 17 Kreise, Wreschen, Pleschen, Schroda, Schrimm, Kosten, Buk, Posen, Obornik, Samter, Birnbaum, Meseritz, Bomst, Fraustadt, Kröben, Krotoschin, Adelnau und Schildberg (poln. Ostrzeszow);

6. der Regierungsbezirk Bromberg in 9 Kreise, Czarnikau, Chodziesen, Wirsitz, Bromberg, Schubin, Inowraclaw, Mogilno, Gnesen und Wongrowiecz;

7. der Regierungsbezirk Köslin in 10 Kreise, Schievelbein, Dramburg, Neustettin, Belgard, Fürstentum, Schlawe, Rummelsburg, Stolp, Lauenburg und Bütow;

8. der Regierungsbezirk Stettin in 12 Kreise, Demmin, Anklam, Usedom-Wollin, Uckermünde, Randow, Greifenhagen, Pyritz, Saatzig, Naugard, Kammin, Greiffenberg und Regenwalde;

9. der Regierungsbezirk Frankfurt in 16 Kreise, Königsberg, Soldin, Arnswalde, Friedeberg, Landsberg, Lebus, Sternberg, Züllichau, Krossen, Guben, Lübben, Luckau, Kalau, Kottbus, Sorau und Spremberg, während die anfangs noch bestehenden Kreise Küstrin und Frankfurt bald mit anderen vereinigt und der ursprünglich hierher gehörige Kreis Hoyerswerda 1825 der Regierung zu Liegnitz und der Kreis Beeskow 1836 der Regierung zu Potsdam untergeordnet wurde;

10. der Regierungsbezirk Potsdam in 15 Kreise, Prenzlau, Templin, Angermünde, Ober-Barnim, Nieder-Barnim, Teltow, Beeskow-Storkow,

Jüterbog=Luckenwalde, Zauche=Belzig, Ost=Havelland, West=Havelland, Ruppin, Ost=Priegnitz, West=Priegnitz und Stadtkreis Potsdam;

11. der Regierungsbezirk Liegnitz in 14 Kreise, Grüneberg, Freistadt, Sagan, Sprottau, Glogau, Lüben, Bunzlau, Haynau=Goldberg, Liegnitz, Löwenberg, Lauban, Görlitz, Rothenburg und Hoyerswerda (seit 1825);

12. der Regierungsbezirk Reichenbach in 14 Kreise, Nimptsch, Münsterberg, Frankenstein, Reichenbach, Schweidnitz, Striegau, Bolkenhain, Hirschberg, Jauer, Waldenburg, Landshut, Schönau, Glatz und Habelschwerdt;

13. der Regierungsbezirk Breslau in 13 Kreise, Namslau, Wartenberg, Oels, Trebnitz, Militsch, Guhrau, Steinau, Wohlau, Neumarkt, Breslau, Ohlau, Brieg und Strehlen;

14. der Regierungsbezirk Oppeln in 16 Kreise, Kreuzburg, Rosenberg, Oppeln, Gr. Strehlitz, Lublinitz, Tost=Gleiwitz, Beuthen, Pleß, Rybnick, Ratibor, Kosel, Leobschütz, Neustadt, Falkenberg, Neiße und Grottkau;

15. der Regierungsbezirk Merseburg in 16 Kreise, Liebenwerda, Torgau, Schweinitz, Wittenberg, Bitterfeld, Delitzsch, Saalkreis, Seekreis Mansfeld, Gebirgskreis Mansfeld, Sangerhausen, Eckartsberga, Querfurt, Merseburg, Weißenfels, Naumburg und Zeitz;

16. der Regierungsbezirk Magdeburg in 15 Kreise, Osterburg, Salzwedel, Gardelegen, Stendal, Jerichow I, Jerichow II, Kalbe, Wanzleben, Stadtkreis Magdeburg, Wolmirstedt, Neuhaldensleben, Oschersleben, Aschersleben, Halberstadt und Wernigerode;

17. der Regierungsbezirk Erfurt in 9 Kreise, Nordhausen, Worbis, Heiligenstadt, Mühlhausen, Langensalza, Weißensee, Erfurt, Ziegenrück und Schleusingen;

18. der Regierungsbezirk Münster in 10 Kreise, Tecklenburg, Warendorf, Beckum, Lüdinghausen, Münster, Steinfurt, Koesfeld, Ahaus, Borken und Recklinghausen;

19. der Regierungsbezirk Minden in 10 Kreise, Minden, Lübbecke, Halle, Herford, Bielefeld, Wiedenbrück, Paderborn, Büren, Warburg und Höxter, während die anfangs errichteten Kreise Bünde und Brakel später mit den Kreisen Herford bezw. Höxter vereinigt wurden;

20. der Regierungsbezirk Arnsberg in 14 Kreise, Arnsberg, Meschede, Brilon, Lippstadt, Soest, Hamm, Dortmund, Bochum, Hagen, Iserlohn, Altena, Olpe, Siegen und Wittgenstein;

21. der Regierungsbezirk Kleve in 5 Kreise, Kleve, Rees, Duisburg, Kempen und Krefeld;

22. der Regierungsbezirk Düsseldorf in 7 Kreise, Düsseldorf, Elberfeld, Lennep, Solingen, Neuß, Grevenbroich und Gladbach, anfangs auch noch Opladen, der später zu Solingen geschlagen wurde;

23. der Regierungsbezirk Köln in 10 Kreise, Wipperfürth, Gummersbach, Waldbroel, Sieg, Mühlheim, Stadtkreis Köln, Landkreis Köln, Bergheim, Rheinbach und Bonn, sowie der später mit Gummersbach vereinigte Kreis Homburg;

24. der Regierungsbezirk Koblenz in 12 Kreise, Koblenz, St. Goar, Kreuznach, Simmern, Zell, Kochem, Mayen, Adenau, Ahrweiler, Neuwied, Altenkirchen und Wetzlar, ursprünglich auch noch die Kreise Linz und Braunfels, die später mit Neuwied bezw. Wetzlar verschmolzen wurden;

25. der Regierungsbezirk Aachen in 11 Kreise, Erkelenz, Heinsberg, Geilenkirchen, Jülich, Düren, Eupen, Stadtkreis Aachen, Landkreis Aachen, Montjoie, Schleiden und Malmedy, welch letzterer anfangs in die beiden Kreise Malmedy und St. Vith zerfiel;

26. der Regierungsbezirk Trier in 12 Kreise, Daun, Prüm, Bitburg, Wittlich, Bernkastel, Stadtkreis Trier, Landkreis Trier, Saarburg, Merzig, Saarlouis, Saarbrücken und Ottweiler, wozu 1834 noch als dreizehnter Kreis das von Sachsen-Koburg abgetretene Fürstentum Lichtenberg unter dem Namen Kreis St. Wendel kam.

27. Der Regierungsbezirk Berlin umfaßte nur die Stadt und war daher nicht in Kreise eingeteilt.

Während der Steinschen Verwaltungsreform hatte es als eine Hauptaufgabe gegolten, zur Kreisverwaltung, die bisher ausschließlich auf den Schultern des adligen Großgrundbesitzes geruht hatte, auch die bis dahin von der Verwaltung ferngehaltenen Gesellschaftsklassen, den bäuerlichen Kleingrundbesitz und die städtische Bevölkerung heranzuziehen, in dem Kreise alle drei Besitzmassen in einer ihren Vermögensverhältnissen entsprechenden Weise für den Dienst des Staates zusammenzufassen. Vincke, dem sich Stein im wesentlichen anschloß, wollte einfach die englische Grafschaftsverwaltung auf Preußen übertragen. Dem gegenüber stand ein Plan Schrötters, des Chefs des preußischen Departements des Generaldirektoriums, für Ost- und Westpreußen vom 13. 10. 1808, nach welchem die Behörden der Landgemeinden von den Bauern gewählte oder in den patrimonialen Dörfern von der Gutsherrschaft ernannte Schulzen und Schöffen sein, die niedere Polizeiverwaltung in einem mehrere Landgemeinden umfassenden Bezirke an Stelle der Gutsherrschaften und Domänenämter je ein Kreisdeputierter führen, endlich die Kreisdeputierten und der Landrat, die sämtlich vom Kreistage vorzuschlagen wären, die Kreisverwaltung leiten sollten.[1])

---

1) Über die einzelnen Reformpläne vgl. E. Meier, Ref. d. Verwaltungsorg. unter Stein und Hardenberg, S. 363 ff.

Diese Pläne verkannten sämtlich, daß die patrimoniale Verwaltung nur der Ausdruck der bestehenden Gesellschaftsordnung, namentlich der Gutsherrlichkeit war, daß, so lange die dingliche Abhängigkeit des Bauernstandes vom Großgrundbesitze fortdauerte, auch die politische Unabhängigkeit der Bauern von den Rittergutsbesitzern unter keinen Umständen durchgeführt werden konnte. Ehe jedoch einer jener Reformpläne, die an den realen Verhältnissen scheitern mußten, ins Leben treten konnte, mußte Stein aus dem Ministerium ausscheiden. Das ihm folgende Ministerium Altenstein-Dohna ließ zwar die Reform nicht aus den Augen, die Sache geriet aber, da man den Kernpunkt der sich mehr und mehr zeigenden Schwierigkeiten nicht herausfand und nach immer neuen Plänen herumtastete, ins Stocken.

Um wenigstens das dringendste Bedürfnis zu befriedigen, begnügte man sich mit einer rein äußerlichen Maßregel. Eine kgl. Kabinettsordre vom 30. 3. 1809[1]) übertrug ohne Veränderung der Kreiseinteilung den Landräten die polizeiliche Aufsicht über die Domänenämter, worin sie bisher mit den Departementsräten konkurriert und über diejenigen Städte, in welchen keine eigene Polizeibehörde eingesetzt wurde, derart, daß den Domänenbeamten und Magistraten zwar die örtliche Polizeiverwaltung verblieb, die Aufsicht über dieselben aber ausschließlich auf die Landräte überging. Den Landrat sollten bei dieser seiner Thätigkeit die Kreisdeputierten, die durch die Unterordnung der Städte unter den Landrat außer Beschäftigung gesetzten Steuerräte, sofern sie noch dienstfähig waren, und inaktive Offiziere, denen für diese Thätigkeit eine tägliche Remuneration von 16 g. Gr. bis 1 Thlr. bewilligt wurde, unterstützen. Zu einer Heranziehung der Steuerräte und der inaktiven Offiziere kam es jedoch bei dem Widerstreben der Landräte hiergegen nicht.

Die bald darauf folgende Hardenbergische Verwaltung brachte nun allerdings die notwendige Voraussetzung jeder Selbstverwaltung des flachen Landes, die Regelung der gutsherrlich-bäuerlichen Verhältnisse und die Befreiung des Kleingrundbesitzes vom Großgrundbesitze. Zur Durchführung dieser Wirtschaftsreform, der gegenüber die Verwaltungsreform nur als Mittel zum Zweck erschien, war nun aber nicht eine obrigkeitliche Selbstverwaltung, sondern dasjenige Verwaltungssystem das geeignetste, welches den Willen der der Centralverwaltung am rücksichtslosesten bis in die untersten Instanzen durchführte, welches alle unteren Behörden zu willenlosen Werkzeugen des Ministers machte, das französische System der Präfekturen, Unterpräfekturen und Bürgermeistereien.

---

1) Abgedruckt a. a. O. S. 413.

Infolge dieses Bedürfnisses nach einer straffen büreaukratischen Verwaltung erging am 30. 7. 1812 das Gensdarmerieedikt.[1]) Schon der Hauptinhalt desselben, die Bildung einer militärisch organisierten Gensdarmerie, auf die an einem anderen Orte zurückzukommen sein wird,[2]) im Gegensatz zu der früher von Vincke geplanten Einführung der Ehrenämter der englischen Constables und High constables als Exekutivbeamten war durchaus französisch. Das Edikt enthielt aber auch tief einschneidende Bestimmungen über die Neugestaltung der Kreisverfassung. Der Grundgedanke Hardenbergs, welcher eine ihm unbedingt dienstbare, die soziale Reform rücksichtslos durchführende Verwaltungsmaschinerie — nicht mehr und nicht weniger — wollte, ist ausgesprochen in der Einleitung des Edikts, wo es heißt, es sei erlassen zur Beseitigung der Mängel, „welche der Wirksamkeit der Staatsverwaltung in Beziehung auf das platte Land hinderlich sind." Als solche Mängel werden bezeichnet die noch fortdauernde, nach Einführung der Gewerbefreiheit und bei gleichem Interesse ganz unbegründete Absonderung der kleinen städtischen Kommunen, der Städteeigentümer, der Domänenämter und ritterschaftlichen Sozietäten in Kommunalangelegenheiten wie nicht minder in Absicht auf die Justiz-, Polizei-[3]) und Finanzverwaltung, der Mangel aller Repräsentation bei einigen dieser Sozietäten und die Einseitigkeit derselben bei anderen, das Übergewicht, welches einzelne Klassen von Staatsbürgern durch ihren vorherrschenden Einfluß auf die öffentlichen Verwaltungen aller Art haben, während dieser gleichmäßig verteilt sein sollte, die Kraftlosigkeit der unmittelbaren Staatsbehörden wegen unzweckmäßiger Teilung der Ressorts und endlich die Unzulänglichkeit der Exekutionsmittel.

Das Edikt stellte eine neue allgemeine Landeseinteilung in Aussicht. Die Kreise sollten sich gleichmäßig über Stadt und Land erstrecken, nur die Städte Berlin, Breslau, Königsberg, Stettin, Elbing, Potsdam und Frankfurt kreiseximiert bleiben. Jeder Kreis sollte ein gemeinschaftliches Vermögen und eine Kasse besitzen und seine Kommunalangelegenheiten durch eine aus dem Kreisdirektor als Vorsitzenden, dem Stadtrichter der Kreisstadt und je zwei Abgeordneten der Rittergutsbesitzer, der Städte und der Bauern zusammengesetzte Versammlung, „die Kreisverwaltung," unter Aufsicht des Staates verwalten. Die bisherigen Ortspolizeibehörden blieben bestehen. Über ihnen stand ein ohne vorherigen Vorschlag der Kreisvertretung einseitig

1) G. S. 1812, S. 141.

2) Vgl. Kap. VIII.

3) Der in dem amtlichen Texte des Gesetzes vorkommende Ausdruck „Justizpolizei" beruht offenbar auf einem Druckfehler.

von der obersten Staatsbehörde ernannter Kreisdirektor, der die gesamte innere Landesverwaltung mit Ausnahme der Landeskulturangelegenheiten in seiner Hand vereinigte. Die Kreisverwaltung sollte also ganz nach französischem Vorbilde gestaltet werden, die allgemeine Landesverwaltung ausschließlich in der Hand eines königlichen Unterpräfekten mit dem Titel Kreisdirektor, daneben allein für die Kommunalangelegenheiten eine Kreisversammlung in äußerst untergeordneter Stellung.

Unzweifelhaft war diese neue Kreisverfassung unendlich viel schlechter als die in den mittleren Provinzen bestehende. Bisher hatte doch wenigstens der adlige Großgrundbesitz eine wirksame Teilnahme an der Kommunal- wie der allgemeinen Landesverwaltung, besonders der Steuerverwaltung des Kreises gehabt, während die durch das Edikt jetzt hergestellte Rechtsgleichheit durch die Rechtlosigkeit aller drei Stände erkauft war. Das letzte Band, welches bisher wenigstens noch eine Gesellschaftsklasse des flachen Landes an den Staat geknüpft und ihm dienstbar gemacht hatte, war zerrissen, man war vollständig im französischen Fahrwasser. Glücklicherweise sind die Bestimmungen des Gensdarmerieedikts über die Kreisverfassung nie zur Ausführung gelangt. Infolge der Proteste der 1812 versammelten interimistischen Nationalrepräsentation wie der Stände und einzelner Gutsbesitzer wurde die Ausführung zunächst aufgeschoben und endlich durch eine Kabinettsordre vom 19. 5. 1814 suspendiert.

Nach der Restauration des Staates begnügte man sich damit, überall eine gleichmäßige Kreiseinteilung einzuführen. An der Spitze jedes Kreises sollte nach der Verordnung vom 30. 4. 1815[1]) ein Landrat stehen. Die bisherigen Ausnahmen, wonach einige größere Kreise Kreisdirektorien, andere mehrere Landräte und andererseits mehrere kleinere Kreise einen Landrat gemeinsam gehabt hatten, hörten mit der gleichmäßigen Kreiseinteilung von selbst auf.

Genauere Bestimmungen über das Kreisverwaltungspersonal traf eine Kabinettsordre vom 11. 6. 1816.[2]) Der Landrat sollte aus den Gutsbesitzern des Kreises gewählt werden, und die Kreisstände, soweit solche vorhanden, den Regierungen hierzu drei geeignete Kandidaten vorschlagen. Das erste Mal sollten, wenn sich keine geeigneten Gutsbesitzer fänden, auch andere Personen, namentlich ausgediente Offiziere zu Landratsstellen qualifiziert sein. Alle übrigen Bestimmungen, namentlich über ein abzulegendes Examen und

---

1) G. S. 1815, S. 85.

2) Abgedruckt bei E. Meier, Reform der Verwaltungsorganisation unter Stein und Hardenberg, S. 444.

die Dienstinstruktion der Landräte wurden vorbehalten. Das Gehalt wurde für die Landräte, die auf dem Lande wohnten, auf 600 bis 800 Thlr., für die in den Städten wohnenden auf 800 bis 1000 Thlr. festgesetzt und konnte ausnahmsweise in Stadtkreisen auf 1200 Thlr. erhöht werden. Dazu kamen für Reisen innerhalb des Kreises 150 bis 200 Thlr., an Büreaukosten 50 bis 80 Thlr., zur Haltung eines Schreibers, wo es erforderlich 200 bis 250 Thlr.

Dem Landrate wurden zugeordnet für die Büreaugeschäfte ein Kreissekretär, der zugleich die Kalkulaturangelegenheiten besorgte, mit 400 bis 600 Thlr. Gehalt, ein Bote mit 120 bis 150 Thlr., als Gesundheitspersonal ein Kreischirurgus mit 100 Thlr. und ein Kreisphysikus mit 200 Thlr. Das Kreiskassenpersonal sollte bestehen aus einem Rendanten mit 600 bis 900 Thlr., in größeren Kreisen noch einem Kontrolleur mit 300 bis 400 Thlr., welche beide sich auf ihr Gehalt etwaige Emolumente anrechnen lassen mußten.

Die Neugestaltung und der innere Ausbau der Kreisverfassung ruhte dagegen über ein Jahrzehnt. In den alten Provinzen blieb die bisherige Kreisverfassung mit der Modifikation bestehen, daß die selbständige Steuerverwaltung der Kreise seit der Steuergesetzgebung von 1820 fortfiel, worauf später zurückzukommen sein wird, in den neu und wieder erworbenen Gebieten waren die Kreise reine Unterpräfekturen der Regierungen ohne jede kommunale oder obrigkeitliche Selbstverwaltung. Ja in der Rheinprovinz waren die Kreise einfach aus den Unterpräfekturen hervorgegangen, indem im Großherzogtum Berg zufolge einer Verordnung des provisorischen Generalgouverneurs Justus Gruner vom 3. 12. 1813[1]) die Arrondissements die Benennung Kreise, die Unterpräfekten den Titel Kreisdirektoren erhalten hatten. Dasselbe war durch eine Verordnung des Generalgouverneurs Sack vom 11. 3. 1814[2]) in dem Generalgouvernement des Niederrheins und später auf dem ganzen linken Rheinufer geschehen. Mit dem Eintritt der preußischen Herrschaft wurde der Kreisdirektor ersetzt durch den Landrat, aber die Verwaltung der Kreise blieb rein büreaukratisch.

Eine Neubildung brachten erst die in den Jahren 1825 bis 1828 für die einzelnen Provinzen erlassenen Kreisordnungen, welche fast nur die Bildung der Kreistage regelten, aber doch im wesentlichen eine Übereinstimmung in der Kreisverfassung der einzelnen Provinzen herbeiführten. Hieran schließen sich noch verschiedene Reglements über die Landratswahlen aus derselben Zeit und Verordnungen über die Kreiskommunalverwaltung aus den Jahren 1841

---

1) Scotti, Sammlung der Gesetze u. s. w. von Berg, III, S. 1525, Nr. 3458.
2) A. a. O. S. 1577, Nr. 3491.

und 1842. Diese Verordnungen bilden die rechtlichen Normen, auf denen die Kreisverfassung der Selbstverwaltungsprovinzen bis 1872, die von Posen, Westfalen und der Rheinprovinz noch heute beruht.

An der Spitze jedes Kreises stand wie bisher ein Landrat. Persönliches Erfordernis zum Landratsamte war Fähigkeit zum höheren Justiz- oder Verwaltungsdienste oder Ablegung einer Prüfung vor einer Kommission der Regierung, wofern der König nicht hiervon dispensierte. Der Bewerber um das Landratsamt mußte außerdem dem Könige zur Ernennung präsentiert sein. Die Präsentationsberechtigung war in den einzelnen Provinzen eine verschiedene. In den Provinzen Brandenburg, Pommern, Schlesien und Sachsen sollte nach dem Reglement vom 22. 8. 1826[1]) in den Kreisen, in denen den Rittergutsbesitzern nach der früheren Verfassung ein ausschließliches Präsentationsrecht zugestanden und der Besitz dieses Rechtes bis zum Jahre 1806 nachgewiesen werden konnte, den Rittergutsbesitzern dieses Recht verbleiben, dieselben aber verpflichtet sein, die städtischen und bäuerlichen Kreistagsmitglieder von dem Ausfalle der Wahl zu benachrichtigen, damit diese etwaige Bedenken gegen die Persönlichkeit des Gewählten der Regierung anzeigen konnten. In den Kreisen, in denen der Besitz des Präsentationsrechts der Rittergutsbesitzer im Jahre 1806 nicht nachgewiesen werden konnte und in den neu erworbenen Kreisen wählten die Kreistage. Insbesondere wählten diese in den erst 1815 erworbenen schlesischen Kreisen Görlitz, Hoyerswerda, Lauban und Rothenburg. In der Provinz Sachsen stand das Wahlrecht den Rittergutsbesitzern nur in den Kreisen Wanzleben, Kalbe, Jerichow I und II, Neuhaldensleben, Wollmirstädt, Stendal, Gardelegen, Salzwedel, Osterburg und Nordhausen, in den übrigen den Kreistagen zu. Übereinstimmend mit diesen für die deutschen östlichen Provinzen aufgestellten Grundsätzen wurde das Wahlrecht für die Provinz Preußen durch die Kabinettsordre vom 19. 10. 1828[2]) geregelt. In der Rheinprovinz und Westfalen stand das Wahlrecht nur den ganzen Kreisversammlungen zu.[3]) In Posen war es durch das Reglement vom 29. 4. 1829[4]) zwar ebenfalls den Kreistagen eingeräumt worden. Da die Wahlen aber meist auf Mitglieder des staatsfeindlichen polnischen Adels fielen, die sich in kritischen Zeiten als Landräte unzuverlässig zeigten, so wurde das Wahlrecht durch Kabinettsordre vom

---

1) v. Kamptz, Annalen d. inn. Verw. Bd. 10, S. 594, 16, S. 25, S. 30, S. 34.

2) A. a. O. Bd. 12, S. 956.

3) Regl. v. 17. 3. 1828 a. a. O. S. 32.

4) A. a. O. Bd. 13, S. 477.

2. 2. 1833[1]) suspendiert. Bei der nunmehr einseitigen staatlichen Ernennung sollte aber vorzugsweise auf qualificierte Grundbesitzer Rücksicht genommen werden.

Wählbar waren in den Provinzen Brandenburg, Pommern, Schlesien, Sachsen und Posen nur Rittergutsbesitzer, in Preußen Rittergutsbesitzer und andere zum ersten Stande zu rechnende Grundeigentümer des Kreises. In Westfalen sollten der Regel nach nur Rittergutsbesitzer gewählt werden, doch konnte, wenn unter diesen keine wahlfähigen Personen vorhanden waren, die Wahl auch auf die Notabelsten unter den übrigen ländlichen Grundbesitzern fallen. In der Rheinprovinz waren zwar die Rittergutsbesitzer und die notabelsten ländlichen Grundbesitzer in gleicher Weise wählbar, es war aber eine vorausgegangene mindestens fünfjährige Dauer dieses Besitzes erforderlich, wobei die Besitzzeit des Erblassers und des Erben in auf- und absteigender Linie zusammen zu rechnen war. Zu jeder Landratsstelle waren drei Kandidaten zu präsentieren, nur wenn an wählbaren Personen Mangel war genügten zwei. Die Wahl erfolgte mit relativer Mehrheit. Die Gewählten hatten der Regierung ihre Fähigkeit zur Bekleidung des Amtes nachzuweisen und sich über die Annahme zu erklären, worauf nach gutachtlichem Berichte der Regierung die Ernennung des einen der Präsentierten durch den König erfolgte. Mit dem Aufhören eines zur Wählbarkeit erforderlichen Grundbesitzes entstand für den Landrat die Verpflichtung, sein Amt niederzulegen, wovon der König in einzelnen Fällen dispensieren konnte.[2]) Der Landrat bezog das in der Kabinettsordre vom 11. 6. 1816[3]) normierte Gehalt und Entschädigung für die Dienstunkosten.

Dem Landrate zugeordnet als Gehilfen für die ihnen von ihm erteilten Aufträge und als Stellvertreter bei einer vorübergehenden Behinderung waren nach dem Reglement vom 22. 8. 1826 zwei Kreisdeputierte, nur wenn an geeigneten Personen im Kreise Mangel war, genügte ein einziger.[4]) Die Kreisdeputierten wurden überall von den gesamten Kreisversammlungen gewählt. Wählbar waren in den östlichen Provinzen nur Rittergutsbesitzer, in Westfalen in Ermangelung derselben auch die Notabelsten unter den anderen ländlichen Grundbesitzern, in der Rheinprovinz Rittergutsbesitzer und andere notable ländliche Grundbesitzer in gleicher Weise.[5]) Die erwählten Kreis-

1) A. a. O. Bd. 17, S. 33.

2) Kabinettsordre v. 23. 3. 1839, G.-S. 1839, S. 154.

3) S S. 57.

4) Regl. v. 17. 3. 1828 und 29. 4. 1829.

5) Für die östlichen Provinzen mit Ausnahme Posens Regl. v. 22. 8. 1826; für die westl. Prov. Regl. v. 17. 3. 1828, für Posen Regl. v. 29. 4. 1829.

deputierten wurden von der Regierung bestätigt. Die Bestätigung konnte aus erheblichen Gründen, wovon nur dem Ministerium Rechenschaft abzulegen war, versagt werden, in welchem Falle eine neue Wahl vorgenommen werden mußte.

Die Kreisdeputierten waren keine Beamten, erhielten aber vorübergehend die Beamtenqualität, wenn ihnen der Landrat einen Auftrag erteilte oder sie ihn vertraten. Irgend welche Entschädigung für ihre Thätigkeit bezogen die Kreisdeputierten nicht, wie auch eine besondere geschäftliche oder wissenschaftliche Vorbildung nicht verlangt wurde.

In jedem Kreise wurde ferner für die Büreaugeschäfte ein dem Landrate untergeordneter, von der Regierung geprüfter und ernannter Kreissekretär bestellt, der auch bei vorübergehender Behinderung des Landrats auf voraussichtlich nicht länger als 14 Tage den Landrat mit Genehmigung der Regierung vertreten konnte. Der Kreissekretär ist also jetzt nicht mehr Privatsekretär des Landrats sondern Staatsbeamter. Dagegen ist der Kanzlist, den sich der Landrat außerdem halten und zur Verschwiegenheit verpflichten konnte, kein Beamter, sondern Privatsekretär. Die Kreisboten und Exekutoren, welche aus der Kreiskasse besoldet wurden, ernannte der Landrat selbst aus der Zahl der civilversorgungsberechtigten Militärpersonen. In Posen gab es außerdem noch besoldete Kreistranslateurs.

In den östlichen Provinzen, im Regierungsbezirk Koblenz und in einem Teile des Regierungsbezirks Trier hatte jeder Kreis eine Kreiskasse, die zugleich staatliche Steuerkasse und Kreiskommunalkasse war. Jeder Kasse vorgesetzt war ein Kreissteuereinnehmer zur Einziehung und Verrechnung der direkten Steuern. Er stand zwar unmittelbar unter der Regierung, hatte aber den Anweisungen des Landrats als Kassenkurators der Kreiskasse Folge zu leisten. Eine Präsentation der Kreisstände zu dem Amte fand nirgends mehr statt. Größere Kreiskassen hatten noch einen zweiten Kassenbeamten, entweder einen Kontrolleur oder einen Assistenten.

Für die Medizinal- und Sanitätsangelegenheiten waren den Landräten je ein Kreistierarzt, Kreisphysikus und Kreiswundarzt als technische Gehilfen beigeordnet. Die Anstellung derselben erfolgte nach der Geschäftsanweisung der Regierungen vom 31. 12. 1825 durch diese, nach der Kabinettsordre vom 7. 12. 1828 durch das Ministerium der geistlichen, Unterrichts- und Medizinalangelegenheiten. Die Medizinalbeamten waren nicht den Landräten, sondern den Regierungen untergeordnet, mußten also wie schon bisher von den Landräten vorkommenden Falls um ihre Mitwirkung ersucht werden.

Die in der Verordnung vom 30. 4. 1815 vorbehaltene Instruktion für die Kreisbeamten wurde zwar im Auftrage des Königs von den Ministern des Innern und der Finanzen mit dem Titel „Instruktion für die Landräte und die ihnen untergeordneten Kreisoffizianten" nach Anhörung der Regierungen unter dem 31. 12. 1816 entworfen.[1]) Dieselbe hat aber nie die königliche Genehmigung erhalten, sondern wurde den Landräten nur als vorläufige Direktive mitgeteilt. Als solche ist sie bis in die neueste Zeit in Kraft geblieben.

Eine größere Umgestaltung als das Kreisverwaltungspersonal erfuhren die Kreistage, deren Organisation, Zusammensetzung und Thätigkeit der einzige Inhalt sämtlicher Kreisordnungen ist. Diese Kreisordnungen ergingen für die Kur- und Neumark am 17. 8. 1825,[2]) für Pommern am 17. 8. 1825,[3]) für Sachsen am 17. 5. 1827,[4]) für Schlesien am 2. 6. 1827,[5]) für die Rheinprovinz und Westfalen am 13. 7. 1827,[6]) für Preußen am 17. 3. 1828[7]) und für Posen am 20. 12. 1828.[8])

Jeder Kreistag setzte sich zusammen aus drei Ständen, welche die drei Besitzmassen Großgrundbesitz, Kleingrundbesitz und Kapitalbesitz repräsentierten. Der erste Stand bestand in Brandenburg, Pommern, Preußen und Schlesien aus sämtlichen Rittergutsbesitzern des Kreises, in Sachsen außerdem aus den in einem Kreise begüterten, zum persönlichen Erscheinen auf den Kreistagen berechtigten Prälaten, Grafen und Herren oder deren Bevollmächtigten, in Posen aus den Fürsten von Thurn und Taxis und von Sulkowski in den Kreisen, in denen deren Besitzungen lagen, und aus den Rittergutsbesitzern des Kreises. In der Rheinprovinz und Westfalen setzte sich der Kreistag zusammen aus den Besitzern der im Kreise belegenen ehemals reichsunmittelbaren Landesteile, welche auf die nach der Verordnung vom 30. 5. 1820 ihnen zustehenden Regierungsrechte verzichtet hatten, und auf dem Provinziallandtage im Stande der Fürsten und Herren mit einer Virilstimme Beliehenen, sowie aus den Rittergutsbesitzern. Nach allen Kreisordnungen führte jeder zum Sitze im Kreistage vermöge seines Rittergutsbesitzes Berechtigte, auch wenn

---

1) Abgedruckt in den Ergänzungen und Erläuterungen der pr. Rechtsbücher, 2. Aufl. Bd. 6, S. 191 ff.

2) G. S. 1825, S. 203. Ihr Geltungsgebiet wurde durch eine Verordnung vom 18. 11. 1826 — G. S. 1826, S. 110 — auch auf die Niederlausitz ausgedehnt, so daß sie in der ganzen Provinz Brandenburg galt.

3) G. S. 1825, S. 217.

4) G. S. 1827, S. 54

5) G. S. 1827, S. 71.

6) G. S. 1827, S. 117.

7) G. S. 1828, S. 34.

8) G. S. 1829, S. 3.

er mehrere Rittergüter im Kreise besaß, nur eine Stimme, lagen die mehreren zur Kreisstandschaft berechtigenden Güter in verschiedenen Kreisen, so besaß er in jedem die Kreisstandschaft. Stellvertretungen waren gestattet in der Rheinprovinz und Westfalen den Standesherren, Fürsten und Herren durch ein Mitglied ihrer Familie oder einen zur Ritterschaft des preußischen Staates gehörigen Bevollmächtigten, in allen Provinzen unmündigen Rittergutsbesitzern durch ihren Vater oder Vormund, Ehefrauen durch ihren Ehemann, sofern Vater, Vormund und Ehegatte zur Ritterschaft des preußischen Staates gehörten; andernfalls stand ihnen das Recht zu, eine qualificierte Person zu bevollmächtigen. Adliger Stand des Rittergutsbesitzers war schon seit 1808 kein Erfordernis mehr zur Ausübung ständischer Rechte.

Der zweite auf dem Kreistage vertretene Stand wurde gebildet durch die städtischen Abgeordneten. In den Provinzen Pommern, Posen, Schlesien und Sachsen hatte jede im Kreise belegene Stadt eine Virilstimme, in Brandenburg und Preußen hatten nur die größeren Städte Virilstimmen, dagegen mehrere kleine zusammen eine Kollektiv- oder Alternativstimme. Größere Zugeständnisse machte man in den westlichen Provinzen mit ihrer industriellen Bevölkerung den Städten. Es sollte zwar jede im Kreise belegene, an der Wahl der städtischen Deputierten zum Provinziallandtage teilnehmende Stadt zu dem Kreistage nur einen Abgeordneten entsenden, es war aber vorbehalten, den größeren Städten besonders in solchen Kreisen, in welchen außer denselben keine oder doch nur wenige Städte waren, nach Verhältnis ihrer Bevölkerung und Bedeutsamkeit auf besonderen Antrag die Absendung mehrerer Deputierten zu gestatten.

Die Wahl erfolgte in alter ständischer Weise nicht durch die Bevölkerung, sondern durch die Vertreter der Stadt als Korporation. Es wählten daher in den Städten der östlichen Provinzen, die eine Virilstimme hatten, die Magistrate, in den Städten mit Kollektivstimmen vom Magistrate ernannte Wähler, in den westlichen Provinzen Gemeindevorstand und Gemeinderat gemeinsam. Der Gewählte mußte Mitglied des Magistrats, in den Provinzen französischen Gemeinderechts Mitglied des Gemeindevorstands oder der Gemeindevertretung sein.

Der dritte Stand endlich war zusammengesetzt aus den Vertretern der Landgemeinden. In den östlichen Provinzen mit Ausnahme Preußens waren die Landgemeinden in jedem Kreistage durch drei Deputierte vertreten, in Preußen aus den persönlich erscheinenden Besitzern solcher kölmischen Güter, welche mehr als sechs kölmische Hufen enthielten, aber nicht zum Erscheinen im Stande der Ritterschaft qualificierten und aus drei Deputirten der nicht zum Kölmerstand gehörigen Mitglieder der Landgemeinden, in der Rheinprovinz aus je einem Vertreter jeder im Kreise befindlichen aus Landkommunen zusammengesetzten Samtgemeinde.

Die Wahl erfolgte in den östlichen Provinzen derart, daß jeder Landrat seinen Kreis in drei Bezirke teilte und jeder Bezirk einen Deputierten wählte, in den westlichen Provinzen durch die zu einem Wahlkollegium zu vereinigenden Mitglieder der ländlichen Administrationsbehörde und der Repräsentanten der Samtgemeinde. Wählbar waren in den östlichen Provinzen mit Ausnahme Preußens nur Schulzen und Dorfrichter, in Preußen außerdem Kölmer, in der Rheinprovinz und Westfalen die Administrationsbeamten und Vertreter der Samtgemeinden.

Für jeden gewählten Vertreter der Städte und Landgemeinden war gleichzeitig ein Stellvertreter zu wählen. Alle Wahlen zu den Kreistagen erfolgten in Brandenburg, Pommern und Sachsen auf Lebenszeit, doch konnte der Gewählte das Mandat nach drei Jahren niederlegen, in Preußen, Posen, Schlesien, der Rheinprovinz und Westfalen auf sechs Jahre derart, daß alle drei Jahre die Hälfte ausschied. Eine Verpflichtung zur Annahme der Wahl war nirgends ausgesprochen.

Persönliches Erfordernis aller Kreistagsmitglieder war Gemeinschaft mit einer der christlichen Kirchen, Vollendung des 24. Lebensjahres und unbescholtener Ruf.

Durch eine spätere Novelle vom 26. 3. 1839 [1]) für die Rheinprovinz wurde das Verhältnis der Vertreter des ersten Standes dahin abgeändert, daß, wenn auf einem Kreistage nicht wenigstens fünf stimmfähige Rittergutsbesitzer vorhanden waren, die Kreisversammlung so viele nach dem Reglement vom 17. 3. 1828 zum Landratsamte qualificierte Vertreter des meistbegüterten ländlichen Grundbesitzes wählte, daß der Großgrundbesitz einschließlich der Rittergutsbesitzer fünf Vertreter erhielt.

So verschieden die einzelnen Kreisordnungen die Vertretung der einzelnen Stände auf dem Kreistage regeln mögen, das in allen hervortretende Moment ist die unverhältnismäßige Begünstigung des Großgrundbesitzes. Durch die neue Steuer-, Agrar- und Gewerbegesetzgebung waren die rechtlichen Unterschiede zwischen Adel, Bürger und Bauer gefallen. Jeder konnte Groß- und Kleingrundbesitz erwerben, jeder Gewerbe aller Art treiben. Was die Kreisordnungen Stände nennen, sind also nur Besitzmassen, Großgrundbesitz, Kleingrundbesitz und Kapitalbesitz. Ungefähr nach dem Umfange der Bodenoberfläche, den jede derselben inne hatte, war ihre Vertretung auf dem Kreistage geregelt. Die Vertretung des Großgrundbesitzes, der z. B. in Pommern

1) G. S. 1839, S. 102.

70 Prozent der Bodenoberfläche inne hatte, war naturgemäß im Osten stärker als in dem industriereichen Westen mit seinem zerstückelten Kleingrundbesitze. Danach ist auch die Vertretung der drei Besitzmassen zwar in den einzelnen Provinzen eine verschiedene, aber die Bevorzugung des Großgrundbesitzes mußte immerhin eine unverhältnismäßige sein, da sie kein Gegengewicht fand in den Leistungen für den Staat.

Der räumliche Umfang eines Ritterguts mochte wirklich so groß sein als der einer Stadt oder der eines Drittels des Kleingrundbesitzes eines Kreises. Aber es ließ sich doch unmöglich verkennen, daß eine Stadt wie der dritte Teil der Bauern eines Kreises dem Staate unendlich viel mehr leistete an Kriegsdienst und Steuern als ein einziger Rittergutsbesitzer, daß der Kapitalbesitz des Landes gar keine Berücksichtigung fand.

Deßhalb waren die Bevorzugungen des Großgrundbesitzers ebenso ungerechtfertigt wie die der alten Stände in den letzten Jahrhunderten. Diese neuen Kreisverfassungen trugen daher wegen ihrer Einseitigkeit den Keim des Unterganges ebenso in sich wie die alten ständischen Verfassungen, seit die bestehenden volkswirtschaftlichen Verhältnisse in dem geltenden Staatsrechte nicht mehr zum Ausdruck kamen.

Auf den Kreistagen führte der Landrat oder bei Behinderung desselben der älteste Kreisdeputierte den Vorsitz, soweit nicht Rechte von Familien oder geistlichen Stiftungen eine entgegenstehende Observanz begründeten, leitete die Geschäfte und war verpflichtet, die Ordnung bei den Beratungen aufrecht zu erhalten. Ordnungstörende Mitglieder konnte er von der Versammlung ausschließen, mußte aber sofort an den Oberpräsidenten zur weiteren Verfügung berichten. Der Landrat war verpflichtet, jährlich wenigstens einen Kreistag anzusetzen, und dazu außerdem berechtigt, so oft es die Bedürfnisse erforderten. Die Beratungsgegenstände waren vorher mitzuteilen.

Die Stände verhandelten gemeinschaftlich und faßten die Beschlüsse nach Stimmenmehrheit. Der Landrat als solcher hatte kein Stimmrecht. Hatte er dasselbe als Kreisstand, so gab er, war dies nicht der Fall, der älteste Kreisdeputierte bei Stimmengleichheit den Ausschlag. Fand sich ein ganzer Stand in seinen Interessen verletzt, so stand ihm mittels Einreichung seines Separatvotums der Rekurs an die Behörde zu, von der die Sache ressortierte.

Alle Kreistagsbeschlüsse waren durch den Landrat zur Kenntnis der vorgesetzten Behörde zu bringen, die Bestätigung war in den westlichen Provinzen der französischen Verwaltungspraxis entsprechend zu allen Kreistagsbeschlüssen, in den östlichen Provinzen in der Regel nur zu denjenigen erforderlich, durch welche neue Verwaltungsnormen festgesetzt und den Kreiseinsassen neue Verbindlichkeiten auferlegt werden sollten. In den rheinisch-westfälischen Kreisen, in denen Standesherren Regierungsrechte auszuüben hatten, mußte der Landrat die Beschlüsse zunächst dem Besitzer des Gebietes vorlegen. Dieser konnte seine Erinnerungen dagegen beifügen, über welche von der Regierung zu entscheiden war.

Die Ausführung der Beschlüsse stand dem Landrate zu, wenn die Regierung nicht eine andere Behörde mit der Ausführung ausdrücklich beauftragte, oder die Sache als ständische Kommunalangelegenheit nicht besonders gewählten Beamten übertragen war.

Der Kreis mit diesen seinen Organen ist nun ein Bezirk für die Kommunalverwaltung, für die Polizei und in beschränktem Maße für die Verwaltung der direkten Steuern.

Der Schwerpunkt der Selbstverwaltung der Kreise ruht in der Kommunalverwaltung. Der § 1 sämtlicher sieben Kreisordnungen lautet übereinstimmend. „Die Kreisversammlungen haben den Zweck, die Kreisverwaltung des Landrats in Kommunalangelegenheiten zu begleiten und zu unterstützen. Die Verwaltung innerhalb der bestehenden Gesetzgebung macht den Gegenstand ihrer Beratung und Beschlüsse aus." Die weitere Ausbildung des Kreises als Kommunalverband erfolgte durch eine Reihe provinzieller Verordnungen über die Befugnisse der Kreisstände, Ausgaben zu beschließen und die Kreiseingesessenen dadurch zu verpflichten. Solche Verordnungen ergingen für Brandenburg, Pommern, Posen, Sachsen und Westfalen am 25. 3. 1841,[1]) für Schlesien am 7. 1. 1842,[2]) für Preußen am 22. 6. 1842[3]) und für die Rheinprovinz am 9. 4. 1846.[4])

Die Kreisstände wurden dadurch ermächtigt, mit der Wirkung, daß die Kreiseingesessenen dadurch verpflichtet wurden, Ausgaben zu beschließen zu gemeinnützigen Einrichtungen und Anlagen, welche in den Interessen des gesamten Kreises beruhten und zur Beseitigung eines den Kreis bedrohenden Notstandes. Sollten die Mittel hierzu durch Beiträge oder Leistungen der Kreiseingesessenen beschafft werden, so bedurfte ein hierüber gefaßter Beschluß der Bestätigung durch das Plenum der Regierung. Die Beschlüsse über Beiträge und Leistungen waren auf solche zu beschränken, die innerhalb der nächsten beiden Kalenderjahre, von der Bestätigung des Beschlusses an gerechnet, aufgebracht werden sollten. Vor der Beschlußfassung war eine Proposition

1) G. S. 1841, S. 53, 55, 58, 60, 62.
2) G. S. 1842, S. 33.
3) G. S. 1842, S. 211.
4) G. S. 1846, S. 161.

auszuarbeiten und jedem Mitgliede des Kreistages abschriftlich zuzustellen, welche das Nötige enthielt über den Zweck des Beschlusses, die Art der Ausführung, die Summe der zu verwendenden Kosten. Zulagen für das Kreisbeamtenpersonal und zu den Büreaukosten des Landrats konnten aber von den Kreisständen nicht bewilligt werden. Zur Giltigkeit des Beschlusses war in Brandenburg und Westfalen eine Mehrheit von drei Vierteln, in den anderen Provinzen von zwei Dritteln der anwesenden Mitglieder erforderlich. Der Beschluß galt aber trotz des Vorhandenseins dieser Mehrheit nicht als zu stande gekommen, wenn die Kreisstände in Teile gingen, und zwei Stände sich gegen denselben aussprachen. Hatte nur ein Stand dagegen gestimmt, so blieb die Entscheidung den Ministern des Innern und der Finanzen vorbehalten.

Durch eine spätere, nur für Brandenburg erlassene Ergänzungsverordnung vom 7. 3. 1845[1]) wurden die Kreisstände ermächtigt, zu den gedachten Zwecken auch über die jährlichen Nutzungen der Kreiskommunalfonds und über die gesparten Einkünfte der letzten fünf Jahre zu verfügen. Eine Genehmigung der Regierung war hierzu nur insofern erforderlich, als zur Ausführung der Beschlüsse die Mitwirkung derselben nötig war. Eine Verfügung über das Kapitalvermögen und Ersparnisse aus früherer Zeit als aus den letzten fünf Jahren war nur mit königlicher Genehmigung statthaft.

Die Erhebung von Kreiskommunalsteuern war also nach diesen Verordnungen, wie dies stets bei Kommunalverbänden der Fall ist, die sich noch in den Anfangsstadien ihrer Entwicklung befinden, z. B. im vorigen Jahrhundert bei den Städten, nur als eine außerordentliche Maßregel betrachtet, in der Regel sollten die Einkünfte des Kommunalvermögens ausreichen.

Die Aufgaben des Kreises als Kommunalverband sind denn auch noch sehr geringe. Er hat die Besoldung des Kreisbeamtenpersonals aufzubringen und für die Diensträume desselben wie des Kreistages und für die Büreaukosten zu sorgen. Andere Aufgaben waren dem Kreise nur ganz vereinzelt und nur vorübergehend gestellt.

Der Verwalter der Kreiskommunalkasse war der Kreissteuereinnehmer. Die Ausführung der für die Kommunalverwaltung gefaßten Beschlüsse des Kreistages stand dem Landrate zu, sofern die Regierung nicht einen anderen Beamten damit beauftragte, oder besondere ständische Beamte für einzelne Angelegenheiten vorhanden waren.

Der Kreis ist ferner ein Polizeiverwaltungsbezirk. Nach der Instruktion vom 31. 12. 1816 § 10 sollten die Landräte eine fortgesetzte Sorgfalt für die Beobachtung aller das öffentliche Interesse betreffenden Gesetze und für

1) G. S. 1845, S. 159.

alles haben, was dem Staate überhaupt und dem Kreise insbesondere zuträglich sein könne, sollten alles, was dem entgegenstehe, nach Kräften hindern und entfernen, alles aber, was dahin führe, zu befördern suchen und, wenn ihre Verfügungen dazu nicht hinreichten und nicht befolgt würden, der Regierung davon Anzeige machen.

Die Stellung des Landrats als Polizeiobrigkeit war in der vorigen Periode eine verschiedene gewesen in Kleve-Mark und in den übrigen Provinzen, hier war er nur Aufsichtsbehörde für die Lokalpolizeibehörden, dort war er für den größten Teil des flachen Landes selbst die unterste Polizeibehörde, Aufsichtsbehörde nur in den wenigen patrimonialen Gebieten. Jetzt wurde das Verhältnis der östlichen und westlichen Provinzen gerade ein umgekehrtes. Für die Rheinprovinz und Westfalen waren in den Bürgermeistern und Amtleuten Organe für die Lokalpolizeiverwaltung des flachen Landes geschaffen, während die Polizei in den Städten entweder dem Magistrate oder dem Bürgermeister oder einem besonderen staatlichen Polizeibeamten übertragen war. Dem Landrate blieb also in den westlichen Provinzen nur die Aufsicht über die örtliche Polizeiverwaltung, nirgends die eigene Ausübung derselben.

Eine zweite Gruppe bildeten die östlichen Provinzen mit Ausnahme Posens. Hier wurde die Polizei ausgeübt in den Städten durch die Magistrate, die Bürgermeister oder besondere Polizeibehörden, auf dem flachen Lande durch die Domänenbehörden und die patrimonialen Gerichtsobrigkeiten. In Neuvorpommern war zwar unter schwedischer Herrschaft die Patrimonialgerichtsbarkeit bereits aufgehoben worden, den Rittergutsbesitzern war aber nach wie vor das Recht und die Pflicht der Polizeiverwaltung des flachen Landes geblieben.[1]) In den Gebieten der östlichen Provinzen, die unter der Fremdherrschaft gestanden, hatte nun ein großer Teil der Rittergutsbesitzer nach 1814 nicht auf Wiederverleihung der patrimonialen Gewalten angetragen. Dies war namentlich in dem Teile der Provinz Sachsen der Fall, der zum Königreich Westfalen gehört hatte. In den bis 1813 warschauischen Kreisen Kulm und Michelau war die patrimoniale Gerichtsbarkeit und Polizei gar nicht wiederhergestellt worden. Auch in den anderen Provinzen hatte ein großer Teil der Gutsbesitzer auf die patrimonialen Befugnisse Verzicht geleistet. Überall, wo die bisherige gutsherrliche Polizei verschwunden war, wurde nun der Landrat die unterste Polizeibehörde des flachen Landes, indem er die Ortspolizei mit Hilfe des Schulzen ausübte. Für die Domänenbezirke, die

1) Reskr. des Min. des Innern v. 20. 7. 1822 bei v. Kamptz, Ann. d. inn. Verw. Bd. 6, S. 711.

patrimonialen Gebiete und die zum Kreise gehörigen Städte war er dagegen nur die Aufsichtsbehörde.

Abweichende Einrichtungen, die ein Mittelding zwischen einer patrimonialen und obrigkeitlichen Selbstverwaltung bildeten, wurden für die Provinz Posen getroffen. Hier hatte ein warschauer Gesetz vom 23. 2. 1809 für die Polizeiverwaltung mehrerer Gemeinden besondere Woytämter mit je einem besoldeten Woyt an der Spitze gebildet. Eine kgl. Kabinettsordre vom 16. 4. 1823[1]) übertrug die Verwaltung der Woytämter oder die Bestellung eines Stellvertreters zur Verwaltung derselben den Grundherren, machte also die Verwaltung wieder zu einer patrimonialen. Nach dem polnischen Aufstande sah man sich jedoch trotz der Hinneigung zu einer patrimonialen Verwaltung, die sich seit den zwanziger Jahren unter dem Einfluße des Großgrundbesitzes wieder geltend machte, genötigt, den damals noch größtenteils polnischen Großgrundbesitzern die Polizeiverwaltung wieder zu entziehen. Eine Kabinettsordre vom 9. 3. 1833[2]) traf zunächst nur provisorische Anordnungen für die nächsten drei Jahre. Die Verpflichtung der Gutsherren zur Verwaltung der Woytämter sollte ferner nicht fortbestehen, aber jeder Gutsherr sein Amt so lange weiter verwalten, bis ein neuer Woyt bestellt sei. Die Rittergüter, Dorfgemeinden und kleineren Städte wurden in bestimmte Bezirke vereinigt, und an die Spitze jedes Bezirks ein Beamter mit dem Titel Woyt gestellt, der die Funktionen eines Bezirks-, Polizei- und Kommunalbeamten im Namen des Königs auszuüben hatte. Die Ernennung erfolgte durch die Regierung auf drei Jahre, die Bestätigung durch den Oberpräsidenten. Die Remuneration des Woyts übernahm der König, das Amtslokal hatte die Bezirksgemeinde zu beschaffen. Es war dies die einzige Kommunallast, die der Bezirksgemeinde oblag.

Diese nur provisorische Einrichtung wurde wieder beseitigt durch eine Kabinettsordre vom 10. 12. 1836.[3]) Dieselbe hob die Woytämter auf und ordnete an, in jedem landrätlichen Kreise seien für Bezirke von 6000 bis 9000 Seelen ländlicher Bevölkerung durch den Oberpräsidenten Distriktskommissarien zu bestellen, welche als Gehilfen und Organe des Landrats dienen und namentlich die Polizeigerichtsbarkeit in den Landgemeinden und den mit der Städteordnung nicht beliehenen Städten ausüben sollten. Königliche Rentbeamte und Generalpächter der Domänen sollten innerhalb ihrer Amtsbezirke bei Besetzung der Stellen vorzugsweise berücksichtigt werden, und erstere ver-

1) v. Kamptz, Ann. d. inn. Verw. Bd. 7, S. 317.
2) A. a. O. Bd. 17, S. 119.
3) A. a. O. Bd. 20, S. 943.

möge ihres Amtes, letztere nach Maßgabe der Kontraktsbedingungen zur Übernahme des Amtes verpflichtet sein. Den Regierungen blieb überlassen, auch auf geeignete Gutsbesitzer und Bürgermeister Rücksicht zu nehmen. Die Besoldung wurde auf höchstens 500 Thlr. jährlich festgesetzt, wozu noch 100 Thlr. Büreaukosten kamen. Die Rittergutsbesitzer sollten mit ihren Gütern von der Ortsgemeinde abgesondert bleiben und berechtigt sein, auf ihren Gütern unter Aufsicht des Landrats entweder selbst oder durch geeignete vom Landrate zu bestätigende Stellvertreter die dem Distrikskommissar zustehenden Funktionen auszuüben. Damit war jede Selbstverwaltung, die bei der staatsfeindlichen Gesinnung des polnischen Großgrundbesitzes unmöglich war, beseitigt, und die Polizeiverwaltung auch in unterster Instanz rein staatlichen Organen übertragen. Über den Woytämtern und Distriktskommissaren übte wie in den anderen Provinzen der Landrat die höhere Polizei aus, indem er über die Lokalpolizeibehörden die Aufsicht führte.

Eng verbunden mit der polizeilichen Thätigkeit des Landrats ist die Aufsicht über die Kommunalverwaltung der Gemeinden, die er nach Maßgabe der einzelnen Gemeindeordnungen auszuüben hatte.

Als Steuerverwaltungsbezirk hat dagegen der Kreis an Bedeutung verloren durch die veränderte Steuerverfassung und die neue Art der Einziehung der Steuern.[1]) Der Kreis war nicht mehr wie im vorigen Jahrhundert der unterste Steuerverwaltungsbezirk, sondern die einzelnen Gemeindebehörden hatten in ihren Gemeinden die Steuern einzuziehen und an die Kreiskasse, in dem größten Teile der westlichen Provinzen unmittelbar an die Regierungshauptkasse abzuliefern. Der Kreissteuereinnehmer seinerseits stand nicht unter dem Landrate, sondern unmittelbar unter der Regierung, der Landrat war nur Kurator der Kreiskasse.

Eine Beteiligung des Kreistages an der staatlichen Steuerverwaltung fand nur noch in sehr beschränktem Maße statt. Sämtliche Kreisordnungen mit Ausnahme der schlesischen enthalten den Satz: „Die Kreistage haben Staatspräſtationen, welche kreisweise aufzubringen sind, und deren Aufbringung durch das Gesetz nicht auf eine bestimmte Art vorgeschrieben ist, zu repartieren." Dies war der Fall in der Rheinprovinz hinsichtlich der Klassensteuer. Eine Kabinettsordre vom 1. 12. 1828[2]) traf hierüber die näheren Ausführungsbestimmungen. Die von jedem Regierungsbezirk der Rheinprovinz aufzubringende Klassensteuer wurde auf eine bestimmte Summe fixiert, welche jährlich von einer aus einem Mitgliede der Regierung, sämtlichen Landräten

1) Vgl. Kap. IX.

2) v. Kamptz, Ann. d. inn. Verw. Bd. 13, S. 250.

des Regierungsbezirks und je einem von jeder kreisständischen Versammlung aus ihrer Mitte zu erwählenden Deputierten bestehenden Kommission auf die einzelnen Kreise verteilt wurde. Die Verteilung des Kreiskontingents auf die einzelnen Bürgermeistereien erfolgte durch eine Kommission, welche aus dem Landrate als Vorsitzenden, den Bürgermeistern der klassensteuerpflichtigen Ortschaften und drei Deputierten der Kreisstände bestand.

Es wurde hier einfach die französische Sitte der Steuerverteilung und Steuereinschätzung, die sich in der Rheinprovinz erhalten hatte, der neuen Verwaltungsorganisation angepaßt, eine weitere Entwicklung der Selbstverwaltung ist hierin nicht zu sehen, da bekanntlich diese Einrichtung niemand anders ihre Entstehung verdankt als Napoleon I, der auf diese Weise den Haß, den sich die Intendanten des ancien régime durch willkürliche Verteilungen zugezogen hatten, von den Schultern des Beamtentums abwälzen wollte.

Für alle Provinzen wurde dagegen eine Beteiligung der Stände bei der Verwaltung der Klassensteuer angeordnet durch eine Kabinettsordre vom 17. 1. 1830.[1]) Zur Teilnahme an der Verwaltung der Klassensteuer und zur Prüfung der dagegen erhobenen Beschwerden sollte jährlich eine kreisständische Kommission gebildet werden, zu der auf dem Kreistage von jedem der drei Stände ein Abgeordneter zu wählen war. Nach Bekanntmachung der Klassensteuerrollen hatte der Landrat diese Kommission unter seinem Vorsitze zusammen zu berufen und ihr die Duplikate der Steuerrechnungen mit einer Zusammenstellung des Sollaufkommens aus dem ganzen Kreise zur Einsicht vorzulegen. Der Kommission stand frei, allgemeine Bemerkungen über die Gesetzmäßigkeit und verhältnißmäßige Gleichheit der Veranlagung zu machen, welche der Landrat der Regierung einsandte, nicht aber auf Erhöhungen oder Ermäßigungen einzelner Steuerquoten anzutragen. Die gegen die Veranlagung eingehenden Beschwerden der Steuerpflichtigen waren nach Anhörung der Ortsbehörden vom Landrate ebenfalls dieser Kommission zur Begutachtung zuzustellen und demnächst nach Beifügung des landrätlichen Gutachtens an die Regierung zu befördern.

Gegenüber der Kreisverfassung der mittleren Provinzen im 18. Jahrhundert ist also die Einwirkung der Kreistage auf die Steuerverwaltung im Rückgange begriffen. Während früher die Kreistage nicht nur für die Kommunalverwaltung, sondern auch für die staatliche Steuerverwaltung die Etats festgestellt und die Rechnungen abgenommen, also eine entscheidende Thätigkeit ausgeübt hatten, waren die Kreistage jetzt auf die Wahl der Kommissionen beschränkt, und auch diese Kommissionen hatten sich nur gutachtlich zu äußern.

1) G. S. 1830, S. 19.

Eine wirkliche Selbstverwaltung, wie sie früher bestanden, ist also gar nicht mehr vorhanden. Auch die Verbindung der staatlichen Steuerverwaltung mit der Kommunalsteuerverwaltung, wobei jeder Kreis nur eine bestimmte Summe an die Provinzialsteuerkasse abzuliefern hatte und den darüber durch die jährliche Kontribution erzielten Überschuß zur Deckung seiner Kommunalbedürfnisse zurückbehalten konnte, hörte jetzt auf. Als Ersatz der Kontributionsüberschüsse wurden durch die Kabinettsordre vom 6. 5. 1838 den märkischen Kreisen jährliche Renten aus der Staatskasse zugebilligt, die jedoch, da die Städte zu der Kontribution nichts beigetragen hatten, nur dem flachen Lande zu gute kommen sollten.[1]) Da die Ortsbehörden die Staatssteuern einzogen, die Regierungen die höhere Verwaltung und namentlich die Rechnungskontrolle übernahmen, war der Kreis hinsichtlich der Steuerverwaltung nicht viel mehr als eine Ablieferungsstelle für die Ortsteuerkassen und auch dieses nicht mehr in einem großen Teile der westlichen Provinzen.

Den Kreistagen waren ferner noch in verschiedenen anderen Verwaltungszweigen einzelne Funktionen übertragen. So hatten nach den 1831 und in den folgenden Jahren von den Ministern des Innern und der Justiz für die östlichen Provinzen erlassenen Reskripten die Kreistage über die Entlassung von Schiedsmännern wegen Pflichtwidrigkeiten, die zu einer gerichtlichen Untersuchung nicht geeignet waren, zu beschließen. In Brandenburg und Sachsen wurde durch eine Verordnung vom 7. 3. 1843[2]) zur Teilung der Jagdgemeinheiten die Bildung einer Jagdteilungskommission für jeden Kreis angeordnet, zu welcher der Kreistag einen zum Richteramt qualifizierten Beamten und zwei jagdberechtigte Grundeigentümer vorzuschlagen hatte. Der Beamte wurde durch den Oberpräsidenten und den Oberlandesgerichtspräsidenten gemeinsam, die beiden Grundeigentümer allein durch den Oberpräsidenten bestätigt.

Schließlich bestand die nach der Ersatzinstruktion vom 30. 6. 1817[3]) für jeden Kreis errichtete Ersatzkommission aus folgenden Civilmitgliedern: dem Landrate, zwei ländlichen Grundbesitzern, deren einer Besitzer eines bäuerlichen Grundstücks sein mußte, und aus zwei städtischen Grundbesitzern. Der Kreistag hatte der Regierung für jede Stelle zwei Mitglieder vorzuschlagen, von denen eins ernannt wurde. Von den Kreisordnungen wiederholt nur die rheinisch-westfälische die Bestimmung, daß die Kreistage die Civilmitglieder der Kreisersatzkommissionen zu wählen haben.

---

1) v. Lancizolle, Königtum und Landstände in Preußen, S. 448.
2) G. S. 1843, S. 130.
3) Potsdamer Amtsblatt 1818, S. 65.

Kap. IV. Die Verwaltung der Regierungsbezirke und Provinzen.

Die alten Kriegs- und Domänenkammern waren vortreffliche Verwaltungsbehörden gewesen, so lange die Verwaltung sich in dem gewöhnlichen Geleise bewegte, so lange die Aufgabe des einen Tages dieselbe war wie die des anderen. Willkürlichkeiten der Verwaltung waren fast vollständig ausgeschlossen, da alle Angelegenheiten der kollegialen Beschließung der Kammer unterlagen. Hierin lagen die Vorteile aber auch die Nachteile der Organisation. Durch die kollegiale Behandlung aller einlaufenden Sachen war die Verwaltung unendlich schwerfällig geworden. Nur der rastlose Eifer Friedrich Wilhelms I. hatte diese unbeholfene Maschinerie in einem einigermaßen schnellen Gange erhalten können. Unter seinen Nachfolgern wurde sie mit der stetig wachsenden Schreiberei für außerordentliche Aufgaben thatsächlich unbrauchbar. Schon Friedrich der Große hatte daher bei der Umgestaltung des Accisewesens dasselbe den Kriegs- und Domänenkammern entzogen und beweglichen, nach französischem Vorbilde büreaukratisch organisierten Behörden übertragen.

Gegen Ende des 18. Jahrhunderts kehrte man jedoch, um eine Vereinfachung des Verwaltungsmechanismus zu erzielen, zu der Vereinigung aller Geschäfte der inneren Verwaltung in der Hand der Kriegs- und Domänenkammern zurück. In den Provinzen, in denen die für den ganzen Staat in Aussicht genommene Verwaltungsreform bereits durchgeführt war, gingen damit nicht nur die Accise- und Zollangelegenheiten, sondern auch die Hoheits- und Gnadensachen und die bisher den Konsistorien zustehende Verwaltung der geistlichen Angelegenheiten auf die Kriegs- und Domänenkammern über.[1]) Die bisher schon vorhandene Langsamkeit der Geschäftsführung wurde jetzt noch durch die Überbürdung der Kammern gesteigert, so daß im Jahre 1806 die Schwerfälligkeit der Verwaltung ihren Höhepunkt erreicht hatte. Eben deshalb waren die Kriegs- und Domänenkammern zur Lösung der Aufgaben, welche die Reformgesetzgebung stellte, wie Einführung der Städteordnung, Lösung der gutsherrlich-bäuerlichen Verhältnisse und Neuordnung der Verwaltung des flachen Landes, vollkommen unfähig und bedurften einer Neugestaltung.

Stein verlangte in der Nassauer Denkschrift, indem er auch hier die Forderung einer selbständigen Teilnahme der Bürger an der Staatsverwaltung stellte, nur die Zuziehung ständischer Deputierter, um neues Leben in die

1) Vgl. Bd. II, S. 304.

Kammern zu bringen. Der eigentliche Organisationsplan vom 27. 11. 1807 stammt dagegen von Altenstein. Dieser Plan wurde von Stein dem Chef des preußischen Provinzialdepartements im Generaldirektorium, v. Schrötter, mitgeteilt, der von Friese den Entwurf zur Regierungsinstruktion ausarbeiten ließ.[1]) Auf Grund dieser Vorbereitungen erging dann am 26. 12. 1808 die „Verordnung wegen verbesserter Einrichtung der Provinzial-, Polizei- und Finanzbehörden.“[2])

Es hätte nahe gelegen, das französische Präfektursystem, welches die Provinzialinstanzen dem Minister unbedingt dienstbar macht, eine äußerst schnelle Verwaltung ganz nach den Intentionen des Ministers ermöglicht und deshalb gerade für die Durchführung einer Reformgesetzgebung wie geschaffen ist, in Preußen einzuführen, wie dies thatsächlich schon Friedrich der Große für die Verwaltung der indirekten Steuern gethan. Für Stein war aber die Verwaltung nicht Mittel zum Zweck, sondern Selbstzweck, sie sollte unmittelbar dazu dienen, die Ziele des Staates zu verwirklichen, insbesondere den Gemeinsinn der Unterthanen zu erwecken. Die hiernach geplante Teilnahme ständischer Mitglieder war aber nur bei kollegialen Behörden möglich. Das Kollegialsystem wurde daher erhalten.

Durch die Verordnung bekamen die Kriegs- und Domänenkammern die Benennung Regierungen, die bisher meist als Regierungen bezeichneten, Landesjustizkollegien die von Oberlandesgerichten mit Ausnahme des Kammergerichts, welches seine bisherige Bezeichnung behielt. Die Zuständigkeit der Regierungen und Oberlandesgerichte erfuhr eine neue Abgrenzung in Übereinstimmung mit den in der vorigen Periode für die Provinzen mit reformierter Verwaltung erlassenen Ressortreglements. Von diesen Provinzen war nach dem Tilsiter Frieden nur Ostpreußen nicht abgetreten worden. Die Ressortabgrenzung erfolgte daher jetzt für alle Provinzen in Übereinstimmung mit dem ostpreußischen Ressortreglement von 1804. Der Hauptgrundsatz desselben war die Entlastung der Verwaltungsbehörde von jeder Rechtsprechung, die Entlastung der Landesjustizkollegien von allen Verwaltungsgeschäften. Die Regierungen erhielten also alle Angelegenheiten der inneren Verwaltung mit geringen Ausnahmen übertragen, die Oberlandesgerichte die gesamte Rechtspflege einschließlich der bisherigen Verwaltungsgerichtsbarkeit.

Den Regierungen fielen demnach zu außer den bisher schon von den Kriegs- und Domänenkammern bearbeiteten Verwaltungsgeschäften, die bis dahin von den Landesjustizkollegien verwalteten Landeshoheitssachen, wie Grenz-,

---

1) Vgl. E. Meier, Reform der Verwaltungsorg. S. 215 ff.

2) N. C. C. XII, 2, Nr. 63.

Huldigungs-, Auswanderungs-, Abfahrts- und Abschoßsachen, und die bis dahin von besonderen Behörden ressortierenden geistlichen, Schul- und Medizinalangelegenheiten, die Landarmen-, Accise- und Zollsachen, die Aufsicht über das Post-, Gestüts-, Lotterie-, Bergwerks- und Hüttenwesen. Hinsichtlich des Postwesens stand nur das administrative Detail unter Aufsicht eines bei jeder Regierung bestellten Postdirektors. Den Regierungen blieben dagegen entzogen: a. Rechtspflege und Lehensachen, b. Vormundschafts- und Hypothekenwesen, c. Militärverfassung, d. Münzfabrikation, e. Bank- und Seehandlungssachen, f. Homagialeide. Damit war namentlich die Aufsicht über die Rechtspflege der Domänenämter, wobei bisher eine Konkurrenz der Provinzialjustiz- und Verwaltungsbehörde stattgefunden hatte, den Regierungen entzogen und ausschließlich den Oberlandesgerichten übertragen.

Die Oberlandesgerichte verloren die Verwaltung der Hoheitssachen mit einziger Ausnahme der Lehensangelegenheiten, sie behielten ihre bisherige streitige und freiwillige Gerichtsbarkeit, erhielten die ausschließliche Aufsicht über sämtliche Untergerichte, auch die Domänenjustizämter, und die früher von Kammerjustizdeputationen und anderen Verwaltungsgerichten ausgeübte Gerichtsbarkeit. Der Rechtsweg blieb aber ausgeschlossen in allen den Fällen, in denen schon das Allgemeine Landrecht denselben für unzulässig erklärt hatte.[1])

Hinsichlich der Polizeistrafverordnungen und der polizeilichen Zwangsverfügungen der Regierungen war zu unterscheiden, ob der Widerspruch gegen dieselben sich nur auf die allgemeine bürgerliche Freiheit und auf die Prinzipien vom freien Genuß des Eigentums oder auf eine ausdrückliche Disposition der Gesetze resp. auf einen speziellen Rechtstitel gründete. Im ersteren Falle fand der Rechtsweg nur wegen der Entschädigung statt, außerdem nur, wenn die Verfügung von der höheren Verwaltungsbehörde gemißbilligt wurde, oder derselben grobe Fahrlässigkeit oder vorsätzliche Beeinträchtigung zu Grunde lag. Beim Vorhandensein einer ausdrücklichen Disposition der Gesetze war der Rechtsweg über den Schadensersatz wie über die Verpflichtung zulässig. Das Strafverfahren wegen Übertretung von Polizeistrafverordnungen, wenn also nicht die Berechtigung zum Erlaß der Verordnung, sondern das Vorliegen einer nach der Verordnung strafbaren Übertretung geleugnet wurde, gehörte unbedingt vor die ordentlichen Gerichte.

In fiskalischen Civilprozessen war es der Regierung freigestellt, außer dem gewöhnlichen Vertreter des Fiskus noch einen besonderen Deputierten abzuordnen, der insbesondere der Instruktion des Prozesses beizuwohnen und

1) Vgl. Bd. II, S. 301.

darauf zu sehen hatte, daß die Thatsachen überall richtig, deutlich und vollständig auseinandergesetzt und bei Aufnahme der Beweise mit genauer und gründlicher Sorgfalt verfahren wurde, ohne sich in den Gang des Verfahrens selbst zu mischen. Vor Abfassung des Urteils hatte er ein schriftliches Gutachten zu den Akten zu geben, auf welches, wenn es auf besondere landespolizeiliche und finanzielle Verhältnisse und Verfassungen und nicht auf bloße Rechtsfragen ankam, von den Gerichten gebührende Rücksicht genommen werden mußte. Die Gerichte wurden sogar in nicht fiskalischen Prozessen, die nur zwischen Privatpersonen schwebten, verpflichtet, über Gegenstände und Rechtsfragen, welche auf Prinzipien der Landesverfassung, der Staatsverwaltung, der Staatswirtschaft, der Polizei- und Gewerbekunde Einfluß hatten und durch klare Gesetze nicht bestimmt waren, von den Regierungen Gutachten einzuholen und sich danach als einem konsultativen Votum gebührend zu richten.

Vorbehaltlich des Rechtsweges waren wie schon bisher in den Provinzen mit reformierter Verwaltung die Kriegs- und Domänenkammern, so jetzt die Regierungen ermächtigt, ihre Anordnungen vorläufig zu vollstrecken. 1. Wenn gegen eine Polizeiverordnung oder gegen eine polizeiliche Zwangsverfügung ein spezieller Rechtstitel geltend gemacht wurde, war die Regierung zur sofortigen Exekution berechtigt, wenn nach ihrem Ermessen damit ohne Nachteil des Allgemeinen nicht bis zur richterlichen Entscheidung gewartet werden konnte. 2. Grundherrliche Abgaben und Leistungen der Domänenbauern konnte die Regierung vorläufig exekutorisch beitreiben, ebenso 3. öffentliche Abgaben, soweit eine Rechtsstreit über ihre Entrichtung zulässig war. 4. In Streitigkeiten des Fiskus mit Privatpersonen konnte die Regierung vorläufig ein Liquidum festsetzen und beitreiben lassen. 5. In Steuer- und Polizeiübertretungen war sie ermächtigt, die Strafe durch Beschluß nach summarischer Untersuchung zu normieren, gegen diesen Beschluß war der Kontravenient berechtigt, binnen zehn Tagen auf richterliche Entscheidung anzutragen, was in dem Beschlusse bekannt zu machen war.

Die Abgrenzung der Zuständigkeit zwischen den Justiz- und Verwaltungsbehörden entspricht also mit ganz geringen Abweichungen der in dem Ressortreglement für Neuostpreußen vom 3. 3. 1797 und den darauf fußenden Reglements für andere Provinzen. Für die Zweckmäßigkeit derselben, deren Schöpfer Schrötter, der Chef des preußischen Provinzialdepartements des Generaldirektoriums, war, spricht am besten die Thatsache, daß diese Abgrenzung im wesentlichen noch heute besteht. Justiz und Verwaltung sind durchaus geschieden und besonderen Behörden übertragen. Weder hat die Regierung irgend welche Rechtsprechung, noch das Oberlandesgericht andere Verwaltungsgeschäfte als solche der Justizverwaltung. Trotz dieser Scheidung ist die eine Behörde durch die andere so gut wie gar nicht behindert. Das Oberlandesgericht ist schon dadurch von der Regierung unabhängig, daß letztere sich nicht weiter in die Rechtspflege einzumischen hat als durch Abgabe von Gutachten in einigen Prozessen. Die Beschränkung der Regierung andererseits durch die Rechtsprechung des Oberlandesgerichts ist auf das geringste Maß reduziert, indem der Regierung trotz der Zulässigkeit des Rechtsweges in den dringendsten Fällen eine vorläufige Vollstreckung ihrer Anordnungen zusteht. Soweit war also die Verordnung vom 26. 12. 1808 nicht schöpferisch, sondern übertrug nur in einem Teile des Staates bereits bestehendes Recht auf das ganze Staatsgebiet.

Von größerer Bedeutung war die innere Umgestaltung der Regierungen. Hauptsächlich die Schwerfälligkeit und Langsamkeit der Verwaltung war hier zu bekämpfen. Friedrich Wilhelm I. hatte dieselbe einst verhütet durch die schärfste Centralisation, indem er alle wichtigen Angelegeheiten sich selbst vorbehielt und die Kriegs- und Domänenkammern nur zu ausführenden Organen machte. In den späteren Zeiten war aber gerade durch das Dekretieren von oben her die Verwaltung so unendlich schleppend geworden. Es hätte nahe gelegen, den Geschäftsgang durch einen stärkeren Impuls von oben wieder zu beschleunigen, statt jener Centralisation, die ein Kollegium über das andere schichtete, die Entscheidung in die Hände eines einzelnen Ministers zu legen. Es ist charakteristsch, daß Stein gerade das Gegenteil that, er vernichtete die Vielschreiberei durch die Decentralisation.

Die Regierungen sollten innerhalb ihrer Zuständigkeit ohne Anfrage und Berichterstattung selbst entscheiden und das Nötige ausführen. Sie waren daher berechtigt, die zu ihrem Ressort gehörigen Stellen mit Ausnahme derjenigen der Mitglieder des Kollegiums, der Landräte, Superintendenten und der oberen Lehrer der Gymnasien ohne vorherige Anfrage vorbehaltlich halbjähriger Nachweise frei zu besetzen. Sie konnten über Gegenstände ihres Ressorts ohne vorherige Anfrage Prozesse anhängig machen und sich auf solche einlassen ebenfalls vorbehaltlich der Einreichung halbjähriger Listen, innerhalb ihres Ressorts Verbindlichkeiten im Namen des Fiskus oder anderer unter ihrer Verwaltung stehenden juristischen Personen übernehmen, Gerechtsamen entsagen, Vergleiche und andere Verträge abschließen. Das Vermögen der Kirchen und Schulen hatten sie selbständig zu verwalten, die Etats aufzustellen, den Kassenbeamten Decharge zu erteilen, Pfarreien und Schulverbände zu vereinigen und zu teilen. Die Reparaturbauten konnten sie innerhalb des Etats selbständig anordnen, nur die Anschläge zu Neubauten im Betrage von über 500 Thalern bedurften der höheren Genehmigung. Damit war wenigstens in Sachen der laufenden Verwaltung der endlosen Vielschreiberei eine Grenze gesteckt.

Von noch größerer Bedeutung für die Schnelligkeit und Beweglichkeit der Verwaltung war die neue Geschäftsverteilung bei der Regierung selbst. Die kollegiale Behandlung aller einlaufenden Sachen durch das ganze Kollegium hatte vor allem die Langsamkeit und Schwerfälligkeit der Verwaltung herbeigeführt. Diese wäre bei Beibehaltung des bisherigen Geschäftsganges noch gesteigert worden, da jetzt die gesamte innere Verwaltung mit geringen Ausnahmen vor die Regierungen gehörte. Um für alle Sachen die kollegiale Beratung und Beschließung beizubehalten und gleichwohl keine Verschleppung der Geschäfte herbeizuführen, zerlegte man jede Regierung in mehrere Deputationen, die besondere Sitzungen hielten und in eigenem Namen verfügten. Solcher Deputationen sollte jede Regierung vier haben a. für Polizeiwesen, b. für Kultus und öffentlichen Unterricht, c. für Finanz- und Kassenwesen, d. für Militärwesen. Eine fünfte Deputation für Accise-, Zoll- und Salzangelegenheiten sollte zwar einen Teil der Finanzdeputation bilden, jedoch unter dem Vorsitze eines eigenen Direktors das Technische, das Disciplinar- und Rechnungswesen selbständig bearbeiten.

Dem Plenum der Regierung waren nur vorbehalten Sachen, die in das Ressort mehrerer Deputationen eingriffen, Gesetzentwürfe und neue Einrichtungen, einen materiellen Gegenstand betreffende Berichte an die höheren Behörden und Bescheide derselben, Anstellungen und Suspensionen, Etatssachen, allgemeine Anlagen, Abweichungen von bestimmten Vorschriften, wenn Gefahr im Verzuge, und die höhere Genehmigung nicht mehr eingeholt werden konnte, auch die Abweichungen nichts einem landesherrlichen Gesetze ausdrücklich widersprechendes enthielten, wichtige Kontrakte, bedeutende Landesmeliorationen, alle Gegenstände, welche von dem Präsidenten oder den Direktoren ausdrücklich an das Plenum verwiesen wurden.

Sowohl das Plenum wie die Deputationen hatten die vor sie gehörenden Sachen kollegialisch zu entscheiden. Innerhalb jeder Deputation sollte aber jedes Mitglied einen bestimmten Geschäftskreis angewiesen erhalten, für den es verantwortlich war, und für den es das Referat in den Sitzungen der Deputation und des Plenums hatte. Der Geschäftskreis war in der Regel nach Materien, nur für die Domänenangelegenheiten nach geographischen Bezirken zu bestimmen. Die Domänendepartementsräte hatten auf ihren Dienstreisen nicht nur die Angelegenheiten der Domänen, sondern auch der anderen Ressorts zu untersuchen und vorgefundene Mängel anzuzeigen.

Den Regierungen als Sachverständige beigeordnet wurden verschiedene technische Deputationen. Solche sollten unter dem Vorsitze eines Regierungsmitgliedes gebildet werden für Sanitäts- und Medizinalwesen für jeden Regierungsbezirk mit Ausnahme von Ostpreußen und Lithauen, die zusammen eine erhielten, und für Handlungs- und Schiffahrtssachen für jeden Regierungsbezirk mit Ausnahme der Neumark und zwar für Westpreußen in Elbing, für Lithauen in Memel, für den Glogauer Bezirk in Hirschberg, für die übrigen Regierungsbezirke am Sitze der Regierung.

Mitglieder jeder Regierung waren der Präsident, die Direktoren als Leiter der einzelnen Deputationen und die Regierungsräte. Unter letzteren nehmen eine besondere Stelle ein die technischen Räte, a. die geistlichen, Konsistorial- und Schulräte, b. der Oberforstmeister, c. der Landstallmeister, d. der Medizinalrat, e. der Postdirektor, f. Bauräte und Wasserbaudirektoren, g. Ober-Accise- und Zollräte und h. ein Torfinspektor. Die technischen Räte sind Mitglieder der Deputation, vor die die Angelegenheiten, die sie vertreten, gehören, und haben als solche wie jeder andere Regierungsrat Sitz und Stimme, sie haben aber vor allen Dingen das Technische ihres Ressorts, insbesondere das administrative Detail zu bearbeiten.

Eine besondere Stellung nehmen ferner ein die landständischen Repräsentanten, deren nach der Verordnung bei jeder Regierung neun zugezogen werden sollten. Denselben wurde als vollberechtigten Mitgliedern Sitz und Stimme im Kollegium eingeräumt. Die Generalversammlung der Stände der Provinz hatte zu jeder der neun Stellen drei Personen vorzuschlagen, aus denen der König je einen ernannte. Die Wahl und Ernennung erfolgte auf drei Jahre derart, daß jedes Jahr ein Drittel der neun ständischen Repräsentanten ausschied. Ihre Aufgabe sollte sein, die öffentliche Administration mit der Nation in nähere Verbindung zu setzen, den Geschäftsbetrieb mehr zu beleben und durch Mitteilung ihrer Sach-, Orts- und Personenkenntnis möglichst zu vereinfachen, die Mängel, welche sie in der öffentlichen Administration bemerkten, zur Sprache zu bringen und nach ihrer Erfahrung Vorschläge zur Verbesserung zu machen, sich selbst von der Rechtlichkeit und Ordnung der öffentlichen Staatsverwaltung näher zu überzeugen und diese Überzeugung in der Nation gleichfalls zu erwecken und zu befestigen. Ein spezielles Departement sollte ihnen wegen ihrer kurzen Dienstzeit nicht angewiesen werden, dagegen sollten sie die gewöhnlichen Korreferenten in wichtigen Verwaltungssachen sein und dem Präsidenten die Fächer vorschlagen können, in denen sie vorzüglich beschäftigt zu sein wünschten.

Charakteristischer Weise sind gerade allein die Bestimmungen über Zuziehung der ständischen Repräsentanten nicht zur Ausführung gekommen. Die kurmärkischen Stände erhoben auf die Aufforderung, Repräsentanten vorzuschlagen, verschiedene Bedenken namentlich wegen des Kostenpunktes, und die Sache schlief ganz ein, als das Präsidium der Regierung zu Potsdam sich am 24. 9. 1809 gutachtlich dahin äußerte, die Anordnung sei nicht allein zwecklos und überflüssig, sondern bei der ausgesprochenen Abneigung der Stände selbst bedenklich, und möge man daher von deren Ausführung, behufs welcher die Eingesessenen jährlich 13000 Thaler als Remunerationen für die ständischen Repräsentanten noch aufbringen müßten, bis zur vollendeten Organisation einer wirklichen Provinzialrepräsentation ganz absehen. Mit diesem Vorschlage erklärte sich der Minister des Innern am 17. 10. 1809 einverstanden. Die einzige Provinz, in der die Einrichtung durchgeführt wurde, war Ostpreußen, aber grade hier bewährte sie sich nicht, da die ständischen Repräsentanten in Opposition mit der Regierung traten.[1])

Die einzelnen Regierungsdepartements, wie jetzt die Kammerdepartements offiziell bezeichnet wurden, blieben von 1807 bis 1814 dieselben wie bisher, es waren 1. Ostpreußen mit der Regierung zu Königsberg, 2. Lithauen mit der Regierung zu Gumbinnen, 3. Westpreußen mit der Regierung zu Marienwerder, 4. Pommern mit der Regierung zu Stettin, 5. und 6. Schlesien mit den beiden Regierungen zu Breslau und Glogau, letztere im Frühjahr 1809, da die Festung von den Franzosen besetzt war, nach Liegnitz verlegt, 7. die Kurmark mit der zufolge Kabinettsordre vom 3. 3. 1809 nach Potsdam verlegten Regierung, während Berlin als besonderer Verwaltungsbezirk keiner Regierung unterstellt wurde. Die bei Preußen verbliebenen rechtselbischen Kreise des magdeburger Kammerdepartements, Jerichow und Ziesar, wurden durch Kabinettsordre vom 26. 8. 1807 provisorisch, seit der Organisation vom Dezember 1808 dauernd mit der Kurmark vereinigt.[2]) 8. Die Neumark mit der Regierung zu Küstrin, dann seit 1809, da diese Stadt von den Franzosen besetzt war, zu Soldin und schließlich zu Königsberg in der Neumark.

Eine besondere Stellung nahm die Stadt Berlin ein, deren Polizeipräsidium nach dem Publikandum vom 16. 12. 1808 unmittelbar unter der Sektion für allgemeine Polizei des Ministeriums des Innern stehen sollte, ohne daß im übrigen eine Exemtion der Stadt Berlin von der kurmärkischen Regierung zu Potsdam stattgefunden hätte. Dagegen blieb für die Accise- und Zollangelegenheiten des Berliner Weichbildes die besondere von der Regierung unabhängige Accise- und Zolldirektion, besetzt mit einem Direktor, einem Steuerrat für die inländischen und einem für die ausländischen Steuern, zwei Hauptrendanten, zwei Kontrolleurs, einem Justitiar und dem nötigen Unterpersonal bestehen.[3])

---

1) v. Bassewitz, Die Kurmark Brandenburg im Zusammenhang mit den Schicksalen des Gesamtstaats Preußen während der J. 1809 u. 10, Leipzig 1860, S. 175, 176.

2) A. a. O.

3) Vgl. Band II, S. 349, v. Bassewitz a. a. O. S. 207.

Mehrere Regierungsdepartements wurden nun durch das Publikandum betreffend die veränderte Verfassung der obersten Staatsbehörden vom 16. 12. 1808[1]) einem Oberpräsidenten unterstellt. Es sollten deren vier ernannt werden, einer für Lithauen, Ost- und Westpreußen, einer für die Kurmark, Neumark und Pommern, einer unter Aufhebung des schlesischen Provinzialministeriums für Schlesien und einer für Berlin.

Schon bisher hatte vielfach eine Zusammenfassung mehrerer Departements unter einem Oberpräsidenten notwendig geschienen, die Durchführung war aber in der Weise erfolgt, daß der Oberpräsident zum Leiter sämtlicher ihm unterstellten Kammern ernannt wurde. Jetzt wurde die Stellung des Oberpräsidenten eine durchaus andere. Jede Regierung hatte ihren besonderen Präsidenten. Die Oberpräsidenten waren den Regierungen zwar vorgesetzt, sollten aber keine Zwischeninstanzen, sondern nur perpetuierliche Kommissarien der Ministerien bilden. Thatsächlich waren die Oberpräsidenten ein Ersatz der wegfallenden Provinzialdepartements des Generaldirektoriums, sie sollten die Decentralisation gegenüber dem centralisierten Ministerium, das Interesse der Provinz gegenüber den Fachressorts vertreten.

Nach dem Publikandum und der Justruktion vom 23. 12. 1808[2]) war das Amt der Oberpräsidenten ein dreifaches, ein ausführendes, ein kontrollierendes nnd konsultatives. Als ausführende Organe hatten die Oberpräsidenten die Aufsicht über die ständische Verfassung der ihnen untergebenen Departements und der ständischen Institute, den Vorsitz bei allgemeinen ständischen Versammlungen als landesherrliche Kommissarien, die Verhandlungen mit den Chefs der Militärkorps, die Aufsicht über polizeiliche Sicherheitsanstalten, welche sich über mehrere Regierungsdepartements erstreckten, wie größere Sanitätsanstalten, Viehseuchenkordons, Sperren u. s. w., die Verhandlungen mit den Oberpost- und Postämtern, die Entwerfung von Plänen zu neuen Anlagen für mehrere Departements. In dringenden Fällen durften die Oberpräsidenten an die Unterbehörden unmittelbar verfügen, sonst nur durch Vermittlung der Regierungen. Als Aufsichtsbehörde der Regierungen sollten sie sich von deren Geschäftsbetrieb in Kenntnis setzen, ihn von Zeit zu Zeit an Ort und Stelle revidieren und Mängeln abhelfen. Mit der Detailverwaltung hatten sie sich dagegen nicht zu befassen. Schließlich hatten sich die Oberpräsidenten jährlich einmal in Berlin zu versammeln, um über die Verwaltung Bericht zu erstatten und dieselbe durch gegenseitige Mitteilung ihrer Erfahrungen zu vervollkommnen.

---

1) N. C. C. XII, 2, Nr. 59.
2) N. C. C. XII, 2. Nr. 60.

Die Stelle des Oberpräsidenten von Berlin wurde nicht besetzt, vielmehr blieb hier der Polizeipräsident unmittelbar dem Minister des Innern untergeordnet.

Nach der Organisation von 1810 fielen die Oberpräsidenten fort.

Bis zum Jahre 1814 erfuhr diese Behördenorganisation nur insofern eine Veränderung, als 1811 die Verwaltung der gutsherrlich-bäuerlichen Angelegenheiten den Regierungen entzogen und besonderen Behörden übertragen wurde.[1]) Hardenberg machte allerdings den Versuch, wie durch das Gensdarmerieedikt vom 30. 7. 1812 die Kreise in Unterpräfekturen, so die Regierungsdepartements in Präfekturen zu verwandeln, eine Kabinettsordre vom 1. 8. 1812 billigte auch die Umgestaltung der Regierungen in büreaukratische Behörden und trug dem Staatskanzler von Hardenberg die Ausarbeitung der weiteren Pläne auf. Zu einer Ausführung dieser Kabinettsordre ist es aber ebenso wenig gekommen, wie zu der des Gensdarmerieedikts inbetreff der Kreise, das Kollegialprinzip blieb bei den Regierungen auch unter Hardenberg erhalten.[2])

Eine vollständige Neugestaltung erfolgte erst nach der Wiederherstellung des Staates durch die Verordnung vom 30. 4. 1815.[3])

Das ganze Staatsgebiet wurde in 10 Provinzen und 25 Regierungsbezirke, wie die bisherigen Regierungsdepartements jetzt bezeichnet wurden, geteilt.

I. Die Provinz Ostpreußen zerfiel in die beiden Regierungsbezirke von Ostpreußen (Königsberg) und Lithauen (Gumbinnen) mit teilweise veränderter Abgrenzung unter einander;

II. die Provinz Westpreußen in die beiden Regierungsbezirke Danzig und Marienwerder. Durch eine Kabinettsordre vom 3. 12. 1829 wurden beide Provinzen zu einer Provinz Preußen vereinigt.

III. Die Provinz Brandenburg bildete drei Regierungsbezirke, Berlin, den Polizeibezirk von Berlin umfassend, den Bezirk der Regierung der Mark Brandenburg zu Potsdam, umfassend die Kurmark mit Ausnahme Berlins, der Altmark und des Kreises Lebus, den Kreis Beeskow-Storkow und einige ehemals sächsische Gebiete, wie Baruth, Jüterbog, Dahme, Belzig und den Bezirk der Regierung der Neumark und Niederlausitz zu Frankfurt, umfassend die Neumark mit Ausnahme von Schievelbein und Dramburg, die Nieder-

1) Vgl. Kap. VIII.

2) Vgl. über diesen ebenso interessanten wie für die Hardenbergische Verwaltung charakteristischen Versuch E. Meier, Reform der Verwaltungsorg. S. 253 ff., wo auch die K. O. v. 1. 8. 1812 abgedruckt ist.

3) G. S. 1815, S. 85.

lausitz, die Kreise Schwiebus und Lebus und endlich den oberlausitzer Kreis Hoyerswerda, welcher jedoch 1825 mit Schlesien vereinigt wurde. Die Regierung zu Berlin trat an die Stelle des nunmehr aufgehobenen Berliner Polizeipräsidiums, sowie der Accise- und Zolldirektion zu Berlin und übernahm die Geschäfte der Regierung zu Potsdam für den Berliner Polizeibezirk. Bereits 1822 wurde jedoch die Regierung zu Berlin wieder aufgehoben.

IV. Die Provinz Pommern sollte nach der Verordnung vom 30. 4. 1815 in zwei Regierungsbezirke, für Vorpommern zu Stettin und für Hinterpommern zu Koeslin zerfallen. Die für Neuvorpommern 1814 nur provisorisch errichtete Regierungskommission zu Stralsund, die künftig fortfallen sollte, blieb aber als besondere Regierung erhalten, so daß Pommern, womit die neumärkischen Kreise Schievelbein und Dramburg vereinigt wurden, die drei noch jetzt bestehenden Regierungen erhielt.

V. Die Provinz Schlesien sollte in vier Regierungsbezirke zerfallen, für Mittelschlesien zu Breslau, für die Gebirgskreise zu Reichenbach, für Niederschlesien zu Liegnitz und für Oberschlesien zu Oppeln. Der Regierungsbezirk der Gebirgskreise wurde 1820 wieder aufgelöst, und die zu demselben gehörenden Kreise teils der Regierung zu Breslau, teils der zu Liegnitz unterstellt.

VI. Die Provinz Posen wurde in die beiden Regierungsbezirke Posen und Bromberg geteilt.

VII. Die Provinz Sachsen zerfiel in drei Regierungsbezirke, den Bezirk der Regierung des Herzogtums Sachsen zu Merseburg, der Regierung von Niedersachsen zu Magdeburg und der Regierung in Thüringen zu Erfurt;

VIII. Die Provinz Westfalen zerfiel ebenfalls in drei Regierungsbezirke, den Bezirk der Regierung im Münsterlande zu Münster, im Weserlande zu Minden und in Mark und Westfalen zu Hamm. Der Sitz der letzteren Regierung wurde aber thatsächlich nach Arnsberg verlegt.

IX. Die Provinz Kleve-Berg sollte nach der Verordnung vom 30. 4. 1815 in zwei Regierungsbezirke, den Bezirk der Regierung des Herzogtums Berg zu Düsseldorf und den der Regierung der Herzogtümer Kleve und Geldern und des Fürstentums Moers zu Kleve zerfallen, im J. 1818 wurden jedoch drei Regierungsbezirke gebildet, Kleve, Düsseldorf und Köln, von denen Kleve in Gemäßheit der Kabinettsordre vom 26. 5. 1821 mit Düsseldorf vereinigt wurde.

X. Die Provinz Niederrheim war durch die Verordnung vom 30. 4. 1815 ebenfalls in zwei Regierungsbezirke, den Bezirk der Regierung des Herzogtums Jülich zu Köln und den der Regierung des Mosellandes zu

Koblenz geteilt worden, zerfiel aber seit 1818 in die drei Regierungsbezirke Aachen, Koblenz und Trier. Durch die Kabinettsordres vom 3. 2. 1820, 26. 5. 1821 und 3. 12. 1829 wurden die beiden Provinzen Kleve-Berg und Niederrhein zu einer einzigen Provinz, der Rheinprovinz, verschmolzen.

Die noch in der Verordnung vom 30. 4. 1815 vorkommende Bezeichnung der Regierungsbezirke nach Ländernamen wurde sehr bald ungebräuchlich, vielmehr wurden alle Regierungsbezirke nach der Regierungshauptstadt benannt.

Es läßt sich nicht verkennen, daß diese neue Verwaltungseinteilung zum größten Teile eine durchaus willkürliche war. Eine geschichtliche Bedeutung hatte kein Regierungsbezirk mit einziger Ausnahme desjenigen von Stralsund und nur einige Provinzen, wie Schlesien, Pommern, Ost- und Westpreußen, die aber auch zum Teil durch Zusetzung von fremdartigen Gebieten, Schlesien der Oberlausitz, Pommern der Kreise Schievelbein und Dramburg, Ostpreußen des Ermelandes, Westpreußen des Marienwerderschen Gebiets, ihren rein historischen Charakter verloren hatten. Die neuen Regierungsbezirke hatten genau dieselbe Berechtigung wie die französischen Departements, nämlich eine geschichtliche gar nicht, sondern nur eine politische. Die alten Gebiete waren durch Enklaven und Exklaven so zersetzt, so ungleich und so zerrissen, daß eine prompte Verwaltung dadurch fast unmöglich gemacht wurde. Man sah sich daher genötigt, eine Neueinteilung des Staatsgebiets vorzunehmen, bei der der praktische Gesichtspunkt allein entscheidend war. Die Bezirke wurden möglichst gleich gebildet, in konfessionell gemischten Gegenden womöglich derart, daß beide Konfessionen ansehnlich vertreten waren, um den Partikularismus und die Erinnerung an alte Verhältnisse möglichst zu beseitigen, die Einteilung ist mit einem Worte eine Nachahmung der französischen Departementseinteilung, absichtlich vorgenommen ohne Rücksicht auf geschichtliche und konfessionelle Beziehungen. Die Regierungsbezirke sind daher stets nur staatliche Verwaltungsbezirke geblieben und haben nie ein eigentümliches Leben entfalten können.

Anders war es mit den Provinzen, die 1815 zuerst offiziell diese Bezeichnung erhielten. Auch sie sind willkürlich gebildet, aber doch zum großen Teil im Anschluß an geschichtliche und ethnographische Verhältnisse. Selbst die willkürlichsten Bildungen, Rheinland und Westfalen, durch welche u. a. das alte preußische Kammerdepartement Kleve-Mark zerrissen und unter zwei Provinzen verteilt wurde, beruhen auf ethnographischen Grundlagen, indem zu den Rheinlanden alle an Preußen gefallenen Gebiete des rheinfränkischen, zu Westfalen die des sächsisch-westfälischen Stammes geschlagen wurden, so daß die rheinisch-westfälische Grenze nichts anderes ist als die uralte fränkischsächsische Stammesgrenze. Bei anderen Provinzen wie Schlesien, Ost- und Westpreußen und Pommern waren die Grenzen nur unbedeutend verändert, sonst waren es die alten geschichtlich gewordenen Gebiete. Die Provinzen, die jüngste Bildung unter den drei über einander geschichteten preußischen Verwaltungsbezirken, haben daher ein selbständiges Leben gezeigt wie kaum ein anderer Verwaltungsbezirk, sie sind mindestens ebenso lebensfähig geworden wie die Kreise.

Was die Behördenorganisation im einzelnen betrifft, so blieben die Regierungen kollegialische Behörden. Ihre Thätigkeit war geordnet durch das Publikandum vom 30. 4. 1815 und die Geschäftsinstruktion vom 23. 10. 1817.[1])

Hinsichtlich der Abgrenzung zwischen Justiz und Verwaltung nahm die Geschäftsinstruktion § 11 Bezug auf die Verordnung vom 26. 12. 1808, deren diesbezügliche Bestimmungen für das Geltungsgebiet des Allgemeinen Landrechts, soweit sie noch nicht galten, in Kraft gesetzt wurden. Für das Gebiet des rheinischen Rechts, in dem eine Bezugnahme auf das A. L.-R. nicht möglich war, erging am 20. 7. 1818 ein durch die dortigen Amtsblätter publiziertes Ressortreglement, welches die Bestimmungen der Verordnung vom 26. 12. 1808 über die Ressortabgrenzung dem Inhalte nach auch für die Rheinprovinz zur Einführung brachte.

Die jederzeit unvermeidlichen Kompetenzkonflikte zwischen Justiz- und Verwaltungsbehörden nötigten aber zu Veranstaltungen, um diese zu entscheiden, da der frühere Kompetenzgerichtshof, die Jurisdiktionskommission, 1808 aufgehoben war. Eine Kabinettsordre vom 30. 6. 1828[2]) verordnete, daß jeder Fall eines Kompetenzkonflikts, der nicht durch eine Vereinigung des Justizministers mit dem betreffenden Ressortminister zu erledigen sei, vom Staatsministerium geprüft und dem Könige vorgelegt werden solle, der sich vorbehielt, nach erfordertem Gutachten des Staatsrates selbst zu entscheiden oder die Entscheidung dem obersten Gerichtshofe zu übertragen. Das Rechtsverfahren sollte bis zur Entscheidung des Konflikts suspendiert bleiben. Diese Kabinettsordre fand besonders deshalb Anstoß, weil sie dahin interpretiert wurde, daß auch rechtskräftige Erkenntnisse im Wege des Kompetenzkonfliktes beseitigt werden könnten. Das Gesetz vom 8. 4. 1847[3]) schuf daher einen besonderen Gerichtshof zur Entscheidung von Kompetenzkonflikten, bestehend aus dem Präsidenten des Staatsrats, dem Staatssekretär und neun Mitgliedern des Staatsrats, von

1) G. S. 1817, S. 248.
2) G. S. 1828, S. 86.
3) G. S. 1847, S. 170.

denen fünf Justiz- und vier Verwaltungsbeamte sein mußten. Die Erhebung des Kompetenzkonfliktes sollte nicht mehr in rechtskräftig entschiedenen Sachen und nur durch die Central- oder Provinzialbehörden erfolgen dürfen.

Während also die Abgrenzung zwischen Justiz und Verwaltung dieselbe blieb, bestanden die wichtigsten Abweichungen der Organisation von 1815 von der von 1808 in folgenden Punkten.

Außer den ihnen schon entzogenen gutsherrlich-bäuerlichen Angelegenheiten verloren die Regierungen auch die Verwaltung der geistlichen und höheren Schulsachen, sowie der Medizinalangelegenheiten, welche Materien besonderen Behörden übertragen wurden. Statt der bisherigen fünf Deputationen zerfiel jede Regierung in zwei Abteilungen, von denen die erste die den Ministern des Auswärtigen, des Krieges und des Innern überwiesenen Geschäfte, die andere die Finanzangelegenheiten, Gewerbepolizei- und Bausachen bearbeitete. Die Besetzung der Stellen der ersten Abteilung erfolgte auf Vorschlag des Ministers des Innern, die der zweiten auf Vorschlag des Finanzministers, die des Präsidenten auf Vorschlag beider Minister. Die Regierung, deren Sitz am Hauptorte der Provinz war, erhielt nur einen Vicepräsidenten, während Präsident derselben der Oberpräsident war.

Diese Verfassung der Regierungen erfuhr weitere Änderungen dadurch, daß am 5. 7. 1823 für die Rheinprovinz, am 3. 10. 1824 für Sachsen, am 12. 9. 1825 für Posen, am 19. 10. 1825 für Pommern, am 3. 12. 1825 für Preußen und am 30. 7. 1827 für Schlesien besondere Provinzialsteuerdirektionen errichtet, und dadurch die Verwaltung der indirekten Steuern den Regierungen mit Ausnahme derjenigen zu Frankfurt und Potsdam entzogen wurde.

Eine Verordnung vom 31. 12. 1825[1]) bestimmte ferner, daß jede Regierung künftig in vier Abteilungen zerfallen solle a. für das Innere, b. für Kirchen- und Schulsachen, c. für direkte Steuern, Domänen und Forsten und d. für indirekte Steuern, soweit keine Provinzialsteuerdirektion bestand. Die Kassen-, Etats- und Rechnungssachen sollte ein Regierungskassenrat bearbeiten, der bei allen Abteilungen in Kassen-, Etats- und Rechnungssachen zuzuziehen sei. Jede Abteilung hatte wie bisher die ihr Ressort betreffenden Angelegenheiten selbständig in kollegialer Beratung und Beschließung zu erledigen.

Vor das Plenum der Regierung gehörten nach der Instruktion vom 23. 10. 1817 und der Kabinettsordre vom 31. 12. 1825 nur 1. alle vorzuschlagenden Gesetzentwürfe und allgemeinen neuen Einrichtungen; 2. die

1) G. S. 1826, S. 5.

Aufstellung der Grundsätze für Ausschreibung und Aufbringung allgemeiner Landeslasten, sofern solche Grundsätze nicht schon vorhanden; 3. Berichte an das Ministerium, durch welche allgemeine Verwaltungsgrundsätze und neue allgemeine Einrichtungen in Vorschlag gebracht wurden und die darauf ergehenden Entscheidungen; 4. die zu treffenden Maßregeln wegen Ausführung neuer Gesetze und Normen, soweit sie nicht ausschließlich eine Abteilung angingen; 5. Abweichungen und Ausnahmen von bestehenden Vorschriften, wenn dazu wegen Gefahr im Verzuge die höhere Genehmigung nicht eingeholt werden konnte; 6. alle Suspensionen und unfreiwilligen Entlassungen von öffentlichen Beamten; 7. alle Anstellungen und Beförderungen der Unterbeamten sämtlicher Abteilungen; 8. alle Gegenstände, bei denen mehrere Abteilungen beteiligt waren, wenn sie sich darüber nicht hatten vereinigen können; 9. die Sachen, welche vom Präsidenten oder den Direktoren zum Plenum geschrieben wurden; 10. die Verfügungen des Oberpräsidenten, welche die Verwaltung der Regierung oder die Dienstdisciplin im allgemeinen angingen; 11. bedeutende Landesmeliorationen. Durch die Geschäftsanweisung vom 31. 12. 1825[1]) wurden noch ferner vor das Plenum verwiesen 1. die Beratung der Frage, ob bei Ausübung des den Regierungen beigelegten Exekutionsrechtes die Exekution bis zur persönlichen Haft des Schuldners ausgedehnt werden sollte und 2. die Vorschläge wegen Ernennung und Bestätigung der Bürgermeister in den großen Städten.

Das Präsidium der Regierung war nach der Instruktion vom 23. 10. 1817 ein kollegialisches und bestand aus dem Regierungspräsidenten und den Leitern der 1815 gebildeten beiden Abteilungen der Regierung, den beiden Regierungsdirektoren. Durch die Kabinettsordre vom 31. 12. 1825 wurde dagegen das kollegiale Regierungspräsidium durch den Regierungspräsidenten ersetzt. Zum Geschäftskreis des Präsidiums und später des Präsidenten allein gehörte folgendes: 1. Er bearbeitete alles, was sich auf Ansetzung, Disciplin und Entlassung der Mitglieder des Kollegiums und der Referendare und auf die Verteilung der Geschäfte unter sie bezog. 2. Er leitete den Vortrag und die Geschäftsführung der Regierung. 3. War er mit dem Inhalte einer Verfügung nicht einverstanden, so konnte er die Sache zur nochmaligen Beratung entweder an die betreffende Abteilung oder an das Plenum verweisen. Bei dem im Plenum gefaßten Beschlusse verblieb es zwar, doch konnte der Präsident, wenn er von der Unrichtigkeit desselben überzeugt, und keine Gefahr im Verzuge war, auf eigene Verantwortung den Beschluß inhibieren und die Entscheidung des Oberpräsidenten einholen. 4. Er hatte die Oberaufsicht

1) v. Kamptz, Ann. d. inn. Verw. Bd. 9, S. 821.

über die Regierungshauptkassen, 5. erteilte Urlaub an die Mitglieder und die Unterbeamten der Regierung und 6. führte die Oberaufsicht über die Unterbeamten. 7. Jährlich hatte er einen Teil des Regierungsbezirks zu bereisen, um sich Orts- und Personenkenntnis zu erwerben und die Dienstführung der Unterbehörden und Departementsräte zu prüfen.

Die Regierungsdirektoren, an deren Stelle zufolge der Kabinettsordre vom 31. 12. 1825 als Leiter jeder Abteilung ein Oberregierungsrat trat, hatten nach dieser Kabinettsordre und der Instruktion vom 23. 10. 1817 in Beziehung auf die ihnen untergebene Abteilung dieselben Rechte wie der Präsident gegenüber dem Plenum.

Die Mitglieder der Regierungen waren entweder von Hause aus Verwaltungsbeamte oder sog. technische Räte, wie die Oberforstmeister, die Kassenräte, die geistlichen und Schulräte, die Medizinal- und Bauräte und die Justitiare. Von ständischen Mitgliedern war bei der neuen Organisation der Regierungen nicht mehr die Rede. Die Regierungen sind vielmehr lediglich aus Berufsbeamten zusammengesetzte Behörden.

Die ihnen übertragenen Geschäfte hatten die Regierungen bezw. die Abteilungen derselben selbständig zu erledigen. Nur ausnahmsweise waren sie zum Bericht und zur Einholung höherer Verhaltungsbefehle verpflichtet. Es war dies nach der Instruktion vom 23. 10. 1817 der Fall 1. bei Störungen und Beeinträchtigung der Landesgrenze, 2. bei Auslieferung fremder, Auswanderung diesseitiger Unterthanen, 3. bei außerordentlichen Vorgängen, besonders allgemeinen Unglücksfällen, 4. bei außerordentlichen Ereignissen mit angesehenen Fremden, 5. von den Ergebnissen der Landesvisitationen, 6. über Konzessionen zu Apotheken, 7. über Gründung und Veränderung gemeinnütziger Anstalten, sofern eine staatliche Genehmigung erforderlich war, 8. über Einrichtung neuer Gesellschaften, welche die Rechte staatlich genehmigter, privilegierter Gesellschaften beanspruchten, 9. über die Aufhebung bestehender Gesellschaften dieser Art, 10. bei Ausschreibung neuer allgemeiner Anlagen, 11. bei Entstehung neuer Religionssekten, 12. bei polizeilichen Maßregeln, welche die Verkehrsfreiheit weiter beschränkten als bisher, 13. bei erheblichen Märschen und Garnisonveränderungen der Truppen. In den Fällen zu 5, 6, 7 war der Bericht an den Oberpräsidenten, in den anderen Fällen an den zuständigen Minister zu richten, seit 1825 gingen aber auch diese Berichte durch die Hand des Oberpräsidenten.

Für Berlin wurde mit Aufhebung der Berliner Regierung im Jahre 1822 zur Leitung, Verwaltung und Ausführung der Polizeiangelegenheiten wieder ein Polizeipräsidium eingesetzt, welches zugleich die Befugnisse einer oberen und einer Ortspolizeiinstanz haben sollte. Dasselbe hatte also die

Verwaltung der Polizei, welche der Regierung und der Lokalbehörde in anderen Orten zustand. Es wurde büreaukratisch organisiert und zerfiel in sechs Abteilungen. Von ihm abhängig war das Polizeiamt zu Charlottenburg.[1])

Mehrere Regierungsbezirke wurden zusammengefaßt zu einer Provinz unter einem Oberpräsidenten. Die Instruktion vom 23. 10. 1817[2]) war nicht nur für die Regierungen, sondern auch für die Oberpräsidenten, Konsistorien und Medizinalkollegien bestimmt. Eine neue Geschäftsinstruktion für die Oberpräsidenten erging am 31. 10. 1825.[3])

Die Thätigkeit der Oberpräsidenten ist eine dreifache, sie haben eine eigene Verwaltung, die Kontrolle der Regierungen und sind die Stellvertreter der obersten Staatsbehörden in deren besonderem Auftrage. Die Verordnung vom 30. 4. 1815[4]) hatte den Geschäftskreis des Oberpräsidenten in ersterer Beziehung dahin bestimmt, daß er die ständischen Angelegenheiten seiner Provinz leite, die Aufsicht über die nicht nur für einen Regierungsbezirk bestimmten öffentlichen Institute mit Ausnahme der unmittelbar unter dem Minister des Innern stehenden Kreditsysteme führe, allgemeine Sicherheitsmaßregeln für mehrere Regierungsbezirke anordene, nötigenfalls die Militärbehörden requiriere und die obere Leitung der Kultus-, Unterrichts- und Medizinalangelegenheiten habe, für welche besondere Behörden gebildet werden sollten. Diese neugebildeten Provinzialbehörden, deren Vorsitzender der Oberpräsident war, waren die Konsistorien für die geistlichen und höheren Schulsachen und die Medizinalkollegien für die Medizinalangelegenheiten. Die eigene Thätigkeit des Oberpräsidenten ist also nach dieser Verordnung und der Instruktion gegenüber der Organisation von 1808 bedeutend erweitert. Für verschiedene Verwaltungszweige ist die Provinz gradezu an die Stelle des Regierungsbezirks getreten und in den hierfür errichteten neuen Behörden steht dem Oberpräsidenten der Vorsitz zu.

Andere Behörden für die ganze Provinz sind die Generalkommissionen und die Provinzialsteuerdirektionen. Bei diesen Behörden hat sich der Oberpräsident nicht wie bei den Konsistorien und Medizinalkollegien um die Detailverwaltung zu kümmern, sondern nur die Verwaltung im ganzen zu beobachten, deren Gang kennen zu lernen und auf diesem Wege besonders für die Übereinstimmung der Verwaltungsgrundsätze und die Konsequenz der Ausführungs-

---

1) Polizeireglement für die Haupt- und Residenzstadt Berlin v. 18. 9. 1822 bei v. Kamptz, Ann. Bd. 8, S. 491 ff., K. O. v. 16. 5. 1830 a. a. O. Bd. 14, S. 359.

2) G. S. 1817, S. 230.

3) G. S. 1826, S. 1.

4) G. S. 1815, S. 85.

maßregeln zu wirken. Beschwerden über diese Behörden wie in Post-, Bergwerks-, Salz-, Lotterie-, Münz- und Gestütangelegenheiten, welche nicht den technischen Betrieb betrafen, und gegen die Militärintendanten, sofern dadurch das Militär nicht direkt berührt wurde, konnte er entgegennehmen, auf ihre Erledigung hinwirken und der obersten Verwaltungsbehörde Kenntnis geben.

Dies führt zum zweiten Zweige der Thätigkeit des Oberpräsidenten, der kontrollierenden. Noch die Verordnung vom 30. 4. 1815 hatte aus dem Organisationsgesetze von 1808 den Satz übernommen, daß die Oberpräsidenten keine Mittelinstanzen zwischen den Regierungen und dem Ministerium seien. Im Jahre 1825 ließ man jedoch diese Klausel fallen, ja es wurde sogar ausdrücklich ausgesprochen, daß der Oberpäsident nicht nur als ständiger Kommissar des Ministeriums, sondern als selbständige Kontrollinstanz zwischen Regierung und Ministerium eingeschoben sei, indem nach der Instruktion vom 31. 12. 1825 der Verkehr der Regierungen mit dem Ministerium durch ihre Hand gehen mußte.

Außer dem Oberpräsidenten erhielt das Großherztum Posen 1815 als besondere Auszeichnung einen einheimischen Statthalter in der Person des Fürsten Anton Radziwill. Der Oberpräsident hatte die Leitung der Verwaltung wie in den anderen Provinzen. Dem Statthalter stand nur die Befugnis zu, über den Gang der Geschäfte Auskunft zu erfordern, die Wünsche der Einwohner entgegenzunehmen und sie über die Absichten des Königs aufzuklären. Nach dem polnischen Aufstande fiel jede Sonderstellung der Provinz fort.

Nicht an die Regierungsbezirke, sondern an die Provinzen wurden ferner die neugebildeten ständischen Vertretungen angeknüpft. Mit einer obrigkeitlichen Selbstverwaltung der Regierungsbezirke, wie sie Stein beabsichtigt, konnte sich Hardenberg seiner ganzen politischen Richtung nach nicht befreunden. Sein Ideal, eine prompte schlagfertige Verwaltung zur Durchführung der sozialen Reformgesetzgebung, war nur zu verwirklichen im reinen Beamtenstaate. In den zwanziger Jahren machte sich aber der Einfluß des Großgrundbesitzes von neuem geltend, dazu kam, daß eine ständische Repräsentation verschiedentlich zugesichert war. So wurde denn in jener Zeit der Aufbau des neuständischen Staates begonnen. Die die ganze Hardenbergische Verwaltung durchziehenden Gedanken der französischen Revolution, daß die allgemeine Landesverwaltung nur durch berufsmäßige Beamte erfolgen könne, daß eine Verwaltung durch andere Organe ein Rest des Feudalismus sei, machten sich aber auch bei den neuen ständischen Formationen geltend. In der Kreisverwaltung hatten dieselben dazu geführt, die Selbstverwaltung der Kreise auf die Kommunalverwaltung zu beschränken, in der allgemeinen Landesverwaltung den Kreisständen nur eine beratende Stellung anzuweisen.

In derselben Weise waren schon vor den Kreisen die Provinzialverbände gebildet worden. Das allgemeine Gesetz wegen Anordnung der Provinzialstände vom 5. 6. 1823[1]) bestimmte die Zuständigkeit der Provinzialstände, „des gesetzmäßigen Organs der verschiedenen Stände der Unterthanen in jeder Provinz" dahin, daß ihnen 1. die Gesetzentwürfe, welche allein die Provinz angingen; 2. so lange keine allgemeinen ständischen Versammlungen stattfänden, die Entwürfe solcher allgemeinen Gesetze, welche Veränderungen in Personen- und Eigentumsrechten und in den Steuern zum Gegenstande hätten, soweit sie die Provinz beträfen, zur Beratung vorgelegt werden sollten; 3. daß Bitten und Beschwerden, welche auf das spezielle Wohl und Interesse der ganzen Provinz oder eines Teiles derselben Bezug hätten, von den Provinzialständen angenommen, geprüft, und sie darauf beschieden werden sollten; und 4. daß endlich die Kommunalverwaltung der Provinz ihren Beschlüssen vorbehaltlich der königlichen Genehmigung und Aufsicht überlassen werden sollte. Die Gegenstände der Kommunalverwaltung waren in den einzelnen Provinzen verschiedene, meist war es die Verwaltung von Landarmen-, Invaliden-, Irren- und Blindenanstalten, Feuersocietäten, Denkmälern und dergl.[2]) Die Deckung der kommunalen Bedürfnisse konnte nur aus den kommunalen Instituten selbst, deren Einnahmen und Vermögen erfolgen, zur Erhebung von Kommunalsteuern waren die Provinzen nicht berechtigt.

Die ständischen Verbände deckten sich mit den einzelnen Provinzen. Nur der ständische Verband der Provinz Brandenburg begriff außer dieser Provinz noch die Altmark und die zu Pommern geschlagenen Kreise Schievelbein und Dramburg, welche Gebiete andererseits in den ständischen Verbänden von Sachsen und Pommern nicht vertreten waren.

Die ständische Vertretung selbst wurde durch eine Reihe provinzieller Verordnungen geregelt, für Brandenburg, Preußen und Pommern vom 1. 7. 1823,[3]) für Sachsen, die Rheinprovinz Schlesien, Westfalen und Posen vom 27. 3. 1824.[4]) Die Vertretung ist zwar in den einzelnen Provinzen verschieden, aber nirgends nach Staatsleistungen, sondern überall nach Grundbesitzmassen geordnet, indem schon das allgemeine Gesetz vom 5. 6. 1823

1) G. S. 1823, S. 129.

2) Vgl. im einzelnen v. Rönne, Staatsrecht der pr. Monarchie, 3. A. Bd. I b, S. 480.

3) G. S. 1823, S. 130, 138, 146.

4) G. S. 1824, S. 70, 101, 108, 141.

ausdrücklich das Grundeigentum für eine Bedingung jeder Provinzialstandschaft erklärt hatte.

In Brandenburg wurden drei Stände gebildet, der erste bestand aus dem Domkapitel zu Brandenburg, dem Grafen zu Solms-Baruth, dem Herrenstande der Niederlausitz und der Ritterschaft, der zweite aus den Städten, der dritte aus den übrigen Grundbesitzern, Erbpächtern und Bauern. In der Kurmark hatte das Domkapitel zu Brandenburg und der Graf zu Solms-Baruth je eine Virilstimme, die Ritterschaft 20, die Städte 14, der dritte Stand 8 Vertreter, in der Neumark der erste 6, der zweite 4, der dritte 2, in der Niederlausitz der Herrenstand einen, die Ritterschaft 5, der zweite Stand 4, der dritte 2 Vertreter. Der brandenburgische Provinziallandtag bestand also aus 68 Mitgliedern.

Die pommerschen Stände gliederten sich ebenfalls in Ritterschaft, Bürger und Bauern. In Altvorpommern hatte der erste und zweite Stand je 4, der dritte 2, in Neuvorpommern der erste einschließlich einer Virilstimme des Fürsten von Putbus und der zweite Stand ebenfalls je 4, der dritte 2, in Hinterpommern der erste 16, der zweite 8, der dritte 2 Vertreter.

Was den ständischen Verband der Provinz Preußen betrifft, so hatte in Ostpreußen und Lithauen der erste Stand 30, der zweite und dritte je 15, in Westpreußen der erste 15, der zweite 13, der dritte 7 Vertreter. Durch die Kabinettsordre vom 24. 2. 1843[1]) wurden ferner den Besitzern der zur Grafschaft Dohna vereinigten Güter, sowie den Besitzern größerer Familienfideikommisse Kollektivstimmen im ersten Stande verliehen.

In Sachsen gliederte sich der Provinzallandtag in vier Stände. Zum ersten Stande gehörten die Domkapitel zu Merseburg und Naumburg, die Grafen zu Stolberg-Wernigerode, Stolberg-Stolberg und Stolberg-Roßla und der Herzog von Anhalt-Dessau als Besitzer des Amtes Walternienburg. Die beiden Domkapitel wählten Bevollmächtigte, die drei Stolberger Grafen erschienen in Person, konnten sich aber in Behinderungsfällen durch ein Mitglied ihrer Familie oder einen Bevollmächtigten aus dem zweiten Stande vertreten lassen. Der Besitzer des Amtes Walternienburg war stets hierzu berechtigt. Den zweiten Stand vertraten 29 ritterschaftliche, den dritten 24 städtische, den vierten 13 bäuerliche Abgeordnete.

In Schlesien bildeten den ersten Stand die Fürsten und Standesherren. Zu den Fürsten gehörten der Herzog von Braunschweig-Oels, der Fürst von Lichtenstein wegen Troppau und Jägerndorf, der Herzog von Sagan, der Fürst von Hatzfeld wegen des Fürstentums Trachenberg, der Fürst von

1) G. S. 1843, S. 39.

Schönaich-Karolath, der Fürst von Hohenlohe-Schillingsfürst als Herzog von Ratibor, und der Fürst von Pleß. Die Fürsten erschienen in Person, konnten sich aber in Behinderungsfällen durch ein Mitglied ihrer Familie oder einen Bevollmächtigten des zweiten Standes vertreten lassen. Zu den schlesischen Standesherren gehörten der Erb-Ober-Land-Mundschenk Graf Henckel von Donnersmarck wegen der Standesherrschaft Beuthen, Prinz Biron von Kurland wegen der Standesherrschaft Wartenberg, der Erb-Ober-Kämmerer Graf von Maltzan wegen der Standesherrschaft Militsch, der Erb-Ober-Land-Postmeister Graf von Reichenbach-Goschütz wegen der Standesherrschaft Goschütz, der Besitzer der Standesherrschaft Muskau, der Erb-Land-Hofmeister Graf von Schaffgotsch wegen der Standesherrschaft Kynast, der Fürst von Pleß wegen der Standesherrschaft Fürstenstein. Die Standesherren konnten nur in Person, nie durch Stellvertreter erscheinen und ihr Stimmrecht nur durch drei aus ihrer Mitte ausüben. Den zweiten Stand bildeten 36 ritterschaftliche, den dritten 30 städtische, den vierten 16 Abgeordnete der Landgemeinden.

In Posen war der erste Stand vertreten durch den Fürsten von Thurn und Taxis wegen des Fürstentums Krotoschin, den Fürsten Sulkowski wegen des Familienmajorats Reisen, den Grafen Raczynski seit dem 6. 3. 1827 und den Fürsten Radziwill wegen der Herrschaft Przygodzice seit dem 10. 9. 1840, welche vier je eine Virilstimme hatten, und 22 ritterschaftliche Abgeordnete, der zweite Stand, die Städte, durch 16, der dritte, die Landgemeinden, durch 8 Abgeordnete.

In Westfalen bestanden vier Stände. Den ersten bildeten die Mediatisierten, die Herzöge von Aremberg, Looz und Croy, die Fürsten von Salm-Salm, Salm-Kyrburg, Kaunitz-Rietberg, Sayn-Wittgenstein-Berleburg, Sayn-Wittgenstein-Wittgenstein, Bentheim-Tecklenburg, Bentheim-Steinfurt und Salm-Horstmar, wozu seit dem 15. 10. 1840 der Freiherr von Landsberg-Velen kam. Dieselben konnten sich in Behinderungsfällen durch ein Mitglied ihrer Familie oder des zweiten Standes vertreten lassen. Die drei anderen Stände, Ritterschaft, Städte und Bauern, hatten je 20 Abgeordnete.

In der Rheinprovinz, wo ebenfalls vier Stände gebildet wurden, waren im ersten vertreten die ehemals unmittelbaren Reichsstände, die Fürsten von Wied-Neuwied, Wied-Runkel, Solms-Braunfels und Solms-Hohensolms-Lich, wozu später noch der Fürst von Hatzfeld wegen der Herrschaft Wildenburg-Schönstein kam.[1]) Diese Fürsten hatten Virilstimmen mit Vertretungsbefugnis. Der zweite Stand, die Ritterschaft, bestand aus den Besitzern

---

1) V. v. 15. 3. 1825, G. S. 1825, S. 21.

früher reichsunmittelbarer oder landtagsfähiger Güter, von denen eine Grundsteuer von wenigstens 75 Thlrn. jährlich entrichtet wurde, und den Besitzern größerer Landgüter, die vom Könige in den zweiten Stand aufgenommen wurden. Der dritte und vierte Stand waren die Städte und Landgemeinden. In den Provinziallandtag entsandten der zweite, dritte und vierte Stand je 25 Abgeordnete.

Persönliches Erfordernis für die Landtagsabgeordneten aller Stände in allen Provinzen war: 1. zehn Jahre lang nicht unterbrochener Grundbesitz, wobei die Besitzzeit des Erblassers dem Erben zugerechnet wurde, 2. Gemeinschaft mit einer der christlichen Kirchen, 3. Vollendung des 30. Lebensjahres und 4. unbescholtener Ruf. Von der Bedingung des zehn Jahre nicht unterbrochenen Grundbesitzes konnte der König dispensieren, von den anderen nicht. Besondere Bedingung im Stande der Fürsten, Standesherren und Rittergutsbesitzer war noch Besitz der Standesherrschaft bezw. eines Rittergutes, im Stande der Städte städtischer Grundbesitz und Betrieb eines bürgerlichen Gewerbes. Für den Umfang des Grundbesitzes und Gewerbebetriebes war ein in den einzelnen Provinzen verschiedener Minimalcensus festgesetzt. Für die Wählbarkeit im Stande der Landgemeinden wurde erfordert Grundbesitz von einem in den einzelnen Provinzen verschiedenen Minimalumfange.

Das aktive Wahlrecht stand allen denjenigen zu, die passiv wahlberechtigt waren, nur genügte das zurückgelegte 24. Lebensjahr und war nicht erforderlich, daß der Grundbesitz ein zehn Jahre lang ununterbrochener war. Die Vertreter der Ritterschaft wurden von den Rittergutsbesitzern auf den Kreistagen gewählt. Von den Städten wählten diejenigen, welche Virilstimmen erhalten hatten, ihre Abgeordneten in sich, die übrigen ernannten Wähler, welche die Landtagsabgeordneten zu wählen hatten. Jede Landgemeinde ernannte einen Wähler, diese wieder Bezirkswähler, welche den bäuerlichen Abgeordneten zum Provinziallandtage wählten. Für jeden Abgeordneten war ein Stellvertreter zu wählen. Die Wahl erfolgte auf sechs Jahre derart, daß jährlich ein Drittel der Gewählten ausschied.

Der Vorsitzende des Landtages, welchem der Titel Landtagsmarschall beigelegt wurde, und dessen Stellvertreter wurden vom Könige aus den Mitgliedern des ersten Standes ernannt. Für die ersten sechs Jahre sollte ein Landtag alle zwei Jahre berufen werden. Die Staatsregierung wurde auf dem Landtage durch einen königlichen Kommissar, in der Regel den Oberpräsidenten, vertreten. Die Landtagsmitglieder bezogen Reisekosten und Diäten. Sitz des Landtages war die Provinzialhauptstadt, nur der sächsische hatte seinen Sitz in Merseburg und der rheinische in Düsseldorf.

Neben diesen Provinziallandtagen bestanden noch verschiedene Kommunallandtage fort. Bei der Abweichung der neuen Provinzialgrenzen von den alten Provinzen, die zum Teil ständische Korporationen gebildet hatten, war es nicht möglich, die letzteren zustehende Kommunalverwaltung sofort auf die neuen Provinzialbezirke zu übertragen. Es sollte vielmehr das Aufgehen dieser größeren Kommunalverbände in den neuen Provinzialverband nur stattfinden auf Grund gegenseitiger Übereinkunft. Solche besonderen Provinzialkommunalverbände bestanden in Brandenburg, Pommern und der Oberlausitz.

Die Kommunalverfassung der Kur- und Neumark wurde neu geregelt durch eine Verordnung vom 17. 8. 1825.[1]) Es bestanden danach drei Kommunalverbände: 1. für die Altmark, 2. für die übrige Kurmark einschließlich des Kreises Beeskow-Storkow und der ehemals sächsischen Gebiete von Jüterbog und Belzig und 3. für die Neumark. In der Altmark bildeten den Kommunallandtag sämtliche Rittergutsbesitzer, je ein Abgeordneter der Städte Stendal, Salzwedel, Gardelegen, Seehausen, Tangermünde, Osterburg und Werben, ein Kollektivabgeordneter der übrigen Städte und endlich je ein Abgeordneter des Bauernstandes jedes Kreises. Die persönlichen Erfordernisse waren dieselben wie für die Kreistagsmitglieder. Der Kommunallandtag der Kurmark war zusammengesetzt aus den kurmärkischen Mitgliedern des brandenburgischen Provinziallandtages, der der Neumark aus den neumärkischen Mitgliedern desselben und ihren Stellvertretern. Die Landtage traten jährlich zusammen unter Leitung eines gewählten Vorsitzenden, als königlicher Kommissar fungierte ein- für allemal der Oberpräsident. Die Verfassung des Kommunallandtages der Niederlausitz wurde durch eine Verordnung vom 18. 11. 1826[2]) geregelt. Der Kommunallandtag bestand danach aus zwei Abgeordneten der Vasallengutsbesitzer, den Rittergutsbesitzern, je einem Abgeordneten der Städte Luckau, Lübben, Guben und Kalau, einem Kollektivabgeordneten der übrigen Städte und vier bäuerlichen Abgeordneten.

In Pommern bestanden nach der Verordnung vom 17. 8. 1825[3]) zwei Kommunallandtage, einer für Neuvorpommern und Rügen und einer für Altvorpommern und Hinterpommern, die sich aus den Provinziallandtagsmitgliedern der entsprechenden Bezirke zusammensetzten.

Die zu Schlesien geschlagene Oberlausitz behielt ebenfalls ihren besonderen Provinziallandtag. Derselbe sollte nach dem schlesischen Provinzial-

1) G. S. 1825, S. 200.
2) G. S. 1826, S. 110.
3) G. S. 1825, S. 215.

landtagsabschied vom 2. 6. 1827[1]) vorläufig aus einer bestimmten Zahl von städtischen und bäuerlichen Abgeordneten und aus sämtlichen Rittergutsbesitzern bestehen. Eine endgiltige Ordnung wurde vorbehalten, ist aber nicht zu stande gekommen.

In der Provinz Sachsen erhielten sich für die ehemaligen Bistümer Merseburg und Naumburg die Stiftsstände als Kommunallandtage fort hauptsächlich zur Verwaltung der stiftsständischen Anleihen, zur Verleihung der stiftsständischen Gymnasialstipendien und Wohnhausstellen. Nach im wesentlichen bewirkter Abwicklung der Schuldenangelegenheiten wurden die Merseburger Stiftsstände durch Kabinettsordre vom 11. 12. 1834, die Naumburg-Zeitzer durch Kabinettsordre vom 10. 5. 1841 aufgelöst.[2])

Zum Geschäftskreise des altmärkischen Kommunallandtages gehörte die Verwaltung der v. Roth'schen Stiftung für adlige Frauen aus der Altmark. Der kurmärkische Kommunallandtag hatte zu beschließen über Tilgung der Provinziallandtagsschuld, Verwaltung der Land-Armen-, Irren- und Taubstummenanstalten, die Leitung der Verwaltung der kur- und neumärkischen Städtefeuersocietät und der kurmärkischen Landfeuersocietät. Einen ähnlichen Umfang hatten die Befugnisse der Kommunallandtage der Neumark und der Niederlausitz. Der Kommunallandtag der Oberlausitz beschloß über die Verwaltung des Grundsteuerremissions- und Schuldenwesens, der Landkasse und ähnlicher Institute. Der Geschäftskreis der beiden pommerschen Kommunallandtage endlich erstreckte sich über Feuersocietäten, Irrenanstalten und verschiedene ähnliche Kommunalangelegenheiten.

Eine Neubelebung des ständischen Elements in der allgemeinen Landesverwaltung sollte durch die am 21. 6. 1842 in acht provinziellen Gesetzen angeordnete Bildung ständischer Ausschüsse aus den Provinziallandtagen erfolgen.[3]) Diese Ausschüsse sollten bestehen in den östlichen Provinzen aus sechs Mitgliedern der Fürsten, Standesherren und Ritterschaft, vier städtischen und zwei bäuerlichen Mitgliedern.[4]) In Westfalen und der Rheinprovinz kamen auf jeden Stand vier Mitglieder. Der Landtagsmarschall war jeder-

---

1) v. Kamptz, Ann. d. inn. Verw. Bd. 11, S. 299.

2) v. Lancizolle Rechtsquellen für die gegenwärtige landständische Verfassung in Preußen. Berlin 1847, S. 185.

3) Für Preußen G. S. 1842, S. 215, für Brandenburg S. 218, für Pommern S. 221, für Schlesien S. 224, für Posen S. 227, für Sachsen S. 230, für Westfalen S. 233, für die Rheinprovinz S. 238.

4) Über die weitere Verteilung der Mitgliedschaft unter Standesherren und Ritterschaft in Sachsen und unter kleinere Bezirke der Provinz in Brandenburg unter Pommern vgl. die betr. Verordnungen.

zeit als Mitglied des ersten Standes Vorsitzender des Ausschusses, die übrigen Mitglieder und ihre Stellvertreter wurden auf dem Provinziallandtage von jedem Stande in sich gewählt. Die Wahlperiode dauerte von einem Landtage zum andern. Der Ausschuß sollte also nur ins Leben treten, so lange der Landtag nicht versammelt war. Seine Thätigkeit war wie die des Provinziallandtages selbst in der allgemeinen Landesverwaltung eine rein beratende. Er trat in Wirksamkeit, wenn die Ansichten der Landtage verschiedener Provinzen über einen von ihnen beratenen Gesetzentwurf bedeutend abwichen oder in den höheren Instanzen der Legislation neue Momente hervortraten. Der Zweck der neuen Einrichtung war also lediglich der, der Staatsregierung die Möglichkeit zu gewähren, zu jeder Zeit, auch wenn die Provinziallandtage nicht versammelt waren, die Ansichten der Interessenten über neue Gesetzentwürfe kennen zu lernen.

Kap. V. Die Centralverwaltung.

Die Umgestaltung der Centralverwaltung war schon unter dem alten Regimente nur noch eine Frage der Zeit gewesen. Die Zersplitterung der Verwaltung unter eine überaus große Menge von Spezialressorts, das Nebeneinanderbestehen der Provinzial- und Realdepartements und die dadurch hervorgerufenen beständigen Reibungen, endlich die mangelnde Verbindung der Minister mit dem Könige, an deren Stelle das Kabinett getreten war, hatten Zustände herbeigeführt, die über kurz oder lang einen völligen Stillstand der verfahrenen Maschinerie zur Folge haben mußten.

Die Angriffe Steins richteten sich vorzugsweise gegen das Kabinett, vielleicht weil er selbst als Minister den Übelstand des mangelnden persönlichen und direkten Verkehrs mit dem Könige am meisten empfunden, seine Pläne durch das Kabinett nicht in geeigneter Weise dargestellt und befürwortet waren. Erst in zweiter Linie stand die Wiederherstellung des Staatsrats als der Versammlung der Ressortchefs, dessen Entscheidung die wichtigsten Angelegenheiten vorbehalten wurden, und der die Einheit der obersten Verwaltung wie ihrer Grundsätze repräsentieren sollte.

Wesentlich unter Zugrundelegung der Stein'schen Vorschläge erging die vom Könige vollzogene Verordnung betreffend die veränderte Verfassung der obersten Verwaltungsbehörden in der preußischen Monarchie vom 24. 11. 1808. An demselben Tage erhielt Stein infolge seiner Ächtung durch Napoleon seine Entlassung. Die Verordnung wurde von seinen Nachfolgern nicht publiziert, sondern einer neuen Umarbeitung unterzogen, aus der das Publikandum betreffend die veränderte Verfassung der obersten Staatsbehörden in Beziehung auf die innere Landes- und Finanzverwaltung vom 16. 12. 1808[1]) hervorging.

Das Publikandum unterschied sich von der Verordnung, abgesehen von redaktionellen Änderungen, nur durch die vorläufige Suspension des Staatsrats und die vorläufige Beschränkung der Reform auf die Departements des Innern und der Finanzen. Es enthält daher zweierlei, einen Plan für die Neugestaltung der gesamten Centralverwaltung — dieser Plan entsprach der Verordnung vom 24. 11. 1808 — und die Bestimmungen über die Ausführung dieses Planes inbetreff der inneren Verwaltung, des Ressorts des bisherigen Generaldirektoriums.

Das Ziel, welches man sich gesteckt, war die Bildung einer möglichst kleinen Zahl oberster, nach Hauptverwaltungszweigen abgegrenzter Behörden, also vollständige Beseitigung des Provinzialsystems. Das Vorbild hierfür war Frankreich, wo unter dem Direktorium zufolge Gesetzes vom 10. Vendemiaire IV. (2. 10. 1795)[2]) sechs Ministerien errichtet waren, für Justiz, Inneres, Finanzen, Krieg, Marine und Auswärtiges. Ebenso waren in Westfalen zufolge der Konstitution des Königreichs vier Ministerien gebildet worden, für Justiz und Inneres, Finanzen, Krieg und Auswärtiges, von denen das Ministerium der Justiz und des Inneren später in zwei Ministerien zerlegt wurde. Dieses einfache französische Ministerialsystem verdrängte jetzt auch in Preußen die unförmigen Kollegien, welche bisher die Centralverwaltung geführt hatten. An die Stelle der bisherigen Centralbehörden, des Kabinettsministeriums, der verschiedenen Departements des Generaldirektoriums, des Justizministeriums mit den geistlichen Departements und der sonstigen Centralbehörden traten fünf Ministerien, des Innern, der Finanzen, des Auswärtigen, das Kriegs- und das Justizministerium. Die drei letzteren blieben zunächst in ihrer bisherigen Verfassung, es wurden Kabinettsministerium, Oberkriegskollegium und Justizministerium mit Großkanzleramt unberührt gelassen und inbetreff ihrer besondere Verordnungen vorbehalten. Hinsichtlich des Justizministeriums hatte die Kabinettsordre vom 25. 11. 1808 lediglich bestimmt, daß künftig nur ein Justizdepartement bestehen, und die vielen Jurisdiktionsabteilungen nach Personen und Provinzen aufhören sollten. Das Publikandum vom 16. 12. 1808 beschränkte sich auf das Versprechen einer verbesserten Verfassung für das Justizministerium. Die verschiedenen Justizminister wurden jedoch beseitigt, indem am 25. 11. 1808 Beyme zum Groß-

---

1) N. C. C. XII, 2, Nr. 59.

2) Bornemann u. Daniels, Sammlung u. s. w. III, S. 203.

kanzler und einzigen Justizminister ernannt war. Die Geschäfte des früheren geistlichen Departements gingen auf das Ministerium des Innern über.

Eine thatsächliche Neuorganisation enthielt das Publikandum nur inbetreff der Ministerien des Innern und der Finanzen, das Ressort des nunmehr aufgehobenen Generaldirektoriums, wo das Ineinandergreifen der Provinzial- und Realdepartements völlig unleidlich geworden war, und überdies verschiedene Minister durch den Tilsiter Frieden ihre Departements ganz oder teilweise verloren hatten, so daß schon aus diesem äußerlichen Grunde eine Neuordnung unabweisbar war.

Das Ministerium des Innern sollte die gesamte innere Landesverwaltung mit Ausnahme der Justiz-, Finanz- und Militärangelegenheiten versehen. Außerdem war die Censur dem Ministerium des Äußern vorbehalten. Das Ministerium des Innern bildete sechs Sektionen: 1. für allgemeine Polizei, 2. für Gewerbepolizei, 3. für Kultus und öffentlichen Unterricht in zwei besonderen Unterabteilungen, 4. für allgemeine Gesetzgebung, 5. für Medizinalsachen, 6. für Bergbau, Münze, Salzfabrikation und Porzellanmanufaktur. Die erste Sektion stand unter dem Minister selbst, die drei folgenden Sektionen unter je einem dem Minister untergeordneten Geh. Staatsrate, die Leitung der fünften und sechsten sollte der Minister selbst oder ein besonderer Dirigent führen.

Unter der ersten Sektion sollten stehen die Kriegs- und Domänenkammern oder Regierungen, die Stände und ihre Behörden, das Generalpostamt, dem aber die selbständige Leitung des technischen Teils des Postwesens vorbehalten blieb, das Polizeidirektorium von Berlin, unter der zweiten die zu errichtende technische Gewerbe- und Handelsdeputation, die technische Baudeputation und das Hofbauamt. Die Kultusabteilung der dritten Sektion hatte die Regierungen als Unterbehörden, die Unterrichtsabteilung eine noch zu organisierende, an die Stelle des Oberschulkollegiums tretende wissenschaftliche Deputation für den öffentlichen Unterricht, ferner die Universitäten und die kgl. Theater. Der vierten Sektion wurden unterstellt die Oberexaminationskommission für höhere Verwaltungsbeamte und die Gesetzkommission, der fünften Sektion eine zu errichtende wissenschaftliche Deputation für das Medizinalwesen, allgemeine medizinische Bildungsanstalten und größere Krankenhäuser, der sechsten Sektion endlich die Oberbergämter, die Münz-, Salz- und Porzellanmanufakturbehörden.

Das Finanzministerium teilte sich in drei Sektionen: 1. für Generalkassen, Bank-, Seehandlungs- und Lotteriewesen, 2. für Domänen und Forsten, 3. für direkte und indirekte Abgaben, letztere Sektion in zwei Abteilungen zerfallend. Die erste Sektion leitete der Minister, die anderen Geh. Staatsräte. Unter der ersten Sektion standen die Generalstaatskasse, die Bank, die

Seehandlung und die Lotterie, unter der zweiten eine zu errichtende technische Oberforstdeputation, unter der dritten die Regierungen.

Für die weitere Organisation der Centralverwaltung wurde nur der Plan gegeben. Die oberste allgemeine Leitung sollte sich in dem Staatsrate unter unmittelbarer Aufsicht des Königs vereinigen. Nähere Bestimmungen über den Staatsrat blieben vorbehalten. Dem Staatsrate als solchen sollten unterstellt sein die Oberrechenkammer und das Plenum der zu errichtenden technischen Deputationen. Zur Bildung dieser Deputationen, aus welchen die Ministerien die nötigen technischen Kenntnisse schöpfen sollten, kam es aber nicht. Andrerseits wurde die Stellung der Minister durch die aufgeschobene Einsetzung des Staatsrats eine andere als beabsichtigt war. Der Staatsrat, durchaus gedacht im Sinne des alten Geheimen Rats als Staatsministerium, sollte die eigentliche, in wichtigen Angelegenheiten allein entscheidende Centralbehörde, die Minister nur die ausführenden Organe sein, die die laufenden Verwaltungsgeschäfte selbständig besorgten. Thatsächlich wurden aber die Minister die obersten Centralbehörden, da es zur Errichtung des Staatsrats nicht kam.

Einen weiteren Schritt in der Reform that das Publikandum betreffend die äußeren Verhältnisse des Kriegsministeriums vom 18. 2. 1809.[1]) Danach teilte sich das Kriegsministerium in das allgemeine Kriegsdepartement und in das Militärökonomiedepartement. Ersteres umfaßte alle auf die Verfassung der Armee und das Kommando sich beziehenden Geschäfte und hatte einen eigenen Chef, der zugleich vom Generalstabe war. Es zerfiel in drei Divisionen, a. für persönliche Verhältnisse der Militärs, Anstellungen, Entlassungen, Versetzungen, Avancements, Heiratskonsense, Besoldungen, Pensionen, Invalidensachen, Orden- und Gnadenangelegenheiten, Belohnungen und Bestrafungen, Disciplin und Justiz, b. für Bildung der Armee und Gebrauch der Truppen, wie Kantonsachen, Mobilmachung und Verwendung der Truppen, c. für Artillerie- und Geniewesen. Das Ökonomiedepartement, ebenfalls unter einem besonderen Chef, zerfiel in vier Divisionen, a. für Militärkassenwesen, Servis, Potsdamer Waisenhaus, der Division untergeordnet waren Servis- und Einquartierungskommissionen, die Generalkriegskasse und das Direktorium des Potsdamer Waisenhauses, b. für Verpflegung der Truppen, c. für Bekleidung derselben, d. für Invalidenversorgung. Außerdem bestand das Generalkriegskommissariat für die Mobilmachungsangelegenheiten. Einen Kriegsminister, d. h. einen Chef beider Departements des Kriegsministeriums, gab es nicht. Vielmehr stand das erste Departement unter dem General-

1) N. C. C. XII, 2, Nr. 69.

major von Scharnhorst, das zweite unter dem Geh. Staatsrate, Oberst Graf von Lottum.

Diese Neugestaltung des Kriegsministeriums ist das einzige, was das Ministerium Altenstein-Dohna für die Reform der Centralverwaltung geleistet hat. Erst mit dem Eintritte Hardenbergs in das Ministerium trat die Angelegenheit in ein neues Stadium. Seiner Initiative verdankt die Verordnung vom 27. 10. 1810[1]) ihre Entstehung. Soweit die Reform durchgeführt war, blieb sie zwar mit unbedeutenden Abweichungen bestehen, soweit dies aber noch nicht der Fall, es waren dies gerade die wichtigsten Punkte, schlug sie eine ganz andere Richtung ein. Den Wünschen Hardenbergs nach einer schlagfertigen, durchgreifenden Verwaltung zur Durchführung der sozialen Reformgesetzgebung konnte die Einheit der Centralverwaltung in einem Staatsrate, der nach kollegialer Beratung seine Beschlüsse faßte, nicht genügen. Die wirtschaftliche und soziale Reform ohne gleichen, die fast ausschließlich Hardenberg ihre Entstehung verdankt, hätte thatsächlich von einem Staatsrate, dessen Geschäftsgang mit absoluter Notwendigkeit ein mehr oder weniger schleppender werden muß, in dem die verschiedensten Rücksichten und Parteianschauungen sich geltend machen, nicht durchgeführt werden können. Der Wille eines einzelnen, der sich diese Reform zur Aufgabe gestellt hatte, mußte sich überall geltend machen können, um die Reform, welche ein durchaus einheitliches und in sich geschlossenes Gebilde ausmachte, auch als solches ins Leben zu rufen.

So gelangte man statt zum Staatsrate als oberste Centralbehörde zu einem Premierminister, zum erstenmale wieder seit den Zeiten Dankelmanns und Kolbe von Wartenbergs. Doch wie verschieden sind beide Erscheinungen von einander. Dankelmann wie Wartenberg sind nur die Günstlinge des absoluten Fürsten, denen dieser die Leitung der Geschäfte überläßt, sobald sie nicht mehr die Gunst des Fürsten besitzen, verlieren sie ihre Posten. Die Gunst des Fürsten erhebt sie, die Erhaltung derselben ist ihr Programm. Ganz anders Hardenberg. Er tritt auf mit einem vollendeten Programm der wirtschaftlichen und sozialen Reform, der König adoptiert diese Grundsätze und beauftragt ihn mit der Ausführung. Zu diesem Zwecke wird ihm die ganze Staatsmaschinerie dienstbar gemacht, der vollkommenste Ministerdespotismus hergestellt. Hier vor allem wird es klar, daß Hardenberg der erste liberale Staatsmann Preußens mit allen Licht-, besonders aber allen Schattenseiten eines solchen war. Wie der konsequente Liberalismus stets zum schrankenlosen Despotismus sei es eines Premierministers, sei es einer jeweiligen

1) G. S. 1810, S. 3.

Parlamentsmajorität, sei es endlich eines glücklichen Soldaten führt, so ist Hardenberg der eigentliche Schöpfer des Absolutismus in Preußen geworden.

Der Staatsrat wurde zwar auch in der Verordnung vom 27. 10. 1810 beibehalten, erhielt aber eine durchaus andere Stellung, als Stein beabsichtigt, und trat überdies zunächst gar nicht in Thätigkeit. Die vier Faktoren der Centralverwaltung sind jetzt Staatskanzler, Kabinett, Ministerium und Staatsrat. Der König erließ seine Befehle und Entscheidungen entweder im Staatsrate oder im Kabinette.

Der neugeschaffene Premierminister, der Staatskanzler, führte im Staatsrate den Vorsitz, es war ihm aber auch die Oberaufsicht und Kontrolle jeder Verwaltung übertragen. Er konnte über jeden Gegenstand Auskunft und Rechenschaft fordern, Maßregeln suspendieren, um die Entscheidung des Königs oder des Staatsrats einzuholen, in außerordentlichen und dringenden Fällen oder im besonderen Auftrage des Königs war er selbst zu verfügen berechtigt. Im Kabinette war er der erste und nächste Rat. Vorläufig sollte er die Ministerien des Innern und der Finanzen, also die gesamte innere Verwaltung, selbst übernehmen, ein einziger Mann trat an die Stelle des ganzen früheren Generaldirektoriums. Er hatte aber auch Anteil an den Geschäften des auswärtigen Departements, besorgte die Angelegenheiten des kgl. Hauses, die Verhandlungen mit den Ständen, die höhere Polizei, die Angelegenheiten der Thronlehen, höchsten geistlichen Würden, Hofämter und dergl. Dem Staatskanzler unmittelbar untergeordnet war das Archiv und die Oberrechenkammer.

Das Kabinett bestand aus 1. dem Staatskanzler, 2. dem Geh. Kabinettsrate, 3. in Militärsachen den dazu bestimmten Militärpersonen. Nur die Mitglieder des Kabinetts hatten den unmittelbaren Vortrag beim Könige, der Staatskanzler war also der einzige Minister, der denselben besaß.

Was die einzelnen Ministerien anbetrifft, so blieb die Verfassung des Kriegsministeriums völlig unverändert. Das Ministerium des Innern zerfiel jetzt in vier Sektionen: 1. für allgemeine Polizei, 2. für Gewerbepolizei, 3. für Kultus und öffentlichen Unterricht in zwei Abteilungen, 4. für Postwesen mit dem Generalpostmeister als Sektionschef; das Finanzministerium in zwei Sektionen: 1. für die Einkünfte des Staates in zwei Abteilungen, a. für Domänen und Forsten, b. für direkte und indirekte Steuern, 2. für Generalkassen und Geldinstitute.

Völlig neu geregelt wurden dagegen die Verhältnisse des Justizministeriums und des Ministeriums des Auswärtigen. Dem Justizminister wurde übertragen die Oberaufsicht über die gesamte Civil- und Strafrechtspflege, die Lehenssachen, die Abgabe von Gutachten in Angelegenheiten des kgl. Hauses.

Wo die Aufsicht über die Leitung des Kriminalwesens mit der allgemeinen Polizeiaufsicht zusammenfiel, sollte er gemeinschaftlich mit dem Minister des Innern handeln. Unmittelbar unter dem Justizminister standen das Obertribunal, das Kammergericht und die Oberlandesgerichte. Das auswärtige Departement, an dessen Beratungen der Staatskanzler teilzunehmen berechtigt war, bildete zwei Sektionen: 1. für äußere Verhältnisse, 2. für Geschäfte des auswärtigen Departements, die sich auf die innere Verwaltung bezogen, wie Konsulats-, Grenz-, Paßwesen und dergleichen.

Die einzelnen Abteilungen der Ministerien wurden nicht mehr wie bisher kollegialisch, sondern büreaukratisch organisiert, da nur auf diese Weise eine bei Ausführung der Reformen rücksichtslos durchgreifende Verwaltung möglich war. Die Verordnung vom 27. 10. 1810 bestimmte daher: „Die vortragenden Räte in den einzelnen Abteilungen der Ministerien haben nur beratende, die Direktoren aber entscheidende Stimme." Im Verhältnis zum Könige und zum Staatskanzler nahmen die Abteilungschefs der Ministerien des Innern und der Finanzen vollständig die Stellung von Ministern ein, indem sie Mitglieder des Staatsrats waren und unmittelbar an den König berichteten. Sie hatten indeß in allen wichtigeren Angelegenheiten vorher die Anweisungen des Staatskanzlers einzuholen, und ihre Berichte an den König gingen durch die Hand des Staatskanzlers, der entweder seine Zustimmung oder seine abweichende Ansicht auf dem Berichte zu erkennen gab.

Der Staatsrat endlich sollte bestehen aus dem Staatskanzler als Vorsitzenden, den großjährigen Prinzen des königlichen Hauses, den Staatsministern, den Chefs der einzelnen Sektionen, dem Staatssekretär, sowie aus Allerhöchstem Vertrauen berufenen Mitgliedern. Die Berufung der letzteren sollte nicht auf Lebenszeit, sondern für eine bestimmte Frist oder für einen bestimmten Gegenstand erfolgen. Die Verwaltung wurde dem Staatsrate ausdrücklich entzogen, er erhielt eine rein beratende Stellung. Das Vorbild des französischen Staatsrates hat hier unverkennbar vorgeschwebt. Denn während der 1808 geplante Staatsrat nichts ist als ein Staatsministerium, steht der von 1810 mit dem alten preußischen Geheimen Rate in keinem Zusammenhange mehr, er ist eine vollständige Neuschöpfung.

Zum Wirkungskreise des Staatsrats sollten gehören: 1. alle Gesetze, Verfassungs- und Verwaltungsnormen, so daß sämtliche Vorschläge zu neuen oder zur Aufhebung oder Abänderung von vorhandenen durch den Geh. Staatsrat an den König gelangen mußten, bei geheimen diplomatischen Angelegenheiten trat aber an die Stelle des Staatsrats der Staatskanzler; 2. die Sachen, bei denen ein gemeinschaftliches Interesse verschiedener Ministerien, aber keine Vereinigung zwischen ihnen stattfand; 3. die jährlichen schriftlichen Darlegungen der Finanzminister von ihrer Verwaltung; 4. alle Sachen, die auf Grund von Gesetzen oder besonderen Anordnungen an ihn gewiesen wurden; 5. die vom Staatskanzler suspendierten Sachen. Der Staatsrat hatte nach Stimmenmehrheit zu beschließen; bei Stimmengleichheit gab der Staatskanzler den Ausschlag. Die Beschlüsse bedurften zu ihrer Ausführung der kgl. Bestätigung.

Unmittelbar unter dem Staatsrate sollten stehen: a. die Gesetzkommission, b. die Oberexaminationskommission, beide unter dem Vorsitz des Staatssekretärs, und c. das Plenum der wissenschaftlich-technischen Deputationen.

Zur Ausführung der den Staatsrat betreffenden Bestimmungen kam es aber auch jetzt noch nicht, so daß selbst seine beschränkte beratende Thätigkeit die Minister und besonders den Staatskanzler nicht behinderte.

Da die Bildung des Staatsrats jetzt in einer ganz anderen Richtung erfolgen sollte, als man 1808 beabsichtigt, da er eine rein beratende Behörde werden sollte, so bedurfte man eines anderen Organs, in dem sich die Einheit der Staatsverwaltung verkörperte. Die Stellung des Staatskanzlers war nur eine thatsächlich in den meisten Fragen ausschlaggebende, rechtlich waren ihm die anderen Minister nicht untergeordnet, er war also auch nicht die einzige Centralbehörde. Eine Kabinettsordre vom 3. 6. 1814 [1]) ordnete daher die Bildung eines Staatsministeriums an, welches unter dem Vorsitz des Staatskanzlers aus den aktiven Ministern zu bestehen hätte. Dasselbe sollte sich wöchentlich einmal oder, falls es erforderlich, mehrmals versammeln, um allgemeine Gegenstände und solche, wo die Ressorts ineinander griffen, nnd eine gemeinschaftliche Überlegung erforderlich wäre, gemeinsam zu beraten.

Nach der Kabinettsordre vom 3. 11. 1817 [2]) sollte jeder Minister, damit das gesamte Staatsministerium das Ganze der Staatsverwaltung stets übersehe, verpflichtet sein, von Zeit zu Zeit allgemeine Übersichten der im anvertrauten Geschäftszweige zur Kenntnis des Staatsministeriums zu bringen. Insbesondere sollten in dem Staatsministerium vorgetragen werden: 1. alle Entwürfe zu neuen Gesetzen, bevor sie an den Staatsrat gelangten, Anordnungen von allgemeinem Interesse und solche, die in der bestehenden Verfassung etwas veränderten; 2. die Verwaltungsrechenschaften der Oberpräsidenten für das abgelaufene, 3. ihre Verwaltungspläne für das kommende Jahr; 4. die monatlichen Zeitungsberichte der Regierungen; 5. periodische Übersichten vom Zustande der Generalkassen; 6. die Etats der Generalkassen; 7. abweichende Ansichten zwischen den einzelnen Ministern; 8. Militär-

1) G. S. 1814, S. 40.
2) G. S. 1817, S. 289.

einrichtungen, sofern sie das Land angingen; 9. die Vorschläge wegen Anstellung der Oberpräsidenten, Regierungspräsidenten und derjenigen der oberen Justizkollegien, der Direktoren, Oberforstmeister und der Beamten von gleichem Range. Die Minister konnten auch durch ihre vortragenden Räte Vorträge im Staatsministerium halten lassen. Durch die Kabinettsordre vom 9. 12. 1827 [1]) wurde auch der Präsident des Staatsrates, sofern er nicht aktiver Minister war, ermächtigt, den Sitzungen des Staatsministeriums beizuwohnen, eine Stimme hatten aber stets nur die Minister.

Die einzelnen Ministerien selbst erlitten verschiedene Veränderungen. Zunächst wurde durch eine Kabinettsordre vom 3. 6. 1814 [2]) das Ministerium des Innern in ein Ministerium des Innern und ein solches der Polizei zerlegt. Diese beiden Ministerien wie das Finanzministerium erhielten, da die außerordentlichen Reformaufgaben, die sich Hardenberg gestellt, zum größten Teile gelöst schienen, besondere Ressortminister, während der Staatskanzler als Spezialressort das Ministerium der auswärtigen Angelegenheiten übernahm, aber auch dieses später aufgab. Außerdem wurde am 3. 6. 1814 die Postverwaltung vom Ministerium des Innern getrennt und allein dem Generalpostmeister untergeordnet, wobei jedoch dem Staatskanzler die Kontrolle und oberste Leitung nach den Vorschriften der Verordnung vom 27. 10. 1810 vorbehalten blieb. Diese Oberleitung hörte mit Beseitigung des Staatskanzleramts nach dem Tode Hardenbergs auf, so daß der Generalpostmeister wie die Minister unmittelbar unter dem Könige stand, ohne jedoch Mitglied des Staatsministeriums zu sein. Durch Kabinettsordre vom 11. 1. 1819 [3]) wurden das Polizeiministerium und das Ministerium des Innern wieder vereinigt.

Dagegen wurde zufolge einer Kabinettsordre vom 3. 11. 1817 [4]) ein besonderes Ministerium für Kultus-, Unterrichts- und Medizinalangelegenheiten errichtet. Für Handels- und Gewerbeangelegenheiten wurde 1817 ebenfalls ein besonderes Ministerium gebildet, aber bereits 1824 wieder mit dem Ministerium des Innern und später mit dem Finanzministerium verbunden.

Ein besonderes Ministerium des königlichen Hauses für die Verwaltung der bisher vom Staatskanzler erledigten Angelegenheiten des kgl. Hauses und die Hofsachen wurde durch eine Kabinettsordre vom 11. 1. 1819 [5])

1) G. S. 1828, S. 5.
2) G. S. 1814, S. 41.
3) G. S. 1819, S. 3.
4) G. S. 1817, S. 290.
5) G. S. 1819, S. 2.

angeordnet. Demselben wurde durch Kabinettsordre vom 26. 1. 1835 [1]) auch die Verwaltung der Domänen und Forsten und durch Kabinettsordre vom 11. 1. 1838 [2]) die Verwaltung der Angelegenheiten der Thronlehen und Erbämter übertragen.

Von dem Finanzministerium wurde am 3. 11. 1817 die Verwaltung des Schatzes und des Staatskreditwesens abgezweigt und einem besonderen Schatzministerium übertragen, welches aus dem Staatskanzler als Chef, einem Präsidenten und einem Direktor bestehen sollte.[3]) Es hatte die Verwaltung der außerordentlichen Ausgaben und Einnahmen, des Staatsschuldenwesens, der Seehandlung, der Generalsalzdirektion, der Lotterie und der Münze. Durch die Verordnung vom 17. 1. 1820 [4]) wurde aber für die Verwaltung des Staatsschuldenwesens eine besondere Hauptverwaltung der Staatsschulden gebildet, und durch eine Kabinettsordre von demselben Tage [5]) bestimmt, daß die Seehandlung ein vom Schatzministerium unabhängiges Geld- und Handlungsinstitut sein solle. Dagegen wurde die Gründung eines Staatsschatzes angeordnet, dessen Verwaltung dem Chef des Schatzministeriums übertragen wurde. Am 16. 5. 1823 wurde daher das Schatzministerium, da es den größten Teil seiner Verwaltung verloren, wieder mit dem Finanzministerium vereinigt.[6]) Dem Chef des Schatzministeriums blieb aber die Verwaltung des Schatzes und der Münze.

Im Ministerium der auswärtigen Angelegenheiten fiel zunächst die Konkurrenz des Staatskanzlers fort, indem dieser selbst 1814 zum Minister der auswärtigen Angelegenheiten ernannt wurde. Da das Staatskanzleramt nach dem Tode Hardenbergs nicht wieder besetzt wurde, erhielt der Minister der auswärtigen Angelegenheiten dieselbe Selbständigkeit, wie die anderen Minister.

Das Kriegsministerium erhielt 1814 eine neue Departementseinteilung und einen einzigen Chef in dem Kriegsminister; 1825 wurde zwar die Verfassung von 1809 wieder hergestellt, die einheitliche Leitung des ganzen Ministeriums durch den Kriegsminister blieb aber erhalten.

Das Justizministerium wurde durch die Kabinettsordre vom 9. 2. 1832 [7]) in zwei Ministerien zerlegt: 1. für Gesetzrevision und für Justizverwaltung

---

1) G. S. 1835, S. 10.
2) G. S. 1838, S. 10.
3) G. S. 1817, S. 290.
4) G. S. 1820, S. 12.
5) G. S. 1820, S. 25.
6) G. S. 1823, S. 109.
7) G. S. 1832, S. 15.

der Rheinprovinz; 2. für die Justizverwaltung der übrigen Provinzen. Von beiden Justizministern gemeinschaftlich sollten ausgehen Ernennungen und Vorschläge zu Stellen, wo der König die Bestallung vollzog, zu Stellen, die zum Sitz in einem Oberlandesgericht berechtigten, Versetzungen von einem Departement in das andere und die Bestellung der Mitglieder der Prüfungskommission. Der Minister für Gesetzrevision verlor aber durch die Kabinettsordre vom 17. 12. 1838 [1]) wieder die Justizverwaltung der Rheinprovinz und die sonstige Mitwirkung an der Justizverwaltung an den anderen Justizminister, so daß das eine Justizministerium nur die Gesetzrevision, das andere nur die Justizverwaltung hatte.

Die Stellung des Premierministers ging 1822 ein, indem das Staatskanzleramt nach dem Tode Hardenbergs nicht wieder besetzt wurde. Die Einheit der Staatsverwaltung verkörperte sich seitdem nur noch in dem kollegialen Staatsministerium. Von den Staatsministern wurden einige gleichzeitig zu Kabinettsministern ernannt und hatten als solche den Vortrag beim König. Bestimmte Minister, wie der der auswärtigen Angelegenheiten und der Kriegsminister wurden stets zu Kabinettsministern ernannt. Die Staatsminister, welche nicht Kabinettsminister waren, berichteten schriftlich an den König, der auf Vortrag eines Kabinettsministers die Entscheidung traf.

Der andere Faktor der Centralverwaltung, der Staatsrat, wurde nach Beendigung der Freiheitskriege endlich in Thätigkeit gesetzt. Maßgebend für seine Stellung blieb durchaus die Verordnung von 1810; er hatte also keine Verwaltung, sondern nur eine beratende Stellung. Eine Verordnung vom 20. 3. 1817 [2]) bestimmte, daß der Staatsrat bestehen solle aus den Prinzen des königlichen Hauses, die das 18. Lebensjahr überschritten hatten, dem Staatskanzler, den Feldmarschällen, den Staatsministern, dem Staatssekretär, dem Generalpostmeister, dem Chefpräsidenten des Obertribunals, dem Präsidenten der Oberrechenkammer, dem Geh. Kabinettsrate, dem die Militärsachen im Kabinett vortragenden Offiziere, den kommandierenden Generälen und Oberpräsidenten, wenn sie besonders einberufen wurden, und endlich aus Staatsdienern, welchen besonderes Vertrauen des Königs Sitz und Stimme im Staatsrate beilegte. Den Vorsitz im Staatsrate führte der Staatskanzler, seit dem Erlöschen des Amtes ein durch kgl. Kabinettsordre ernannter besonderer Präsident des Staatsrats.

Nach der Verordnung vom 20. 3. 1817 sollten vor den Staatsrat gehören: a. alle Gesetze, Verfassungs- und Verwaltungsnormen, Pläne über

1) G. S. 1839, S. 12.
2) G. S. 1817, S. 67.

Verwaltungsgegenstände, durch welche die Verwaltungsgrundsätze abgeändert wurden, und Beratungen über allgemeine Verwaltungsmaßregeln, so daß alle diesbezüglichen Vorschläge nur durch den Staatsrat an den König gelangen konnten; b. Streitigkeiten über den Wirkungskreis der Ministerien; c. alle Gegenstände, welche durch schon bestehende gesetzliche Bestimmungen vor den Staatsrat verwiesen waren; d. alle Gegenstände, die der König in einzelnen Fällen an den Staatsrat verweisen würde.

Der Staatsrat bildete ein Plenum und besondere Abteilungen. Ersteres war nur beschlußfähig, wenn außer den kgl. Prinzen mindestens fünfzehn Mitglieder anwesend waren. Die Abteilungen, deren Zusammensetzung für jedes Jahr vom Könige bestimmt wurde, hatten die Aufgabe, die zu beratenden Sachen für das Plenum vorzubereiten. Solche Abteilungen wurden gebildet für 1. Auswärtiges, 2. Krieg, 3. Justiz, 4. Finanzen, 5. Handel und Gewerbe, 6. Inneres und Polizei, 7. Kultus und öffentliche Erziehung. Jede Abteilung bestand aus fünf Mitgliedern, die kgl. Prinzen gehörten keiner Abteilung, sondern nur dem Plenum an.

Eine Verordnung betreffend die Vereinfachung der Beratungen des Staatsrats vom 6. 1. 1848[1]) beschränkte die Zuständigkeit des Staatsrats insofern, als sie es lediglich von der Entschließung der Krone abhängig machte, ob sie über den Entwurf eines Gesetzes oder einer Verordnung den Staatsrat mit seinem Gutachten vernehmen wolle, wodurch die Streitfrage erledigt wurde, ob gewisse Bestimmungen nur nach erfolgter Begutachtung durch den Staatsrat Gesetzeskraft erlangen könnten oder auch ohne diese giltig wären. Der Staatsrat sollte ferner die Gutachten entweder in der Plenarversammlung oder in einer engeren Versammlung abgeben und letztere die Regel bilden. Diese engere Versammlung sollte unter dem Vorsitze des Präsidenten des Staatsrats bestehen aus sämtlichen Mitgliedern des Staatsministeriums, dem Staatssekretär, sämtlichen Mitgliedern der Abteilung, die nach der Geschäftsordnung des Staatsrats die Sache als Hauptabteilung für das Plenum vorzubereiten hatte, aus mindestens zwei Mitgliedern der Abteilung, die als Nebenabteilung an der Vorbereitung teilzunehmen hatte, und aus zwei oder mehreren anderen Mitgliedern des Staatsrats. Der Präsident des Staatsrats hatte für jede Sache die Hauptabteilung und die Nebenabteilung zu bestimmen und die für die engere Versammlung besonders zu ernennenden Mitglieder in Vorschlag zu bringen.

Durch diese Bestimmungen war die Bedeutung des Staatsrats vollständig untergraben. Indem der Schwerpunkt der Beratungen in die Ab-

1) G. S. 1848, S. 15.

teilungen verlegt wurde, konnte nicht mehr eine Prüfung von allgemeinen, nicht durch den engen Gesichtskreis des Ressorts beschränkten Anschauungen stattfinden. Die Prüfung hatte aber auch die Garantie der Unparteilichkeit nicht mehr, da die Zusammensetzung der jedesmaligen engeren Versammlung in die Hände der Regierung gegeben war, welche regelmäßig eine ihren Anschauungen günstige Mehrheit zu stande bringen konnte. Ehe dies neue Experiment sich erprobt, beseitigten aber schon die Märzereignisse den Staatsrat in dieser seiner neuen Verfassung vorläufig.

Die beiden Faktoren der Centralverwaltung sind also seit dem Eingehen des Staatskanzleramtes das Staatsministerium und die einzelnen Staatsminister als höchste ausführende und der Staatsrat als höchste beratende Behörde. Die ganze Centralverwaltung hatte vollständig die Klarheit und Einfachheit des französischen Systems gewonnen. Durch die Begründung des Staatsministeriums und das Eingehen des Staatskanzleramtes war auch das gewonnen, was Stein mit seinem Staatsrate hatte erreichen wollen, die einheitliche Leitung der Verwaltung durch eine einheitliche Behörde. Im Staatsrate von 1817 vereinigte sich dagegen das gesamte höhere Beamtentum in seinen Spitzen, um unbehindert durch die beengenden Gesichtspunkte der einzelnen Ressorts als höchster Rat des Königs zu dienen. Der Staatsrat war das Parlament des absoluten Beamtenstaates und diesem seinen Charakter nach auch nur aus Beamten zusammengesetzt. In Staatsministerium und Staatsrat war jetzt eine Centralverwaltung erreicht, welche die Einheit der Verwaltung mit der Selbständigkeit der Ressorts, Schnelligkeit der Ausführung mit Gründlichkeit der Beratung vereinigte, welche mit einem Worte das würdige Seitenstück zu jener Organisation der Centralverwaltung bildet, welche einst Friedrich Wilhelm I. geschaffen.

Kap. VI. **Die Kriegshoheit.**

Die Rechtsnormen.

Der stetig zunehmende Verfall des Kriegswesens seit dem siebenjährigen Kriege durch fortgesetzte Befreiungen aller wohlhabenden und gebildeten Bevölkerungsklassen von der allgemeinen Wehrpflicht hatte nicht am wenigsten zum Sturze des Staates beigetragen. Bei der Neugestaltung des Staates mußte es daher als eine der Hauptaufgaben erscheinen, das preußische Heer wieder zu seiner alten Höhe zu erheben nicht nur durch eine Neuordnung der rein militärischen Angelegenheiten, des Exerzierreglements und der Ausrüstung, sondern vor allen Dingen durch Herstellung einer neuen Verbindung zwischen Heer und Volk oder mit anderen Worten zwischen Staat und Gesellschaft auf dem Gebiete des Kriegswesens.

Bis zum Jahre 1807 hatten sich die gemeinen Soldaten rekrutiert aus dem inländischen Proletariate und dem ausländischen Vagabundentume. Von den besitzenden Klassen war allein diejenige, auf die der Staat sich überhaupt ausschließlich stützte, der adlige Großgrundbesitz, im Heere vertreten, er stellte das Offizierkorps des Söldnerheeres. Wie es in allen Verwaltungszweigen das Hauptbestreben der Steinschen Reformperiode war, dem Staate eine breitere gesellschaftliche Grundlage zu schaffen, als sie das höhere Beamtentum mit dem adligen Großgrundbesitze gewähren konnte, so tritt diese Richtung bei der Heeresreform ganz besonders hervor.

Zunächst verschwand der Typus des Söldnertums, den das preußische Heer auch unter Friedrich Wilhelm I. nicht abgestreift, und der nach ihm immer mehr hervorgetreten war, indem zufolge des Tilsiter Friedens, der zu einer Herabsetzung des Heeres auf 42000 Mann nötigte, die auswärtige Werbung fortfiel, das Heer nur noch aus Inländern ergänzt wurde.

Zu einer vollständigen Neugestaltung des Heerwesens kam es aber während des französischen Übergewichts in den Jahren 1807—1813 noch nicht. Die am 25. 7. 1807 aus eigener Initiative des Königs unter Scharnhorsts Vorsitz errichtete außerordentliche Militärorganisationskommission beschäftigte sich mit den mannigfaltigsten Plänen, indem sie dabei immer das eine Ziel, den Kampf gegen Frankreich, im Auge hatte. Die Hauptaufgaben, welche der Kommission gestellt wurden, waren Bestrafung der schuldigen Offiziere des letzten Krieges, Entfernung der Unfähigen, Zulassung der Bürgerlichen zu den Offizierstellen, Reform des Rekrutierungswesens, der Kriegsartikel, der Bewaffnung und Ausrüstung der Truppen. Für die Untersuchung gegen die Offiziere, welche bei Kapitulationen beteiligt gewesen, in Gefangenschaft geraten oder sich überhaupt Fehler hatten zu Schulden kommen lassen, wurde auf den Vorschlag der Kommission im November 1807 eine besondere Immediat-Untersuchungskommission unter dem Vorsitze der Prinzen Heinrich und Wilhelm, der Brüder des Königs, angeordnet.

Alle übrigen Fragen wurden eingehend von der Organisationskommission selbst geprüft, die sich namentlich für Aufhebung der Adelsprivilegien im Heere, Beseitigung der Exemtionen von der Kantonpflicht und der ausländischen Werbung, Änderung der Kriegsartikel, sowie der Ökonomie, Formation und Bewaffnung des Heeres aussprach. Gleichzeitig schlug Scharnhorst in einer Denkschrift vom 31. 7. 1807 die Bildung einer Nationalmiliz, einer Fortsetzung der alten Landregimenter, und, als dieser Plan auf Widerstand stieß, am 31. 8. 1807 die einer Reservearmee vor.

Alle diese Pläne mußten aber scheitern, da Frankreich in dem Vertrage vom 8. 9. 1808 für die nächsten zehn Jahre das Maximum des preußischen Heeres auf 42 000 Mann festsetzte und die Bildung einer Nationalmiliz oder Landwehr ausdrücklich untersagte. Die praktischen Ergebnisse waren allein folgende:

1. Die auswärtige Werbung hörte auf. Demnach mußten, da das Material des Heeres ein anderes wurde, auch die alten Kriegsartikel fallen. An ihre Stelle traten die Kriegsartikel für Unteroffiziere und gemeine Soldaten und die Verordnung wegen der Militärstrafen vom 3. 8. 1808,[1]) die von der Voraussetzung ausgingen, daß bei der künftigen Zusammensetzung des Heeres aus Inländern die Soldaten ihren Mitbürgern überall ein Muster ordentlichen, rechtschaffenen und tugendhaften Lebenswandels geben würden. Daran schloß sich eine Verordnung von demselben Tage wegen Bestrafung der Offiziere.[2]) 2. Drei Tage später, am 6. 8. 1808, erging das Reglement über die Besetzung der Stellen der Portepeefähnriche und die Offizierswahlen,[3]) wonach einen Anspruch auf die Offizierstellen im Frieden nur Kenntnisse und Bildung, im Kriege ausgezeichnete Tapferkeit und Überblick gewähren sollten. Die Offiziere sollten aus den etatsmäßigen Portepeefähnrichs eines Regiments durch die Premier- und Sekondelieutnants desselben gewählt, von der Militärprüfungskommission geprüft und darauf von dem Kommandeur und sämtlichen Stabsoffizieren dem Könige der vorzüglichste in Vorschlag gebracht werden. Im Kriege sollte sich die Wahl auch über Unteroffiziere und Gemeine erstrecken, und jeder, der sich durch eine ungewöhnlich tapfere That ausgezeichnet, zum Offizier gewählt werden können, ohne vorher Portepeefähnrich gewesen zu sein, falls seine Führung eine gute war.

Damit war aber die Reformgesetzgebung unter französischem Druck vollendet. Erhalten blieben also namentlich nach Fortfall der ausländischen Werbung die gesetzlichen Vorschriften über die Rekrutierung im Inlande, besonders das Kantonreglement von 1792 mit seinen zahllosen Exemtionen,[4]) das nicht einmal mit der in Frankreich und den Rheinbundstaaten herrschenden Konskription auf einer Stufe stand.

---

1) N. C. C. XII, 2, Nr. 42 und 43.

2) A. a. O. Nr. 44.

3) A. a. O. S. 403.

4) Vgl. Band II, S. 316.

In ein zweites Entwickelungsstadium trat die Reformgesetzgebung mit Ausbruch des Krieges von 1813. Durch eine Verordnung vom 9. 2. 1813[1]) wurden die bisherigen Exemtionen von der Kantonpflicht aufgehoben, aber, wie die Verordnung ausdrücklich erklärte, nur für die Dauer des Krieges. Den bisherigen Eximierten blieb es überlassen, sich binnen acht Tagen bei den Jägerabteilungen oder der Artillerie zu melden, wer sich nicht meldete, verlor die Wahl des Truppenteils. Befreit von der nunmehr thatsächlich allgemeinen Wehrpflicht blieben nur: 1. alle gebrechlichen Personen, 2. diejenigen, welche keinen Vater hatten und bereits die Bewirtschaftung eines Bürgerhauses oder eines Bauernhofes führten, 3. die Söhne von Witwen, welche keine älteren, nicht im Militärdienste befindlichen Brüder hatten, 4. einzige Ernährer ihrer Familien, 5. besoldete Beamte und Geistliche.

Am 17. 3. 1813 erging die Verordnung über die Bildung der Landwehr.[2]) Diese sollte von den Ständen errichtet werden. An die Spitze des Unternehmens stellte sich der König mit den königlichen Prinzen. In jedem Kreise sollte ein ständischer Ausschuß aus zwei adligen Rittergutsbesitzern, einem Bürger und einem Bauer sich bilden, um die Aushebung zu leiten. Die Landwehr bestand aus Freiwilligen von 17 bis 40 Jahren, die nicht zum stehenden Heere gehörten. Erst wenn sich nicht genug Freiwillige meldeten, schritt man zur Aushebung. Die Offiziere bis zum Hauptmann wählte der Ausschuß unter Vorbehalt der königlichen Bestätigung, die höheren Stellen besetzte der König allein. Die Ausrüstung geschah entweder durch die Landwehrleute selbst oder durch die Gemeinden und Stände.

Endlich sollte auf Grund einer Verordnung von demselben Tage nach beendigter Errichtung der Landwehr noch ein Landsturm gebildet werden, um innerhalb des Landes den kleinen Krieg gegen den einrückenden Feind zu führen.

Alle diese neuen Bildungen waren aber nur für den bevorstehenden Krieg bestimmt und mußten nach Beendigung desselben wieder verschwinden. Eine Verordnung vom 27. 5. 1814[3]) hob daher die unbedingte Kantonpflicht wieder auf und verfügte die Auflösung des Jägerdetachements. Was an die Stelle treten sollte, war nicht gesagt, die allgemeine Wehrpflicht schien jedenfalls endgiltig beseitigt. Doch schon nach einigen Monaten, am 3. 9. 1814 erging ein neues Gesetz,[4]) welches, ausgehend von dem Gedanken, daß die Unabhängigkeit des Staates nur in derselben Weise erhalten werden

1) G. S. 1813, S. 13.
2) G. S. 1813, S. 109.
3) G. S. 1814, S. 62.
4) G. S. 1814, S. 79.

könne, auf die sie erworben sei, die allgemeine Wehrpflicht endgiltig zur Durchführung brachte.

Nach diesem neuen Gesetze zerfiel die bewaffnete Macht Preußens in das stehende Heer, die Landwehr ersten und zweiten Aufgebots und den Landsturm. Die Stärke des stehenden Heeres und der Landwehr sollte nach den jedesmaligen Staatsverhältnissen durch königliche Verordnung bestimmt werden, da ein großer Teil des Heeres noch in Frankreich stand, und eine gesetzliche Fixierung der Heeresstärke deshalb nicht möglich war. Erst die Kabinettsordre vom 5. 12. 1819[1]) stellte die Zahl der Brigaden, Regimenter, Bataillone und deren Kriegsstärke ein- für allemal fest, und auf Grund dieser Kabinettsordre wurde das ganze Land in Kompanie- und Bataillonsbezirke geteilt.

Die Dienstpflicht im stehenden Heere erstreckte sich nach dem Gesetz vom 3. 9. 1814 vom 20. bis zum 25. Lebensjahre, während der beiden letzten Jahre wurden jedoch die Dienstpflichtigen beurlaubt. Junge Leute aus gebildeten Ständen, die sich selbst kleideten und bewaffneten, konnten in ein Jäger- oder Schützenkorps freiwillig eintreten, wurden sodann nach einem Jahre beurlaubt und gingen nach drei Jahren zur Landwehr über, wo sie nach Maßgabe ihrer Fähigkeiten die ersten Ansprüche auf Offizierstellen haben sollten. So entwickelte sich, indem die Beschränkung auf die Jäger- und Schützenkorps sehr bald aufhörte, aus dem freiwilligen Jäger der Freiheitskriege der Einjährig-Freiwillige. Die Landwehr ersten Aufgebots bestand aus denjenigen jungen Männern von 20 bis 25 Jahren, die nicht im stehenden Heere dienten, aus den entlassenen Freiwilligen und aus den Personen von 25 bis 32 Jahren. Zweck dieser Truppe im Kriege war die Unterstützung des stehenden Heeres. Im Frieden hielt sie an bestimmten Tagen kleinere Übungen ab, jährlich einmal vereint mit Abteilungen des stehenden Heeres ein längeres Manöver. Die Landwehr zweiten Aufgebots, aus den Personen bis zum 39. Lebensjahre bestehend, war für den Garnisondienst im Kriegsfalle bestimmt, während sie im Frieden nur an einzelnen Tagen versammelt wurde. Der Landsturm endlich, zu dem die nicht im stehenden Heere und in der Landwehr dienenden Personen vom 17. bis zum 50. Lebensjahre gehörten, sollte auf königlichen Befehl nur dann zusammentreten, wenn ein feindlicher Angriff die Provinzen des Staates überzog.[2])

Durch diese Bestimmungen über die Dienstpflicht, welche auf dem

---

1) G. S. 1820, S. 6.

2) Eine vortreffliche Parallele der Kriegsverfassung von 1814 mit der heutigen giebt H. Delbrück, Leben Gneisenaus, Berlin 1880, Band 5, S. 698.

Grundsatze der allgemeinen Wehrpflicht beruhten, war der große Plan Friedrich Wilhelms I., der den Staat auf die persönliche Dienstleistung seiner Unterthanen zu gründen versuchte, jener Gedanke, der in der zweiten Hälfte des 18. Jahrhunderts wieder mehr und mehr, zuletzt bis zur Unkennlichkeit verdunkelt war, vollständig zur Durchführung gelangt. Der Staat suchte wieder seine einzige Stärke in dem persönlichen Dienste aller Unterthanen. Nicht mehr war wie in den letzten Jahrzehnten des 18. Jahrhunderts der adlige Großgrundbesitz die einzige Gesellschaftsklasse, die neben Proletariern und fremden Söldnern den Kriegsdienst leistete, nicht mehr hatte der adlige Großgrundbesitz allein Anteil an den Rechten und Pflichten des Staates, alle Unterthanen hatten dem Staate ihre Dienste zu leisten, allen standen aber auch, wenn sie die nötigen Voraussetzungen erfüllten, die höchsten militärischen Ehrenstellen offen. Trotz der Bestrebungen einiger Generäle der alten Schule, welche aus militärischen Rücksichten das Kantonsystem mit seinen Beurlaubungen wiederhergestellt sehen wollten, erhielt sich das von den Generälen des schlesischen Heeres verteidigte System der allgemeinen Wehrpflicht durch den Willen des Königs.[1])

Die einzige Ausnahme von dieser allgemeinen Dienstpflicht bildet das Institut der Einjährig-Freiwilligen. Dasselbe ist aber keineswegs zu vergleichen mit den früheren Exemtionen von der Kantonpflicht, mit denen es allerdings in Verbindung steht. Der an Zeit beschränktere Kriegsdienst ist nur ein Äquivalent für größere Leistungen, namentlich für die eigene Equipierung und Verpflegung der Freiwilligen. Zweck des Instituts war es auch nicht, ein Privilegium zu geben, sondern vielmehr den Kriegsdienst, der auf die gebildeten Klassen ungleich mehr drückte als auf die anderen, für alle gleich zu machen. Niemals ist daher ein ernstlicher Angriff auf das Institut selbst gerichtet worden, niemals hat man darin wie in den Exemtionen von der Kantonpflicht eine ungerechte Bevorzugung gesehen.

Durch die Wiedereinführung der allgemeinen Wehrpflicht hatte Preußen erreicht, wozu kein Staat vor ihm jemals gelangt war. Griechenland und Rom waren zu Grunde gegangen, weil sie, nachdem der Übergang von der Landesmiliz zum berufsmäßigen Söldnerheere notwendig geworden war, von diesem nicht zu einer nationalen Heeresverfassung hatten zurückkommen können. Die Neuzeit war auf einer ähnlichen Entwicklungsstufe angelangt. Der Anfang dieses Jahrhunderts bildet den Höhepunkt des englischen Condottieri-

1) Über die Stellung Gneisenaus, der die allgemeine Wehrpflicht auch vom einseitig militärischen Standpunkte zu verteidigen wußte, vergl. die Aufzeichnungen bei H. Delbrück, a. a. O. S. 694 ff.

wie des französischen Prätorianersystems, jenes der Aristokratie, dieses der Demokratie und der Militärdiktatur eigen. Es fragte sich, welche den Sieg davontragen werde. Da fand Preußen, was die antike Welt nicht vermocht, wozu auch die moderne nicht imstande schien, den Weg, in einer den heutigen Verhältnissen, die ein berufsmäßiges, technisch ausgebildetes Heer fordern, entsprechenden Weise wieder von allen seinen Unterthanen den persönlichen Kriegsdienst zu fordern. Das System der allgemeinen Wehrpflicht ist und wurde im Gegensatz zu dem englischen und französischen Systeme nicht dasjenige einer Gesellschaftsklasse, sondern dasjenige des nationalen Königtums.

Die spätere Militärgesetzgebung ist von geringer Bedeutung, da man während dieser ganzen Periode an den 1814 geschaffenen Grundlagen festhielt. Erwähnenswert ist nur das Militärstrafgesetzbuch vom 3. 4. 1845,[1]) welches an die Stelle der Kriegsartikel von 1808 trat.

Die Organe.

1. Die Militärkommandobehörden. Die Kommandobehörden hatten bis 1806 im Frieden abgeschlossen mit der Regimentsformation, während über den einzelnen Regimentern nur der König als oberster Inhaber der Kommandogewalt stand. Die Niederlagen des Heeres in den Kriegen von 1806/7 ließen aber eine dauernde Aufsicht über die einzelnen Regimentskommandeure und eine Ausbildung der Truppen in größeren Formationen auch im Frieden wünschenswert erscheinen.

Es wurden daher im Jahre 1809 zunächst Brigaden formiert. Die Truppen wurden sechs Brigadegeneralen unterstellt, und einem jeden derselben untergeordnet eine Infanteriebrigade unter einem Brigadier, bestehend aus zwei Infanterieregimentern und einem Grenadierbataillon, zusammen also sieben Bataillone; eine Kavalleriebrigade ebenfalls unter einem Brigadier, bestehend aus drei Regimentern, also zwölf Schwadronen; die Hälfte eines Bataillons Jäger oder Schützen, eine sechspfündige Batterie Fußartillerie und eine ebensolche reitende Artillerie. Im Frieden war jedoch die Artillerie nicht in diese gemischten Brigadeformationen eingefügt, sondern bildete im ganzen Staate eine besondere Artilleriebrigade. Das Staatsgebiet zerfiel demnach den Brigadeformationen entsprechend für Infanterie und Kavallerie in sechs Militärkantons: 1. Ostpreußen mit dem Kommando zu Königsberg, 2. Westpreußen mit dem zu Graudenz, 3. Pommern mit dem zu Stargard, 4. Brandenburg mit dem zu Berlin, 5. Niederschlesien mit dem zu Frank-

1) G. S. 1845, S. 375 ff.

furt a. O., 6. Oberschlesien mit dem zu Breslau. Die Brigadegenerale standen unmittelbar unter dem Kriegsministerium.

Außerdem wurden aber fünf Provinzialgouverneure bestellt, deren Verhältnis zu den Brigadegeneralen ungefähr dasselbe war, wie dasjenige der Oberpräsidenten zu den Regierungen: 1. für Ostpreußen und Lithauen zu Königsberg, 2. für Westpreußen zu Graudenz, 3. für Pommern zu Stargard, 4. für die Kur- und Neumark zu Berlin, 5. für Schlesien zu Breslau. Die Provinzialgouverneure standen ebenfalls unmittelbar unter dem Kriegsministerium. Ihre Aufgabe war die Inspektion und Dislokation der Truppen ihrer Provinz, speziell der nicht nach Brigaden eingeteilten Militärs, der Offiziere ohne Anstellungen, der Kommandanten der Hauptstädte und Festungen.

Schließlich bestand noch eine Inspektion der leichten Truppen und ein Kommando des Geniekorps ebenfalls unmittelbar unter dem Kriegsministerium.[1])

Nach den Freiheitskriegen trat an die Stelle dieser Truppenformation dem erweiterten Umfange des Staates entsprechend die in Brigaden, welche Bezeichnung nur die bisherigen kleineren Brigaden von ein und derselben Truppengattung behielten, in Divisionen, wie die größeren gemischten Brigaden seit 1818 genannt wurden, und seit 1820 in Armeekorps. Was letztere betrifft, so zerfiel das preußische Heer in acht Armeekorps, deren Bezirke sich zum größten Teile mit den Provinzen deckten.

Für die Landwehr wurden ebenfalls größere Truppenverbände gebildet. Nach der Landwehrordnung vom 21. 11. 1815 zerfiel die Landwehr in Regimenter zu je zwei Bataillonen des ersten und zwei Bataillonen des zweiten Aufgebots. Zu jedem Regimente gehörten zwei Eskadrons des ersten und zwei Eskadrons des zweiten Aufgebots und zu jedem Bataillon im ersten wie im zweiten Aufgebote eine Artilleriekompanie. Außerdem wurde durch die Kabinettsordres vom 13. 11. 1815 und vom 5. 1. 1816 eine Garde-Landwehr aus vier Garde- und vier Grenadierbataillonen errichtet. Zur Leitung der Übungen und aller sonstigen Landwehrangelegenheiten wurde nach der Instruktion vom 10. 12. 1816 für jeden Regierungsbezirk ein Inspekteur der beiden Aufgebote bestellt. Diese Landwehrinspektionen wurden aber bereits durch die Kabinettsordres vom 22. 12. 1819[2]) und vom 1. 5. 1820 wieder aufgehoben, und die Landwehr in 16 Brigaden zu je zwei Regimentern von drei Bataillonen eingeteilt.

Um eine größere Kriegstüchtigkeit der Landwehr herzustellen, wurde sie

1) Vgl. die Verordnung vom 24. 12. 1808 bei v. Bassewitz, Die Kurmark Brandenburg während der Jahre 1809 und 1810, Leipzig 1860, S. 600.

2) G. S. 1820, S. 5.

gleichzeitig nach dem vom Könige selbst entworfenen Plane derart mit dem stehenden Heere kombiniert, daß künftig jede Division außer den technischen Truppen aus einer Brigade Linieninfanterie, einer Brigade Landwehrinfanterie und einer Kavalleriebrigade zusammengesetzt wurde. Ferner wurde ein Reserve-Landwehr-Bataillon für jedes Reserve-Infanterie-Regiment gebildet, und die Garde- und Grenadier-Landwehr-Bataillone zu vier Regimentern von drei Bataillonen, welche in zwei Garde-Landwehr-Brigaden zerfielen, formiert. Die bisherige Vereinigung der Eskadrons und der Artilleriekompanie mit der Infanterie blieb bestehen. Die Landwehr wurde auf diese Weise in den Organismus der ordentlichen Kommandobehörden eingefügt.

Über den einzelnen Generalkommandos stand wie früher über den Regimentern allein der König als oberster Inhaber der Kommandogewalt.

2. Die Militärverwaltungsbehörden. Die Militärverwaltung, also die Geld- und Naturalverpflegung der Truppen, das Bekleidungs- und Ausrüstungs-, Servis- und Einquartierungswesen, blieb auch jetzt wie in der vorigen Periode mit der Regimentsformation verbunden. Gleichzeitig mit der Bildung größerer Verbände für das Militärkommando wurden auch größere Militärverwaltungsbezirke gebildet. Die Verbindung derselben mit dem Militärkommando erfolgte in der Art, daß jedem der sechs im Jahre 1809 eingesetzten Brigadegenerale zur Besorgung der ökonomischen Bedürfnisse der Truppen ein Kriegskommissar zugeordnet wurde, der seine Anweisungen von dem Kriegsministerium, speziell von dem Generalkriegskommissariat, erhielt. Die Regimenter hatten sich mit allen ihren Bedürfnissen und allen ihren Berechnungen an den Kriegskommissar zu wenden, welcher hierbei die eingehenden Rapporte und Listen benutzte und bei dem Ökonomiekriegsdepartement und den Regierungen dasjenige in Antrag brachte, was mit den bestehenden Vorschriften sich in Übereinstimmung befand, wie er andererseits von dem Ökonomiekriegsdepartement und den Regierungen mit der Ausführung aller auf die Militärökonomie Bezug habenden Anordnungen beauftragt wurde. Unter ihm standen alle Proviantämter und Magazine des Bezirks, in welchem die Brigade dislociert war. Auch übernahm er bei entstehendem Marsche die Verpflegung der Brigade. Zum Brigadegenerale sollte der Kommissar in demselben Verhältnisse stehen wie bisher bei ausbrechendem Kriege der Intendant zum kommandierenden Generale.[1])

An die Stelle des über den Regimentskommandos als Militärverwaltungsbehörden stehenden Oberkriegskollegiums trat bei der großen Reform von 1808/1809 ein Kriegsministerium. Speziell die Militärverwaltungssachen

1) Verordnung v. 24. 12. 1808 bei v. Bassewitz, a. a. O. S. 600.

bearbeitete das Kriegskommissariat mit dem Generalkriegskommissar an der Spitze.[1])

Das Kommissariat, sowohl die den einzelnen Brigaden beigegebenen Kriegskommissare wie das Generalkriegskommissariat, wurde jedoch durch die Kabinettsordre vom 1. 11. 1820,[2]) um die Militärverwaltung der neuen Formation der Kommandoverbände anzupassen, aufgehoben und, während die Geschäfte des Generalkriegskommissariats auf die zweite Abteilung des Kriegsministeriums übergingen, in der mittleren Instanz die Militärverwaltung statt mit den Brigadeformationen mit den Armeekorps verbunden. Es trat demnach an die Stelle der Kriegskommissare für jedes Armeekorps eine Militärintendantur, welche, büreaukratisch organisiert, aus einem Intendanten als Chef, mehreren Intendanturräten und Assessoren bestand. Die Aufsicht der Intendanturen erstreckte sich über die gesamte Militärverwaltung der ihnen in Bezug auf diese untergebenen Truppenteile, über die Kasernen, Lazarete, Zeughäuser, die Proviantämter, Traindepots, das Kassen- und Rechnungswesen. Über den einzelnen Intendanturen stand das Kriegsministerium.

Die Ergänzung des stehenden Heeres erfolgte in Gemäßheit der Instruktion vom 30. 6. 1817 durch die Kreisersatzkommissionen und die Oberersatzkommissionen.[3])

3. Das Militärjustizwesen. Mit der Beseitigung des Söldnerheeres und der Einführung der allgemeinen Wehrpflicht hörte das Heer auf, einen Staat im Staate zu bilden, es war jetzt aufs engste mit Staat und Gesellschaft verbunden. Es mußte daher auch der besondere militärische Gerichtsstand fallen, der nur eine notwendige Folge der Abgeschlossenheit des Söldnerheeres war. Erhalten werden mußte er dagegen in Strafsachen, da es mit der militärischen Disziplin schlechterdings unvereinbar ist, wenn Civilbehörden Personen des Soldatenstandes demselben ohne weiteres entziehen können. Aber auch diese militärische Strafgerichtsbarkeit konnte beschränkt werden auf die Soldaten selbst, sie brauchte sich nicht mehr über deren Angehörige zu erstrecken.

Von diesen Gesichtspunkten ausgehend, bestimmte die Kabinettsordre vom 19. 7. 1809[4]) zweierlei. 1. Der Militärgerichtsstand in allen Angelegenheiten der bürgerlichen Gerichtsbarkeit, auch in Ehescheidungs-, Sponsalien- und Alimentationssachen unehelicher Kinder, die bisher vor das Kriegskonsisto-

1) S. S. 99.
2) v. Kamptz, Ann. d. inn. Verw. Bd. 4, S. 904.
3) S. S. 71.
4) Mil. Ges. Sammlung S. 71.

rium gehört hatten, wurde aufgehoben. 2. Der Militärgerichtsstand wurde beibehalten in Strafsachen einschließlich der Injuriensachen gegen alle im Dienst befindlichen Offiziere, Unteroffiziere und Soldaten, sowie gegen die inaktiven und pensionierten Offiziere.

Zur Ausübung dieser Gerichtsbarkeit war eine Neuordnung der Militärgerichtsverfassung erforderlich, welche durch die Instruktion für die Militärgerichte vom 15. 9. 1809[1]) gegeben wurde. Für jede der damals bestehenden größeren gemischten Brigaden wurde ein Brigadegericht errichtet und mit einem Oberauditeur und zwei Auditeuren besetzt. Außerdem wurde bei jedem Regiment oder Bataillon ein Offizier bestellt, der unter Leitung des Kommandeurs alle Vergehen von Unteroffizieren oder Gemeinen, die mit einer Strafe von höchstens sechs Wochen Arrest bedroht waren, selbst erledigen, bei allen anderen Verbrechen und Vergehen die Untersuchung vorbereiten sollte. Für die Festungen wurden die Gouvernements- und Kommandanturgerichte beibehalten. Ebenso blieb das Generalauditoriat bestehen.

An die Stelle der Brigadegerichte traten nach den Freiheitskriegen, entsprechend der neuen Formation der Kommandoverbände, Korps- und Divisionsgerichte. Nach der Instruktion vom 13. 3. 1816 und der Verordnung über die Militärstrafen vom 3. 8. 1808 gliederte sich die Militärgerichtsbarkeit in die höhere, welche durch Kriegsgerichte, und die niedere, welche durch Standgerichte ausgeübt wurde. Durch ein Kriegsgericht mußte erkannt werden gegen Offiziere und Militäroberärzte in allen Fällen, gegen die übrigen Militärpersonen, gegen Kompanie- und Eskadronchirurgen und die auf die Kriegsartikel verpflichteten Beamten dann, wenn die Untersuchung ein mit dem Tode, Ausstoßung aus dem Soldatenstande, Verlust des Adels, Kassation, Festungsbaugefangenschaft, Zuchthaus, Festung oder Konfiskation des ganzen Vermögens bedrohtes Verbrechen zum Gegenstande hatte. Das Kriegsgericht allein konnte ferner gegen fremde Kundschafter erkennen, die Degradation eines Portepeefähnrichs oder eines das Portepee tragenden Unteroffiziers, sowie die Ausstoßung eines Invaliden aus der Invalidenkompanie aussprechen. Alle nicht vor die Kriegsgerichte gehörenden Strafsachen waren der Kognition der Standgerichte überwiesen.

Die höhere Gerichtsbarkeit der Kriegsgerichte wurde ausgeübt durch die kommandierenden Generäle, die Divisionskommandeure, die Kommandeure der Garde-Infanterie und Garde-Kavallerie, den Inspekteur der Besatzungstruppen in den Bundesfestungen und den Chef der Landgensdarmerie über die Militärpersonen ihres Dienstbereichs. Die niedere Gerichtsbarkeit der Standgerichte

1) A. a. O. S. 72 ff.

hatten die Regimentskommandeure und die ihnen gleichgestellten Befehlshaber. Die höhere und niedere Gerichtsbarkeit endlich stand zu den Gouverneuren und den ihnen gleichgestellten Befehlshabern über die im Orte befindlichen Truppen, deren mit Gerichtsbarkeit versehene Befehlshaber ihr Standquartier daselbst nicht hatten, oder die unter einer anderen Gerichtsbarkeit standen, letzterenfalls aber nur, wenn die strafbaren Handlungen im Wachtdienste oder gegen die öffentliche Ordnung und Sicherheit begangen waren, sowie über die in der Gouvernementsstadt garnisonierenden oder sich daselbst aufhaltenden Truppen, wenn sie keiner im Orte befindlichen größeren Truppenabteilung angehörten. Ebenso war im Besitze der höheren und niederen Gerichtsbarkeit der Kommandant des Invalidenhauses zu Berlin.

Den mit der höheren Gerichtsbarkeit beliehenen Befehlshabern waren Auditeure, den mit der niederen beliehenen untersuchungführende Offiziere beigeordnet. Jedes Kriminalgericht mußte außer dem Inquirenten mit einem oder zwei vom Gerichtsherren ernannten Offizieren, und zwar höheren Grades als der Angeschuldigte besetzt sein. Die Urteile bedurften der Bestätigung durch den König oder den Kriegsminister oder einen höheren Militärbefehlshaber, je nach Verschiedenheit der Fälle. Ein weiteres Rechtsmittel war unzulässig.

Über den einzelnen Militärgerichten stand das Generalauditoriat, welches aus dem Generalauditeur als Präsidenten und vier Oberauditeuren als Beisitzern bestand. Das Generalauditoriat bildete die Aufsichtsbehörde für die Militärgerichte und hatte die an den König oder den Justizminister zur Bestätigung eingehenden Erkenntnisse, sowie alle Restitutions- und Nullitätsgesuche zu begutachten.

Die oberste Instanz für die Militärjustizverwaltung endlich bildete das Militärjustizdepartement, für dessen Thätigkeit das Patent vom 23. 10. 1789[1]) maßgebend blieb. Es bestand jetzt aus dem Kriegsminister und dem Justizminister, die an die Stelle des Chefs des Militärdepartements und des Großkanzlers getreten waren.

Auf dieser Grundlage baute das Militärstrafgesetzbuch vom 3. 4. 1845[2]) in seinen prozessualischen Bestimmungen, die noch heute als Reichsrecht gelten, fort. Die Militärstrafgerichtsbarkeit erstreckte sich danach über 1. alle zum Soldatenstande gehörigen Personen, sobald und so lange sie zu militärdienstlichen Zwecken aktiv waren, 2. die Beamten der Militärverwaltung, 3. alle mit Inaktivitätsgehalt entlassenen, alle zur Disposition gestellten und alle

1) Vgl. Bd. II, S. 320.
2) G. S. 1845, S. 287.

mit Pension verabschiedeten Offiziere, 4. die Militärlehrer und Zöglinge der militärischen Bildungsanstalten. Die Gerichtsbarkeit umfaßte alle Strafsachen einschließlich der Injurien, jedoch mit Ausnahme der nur mit Geldbuße oder Konfiskation bedrohten Finanz-, Polizei-, Jagd- und Fischereikontraventionen.

Die Einteilung der Militärgerichtsbarkeit in eine höhere und eine niedere blieb erhalten. Zu ersterer gehörten alle Strafsachen der Offiziere und oberen Militärbeamten, sowie die Strafsachen der Unteroffiziere, Gemeinen und unteren Militärbeamten, wenn die Strafthat mit einer härteren Strafe als Arrest, Degradation oder Versetzung in die zweite Klasse des Soldatenstandes bedroht war, und der Landgensdarmen und Invaliden, wenn gegen sie auf Entlassung erkannt werden sollte. Alle übrigen Strafsachen wurden zur niederen Gerichtsbarkeit gerechnet.

Die Militärgerichte sind Korps-, Divisions-, Garnison- und Regimentsgerichte. Sie bestanden aus dem Kommandanten des Truppenteils als Gerichtsherren und einem Auditeur, an dessen Stelle bei den Regimentsgerichten ein untersuchungführender Offizier trat. Die Korps- und Divisionsgerichte hatten nur die höhere, die Regimentsgerichte nur die niedere, die Garnisongerichte beide Gerichtsbarkeiten. Die Militärgerichte fungierten als Untersuchungs- und als Spruchgerichte. Erstere wurden in jedem einzelnen Falle von dem Gerichtsherrn bestellt und bestanden in den zur höheren Gerichtsbarkeit gehörigen Sachen aus dem Auditeur als Inquirenten und ein oder zwei zur Untersuchung kommandierten Offizieren je nach dem Range des Angeschuldigten, in den zur niederen Gerichtsbarkeit gehörigen Sachen aus dem Auditeur oder untersuchungführenden Offizier und einem Leutnant. Die Spruchgerichte waren Kriegs- oder Standgerichte, je nach dem die Sache zur höheren oder niederen Gerichtsbarkeit gehörte, und wurden von dem Gerichtsherrn mit fünf Richterklassen besetzt, die gesondert abzustimmen hatten. Der Auditeur bezw. der untersuchungführende Offizier war Referent und hatte nur eine beratende Stimme.

Die Entscheidungen bedurften zu ihrer Rechtsgiltigkeit der Bestätigung, ein Rechtsmittel war in der Regel unzulässig, nur in einigen Fällen fand ein Rekurs an das Generalauditoriat statt. Mit dieser einzigen Änderung blieb die Zuständigkeit und Verfassung des letzteren unverändert, ebenso die des Militärjustizdepartements.

4. **Das Militärkirchenwesen.** Das Militärkirchenwesen erfuhr eine Neugestaltung durch das Militärkirchenreglement vom 28. 3. 1811.[1])

---

1) G. S. 1811, S. 170.

Nach diesem wurden bei jeder der gemischten Brigaden, in die das Heer damals zerfiel, drei Prediger angestellt, außerdem je ein Garnisonprediger in Berlin, Königsberg und Breslau. Dieselben waren, wie dies von je her üblich gewesen, im Frieden sämtlich Lutheraner, nur in Kriegszeiten sollten auch Katholiken und Reformierte angestellt werden. Während man sich trotz des Strebens der Zeit, die innere Abgeschlossenheit des Heeres zu beseitigen, der Forderung, besondere Feldprediger zu bestellen, nicht hatte entziehen können, unterstellte man dieselben wenigstens wie alle anderen protestantischen Prediger den Regierungen, wogegen das bisherige Kriegskonsistorium aufgehoben wurde.

Nach den Freiheitskriegen, als große katholische Gebiete zu den alten Provinzen hinzugekommen waren, erschien diese Militärkirchenordnung durchaus unzureichend. Es erging daher eine neue am 12. 2. 1832.[1]) Nach derselben sollten, was die evangelische Kirche anbetrifft, folgende Militärgeistliche angestellt werden: 1. ein Feldprobst für die ganze Armee, 2. ein Militäroberprediger bei jedem Armeekorps, zwei Divisionsprediger bei jeder Division, von welch letzteren jedoch in vorwiegend katholischen Armeekorps einer zugleich als Oberprediger fungieren sollte, so daß ein besonderer Oberprediger fortfiel, 3. Garnisonprediger in größeren Städten, 4. Prediger größerer Militärinstitute. Der Feldprobst war a. der unmittelbare Vorgesetzte der Militärgeistlichkeit, b. der Vertreter der militärkirchlichen Interessen, c. das Organ der Minister des Kultus und des Krieges in militärkirchlichen Angelegenheiten. Gleichzeitig war er Oberprediger bei dem Garde- und dem dritten Armeekorps. Die Oberprediger nahmen die Stelle eines Superintendenten für die Militärgeistlichkeit ihres Armeekorps ein und hatten Sitz und Stimme im Konsistorium ihrer Provinz. Die Divisionsgeistlichen und der Feldprobst mußten den Truppen im Falle eines Krieges folgen, die Oberprediger dagegen zur Beaufsichtigung der Militärkirchenangelegenheiten zu Hause zurückbleiben.

Ebenso wurden katholische Feldprediger bestellt und einem Feldprobste untergeordnet.

In Beziehung auf ihre geistliche Amtsthätigkeit war die Feldgeistlichkeit den geistlichen Obern, Konsistorien und Bischöfen, und dem an die Stelle des Kriegskonsistoriums getretenen Minister des Innern, später dem Kultusminister, in Beziehung auf ihre Stellung als Militärbeamte dem entsprechenden Militärbefehlshaber, Korps-, Divisions- oder Garnisonkommandanten und dem Kriegsministerium untergeordnet.

5. Das Militärbildungswesen. Als Erziehungsanstalten mit

---

1) G. S. 1832, S. 69.

dem ausgesprochenen Zweck, für den Offizierstand vorzubereiten, bestanden schon im 18. Jahrhundert die Kadettenhäuser zu Berlin, Kulm und Stolp. Das letztere wurde 1811 nach Potsdam verlegt, und neue gegründet 1838 zu Wahlstadt und 1840 zu Bensburg. Zur Ausbildung der Offizieraspiranten wurden durch Kabinettsordre vom 9. 7. 1816 Divisionsschulen und für die höhere militärwissenschaftliche Ausbildung der Subalternoffiziere durch Kabinettsordre vom 3. 5. 1810 eine allgemeine Kriegsschule zu Berlin errichtet. Den Leitern dieser Anstalten standen besondere Studienkommissionen zur Seite.

Für die Waisen von Unteroffizieren und gemeinen Soldaten hatte schon Friedrich Wilhelm I. das große Militärwaisenhaus zu Potsdam ins Leben gerufen. Nach dem Erwerbe der Provinz Sachsen kam Preußen auch in den Besitz des 1738 von August III. zu Dresden errichteten und 1768 nach Annaburg verlegten Militärwaisenhauses, welches durch die Kabinettsordre vom 26. 8. 1821 dem Kriegsministerium unterstellt wurde und durch das Publikandum vom 25. 10. 1825 eine neue Einrichtung erhielt.

Besondere Garnisonschulen bestanden in Kosel, in Erfurt seit 1837, in Frankfurt a. O., in Potsdam, in Saarlouis seit 1826, in Stralsund, wo Gustav III. von Schweden eine solche 1778 errichtet hatte, in Trier seit 1829, in Wesel seit 1833, in Graudenz, Posen und Mainz.

Die Kontrollen.

Bei der inneren Abgeschlossenheit der Militärgerichtsbarkeit wie der Militärverwaltung ist jede Kontrolle des Militärwesens, sowohl die richterliche wie die administrative, eine solche durch die Militärbehörden. Die Rechtskontrolle liegt in dem Strafverfahren vor den Militärgerichten, die Verwaltungskontrolle in der Überordnung der einen Militärbehörde über die andere.

Kap. VII. Die Justizhoheit.

Die Rechtsnormen.

Das glänzende Ergebnis der fridericianischen Justizreform, die erst unter Friedrich Wilhelm II. ihren Abschluß fand, war die Herstellung des vollständigen Einheitsstaates auf dem Gebiete der Justiz gewesen durch Kodifikation des gesamten Privat-, Straf- und Prozeßrechts und die Errichtung eines obersten Gerichtshofs für alle Provinzen. Infolge dieser großartigen Reformen nahm Preußen, was die Justiz anbetrifft, unter den Staaten Europas unbestritten die erste Stelle ein.

Der Untergang des Reiches ließ die preußische Justizverfassung vollständig unberührt. Denn wenn auch rechtlich die Justizhoheit in den Reichslanden dem Könige nur auf Grund kaiserlicher Belehnungen und Priviligien zustand, wenn auch rechtlich bis zum Untergange des Reichs die Reichsgerichte trotz des dem Könige zustehenden unbeschränkten Privilegium de non appellando eine Gerichtsbarkeit in Anspruch nahmen im Falle der Rechtsverweigerung und der unheilbaren Nichtigkeiten von Urteilen, so stand doch thatsächlich dem Könige von Preußen in allen Provinzen, mochten dieselben Reichslande oder souveräne Gebiete sein, die Justizhoheit ohne jede Beschränkung zu. Ebenso wenig wie der Untergang des Reiches änderte die gewaltige Umwälzung, die Preußen infolge des Tilsiter Friedens erfuhr, wesentlich die Gestaltung des Justizwesens. Die Organe der Rechtspflege wurden allerdings zum Teil verändert durch vollständige Beseitigung der Stadtgerichte und der Verwaltungsgerichtsbarkeit und durch die Neugestaltung des Justizministeriums. Diese Änderungen waren aber doch nur untergeordneter Art und im wesentlichen blieb die preußische Rechtspflege während der Jahre 1807 bis 1815 in der Verfassung, die sie am Ende des 18. Jahrhunderts erhalten hatte.

Dies änderte sich mit der Wiederherstellung des Staates im Jahre 1815. Zum großen Teile erhielt Preußen allerdings nur Gebiete zurück, die es 1807 verloren. Neu hinzu kamen aber vor allem die Rheinlande, die zwei Jahrzehnte mit Frankreich vereinigt gewesen waren, neu hinzu kamen auch Gebiete wie Neuvorpommern und Posen, denen eine gewisse Sonderstellung eingeräumt war. In den meisten neu und wieder erworbenen Gebieten, in denen mit Ausnahme der von Sachsen an Preußen abgetretenen Bezirke während der Fremdherrschaft die französische Gesetzgebung zur Einführung gelangt war, wurde das französische Recht durch das preußische verdrängt. Für Neuvorpommern war dagegen der bestehende Rechtszustand völkerrechtlich gewährleistet, das gemeine Recht und ein besonderer oberster Gerichtshof blieben hier erhalten. Die Rheinländer hatten die Segnungen des für industrielle Bezirke weit angemesseneren französischen Rechts, namentlich die Beseitigung der Patrimonialgerichtsbarkeit zu lange kennen gelernt, als daß sie sich das fremde Recht wieder hätten entreißen lassen. Nach langem Kampfe wurde daher den Rheinländern das französische Recht und ein eigener Kassationshof belassen. In der Provinz Posen gelangte zwar das preußische Recht wieder zur Einführung, aber einerseits, um dem polnischen Adel die Patrimonialgerichtsbarkeit nicht zu überlassen, andererseits, um der Provinz eine gewisse Sonderstellung zu gewähren und in den Zugeständnissen an die Polen hinter Rußland nicht allzu weit zurückzustehen, erhielt die als

Großherzogtum bezeichnete Provinz Posen eine besondere Gerichtsverfassung und einen dem Obertribunale nicht untergeordneten obersten Gerichtshof. In einigen von Nassau abgetretenen Gebieten des rechten Rheinufers endlich, dem rechtsrheinischen Teile des jetzigen Regierungsbezirks Koblenz, blieb das gemeine Recht und ebenfalls ein besonderer oberster Gerichtshof bestehen.

Preußen zerfiel demnach, was des geltende Recht anbetrifft, seit 1815 in drei Teile: 1. das Gebiet das französischen Rechts, umfassend das linke Rheinufer und auf dem rechten das Herzogtum Berg, 2. das Gebiet des gemeinen Rechts, umfassend Neuvorpommern und den rechtsrheinischen Teil des Regierungsbezirks Koblenz, und 3. das Gebiet des preußischen Rechts, alle übrigen Provinzen umfassend. Diese Gebiete waren fünf obersten Gerichtshöfen untergeordnet: 1. dem rheinischen Kassationshofe zu Berlin für das französische Rechtsgebiet, 2. dem Revisionshofe für den Bezirk des Justizsenats zu Ehrenbreitstein, den gemeinrechtlichen Teil der Rheinprovinz, 3. den dem Oberappellationsgerichte zu Greifswald für Neuvorpommern, 4. dem Oberappellationsgerichte zu Posen für die Provinz Posen und 5. dem Obertribunale zu Berlin für die übrigen Provinzen.

Während das Nebeneinanderbestehen verschiedener oberster Gerichtshöfe im 18. Jahrhundert seinen Grund gefunden hatte in dem verschiedenen Verhältnisse der einzelnen Territorien zum Reiche, war es jetzt die Verschiedenheit der in den einzelnen Provinzen bestehenden volkswirtschaftlichen und sozialen Verhältnisse und die dadurch bedingte Verschiedenheit des geltenden Rechts. Da die gemeinrechtlichen Gebiete nur von geringem Umfange waren, in Posen nur die Nationalitätsverhältnisse eine besondere Gerichtsverfassung nötig gemacht hatten, so war es hauptsächlich der Gegensatz zwischen dem preußischen und französischen Rechte, jenes für Ackerbau-, dieses für Industriebezirke mehr geeignet, der die Konsolidation des Staates auf dem Gebiete der Justiz hinderte. Wie beim Regierungsantritte Friedrichs des Großen so sah sich jetzt von neuem der Staat vor die Aufgabe gestellt, durch Überwindung der Gegensätze eine völlige Rechtsgleichheit zu schaffen.

Nachdem man dem Widerstreben der Rheinländer gegen das preußische Recht nachgegeben, konnte man die neue Rechtseinheit nur in einer neuen Kodifikation finden, deren Aufgabe es war, die berechtigten Forderungen des Grundbesitzes mit den berechtigten Forderungen des Kapitalbesitzes zu vereinigen. Die Altpreußen dachten sich natürlich diese Kodifikation als Revision der fridericianischen Gesetzgebung und Einführung derselben in den Rheinlanden, die Rheinländer als Übertragung des französischen Rechts in etwas veränderter Gestalt auf Altpreußen.

Es ließ sich nun nicht verkennen, daß letztere Anschauung von Jahr zu

Jahr an leitender Stelle mehr zur Geltung gelangte. Das wichtigste Ergebnis dieser Bestrebungen ist die Verordnung vom 1. 6. 1833 über den Mandats-, summarischen und Bagatellprozeß,[1]) welche in schleunigen und unbedeutenden Sachen anstatt des auf der Instruktionsmaxime beruhenden Prozesses der Allgemeinen Gerichtsordnung ein mündliches Verfahren auf Grund bindender Schriftsätze einführte, die Verordnung vom 14. 12. 1833 über die Nichtigkeitsbeschwerde und vom 4. 3. 1834 über die Exekution, sowie die Verordnung vom 4. 7. 1846, welche das Verfahren generalisierte und den Prozeß öffentlich machte. Allerdings waren diese nur für das Geltungsgebiet der Allgemeinen Gerichtsordnung erlassenen Gesetze keine umfassenden Kodifikationen, sie stellten aber eine Annäherung her zwischen dem rheinischen und preußischen Civilprozeßrechte, während die völlige Verschmelzung einer späteren Zeit vorbehalten blieb. So weit wie auf dem Gebiete des Civilprozesses kam die Ausgleichung der verschiedenen Rechte auf keinem anderen Gebiete. Vielmehr bewegte sich die gesetzgeberische Thätigkeit überall erst in den Stadien der Entwürfe und Vorbereitungen, wie z. B. ein gemeinsames Strafgesetzbuch für das ganze Staatsgebiet beraten wurde. Ehe diese Pläne ins Leben treten konnten, erfuhr der Staat durch Begründung der konstitutionellen Monarchie eine durchgreifende Neugestaltung.

Die Organe.

Nach den fünf obersten Gerichtshöfen scheidet sich Preußen in fünf Gebietsmassen, deren Gerichtsverfassung auf ganz verschiedenen Grundsätzen beruht, und die deßhalb gesondert zu behandeln sind.

1. Die dem Obertribunale unterworfenen Provinzen. Die Untergerichte sind hier wie bisher teils königliche, teils patrimoniale. Auf Grund der Städteordnung vom 19. 11. 1808 hatten das Reskript vom 16. 4. 1809 und die Kabinettsordre vom 9. 1. 1810 die städtische Gerichtsbarkeit beseitigt. An Stelle der Magistrate als Gerichtsbehörden traten in den Immediatstädten königliche Stadtgerichte, die zufolge Reskripts vom 10. 12. 1810[2]) zum Teil mit nahe gelegenen Justizämtern zu Land- und Stadtgerichten vereinigt wurden, wie dies schon in der vorigen Periode in Westpreußen geschehen war.[3]) Die in der Stein-Hardenbergschen Reformperiode beabsichtigte Beseitigung der gutsherrlichen Gerichtsbarkeit und die nach dem Gensdarmerieedikt vom 30. 7. 1812 geplante Bildung eines

1) G. S. 1833, S. 37.
2) Rabe, Ges. Samml. Bd. 10, S. 485.
3) Vgl. Band II, S. 325.

Land- und Stadtgerichts für jeden Kreis kam dagegen infolge des energischen Widerstandes des Großgrundbesitzes, der sich schon durch die Agrargesetzgebung stark beeinträchtigt glaubte, nicht zu Stande.

In den Provinzen, die der Fremdherrschaft nicht anheimgefallen waren, wurde also die staatliche Gerichtsbarkeit ausgeübt durch die Justizämter für die Domänenbezirke und durch königliche Stadtgerichte, die zum Teil zu Land- und Stadtgerichten vereinigt waren. In den 1815 wieder erworbenen, dem Obertribunale unterworfenen Provinzen, in denen ebenfalls die Patrimonialgerichtsbarkeit, wie wir später sehen werden, zum Teil neu verliehen wurde, also in den mit Preußen wiedervereinigten Provinzen jenseit der Elbe und in dem Kulm- und Michelauschen Kreise wurde durch die Patente vom 9. 9. 1814 und 9. 11. 1816 [1]) für die der Patrimonialgerichtsbarkeit nicht unterworfenen Gebiete allgemein die Bildung von kollegialischen Land- und Stadtgerichten angeordnet. Für die vom Gerichtssitze entfernter wohnenden Gerichtseingesessenen wurden zur Aufnahme von Handlungen der freiwilligen Gerichtsbarkeit und zur Entscheidung von Bagatellprozessen entweder beständige Kommissionen oder Gerichtstage eingerichtet.

In den ehemals sächsischen Gebieten erfuhr die Gerichtsverfassung erst 1820 eine Neuordnung, indem nach der Instruktion vom 4. 5. 1820 [2]) für geringfügige und schleunige Sachen mit einem Einzelrichter besetzte Gerichtsämter, für die übrigen Sachen kollegialische Landgerichte errichtet wurden. Durch die Kabinettsordre vom 13. 7. 1827 [3]) wurden jedoch die am Sitze des Landgerichts bestehenden Gerichtsämter mit den Landgerichten vereinigt und bei diesen besondere Deputationen für Bagatellsachen bestellt, so daß die Gerichtsämter ungefähr dieselbe Stellung einnahmen, wie die Gerichtskommissionen in den anderen Provinzen.

In dem ehemals kurkölnischen Herzogtum Westfalen, welches während der französischen Herrschaft zum Großherzogtum Hessen gehört hatte, bestanden bis 1839 als landesherrliche Untergerichte mit einem Einzelrichter besetzte Justizämter, an deren Stelle jedoch 1839 ebenfalls kollegialische Land- und Stadtgerichte mit Gerichtskommissionen für die entlegeneren Ortschaften traten.

Die Gerichtsbarkeit der königlichen Untergerichte ist nur eine solche erster Instanz, sie umfaßt jedoch nicht persönliche und dingliche Klagen gegen Eximierte und Eximierte betreffende Handlungen der freiwilligen Gerichts-

1) G. S. 1814, S. 89, G. S. 1816, S. 217.
2) G. S. 1820, S. 65.
3) G. S. 1827, S. 101.

barkeit. Die Strafgerichtsbarkeit üben die königlichen Untergerichte ebenfalls nur über die Nichteximierten und auch diese allein in kleineren Sachen, in denen die Strafe höchstens vier Wochen Gefängnis oder 50 Thlr. Geldstrafe betrug.[1])

Die bisher bestandenen Untergerichte für die französischen und pfälzer Kolonien wurden durch die Kabinettsordre vom 30. 10. 1809 und das Reskript vom 8. 1. 1810 aufgehoben, und die Gerichtsbarkeit den ordentlichen Gerichten übertragen.[2])

Neben diesen königlichen Untergerichten stehen nach wie vor die Patrimonialgerichte, deren 1808 beabsichtigte Aufhebung nicht zu stande kam. Die Patrimonialgerichtsbarkeit blieb sogar in verschiedenen Mediatstädten bestehen. Es wurde nur die freiwillige Abtretung der Gerichtsbarkeit seitens der Grundherren an den Staat begünstigt, bis am 22. 7. 1830 angeordnet wurde, es sollten weitere derartige Anträge der Gutsherren abgelehnt werden. Aber schon durch die Kabinettsordre vom 17. 3. 1833 und das Reskript vom 30. 3. 1833 wurde der Justizminister ermächtigt, eine zeitweise Delegation der Verwaltung einer Privatgerichtsbarkeit an ein landesherrliches Gericht zu gestatten, wenn der Gerichtsherr darauf antragen und besondere Verhältnisse seinen Antrag rechtfertigen sollten. Infolge dieser Bestimmungen gingen namentlich in Preußen zahlreiche Patrimonialgerichte ein.[3])

In den Gebieten, die unter französischer oder westfälischer Herrschaft gestanden oder zum Herzogtum Warschau gehört hatten, war mit Einführung der französischen Gesetzgebung die Patrimonialgerichtsbarkeit aufgehoben worden. Durch Patent vom 9. 9. 1814[4]) wurde jedoch in denjenigen Provinzen, in denen die Patrimonialgerichtsbarkeit vor deren unter den vorigen Regierungen erfolgten Aufhebung mit dem Besitze von Grundstücken verbunden gewesen war, die gutsherrliche Gerichtsbarkeit, mit Ausschluß derjenigen der Kämmereigüter, den Grundbesitzern vom 1. 1. 1815 ab wieder beigelegt, die Strafgerichtsbarkeit aber davon ausgeschlossen. Es sollten jedoch in der Regel kollegialische Gesamtgerichte mehrerer Jurisdiktionen gebildet werden. Infolge der letzteren Bestimmung trugen nur wenige Gutsbesitzer auf Wiederverleihung der Patrimonialgerichtsbarkeit an, so daß den Stadt- und Landgerichten in den Gebieten, in denen das französische Recht geherrscht hatte,

---

1) G. S. 1810, S. 19.

2) Rabe, Ges. Samml. Bd. 10, S. 170, 245.

3) Starke, Beiträge zur Kenntnis der bestehenden Gerichtsverfassung in dem pr. Staate. Berlin 1839, Bd. 1, S. 80.

4) G. S. 1814, S. 94.

die Gerichtsbarkeit über das flache Land nur in ganz unbedeutenden Bezirken entzogen war.[1])

In den mit Westpreußen wieder vereinigten ehemals warschauischen Gebietsteilen, dem Kulm- und Michelauschen Kreise, den Städten Danzig und Thorn wurde durch das Patent vom 9. 11. 1816[2]) zwar der eximierte Gerichtsstand, nicht aber die Patrimonialgerichtsbarkeit wieder hergestellt.

In denjenigen 1815 neu erworbenen Gebietsteilen, in denen das französische Recht nicht geherrscht und daher die Patrimonialgerichtsbarkeit nicht aufgehoben war, in den ehemals sächsischen Gebieten, dem Herzogtum Westfalen, den Grafschaften Wittgenstein-Wittgenstein und Wittgenstein-Berleburg wurde den Patrimonialgerichten die Strafgerichtsbarkeit entzogen, wie dies in den alten Provinzen schon unter Friedrich Wilhelm I. geschehen war.[3])

Neben diesen Untergerichten bestanden noch verschiedene Sondergerichte als Gerichte erster Instanz fort. Es waren dies in Ostpreußen die bei der Justizreform von 1781 als Gerichte erster Instanz für die Eximierten mit Ausnahme der königlichen Beamten erhaltenen Erbhauptämter, von denen bis 1825 noch vier, Gerdauen, Nordenburg, Gilgenburg und Schönberg bestanden. Letzteres verschwand 1825 infolge Verzichtleistung seines Besitzers, Gilgenburg 1831, so daß nur Gerdauen und Nordenburg, die, im Besitze der gräflich Schliebenschen Familie, zu einem Erbhauptamte zusammengezogen waren, bis zur vollständigen Aufhebung der Patrimonialgerichtsbarkeit sich forterhielten. Dieselbe Gerichtsbarkeit wie die Erbhauptämter hatte das einzige noch erhaltene Landvogteigericht, das des Bischofs von Ermeland zu Heilsberg.

Als standesherrliche Mittelinstanzen, also als Gerichte zweiter Instanz über den Untergerichten und als Gerichte erster Instanz für die Eximierten mit Ausnahme der königlichen Beamten erhielten sich in Schlesien die schon in den vorigen Perioden bestehenden Mediatregierungen,[4]) die 1809 allgemein die Bezeichnung Fürstentumsgerichte oder standesherrliche Gerichte erhielten. In der Oberlausitz bestand das freie Hofgericht der Herrschaft Muskau, dessen Gerichtsbarkeit sich über die Mediatstadt Muskau, 40 Dorfschaften

1) Es bildeten sich damals neue Patrimonialgerichte im Bezirk des Oberlandesgerichts Magdeburg links der Elbe 18, im Oberlandesgerichtsbezirk Halberstadt 9, im Oberlandesgerichtsbezirk Paderborn 3, im Oberlandesgerichtsbezirk Hamm eins, im Oberlandesgerichtsbezirk Münster keins. Vgl. Starke a. a. O. S. 83.

2) G. S. 1816, S. 217.

3) Pat. v. 15. 11. 1816 und v. 21. 7. 1825, G. S. 1816, S. 238, G. S. 1825, S. 159, vgl. Band II, S. 75.

4) Vgl. Band II, S. 213.

und die Besitzer von 7 Vasallendörfern erstreckte. Außerdem standen unter dem Hofgericht die gräflichen Beamten und die Eximierten mit Ausnahme der kgl. Beamten. Dieselbe Gerichtsbarkeit wie die schlesischen Mediatregierungen hatte für die gräflich Brühlsche Standesherrschaft Forst und Pförten die dortige mit drei Richtern besetzte Justizkanzlei. In der Provinz Sachsen gab es drei standesherrliche Gerichte, ebenfalls mit derselben Gerichtsbarkeit wie in Schlesien, die Regierung zu Wernigerode, der sogar die Gerichtsbarkeit über kgl. Beamte delegiert war, und die Justizkanzleien zu Stolberg und Roßla.

Die standesherrlichen Gerichte der Provinz Westfalen hatten ihren Rechtsgrund in Art. 14 der deutschen Bundesakte, welche die Zusicherung enthielt, daß den mediatisierten ehemaligen Reichsständen und Reichsangehörigen die Ausübung der bürgerlichen und peinlichen Gerechtigkeitspflege in erster und, wo der Besitz groß genug, auch in zweiter Instanz zu Teil werden solle. Infolge dessen gestattete die Verordnung vom 21. 6. 1815 [1]) den ehemals reichsunmittelbaren Standesherren, sofern sie ehemals zwei Instanzen gehabt, und sie imstande seien, die Gerichte entweder allein oder in Verbindung mit ihren Agnaten gehörig nach den Landesgesetzen zu errichten, dies auch fernerhin. Die dritte Instanz sollten dann die Oberlandesgerichte bilden, bei denen auch die Standesherren und ihre Familienangehörigen ihren privilegierten Gerichtsstand hatten. Die von den standesherrlichen Gerichten erkannten Strafen waren der Revision der Oberlandesgerichte unterworfen, doch stand den Standesherren das Recht zu, beim Könige auf Minderung oder Erlaß der Strafen anzutragen.

Die weitere Ausführung dieser Grundsätze erfolgte durch die Instruktion vom 30. 5. 1820. [2]) Dieselbe ordnete an, die standesherrlichen Gerichte erster Instanz sollten mindestens aus einem Richter und einem Aktuar, die standesherrlichen Obergerichte mindestens aus einem Direktor, zwei Mitgliedern und einem Beisitzer, sowie dem erforderlichen Unterpersonale bestehen. Den standesherrlichen Gerichtsbeamten, die für den König und den Standesherren verpflichtet wurden, sicherte das Gesetz die Rechte der Staatsbeamten zu, erforderte auch für sämtliche Stellen dieselbe Qualifikation, wie für die entsprechenden königlichen. Die Beamten bedurften, mit Ausnahme der Subalternen im Kanzlei- und Registraturdienste der Bestätigung seitens derjenigen Behörde, welcher die Anstellung der unmittelbaren königlichen Beamten gleicher Kategorie oblag.

---

1) G. S. 1815, S. 105.

2) G. S. 1820, S. 81 u. 92.

Von der standesherrlichen Gerichtsbarkeit ausgenommen wurden die königlichen Beamten und alle übrigen Eximierten, so daß die standesherrlichen Obergerichte des Westens abweichend von denen Schlesiens und Sachsens nur Appellationsgerichte sind.

Die standesherrlichen Untergerichte standen unter der Aufsicht der standesherrlichen Obergerichte, beide aber unter der des Oberlandesgerichts. Solche standesherrlichen Gerichte wurden in Westfalen, nachdem der größte Teil der Standesherren vertragsmäßig auf das Recht der eigenen Gerichtsbarkeit verzichtet hatte, vier gebildet: 1. das fürstlich Bentheim-Tecklenburgsche Land- und Stadtgericht zu Rheda, 2. das fürstlich Bentheim-Tecklenburgsche Land- und Stadtgericht zu Limburg, 3. das fürstlich Wittgenstein-Berleburgsche Justizamt zu Berleburg und 4. das fürstlich Kaunitzsche Land- und Stadtgericht zu Rietberg, welches am 13. 6. 1837 auf den Staat überging, nachdem der Fürst von Kaunitz die Grafschaft Rietberg verkauft hatte.

Die königlichen Obergerichte waren die Oberlandesgerichte, welche Bezeichnung durch die Verordnung vom 26. 12. 1808 die Regierungen erhielten. Allein das Kammergericht behielt seine bisherige Benennung. Gleichzeitig überwies die Verordnung vom 26. 12. 1808 den Oberlandesgerichten allgemein die bisher von den Verwaltungsgerichten ausgeübte Gerichtsbarkeit, wie dies in einem Teile des Staates schon früher geschehen war, sowie die ausschließliche Aufsicht über die Untergerichte, entzog ihnen dagegen die Verwaltung der Landeshoheitssachen mit Ausnahme der Lehnssachen.[1]) Die Oberlandesgerichte waren demnach ausschließlich Behörden für die Rechtsprechung und Justizverwaltung.

Solcher Oberlandesgerichte sollten für jeden Regierungsbezirk eins errichtet werden, von welchem Grundsatze jedoch, besonders nach der Wiederherstellung des Staates, mehrfach abgegangen wurde. Nach der Organisation der Gerichtsbehörden, wie sie im Jahre 1815 stattfand, waren die Bezirke der Oberlandesgerichte in folgender Weise abgegrenzt:

1. Der Bezirk des Kammergerichts umfaßte die Stadt Berlin, den Regierungsbezirk Potsdam, mit Ausschluß eines Teiles des Kreises Beeskow-Storkow, einen Teil der zum Regierungsbezirk Frankfurt gehörigen Kreise Königsberg, Lebus und Lübben und einen Teil des zum Regierungsbezirk Magdeburg gehörigen zweiten Jerichowschen Kreises. Mit dem Kammergericht verbunden war der Geh. Justizrat für Prozesse gegen Mitglieder des kgl. Hauses, der bei den Gesandtschaften im Auslande angestellten Personen

---

1) Vgl. S. 73 ff.

und, wenn der Kläger es verlangte, gegen Präsidenten und Direktoren der Justizkollegien aus anderen Provinzen.

2. Der Bezirk des Oberlandesgerichts zu Frankfurt a. O. umfaßte den Regierungsbezirk Frankfurt, mit Ausschluß eines Teiles der Kreise Arnswalde, Königsberg, Lebus und Lübben, den zum Regierungsbezirk Liegnitz gehörigen Kreis Hoyerswerda und einen Teil des zum Regierungsbezirk Potsdam gehörigen Kreises Beeskow-Storkow;

3. der Bezirk des Oberlandesgerichts zu Stettin den Regierungsbezirk Stettin, mit Ausnahme der Vorstadt Anklamer Peendamm;

4. der Bezirk des Oberlandesgerichts zu Köslin den Regierungsbezirk Köslin, mit Ausschluß eines Teiles des Kreises Dramburg und einen Teil des zum Regierungsbezirk Frankfurt gehörigen Kreises Arnswalde;

5. der Bezirk des Oberlandesgerichts zu Königsberg den Regierungsbezirk Königsberg;

6. der Bezirk des Oberlandesgerichts zu Insterburg den Regierungsbezirk Gumbinnen;

7. der Bezirk des Oberlandesgerichts zu Marienwerder die Regierungsbezirke Danzig und Marienwerder und einen Teil des zum Regierungsbezirk Köslin gehörigen Kreises Dramburg;

8. der Bezirk des Oberlandesgerichts zu Breslau den Regierungsbezirk Breslau mit Ausnahme des Kreises Guhrau und die zum Regierungsbezirk Liegnitz gehörigen Kreise Bolkenhain, Hirschberg, Jauer, Landshut und Schönau;

9. der Bezirk des Oberlandesgerichts zu Glogau den Regierungsbezirk Liegnitz, mit Ausnahme der Kreise Bolkenhain, Hirschberg, Jauer, Landshut, Schönau und Hoyerswerda und den zum Regierungsbezirk Breslau gehörigen Kreis Guhrau;

10. der Bezirk des Oberlandesgerichts zu Ratibor den Regierungsbezirk Oppeln;

11. der Bezirk des Oberlandesgerichts zu Magdeburg den Regierungsbezirk Magdeburg, mit Ausschluß der Kreise Aschersleben, Halberstadt, Oschersleben und Wernigerode und eines Teiles des zweiten Jerichowschen Kreises;

12. der Bezirk des Oberlandesgerichts zu Halberstadt die zum Regierungsbezirk Magdeburg gehörigen Kreise Aschersleben, Halberstadt, Oschersleben und Wernigerode, die zum Regierungsbezirk Heiligenstadt gehörigen Kreise Heiligenstadt, Mühlhausen, Nordhausen und Worbis und einen Teil des zum Regierungsbezirk Merseburg gehörigen Mansfelder Gebirgskreises;

13. der Bezirk des Oberlandesgerichts zu Naumburg den Regierungs-

bezirk Merseburg, mit Ausschluß eines Teiles des Mansfelder Gebirgskreises und die zum Regierungsbezirk Erfurt gehörigen Kreise Erfurt, Langensalza, Schleusingen, Weißensee und Ziegenrück;

14. der Bezirk des Oberlandesgerichts zu Münster den Regierungsbezirk Münster;

15. der Bezirk des Oberlandesgerichts zu Paderborn den Regierungsbezirk Minden;

16. der Bezirk des Oberlandesgerichts zu Hamm die zum Regierungsbezirk Arnsberg gehörigen Kreise Bochum, Dortmund, Hagen, Hamm, Iserlohn, Soest, einen Teil des Kreises Altena und die zum Regierungsbezirk Düsseldorf gehörigen Kreise Essen, Duisburg und Rees;

17. der Bezirk des Oberlandesgerichts zu Arnsberg, welches bis zum 31. 8. 1835 die Bezeichnung Hofgericht führte, die zum Regierungsbezirk Arnsberg gehörigen Kreise Arnsberg, Brilon, Lippstadt, Meschede, Olpe, Siegen, Wittgenstein und einen Teil des Kreises Altena.

Die Oberlandesgerichte bildeten die zweite Instanz für die Untergerichte, die dritte für die standesherrlichen Obergerichte. In erster Instanz entschieden sie in Sachen der Eximierten und in den den Untergerichten nicht übertragenen Strafsachen. Obgleich den Oberlandesgerichten 1808 die gesamte bisherige Verwaltungsgerichtsbarkeit übertragen war, wurde doch später wieder eine Ausnahme gemacht hinsichtlich der gutsherrlich-bäuerlichen Verhältnisse durch Begründung der Generalkommissionen.

Dem Kammergericht zu Berlin wurde zufolge des Bundesbeschlusses vom 20. 6. 1833 wegen hochverräterischer Unternehmungen durch eine Kabinettsordre vom 25. 4. 1835 [1]) ausschließlich übertragen die Entscheidung über Verbrechen und Vergehen gegen die Verfassung, die öffentliche Ordnung und die Ruhe sowohl der sämtlichen Staaten des Königreichs als auch der übrigen Staaten des deutschen Bundes. Das Kammergericht wurde damit als preußischer Staatsgerichtshof konstituiert.

Mit dem Oberlandesgerichte zu Königsberg vereinigt war das Tribunal zur Bearbeitung der Spruchsachen des zweiten Senats. Durch das Regulativ vom 11. 8. 1832 [2]) wurde jedoch diese Verbindung aufgehoben. Das Tribunal bildete seitdem die dritte Instanz bei revisionsfähigen Gegenständen in allen Untergerichtssachen aus den Bezirken Königsberg und Insterburg, in allen Obergerichtssachen der Bezirke Insterburg und Marienwerder, in denen diese Oberlandesgerichte in zweiter Instanz erkannt, sofern diese Sachen nicht

1) G. S. 1835, S. 47.
2) G. S. 1832, S. 208.

vor das Geh. Obertribunal gehörten; es bildete die zweite Instanz in den Sachen, in denen ein Untergericht aus dem Bezirke Königsberg oder eins der beiden Oberlandesgerichte Königsberg und Insterburg in erster Instanz entschieden hatten.

Zur Führung der Voruntersuchungen in Strafsachen wurden nach dem Patente vom 9. 9. 1814[1]) Inquisitoriate in Magdeburg, Stendal, Halberstadt, Heiligenstadt, Halle, Werden (seit 1834 in Hamm), Münster und Herford errichtet.

Den obersten Gerichtshof für die Bezirke der genannten 17 Oberlandesgerichte bildete das Obertribunal zu Berlin, auf welches später zurückzukommen sein wird.

2. Die Provinz Posen. Eine Sonderstellung innerhalb des preußischen Rechtsgebiets nahm die Provinz Posen ein wegen ihrer von den anderen Provinzen abweichenden Gerichtsverfassung, um derentwillen sie auch bis 1833 gar nicht, seitdem wenigstens in gewissen Beziehungen dem Geh. Obertribunale zu Berlin untergeordnet war.

Die unter preußischer Herrschaft in dem damaligen Südpreußen unberührt gelassene städtische und patrimoniale Gerichtsbarkeit war in dem Herzogtum Warschau mit Einführung des französischen Rechts aufgehoben worden, und die französische Gerichtsverfassung mit unwesentlichen Abweichungen zur Durchführung gelangt. Obgleich nun nach dem Wiedererwerb der Provinz Posen das französische Recht wieder durch das preußische verdrängt wurde, so blieb doch, da die Patrimonialgerichtsbarkeit nicht wiederhergestellt wurde, die französische Gerichtsverfassung die Grundlage der neuen Justizorganisation Posens.

Nach der Verordnung vom 9. 2. 1817 betreffend die Justizverwaltung im Großherzogtum Posen[2]) wurden die Friedensgerichte für kleine und schleunige Sachen, die Landgerichte als ordentliche Gerichte erster Instanz und als Berufungsinstanz für die Friedensgerichte erhalten, während für Berufungen gegen die Urteile der Landgerichte in erster Instanz die Landgerichte sich wechselseitig substituiert wurden. Die dritte Instanz bildete ein Oberappellationsgericht zu Posen für die ganze Provinz. Patrimonialgerichtsbarkeit und eximierter Gerichtsstand blieben beseitigt, auch fand, obgleich die Allgemeine Gerichtsordnung eingeführt war, durchgehend eine mündliche Verhandlung statt. Gerichtssprachen waren die deutsche und die polnische je nach dem Bedürfnis der Parteien. Den Landgerichten nebengeordnet war das standes-

1) G. S. 1814, S. 89.
2) G. S. 1817, S. 37.

herrliche Gericht des Fürsten zu Thurn und Taxis, das Fürstentumsgericht zu Krotoschin. Auf den Wunsch der Provinzialstände wurde zufolge Kabinettsordre vom 4. 5. 1829[1]) ein Appellationsgericht für die Provinz in der Art errichtet, daß ein Senat des Oberappellationsgerichts zu Posen in den Sachen in zweiter Instanz entschied, in denen die Landgerichte oder das Fürstentumsgericht zu Krotoschin in erster Instanz erkannt hatten, während die wechselseitige Substitution der Landgerichte fortfiel.

Die große Überlastung der Gerichte, die den Anforderungen nicht mehr genügen konnte, machte jedoch 1834 eine neue Justizorganisation erforderlich, die zugleich die Verschiedenheit in der Gerichtsverfassung Posens und der anderen Provinzen preußischen Rechts möglichst ausgleichen sollte. Diese neue Organisation erfolgte durch die Verordnung vom 16. 6. 1834.[2]) An die Stelle der bisherigen Gerichte traten ein Land- und Stadtgericht für jeden Kreis, ein Oberlandesgericht für jeden Regierungsbezirk, ein Oberappellationsgericht für die ganze Provinz und das Obertribunal für Revisionssachen und Nichtigkeitsbeschwerden.

Vor die Oberlandesgerichte gehörte die Führung der Hypothekenbücher für die Domänen und Rittergüter, die Entscheidung von dinglichen Klagen gegen die Besitzer dieser Güter, die Bearbeitung der Vormundschafts-, Nachlaß- und Konkurssachen, wenn ein solches Gut zur Masse gehörte, die Entscheidung der persönlichen Klagen, deren Objekt mehr als 500 Thlr. betrug, die Bearbeitung der Vormundschafts- und Nachlaßsachen, wenn das Vermögen auf wenigstens 2500 Thlr. sich belief. In Strafsachen erkannten sie in erster Instanz, wenn ein Inquisitoriat die Untersuchung geführt, in zweiter Instanz, wenn ein Land- und Stadtgericht in erster entschieden hatte. Die Land- und Stadtgerichte waren die ordentlichen Gerichte erster Instanz in allen den Oberlandesgerichten nicht überwiesenen Civilstreitigkeiten und in Strafsachen, wenn die höchste gesetzliche Strafe eine Geldstrafe war, oder eine dreijährige Freiheitsstrafe nicht überstieg. Das Oberappellationsgericht bildete die zweite Instanz in allen Civilstreitigkeiten und in den Strafsachen, in denen die Oberlandesgerichte in erster Instanz erkannt hatten. Das Geh. Obertribunal endlich entschied in Revisionssachen und über das Rechtsmittel der Nichtigkeitsbeschwerde.

3. Der Bezirk des Justizsenats zu Ehrenbreitstein. Am nächsten schließt sich an die altpreußische Gerichtsverfassung an die des gemeinen Rechts, welches in dem rechtsrheinischen Teile des Regierungsbezirks Koblenz und

---

1) G. S. 1829, S. 43.
2) G. S. 1834, S. 75.

in dem Regierungsbezirk Stralsund gilt. In ersterem, dem sog. Bezirke des Justizsenats zu Ehrenbreitstein, waren die Untergerichte teils staatlich, teils patrimonial. Staatliche Untergerichte waren das kollegialische mit einem Direktor und zwei Räten besetzte Stadtgericht zu Wetzlar, welches die volle Civil- und Strafgerichtsbarkeit über alle Eingesessenen seines Bezirks ausübte, und sieben mit je einem Einzelrichter besetzte kgl. Justizämter, denen nur die streitige Gerichtsbarkeit über Nichteximierte und die Strafgerichtsbarkeit bei Forstfreveln, Holzdiebstählen und Finanzkontraventionen zustand. Für die geringen Forstfrevel bestanden aus dem Justizbeamten und dem Oberförster zusammengesetzte Forstämter. Den kgl. Justizämtern nebengeordnet waren die standesherrlichen und zwar drei fürstlich Solmssche, zwei fürstlich Neuwiedsche, drei fürstlich Wied-Runkelsche und ein fürstlich Hatzfeldsches, welche dieselbe Zuständigkeit hatten wie die entsprechenden kgl. Gerichte.

Die freiwillige Gerichtsbarkeit wurde mit Ausnahme des Bezirks des Stadtgerichts zu Wetzlar durch den Untergerichten untergeordnete Schöffengerichte und Landschreibereien ausgeübt. Erstere, bestehend aus einem Gerichtsschultheißen, einem rechtskundigen Gerichtsschreiber und sieben Gerichtsschöffen, hatten die freiwillige Gerichtsbarkeit in Testaments- und Nachlaßsachen, sowie in Vormundschaftssachen, das Hypothekenwesen und die Aufnahme gerichtlicher Taxen. In mehreren Ämtern bestanden keine Schöffengerichte, sondern nur mit einem Landschreiber oder Landoberschultheißen besetzte Landschreibereien, welche ebenfalls die gesamte freiwillige Gerichtsbarkeit ausübten mit Ausnahme der in Testamentssachen, welche in diesen Ämtern den Justizämtern übertragen war.

Für die Neuwiedschen Justizämter bildete die Aufsichtsbehörde und zweite Instanz die kollegialische Regierung zu Neuwied als standesherrliches Obergericht, welches gleichzeitig die Gerichtsbarkeit erster Instanz in Sachen der Eximierten mit Ausnahme der kgl. Beamten und in den den Justizämtern entzogenen Strafsachen ausübte.

Für die übrigen standesherrlichen wie für die kgl. Untergerichte war die Aufsichtsbehörde und zweite Instanz ein besonderer Justizsenat zu Ehrenbreitstein, der schon unter kurtrierscher Herrschaft für den rechtsrheinischen Teil des Kurfürstentums bestanden, und dessen Sprengel unter nassauischer Herrschaft eine bedeutende Ausdehnung erfahren hatte. Durch Kabinettsordre vom 4. 5. 1820 wurde der Justizsenat für das Obergericht des rechtsrheinischen Teils des Regierungsbezirks Koblenz erklärt und derart mit dem Landgericht zu Koblenz vereinigt, daß er unter dem Präsidenten desselben stehen und mit jährlich wechselnden Räten dieses Landgerichts besetzt werden sollte. Als Aufsichtsbehörde und Appellationsinstanz in den vom Justizsenate in erster Instanz entschiedenen Sachen wurde am 19. 11. 1820 durch die Immediat-Justiz-Organisations-Kommission der Appellationsgerichtshof zu Köln bestellt. An die Stelle desselben trat jedoch als zweite Instanz nach den Kabinettsordres vom 11. 10. 1831 und 7. 5. 1832 das Oberlandesgericht zu Arnsberg, während die Dienstaufsicht dem Justizministerium übertragen wurde. Die zweite Instanz für die von der Regierung zu Neuwied in erster Instanz entschiedenen Sachen und die Aufsichtsbehörde derselben bildete der Justizsenat.

Als dritte Instanz für das ganze ostrheinische Gebiet des Regierungsbezirks Koblenz und als erste und letzte Instanz für die Mitglieder des Justizsenats und deren Angehörige wurde ein Revisionshof zu Berlin bestellt. Die Summa appellabilis für ihn betrug 300 Gulden Kapital oder 3 Gulden jährliche Rente. Seit 1833 trat der Revisionshof insofern unter das Obertribunal, als dasselbe nach der Verordnung vom 14. 12. 1833 in Nichtigkeitsbeschwerden gegen die Erkenntnisse des Revisionshofs zuständig war.

4. Neuvorpommern. Die Gerichtsverfassung von Neuvorpommern entsprach bis zum Anfange dieses Jahrhunderts vollständig derjenigen des preußischen Pommern. Auf dem Lande übten die Gerichtsbarkeit in den vier Ämtern besondere Amtsgerichte, im übrigen war dieselbe patrimonial, während sie in den Städten dem Magistrate zustand. Die zweite Instanz bildeten das Landvogteigericht zu Bergen für Rügen und das Hofgericht zu Greifswald für das Festland von Neuvorpommern, welche Gerichte gleichzeitig in erster Instanz in Sachen der Eximierten ihres Bezirks entschieden. Als dritte Instanz bestand, da Schweden für seine deutschen Lande ein unbeschränktes Privilegium de non appellando besaß, seit 1653 das Tribunal zu Wismar.

Diese Gerichtsverfassung wurde von Grund aus neu geordnet seit 1806, indem nach dem Untergange des Reiches die Einverleibung Neuvorpommerns in das schwedische Königreich systematisch betrieben wurde. Eine kgl. Bekanntmachung vom 3. 6. 1806 sowie eine Verordnung vom 9. 7. 1806 [1]) teilte Neuvorpommern in vier Ämter, Franzburg, Grimmen, Greifswald und Bergen, bestellte für jedes Amt ein Amtsgericht und übertrug diesem die Gerichtsbarkeit über das ganze flache Land, hob also die Patrimonialgerichtsbarkeit mit einem Federstriche auf. Die Verordnung vom 8. 10. 1810 über die Einrichtung des Justizwesens, die sogenannte Neueste Justizverordnung, [2]) gab dann eine zusammenfassende Kodifikation der gesamten Gerichtsverfassung und erhielt sich auch unter preußischer Herrschaft zum größten Teile in Geltung.

1) v. Kamptz, Jahrb. Bd. 35, S. 301.
2) A. a. O. S. 308.

Die Gerichte für das flache Land blieben die Amtsgerichte, denen bereits die Verordnung vom 8. 10. 1810 die Bezeichnung Kreisgerichte beigelegt hatte. Jedes Kreisgericht war besetzt mit einem Kreisrichter und einem Justitiar, von denen ersterer bei Meinungsverschiedenheiten die entscheidende Stimme hatte. Ihre Gerichtsbarkeit erstreckte sich nicht über eximierte Personen und Grundstücke, Kirchen- und Ehesachen, Gemeinheitsteilungen und Steuerdefraudationen. In Strafsachen durften sie nur über Vergehen erkennen, auf denen eine Strafe bis 14 Tage Gefängnis, 25 Thlr. Geldstrafe oder 6 Rutenhieben stand, in allen übrigen Strafsachen hatten sie nur die Generalinquisition.

In den Städten, mit Ausnahme der Seestädte, wurde die Gerichtsbarkeit in demselben Umfange durch die Magistrate ausgeübt. Die Stadt Stralsund befand sich seit dem 15. Jahrhundert im unbeschränkten Besitze der Gerichtsbarkeit erster und zweiter Instanz in Civil- und Strafsachen. Die Gerichtsbarkeit erster Instanz übten vier Gerichte aus, das Niedergericht, das Kammergericht, das Waisengericht und das geistliche Konsistorium, von denen die drei ersteren lediglich Deputationen des Magistrats waren. Das Niedergericht, mit drei gelehrten Ratsherren besetzt, entschied in Strafsachen, Schwängerungs- und Alimentensachen, Injuriensachen, Miets- und Gesindestreitigkeiten, Schuldsachen bis 30 Thlr.; das Kammergericht, bestehend aus zwei gelehrten und einem ungelehrten Ratsherren, in Schuldsachen über 30 Thlr., Bau- und Zunftsachen, Handels- und Wechselsachen, Konkurssachen, und hatte die Kuratelen über Großjährige; das Waisengericht, mit zwei gelehrten Ratsherren besetzt, war Obervormundschaftsgericht für Minderjährige; das Konsistorium endlich Gerichtshof in geistlichen Angelegenheiten. Der Magistrat, aus den Mitgliedern der vier Untergerichte, also sieben gelehrten und drei ungelehrten Ratsherren zusammengesetzt, bildete die zweite Instanz. Die Justizverordnung vom 8. 10. 1810 bestätigte diese Gerichtsverfassung der Stadt Stralsund, die auch unter preußischer Herrschaft unverändert blieb. Ähnlich war die Gerichtsverfassung der Städte Greifswald, Wolgast und Barth, die ebenfalls die Gerichtsbarkeit zweiter Instanz besaßen.

Den Provinzialgerichtshof bildete das 1560 errichtete Hofgericht, welches seit 1680 seinen ständigen Sitz zu Greifswald hatte. Dasselbe, besetzt mit einem Direktor, vier Räten, zwei Assessoren und dem nötigen Unterpersonal, war die erste Instanz für die von der Gerichtsbarkeit der Stadt- und Kreisgerichte eximierten Personen und Grundstücke, sowie in Strafsachen, die zweite Instanz unbedingt in liquiden Schuldsachen, Gesindestreitigkeiten, Alimentensachen, Zunft- und Ämtersachen, Injurienklagen, sowie in allen übrigen Sachen, wenn der Gegenstand der Beschwerde 200 Thlr. nicht überstieg, die dritte Instanz, wenn die Magistrate der Seestädte in zweiter Instanz erkannt hatten.

Das von Schweden für seine deutschen Lande nach Verleihung des unbeschränkten Privilegium de non appellando im Jahre 1653 als Ersatz für das Reichskammergericht errichtete Tribunal zu Wismar wurde 1802 nach Stralsund und 1803 nach Greifswald verlegt. Die offizielle Bezeichnung war seit 1810 „Ober-Appellationsgericht und höchstes Gericht." Es war besetzt mit einem Präsidenten, drei Räten, einem Assessor und dem erforderlichen Unterpersonale. Das Oberappellationsgericht entschied in erster Instanz in Prozessen gegen seine Mitglieder und Beamten, sowie die Akademie, das Konsistorium und das Hofgericht, wenn diese Behörden als solche belangt wurden, in zweiter Instanz, wenn die anderen Gerichte in erster Instanz entschieden hatten und der Gegenstand der Beschwerde wenigstens 200 Thlr. betrug, in dritter Instanz unter derselben Voraussetzung, wenn die Magistrate der Seestädte die zweite Instanz gebildet. Auch das Greifswalder Oberappellationsgericht wurde wie der Revisionshof für den rechtsrheinischen Teil des Regierungsbezirks Koblenz durch die Kabinettsordre vom 13. 6. 1833 dem Geh. Obertribunale zu Berlin insofern untergeordnet, als gegen die Erkenntnisse des Oberappellationsgerichts das Rechtsmittel der Revision zugelassen und die Entscheidung hierüber dem Obertribunale übertragen wurde.

5. Das Gebiet des rheinischen Rechts. In der Rheinprovinz, mit Ausnahme der rechtsrheinischen Kreise Essen, Rees und Duisburg und des rechtsrheinischen Teils des Regierungsbezirks Koblenz war die gesamte französische Gesetzgebung, insbesondere auch die französische Gerichtsverfassung, welche auf dem linken Rheinufer sofort nach der Abtretung desselben an Frankreich, in Berg durch das Gesetz vom 17. 12. 1811[1]) eingeführt war, nach dem Erwerbe des Landes durch Preußen aufrecht erhalten worden. Jedoch erfuhren nicht nur die Gerichtssprengel, sondern auch die Zuständigkeit der einzelnen Gerichte verschiedene Abänderungen.

Die untersten Gerichte bildeten die mit einem Richter und einem Gerichtsschreiber besetzten Friedensgerichte. Ihre Zuständigkeit erstreckte sich nach dem französischen Gesetze vom 28. 8. 1790 in Civilsachen über alle persönlichen und Mobiliarklagen ohne Appellation bis zum Werte von 50 und mit Vorbehalt der Appellation bis zum Werte von 100 Franken, sowie ebenfalls mit Appellation ohne Rücksicht auf den Wert des Objekts über Klagen wegen Feldschaden, Grenzverrückungen, dem Mieter oder Pächter obliegende Ausbesserung der Häuser und Pachthöfe, Entschädigungsforderungen

---

1) Scotti, Sammlung der Gesetze u. s. w. von Berg, III, S. 1439, Nr. 3291.

zwischen Mieter und Vermieter, Pächter und Verpächter, Gesindestreitigkeiten und Injuriensachen, in Strafsachen über alle Übertretungen und zwar, wenn die Strafe auf Gefängnis oder mehr als 50 Franken lautete, mit Vorbehalt der Appellation. Eine preußische Verordnung vom 7. 6. 1821 [1]) erweiterte die Zuständigkeit der Friedensgerichte auf persönliche und Mobiliarklagen bis 300 Thlr., und zwar bis 20 Thlr. ohne Appellation.

Die ordentlichen Gerichte erster Instanz, soweit die Friedensgerichte nicht zuständig waren, bildeten die Tribunaux de première instance, deren durch das Gesetz vom 18. 3. 1800 für jedes Arrondissement eins, bestehend aus wenigstens drei Richtern und zwei Stellvertretern, angeordnet wurde. Im Jahre 1814 erhielten diese Tribunale die Bezeichnung Kreisgerichte und 1820 Landgerichte. Gleichzeitig wurden 1820 die bisherigen Gerichtsbezirke zusammengelegt, und für jeden der damals bestehenden sechs Regierungsbezirke ein Landgericht errichtet, zu Köln, Düsseldorf, Kleve, Koblenz, Aachen und Trier. Zu diesen kam 1834 durch Abtrennung der Kreise Elberfeld, Lennep und Solingen mit Ausschluß des Friedensgerichtsbezirks Opladen vom Landgerichtsbezirk Düsseldorf ein siebentes Landgericht zu Elberfeld und 1835 durch Abtrennung der Kreise Saarbrücken, Ottweiler, Saarlouis und St. Wendel vom Landgerichtsbezirk Trier ein achtes zu Saarbrücken. Jedes Landgericht zerfiel in mit je drei Richtern besetzte Kammern, in deren einer der Landgerichtspräsident, in den andern ein vom Justizminister ernannter Kammerpräsident oder Rat den Vorsitz führte. Das Landgericht bildete für Civilsachen das Berufungsgericht in denjenigen Sachen, in denen die Friedensrichter mit Vorbehalt der Berufung entschieden, und das Gericht erster Instanz, in den nicht vor die Friedensrichter gehörigen Civilprozessen. Eine Kammer des Landgerichts, Zuchtpolizeigericht genannt, war die Berufungsinstanz für die von dem Friedensrichter in erster Instanz erledigten Strafsachen und die erste Instanz für sämtliche Vergehen. Als zweite Instanz in Vergehenssachen fungierte eine mit fünf Mitgliedern besetzte Kammer desselben Landgerichts.

Über Verbrechen erkannten in erster und letzter Instanz die durch den Code d'instruction criminelle von 1808 eingesetzten Assisengerichte. Bei allen Verbrechen war durch ein Mitglied des Landgerichts, den Instruktionsrichter, eine Voruntersuchung zu führen, und nach Schluß derselben und Beurteilung der Sachlage durch die Ratskammer des Landgerichts wurde durch den Anklagesenat des Appellationsgerichtshofs der Eröffnungsbeschluß, das Anklageurteil, ausgesprochen, welches die Sache vor die Assisen verwies.

1) G. S. 1821, S. 101.

Das Assisengericht war zusammengesetzt aus zwölf Geschworenen und drei Richtern; gegen seine Urteile fand nur das Rechtsmittel der Kassation statt.

Appellationsgerichtshöfe bestanden bei der Erwerbung der Rheinprovinz durch Preußen zu Trier und Düsseldorf, wozu der vom Generalgouvernement des Niederrheins provisorisch errichtete zu Köln kam. Durch die Kabinettsordre vom 19. 11. 1818 und die Verordnung vom 21. 6. 1819 [1]) wurden diese zu einem einzigen Appellationsgerichtshofe zu Köln zusammen gezogen, welcher aus einem Präsidenten, drei Senatspräsidenten, 26 Räten und zwei Assessoren bestand. Vor den Appellationsgerichtshof gehörten alle Berufungen von den Landgerichten, den Handelsgerichten und den Rheinzollgerichten, sowie die in Schwurgerichtssachen von ihm zu erledigenden Geschäfte.

Als oberste Instanz wurde am 21. 6. 1819 [2]) für das Geltungsgebiet des französischen Rechts ein Revisions- und Kassationshof mit einem Präsidenten und 16 Richtern zu Berlin an Stelle der bisherigen Kassationshöfe zu Koblenz und Düsseldorf errichtet, welcher wie der Pariser Kassationshof nur den Zweck hatte, die Einheit der Rechtsgrundsätze und die Bewahrung der wesentlichen Formen zu sichern.

Als Sondergerichte bestanden im Gebiete des rheinischen Rechts auf Grund der Zwischengesetzgebung und des Code de commerce von 1807 besondere Handelsgerichte, deren Präsidenten und Mitglieder aus den angesessenen Handelsleuten auf zwei Jahre ernannt wurden und erst nach Ablauf eines Jahres wieder ernannt werden konnten. Im Jahre 1815 gab es Handelsgerichte zu Trier, Koblenz, Köln, Krefeld, Aachen und Elberfeld, ihre Gerichtsbarkeit sollte sich nach einer Verordnung vom 7. 6. 1821 über den ganzen Landgerichtsbezirk erstrecken, in dem sie gelegen waren. Die Berufung von den Entscheidungen der Handelsgerichte, die nur bei Objekten von wenigstens 1000 Franken stattfand, ging an den Appellationsgerichtshof.

Als Hilfsorgane der Gerichte bestanden das öffentliche Ministerium und das Amt der Gerichtsvollzieher. Das öffentliche Ministerium war vertreten bei den Landgerichten durch einen Ober-Prokurator und einen oder mehrere Prokuratoren, bei dem Appellationsgerichtshofe durch einen Generalprokurator, mehrere Generaladvokaten und Prokuratoren. Den Generaladvokaten lag der Dienst in den öffentlichen Sitzungen des Gerichtshofs, den Prokuratoren die schriftlichen Arbeiten, der sog. Dienst im Parket, ob. Bei dem Kassationshofe gab es ebenfalls einen Generalprokurator und einen Generaladvokaten.

---

1) G. S. 1819, S. 209.
2) G. S. 1819, S. 162.

Beide Kategorien von Beamten hatten sich jedoch in Behinderungsfällen wechselseitig zu vertreten.

Die Thätigkeit des öffentlichen Ministeriums ist bekanntlich eine viel umfassendere als die der deutschen Staatsanwaltschaft. Es lag ihm nicht nur die Strafverfolgung und Strafvollstreckung, sondern auch die Mitwirkung als Partei oder als Aufsichtsbehörde in allen Civilprozessen, bei denen ein öffentliches Interesse im Spiele war, sowie die Verfolgung von Dienstvergehen der Beamten ob. Sämtliche Beamte des öffentlichen Ministeriums waren dem Generalprokurator, und dieser wieder dem Justizminister untergeordnet.

Das Amt der Gerichtsvollzieher (huissiers), deren Dienst sich nach dem kaiserlichen Dekret vom 14. 6. 1813 regelte, kann hier übergangen werden, da sich diese Einrichtung fast vollständig mit der gegenwärtigen deutschen deckt.

Sowohl das preußische wie das gemeinrechtliche und französische Rechtsgebiet waren seit 1833 dem Geh. Obertribunale zu Berlin untergeordnet, und zwar das preußische, mit Ausnahme der Provinz Posen, unbedingt, das gemeinrechtliche, französische und die Provinz Posen seit dem 14. 12. 1833 für das Rechtsmittel der Nichtigkeitsbeschwerde. Für das Gebiet des preußischen Rechts, mit Ausnahme Posens, bildete das Geh. Obertribunal, wie schon im vorigen Jahrhundert, den ordentlichen Gerichtshof dritter Instanz, sofern in den alten 1807 Preußen verbliebenen Provinzen eine Summa revisibilis von 500 Thlrn., in den neu oder wieder erworbenen eine solche von 2000 Thlrn. vorhanden war. Seit 1833 wurde er auch in gewisser Hinsicht der oberste Gerichtshof für das Gebiet des gemeinen und französischen Rechts wie der Provinz Posen, indem die Verordnung vom 14. 12. 1833 [1]) die Entscheidung in der Revisionsinstanz und über das Rechtsmittel der Nichtigkeitsbeschwerde auch in den aus jenen Landesteilen stammenden Sachen dem Geh. Obertribunale ausschließlich beilegte.

Das Obertribunal, bestehend aus einem Chefpräsidenten, zwei Vicepräsidenten und 27 Räten, zerfiel in drei Senate, deren jeder sich aus mindestens sieben Mitgliedern zusammen setzte. Um die Stetigkeit in der Judikatur des obersten Gerichtshofes zu sichern, wurde durch die Kabinettsordres vom 19. 7. 1832 und 1. 8. 1836 [2]) angeordnet, wenn ein Senat von einem von ihm selbst oder von einem anderen Senate behaupteten Rechtsgrundsatze abgehen wolle, habe er die Rechtsfrage vor das Plenum des Geh. Obertribunals zu bringen und dieses entscheiden zu lassen. Wolle das Plenum von seinem früheren Beschlusse abweichen, so habe das Obertribunal nach

1) G. S. 1833, S. 302.
2) G. S. 1832, S. 192, 1836, S. 218.

Entscheidung der vorliegenden Rechtssache dem Justizminister den Fall anzuzeigen und unter Beifügung eines Gesetzentwurfs und der Motive auf eine deklaratorische Bestimmung anzutragen.

Als Sondergerichte bestanden im ganzen Staatsgebiete fort die Militärgerichte,[1]) die Generalkommissionen,[2]) die Rhein-, Weser- und Elbzollgerichte[3]) und die Universitätsgerichte. Was letztere anbetrifft, so war die früher je nach den Stiftungsurkunden und sonstigen Privilegien mehr oder minder ausgedehnte Gerichtsbarkeit der Universitäten beseitigt durch das Reglement vom 28. 12. 1810.[4]) Nach diesem sollten Rektoren, Professoren, Privatdozenten, Syndici und Sekretäre künftig den Gerichtsstand kgl. Staatsbeamter, alle anderen Universitätsverwandten den anderer Bürger ihres Ranges haben. Die Studierenden erhielten ohne Unterschied ihrer Herkunft den Gerichtsstand der Eximierten des Universitätsortes. Nur in einigen Polizei- und Civilklagen wegen Schulden und Schadenersatz gegen Studierende blieb den akademischen Obrigkeiten unter Beiordnung eines Syndikus eine beschränkte Gerichtsbarkeit. Das Reglement vom 18. 11. 1819[5]) ordnete die Anstellung eines Universitätsrichters bei jeder Universität statt des Syndikus an und bestimmte den Umfang der akademischen Gerichtsbarkeit näher. In Civilsachen ging die Berufung bezw. der Rekurs an das Oberlandesgericht, in Strafsachen, sofern auf Consilium oder Relegation erkannt war, an den Unterrichtsminister.

Die Kontrollen.

Die administrative Kontrolle der Gerichte war durch die Verwaltungsreform von 1808 den Verwaltungsbehörden vollständig entzogen, indem auch die Kontrolle der Domänenjustizämter den Oberlandesgerichten ausschließlich übertragen wurde. Die Kontrolle der Untergerichte, der Staats- wie der Privatgerichte, erfolgte seitdem durch die Oberlandesgerichte und die ihnen gleichstehenden Landesjustizkollegien bezw. deren Präsidenten, die der Oberlandesgerichte, des Geh. Obertribunals und der anderen obersten Gerichtshöfe durch das Justizministerium.

Letzterem waren alle Gerichte untergeordnet, jedoch nicht hinsichtlich der Rechtssprechung. Eine Kabinettsordre vom 6. 9. 1815[6]) sprach den Grund-

1) S. S. 117 ff.

2) Vgl. Kap. VIII.

3) Vgl. Kap. IX.

4) G. S. 1810, S. 42 ff.

5) G. S. 1819, S. 238.

6) G. S. 1815, S. 198.

satz aus, daß die Gerichtshöfe bei allen ihren Entscheidungen durch Erkenntnisse keiner anderen Vorschrift als der der Gesetze unterworfen bleiben, dagegen verpflichtet sein sollten, in allen Gegenständen der Justizpflege, welche nicht zu Entscheidungen durch Urteil und Recht zählten, den Anordnungen des Justizministers nachzukommen. Eine Verordnung vom 21. 7. 1846[1]) entzog dagegen Beschwerden gegen Verfügungen, durch die ein Rechtsmittel zurückgewiesen wurde, sowie wegen verweigerter Einleitung eines Prozesses oder über das Verfahren der Kognition des Justizministers und überwies sie dem ordentlichen Instanzenzuge, übertrug dagegen der vorgesetzten Aufsichtsbehörde der Gerichte, also in letzter Instanz dem Justizministerium, die Entscheidung von Beschwerden, welche die Disciplin, den Geschäftsbetrieb oder Verzögerungen betrafen.

Als Kommissare der Obergerichte für die Kontrolle der Untergerichte, sowie zur Aufnahme von Handlungen der freiwilligen Gerichtsbarkeit, zur Instruktion und Entscheidung kleiner und schleuniger Prozesse waren in Schlesien und Preußen, zum Teil auch in Brandenburg und Pommern die Kreisjustizräte auf Grund der im vorigen Jahrhundert erlassenen Verordnungen thätig.[2]) Nachdem schon 1823 auch zu Erfurt eine Kreisjustizkommission errichtet worden war, wurde die Einrichtung der Kreisjustizräte neu belebt durch die Verordnung vom 30. 11. 1833,[3]) durch welche die Wiederanstellung von Kreisjustizräten als beständiger Kommissare des Oberlandesgerichts zunächst für den Frankfurter Bezirk angeordnet wurde. Diese Verordnung wurde aber später ausgedehnt auf die Bezirke der Oberlandesgerichte zu Königsberg, Marienwerder, Stettin, Köslin, Naumburg, Halberstadt, Breslau, Glogau und Ratibor.

Zur amtlichen Thätigkeit der Kreisjustizräte gehörte nach der Verordnung die Aufnahme von Handlungen der freiwilligen Gerichtsbarkeit, von Schriftsätzen in den vor die Oberlandesgerichte gehörigen Sachen, die Entscheidung von vor die Oberlandesgerichte gehörigen Bagatell-, Gesinde-, Exmissions-, Arrest-, Besitz- und Bausachen, wenn der Kläger sich an den Kreisjustizrat wandte, und endlich die Aufsicht über die Geschäftsführung der Untergerichte. Die Kreisjustizräte, welche auf Vorschlag des Oberlandesgerichts vom Könige ernannt wurden, hatten bei ihren Verhandlungen einen Protokollführer und zwei glaubwürdige, in keinem Dienstverhältnis zu ihnen stehende Männer zuzuziehen.

1) G. S. 1846, S. 291.
2) Vgl. Bd. II, S. 221.
3) G. S. 1833, S. 297.

Eine andere Kontrolle der Gerichte, die durch die Fiskale, welche zugleich als Anwälte des Fiskus in Civilprozessen und als Inquirenten in fiskalischen Untersuchungen fungiert hatten, fiel jetzt fort, indem die Kabinettsordre vom 10. 3. 1809 festsetzte, die Stellen der Fiskale sollten nicht weiter besetzt werden. So starben die Fiskale im Laufe mehrerer Jahrzehnte allmählich aus, ohne daß ihr Amt aufgehoben worden wäre.

Die Rechtskontrolle der Gerichte erfolgte in der bisherigen Weise bei fahrlässigen Handlungen oder Unterlassungen der Richter durch die Schadensersatzklage im Civilprozesse, bei vorsätzlichen, soweit eine strafgesetzwidrige Handlung vorlag, im Wege des gewöhnlichen Strafprozesses. Das Disciplinarverfahren gegen richterliche Beamte erfolgte in Gemäßheit des § 99 II, 17 A. L.-R. durch die vorgesetzten Gerichte und Landeskollegien. Das Gesetz vom 29. 3. 1844[1]) wich allerdings von diesem Grundsatz in erheblichen Punkten ab. Dieses Gesetz wurde jedoch bald nach Erlaß der oktroyierten Verfassung wieder aufgehoben.

Kap. VIII. Die Polizeihoheit.

Die Rechtsnormen.

Zwei Momente sind es, welche die Wiedergeburt Preußens herbeigeführt haben, die Verwaltungsreform Steins und die wirtschaftliche Reform Hardenbergs. Erstere hat allerdings nur in den Städten Früchte gezeitigt, indem sie die städtische Bevölkerung wieder in den Dienst ihres Gemeinwesens und des Staates stellte. Auf dem flachen Lande hätte Stein auch bei längerer Leitung der Geschäfte nicht zu dem gleichen Ziele gelangen können, da die notwendige Voraussetzung einer nicht patrimonialen Verwaltung, die Beseitigung der Gutsherrlichkeit und der daraus herfließenden Rechte, noch nicht vorhanden war. Deshalb war es eine Notwendigkeit, daß die konservative Richtung Steins durch die liberale Hardenbergs abgelöst wurde, der in dieser sozialen und wirtschaftlichen Reform seine einzige Aufgabe sah.

Hierdurch wurde das ganze Wesen der Staatsthätigkeit, insbesondere der Polizeihoheit, ein anderes. Der mittelalterliche Rechtsstaat, der seine einzige Aufgabe in dem Rechtsschutze sah, hatte diesem auch die Polizei dienstbar gemacht, die mittelalterliche Polizei ist daher lediglich Sicherheitspolizei. Als mit dem dreißigjährigen Kriege der Staat sein Wesen veränderte, das Haupt-

---

1) G. S. 1844, S. 77.

ziel in der Vergrößerung des Heeres und dementsprechend der Staatseinkünfte sah, war wiederum die Polizei dieser neuen Aufgabe des Staates dienstbar geworden. Die Polizei des 17. und 18. Jahrhunderts, welche man wohl als Finanzpolizei bezeichnen kann, befördert Handel, Industrie und Ackerbau, aber nicht um ihrer selbst willen, sondern um die Steuerfähigkeit der Unterthanen zu steigern.

Jetzt wurde dagegen ihre Beförderung Selbstzweck ohne Rücksicht auf den finanziellen Gesichtspunkt. Das Ziel der inneren Politik ist die Pflege der allgemeinen Kulturzwecke. Da die bisherige polizeiliche Thätigkeit im wesentlichen eine einengende gewesen war, indem der finanzielle Gesichtspunkt ein Festhalten an den ständischen Unterschieden notwendig machte, so ist im Gegensatz hierzu das Ziel der neuen Wohlfahrtspolizei die Entfesselung aller wirtschaftlichen Kräfte der Nation, um auf diese Weise ihre Entfaltung herbeizuführen. Auf dem Gebiete des Ackerbaus werden diese Ziele verwirklicht durch die Beseitigung der Grundherrlichkeit, durch unbeschränkte Veräußerlichkeit und Teilbarkeit alles Grundeigentums, auf dem Gebiete von Handel und Gewerbe durch Aufhebung der Schranken des Merkantilsystems, durch Handels- und Gewerbefreiheit. Bei allen diesen Reformen ist das französische und westfälische Vorbild vom maßgebendsten Einflusse gewesen.

Was den Ackerbau anbetrifft, so ist für die neue Richtung bahnbrechend geworden das Edikt den erleichterten Besitz und freien Gebrauch des Grundeigentums sowie die persönlichen Verhältnisse der Landbewohner betreffend vom 9. 10. 1807, also gleich nach Abschluß des Friedens erlassen.[1]) Dasselbe beseitigte die ständischen Schranken und stellte die volle Freiheit des Güterverkehrs her. Jeder Einwohner des Staates war künftig auch ohne besondere Erlaubnis und ohne alle Einschränkung in Beziehung auf den Staat zum eigentümlichen und Pfandbesitz unbeweglicher Grundstücke aller Art berechtigt, der Edelmann zum Besitz nicht bloß adliger, sondern auch unadliger, bürgerlicher und bäuerlicher Güter aller Art, der Bürger und Bauer zum Besitz nicht bloß bürgerlicher, bäuerlicher und anderer unadliger, sondern auch adliger Grundstücke. Ferner fielen alle Vorzüge, welche bei Gütererbschaften der adlige vor dem bürgerlichen Erben hatte, und die bisher durch den persönlichen Stand des Besitzers begründete Einschränkung und Suspension gewisser gutsherrlicher Rechte[2]) gänzlich fort. Der Edelmann

---

1) N. C. C. XII, 2, S. 251. Vgl. über die gesamte Agrargesetzgebung Lette und v. Rönne, Die Landeskulturgesetzgebung d. pr. Staates, 3 Bde., Berlin 1853/54; Dönniges, Die Landeskulturgesetzgebung Preußens, 3 Bde., 1843—47.

2) Vgl. Bd. II. S. 223, 230.

konnte ohne Nachtheil seines Standes bürgerliche Gewerbe treiben, der Bürger und Bauer aus dem Bauer- in den Bürgerstand treten und umgekehrt. Damit war die ständische Gliederung der Gesellschaft beseitigt, die Disharmonie der Stände, wie Steins politisches Testament es ausdrückt, aufgehoben, es gab zwar Handel- und Gewerbtreibende, Groß- und Kleingrundbesitzer, diese Besitzklassen waren aber nicht mehr rechtlich gesondert, so daß der Übergang von einer in die andere rechtlich unmöglich war, vielmehr waren die verschiedenen Besitzverhältnisse nur noch thatsächlicher Natur.

Außer diesen allgemeinen Bestimmungen enthielt aber das Edikt noch besondere nur den Ackerbau betreffende. Die gesetzlichen Vorkaufsrechte sollten nur noch bei Lehnsobereigentümern, Erbzinsherren, Erbverpächtern, Miteigentümern und da eintreten, wo mit anderen Besitzungen vermischte oder von ihnen umschlossene Grundstücke veräußert würden. Alle Grundstücke wurden für frei teilbar erklärt, alle Grundeigenthümer, selbst Lehns- und Fideikommißbesitzer zur Vererbpachtung, die Gutsbesitzer vorbehaltlich der Rechte der Bauern zur Zusammenschlagung der Bauergüter ermächtigt. Jede keinem Obereigentümer unterworfene Lehnsverbindung, jede Familien- und Fideikommißstiftung konnte durch einen Familienschluß aufgehoben werden.

Schließlich wurde die Neubegründung der Unterthänigkeit, sei es durch Geburt, durch Heirat, durch Übernahme einer unterthänigen Stelle oder durch Vertrag ausgeschlossen vom Datum der Verordnung an. Mit der Publikation derselben hörte das Unterthänigkeitsverhältnis der Unterthanen einschließlich ihrer Frauen und Kinder, welche ihre Bauergüter erblich, eigentümlich, erbzinsweise oder erbpächtlich besaßen, wechselseitig auf, vom Martinitage 1810 aber alle und jede Unterthänigkeit. Daran schloß sich eine Verordnung vom 28. 10. 1807,[1]) welche alle Eigenbehörigkeit, Leibeigenschaft, Erbunterthänigkeit und Gutspflicht auf den königlichen Domänen schon vom 1. 6. 1808 ab aufhob.

Mit der Aufhebung der Unterthänigkeit waren aber nur die persönlichen Verpflichtungen der Unterthanen dem Gutsherrn gegenüber, das Recht des letzteren auf Abzugsgelder, auf Gesindedienst von den Kindern der Unterthanen, auf Schutzgeld von auswärts dienenden u. s. w. beseitigt, nicht aber die auf den bäuerlichen Grundstücken zu Gunsten des Ritterguts haftenden dinglichen Lasten.

In den früheren volkswirthschaftlichen Entwicklungsperioden, wo Naturprodukte und Arbeit von geringem, bares Geld und Kapital von sehr hohem Werte waren, erschienen Hand- und Spanndienste sowie Naturalleistungen

1) N. C. C. XII, 2, Nr. 18.

der Bauergüter leichter zu tragen als Geldzahlungen oder Kapitalablösungen. Mit dem Wachsen des Volkswohlstandes, der Zunahme des Kapitals gewannen aber Naturalleistungen wie Arbeit einen stetig zunehmenden Wert, wurden diese Dienste und Leistungen für den Bauerstand immer drückender, für den Großgrundbesitz immer wertvoller. Ist nun die volkswirtschaftliche Entwicklung einer Nation zu dem Punkte gelangt, daß infolge der Masse des vorhandenen Kapitals dieses und das Geld einen geringeren Wert hat als Naturalleistungen und Dienste, so stellt sich regelmäßig die Notwendigkeit der „Ablösung", d. h. der Verwandlung dieser auf dem Kleingrundbesitze haftenden Leistungen in Geldzahlungen, sei es Kapital oder Rente, heraus. Jede solche Ablösung vollzieht sich unter dem größten Widerstande der Berechtigten, die eine weitere Steigerung des Wertes der Naturalleistungen und Dienste zu erwarten haben, bisweilen z. B. 1811 in Hinterpommern auch unter dem Widerstande der Verpflichteten, falls in gewissen, in der Entwicklung zurückgebliebenen Distrikten der Wert der Arbeit und der Naturalleistungen noch nicht den des Geldes übersteigt. In Preußen war die Steigerung der Lasten des Bauernstandes durch den Krieg und das Bestreben, dieselben zu erleichtern, ein gewaltiger Impuls zur Inangriffnahme der Ablösung, für die in dem größten Teile des Staates die notwendigen volkswirtschaftlichen Voraussetzungen vorhanden waren.

Von maßgebendem Einfluß war hier wie bei der ganzen Hardenbergischen Gesetzgebung das Vorbild Frankreichs,[1]) wo nach Aufhebung der Unterthänigkeit und der daraus hervorgehenden persönlichen Verpflichtungen den Bauern freies Eigentum an den von ihnen besessenen Gütern verliehen war, soweit sie dieselben nicht in Zeitpacht oder zur Nutzung auf Lebenszeit oder auf höchstens 99 Jahre inne hatten. Dagegen waren alle nicht feudalen dinglichen Lasten zwar aufrecht erhalten, aber für ablösbar auf Antrag des Verpflichteten erklärt gegen Zahlung eines Kapitals im zwanzig- und in einigen Fällen im fünfundzwanzigfachen Betrage der Jahresrente. Neu begründet konnten nur werden Servituten und ablösbare Geldrenten.

Einen etwas anderen Weg, der aber zu demselben Ziele führte, schlug die preußische Gesetzgebung ein. Zunächst erging für die Domänen der Provinz Preußen am 27. 7. 1808[2]) und in Übereinstimmung damit für das ganze Staatsgebiet am 14. 9. 1811[3]) eine Verordnung betreffend die Regulierung der gutsherrlich bäuerlichen Verhältnisse. Dieselbe verlieh das

1) Vgl. Doniol, La révolution française et la féodalité. Paris 1876.

2) Rabe, Ges. Samml. Bd. 9, S. 235.

3) G. S. 1811, S. 281.

volle und reine Eigentum der erblichen wie der nicht erblichen Höfe an die bäuerlichen Besitzer unter Wegfall der bäuerlichen Leistungen und der gutsherrlichen Gegenleistungen gegen Entschädigung des Gutsherrn durch Rente oder Land. Die Entschädigung sollte bei erblichen Bauergutsbesitzern ein Drittel, bei nicht erblichen die Hälfte des Hofguts betragen, erstere aber, wenn sie durch diese Entschädigung mehr belastet wurden als durch die bisherigen Dienste auf spezielle Ausmittelung einer entsprechenden Entschädigung provocieren können. Die Verpflichteten wurden also auch durch die Art und Weise der Ablösung begünstigt, indem eine größere Belastung, als ein Drittel bezw. die Hälfte des Gutes wert war, nicht berücksichtigt wurde.

Die Verordnung vom 14. 9. 1811 gelangte aber nur zur Durchführung in den nach dem Tilsiter Frieden bei Preußen verbliebenen Provinzen. Was die 1815 neu oder wieder erworbenen Gebiete anbetrifft, so war in denjenigen, die bisher zu Frankreich, Westfalen oder Berg gehört hatten, eine Regulierung der gutsherrlich-bäuerlichen Verhältnisse bereits unter der Fremdherrschaft erfolgt. Auf dem linken Rheinufer und in denjenigen rechtsrheinischen Gebieten, die zum französischen Kaiserreiche gehört hatten, galt in dieser Beziehung die französische Gesetzgebung. In Westfalen waren durch das Dekret vom 23. 1. 1808[1]) aufgehoben die Personalfrohnen, die einer Person bloß deshalb oblagen, weil sie Vasall war oder einen gewissen Ort bewohnte; diejenigen dinglichen Dienste, welche unbestimmt waren und von der Willkür des Berechtigten abhingen; das Gesindezwangsrecht; die Verpflichtung, vom Gutsherrn den Heiratskonsens einzuholen oder Gebühren dafür zu zahlen; das Recht des Herrn, über die Erziehung und Bestimmung der Bauerkinder zu verfügen und von den Bauern den Eid der Treue zu fordern; der Dienstzwang, d. h. die Befugnis, die Bauern zur Erfüllung ihrer Verbindlichkeiten gegen ihn außergerichtlich zu nötigen; Mortuarium und ähnliche Leistungen. Dagegen wurden alle fest bestimmten dinglichen Rechte des Gutsherrn, also sein Obereigentum über die Bauergüter und die daraus hervorgehenden Befugnisse, ausdrücklich aufrecht erhalten. Im Großherzogtum Berg waren zufolge Verordnung vom 12. 12. 1808[2]) aufgehoben die Leibeigenschaft und das Kolonat und die unter letzterer Bezeichnung bestehende Theilung der Erträge zwischen Gutsherren und Kolonen. Die Kolonen erhielten freies Eigentum. Die aus der Leibeigenschaft herfließenden

---

1) Gesetzbülletin des Kgr. Westfalen. Bulletin des lois du royaume de Westphalie. 1808, Teil I, S. 225.

2) Scotti, Bergische Ges. Samml. III, S. 1176, Nr. 3042.

persönlichen Rechte und Pflichten wurden ohne Entschädigung aufgehoben, die dinglichen für ablösbar erklärt.

Ferner war in Berg nach dem Vorbilde Frankreichs am 11. 1. 1809 das Obereigentum des Lehnsherrn mit allen Rechten und Pflichten und die Lehnserbfolge aufgehoben worden.[1]) Dasselbe war in Westfalen geschehen zufolge Dekrets vom 28. 3. 1809.[2]) Ausgenommen wurden hier die Lehen, die dem Heimfalle nahe waren oder auf vier Augen standen. Die bisherigen Lehnsträger hatten eine jährliche Abgabe von ein Prozent des Wertes des Lehngutes, amortisierbar zum zwanzigfachen Betrage an den bisherigen Lehnsherrn zu entrichten. Diejenigen Lehen, welche der König Jérôme verliehen, wurden Majorate mit Vorbehalt des Heimfallrechts an die Krone, außerdem war die Verwandlung der Lehen in Fideikommisse mit königlicher Genehmigung zulässig. Diese Vorschriften bezogen sich auch auf die ehemaligen Reichslehen.

Im Königreich Sachsen war die Erbunterthänigkeit nicht aufgehoben worden. Dies geschah für die an Preußen gefallenen ehemals sächsischen Gebiete erst durch eine Verordnung vom 18. 1. 1819,[3]) welche alle Erbunterthänigkeit aufhob und ihre Wiederbegründung für unzulässig erklärte. Es fiel damit fort das Recht des Gutsherrn für die Freilassung und Loslassung der Unterthanen Abzugsgelder, von ihren Kindern Gesindedienst oder Geldentschädigung dafür, Schutzgeld von den auswärts dienenden oder observanzmäßige Dienste zu fordern, sowie die Unterthanen zur Annahme einer bäuerlichen Stelle zu zwingen.

Nachdem die persönliche Befreiung des Bauernstandes erfolgt war, wurde die Verordnung vom 14. 9. 1811 auch in den ehemals sächsischen Gebieten eingeführt, ebenso im Landgebiete der Stadt Danzig. Das Recht, auf eine höhere Entschädigung als die normale anzutragen, wurde aber durch eine Deklaration vom 29. 5. 1816 nicht nur den erblichen Bauergutsbesitzern, sondern auch den Gutsherren eingeräumt. Als man nun die Regulierung auch für die ehemals herzoglich warschauischen Gebiete durch das Gesetz vom 8. 4. 1823 durchführte, ließ man die Normalentschädigung ganz fallen und ordnete in jedem einzelnen Falle die Ausmittelung des Wertes der bisherigen gutsherrlichen Rechte an. Die Deklaration vom 29. 5. 1816 beschränkte ferner, dem wiedererwachenden Einflusse des Großgrundbesitzes nachgebend, die Regulierungsfähigkeit auf die Stellen, die ihren Besitzer als

---

1) A. a. O. III, S. 1182, Nr. 3048.
2) Ges. Büll. d. Kgr. Westf. v. 1809, Teil I, S. 675.
3) G. S. 1819, S. 21.

selbständigen Zugvieh haltenden Ackerwirt ernährten und in gewissen Normaljahren schon mit bäuerlichen Wirten besetzt waren. Für die nicht hierunter fallenden Güter blieb es, soweit sie nicht schon reguliert waren, bei dem bestehenden Rechte.

Außer der Regulierung der gutsherrlich-bäuerlichen Verhältnisse wandte sich die Agrargesetzgebung der Ablösung der Reallasten und der Beseitigung der Gemeinheiten zu. Über die Ablösung der Reallasten, die aus denselben Gründen zur Notwendigkeit geworden war wie die Ablösung der Leistungen an den Gutsherrn, erging für die Gebietsteile, die nicht unter der Fremdherrschaft gestanden hatten, die Ordnung vom 7. 6. 1821.[1]) Dieselbe gestattete die Ablösung der Dienste, Natural- und Geldleistungen, insbesondere der Laudemien und Zehnten, die auf eigentümlich, zu Erbzins- oder Erbpachtrecht besessenen Grundstücken hafteten, sofern diese Grundstücke den Umfang einer selbständigen Ackernahrung hatten. Ausgenommen blieben nur Dienste, welche die Natur der öffentlichen Lasten hatten und aus dem Gemeinde- oder Kirchenverhältnis entsprangen. Durch die Gesetze vom 18. 7. und 31. 10. 1845 wurde für die Provinzen Sachsen und Schlesien die Ablösbarkeit auch auf kleinere Grundstücke ausgedehnt.

Für die ehemals westfälischen, bergischen und französischen Gebiete wurde eine besondere Ordnung am 13. 7. 1829[2]) erlassen, durch welche von der Ablösbarkeit ausgenommen wurden die öffentlichen Lasten einschließlich der Gemeindeabgaben und Gemeindedienste, die aus dem Kirchen- und Schulverbande entspringenden Abgaben und Leistungen, alle sonstigen Korporations- und Sozietätslasten, z. B. die Deichlasten.

Über die Gemeinheitsteilungen und Servitutablösungen erging für die landrechtlichen Gebietsteile die Gemeinheitteilungsordnung vom 7. 6. 1821.[3]) Die Aufhebung der Gemeinheiten, welche die bei dichterer Bevölkerung notwendige intensive Bodenkultur hinderten, sollte stattfinden bei Weideberechtigungen auf Äckern, Wiesen, Angern, Forsten und sonstigen Weideplätzen, bei Forstberechtigungen zur Mast, zum Mitgenuß des Holzes und zum Streuholen, zum Plaggen, Heide- und Bültenhieb, sei es, daß diese Rechte auf einem gemeinschaftlichen Eigentume, sei es, daß sie auf wechselseitigen Gerechtsamen beruhten. Das Provokationsrecht stand jedem Teilnehmer zu, die Entschädigung erfolgte in Land, subsidiär in Rente. Durch das Gesetz vom 28. 7. 1838[4]) wurde die Teilung nur dann für zulässig erklärt, wenn die

1) G. S. 1821, S. 77.
2) G. S. 1829, S. 65.
3) G. S. 1821, S. 53.
4) G. S. 1838, S. 429.

Besitzer des vierten Teils der Ackerländereien, welche durch den Umtausch betroffen wurden, mit der Separation einverstanden waren, sofern die Gemeinheitsteilung nicht anders als mit Umtausch der zur Ortsfeldmark gehörigen Ackerländereien ausgeführt werden konnte.

In Neuvorpommern wurde eine Regulierung der gutsherrlich-bäuerlichen Verhältnisse nicht vorgenommen, da hier ähnlich wie in dem benachbarten Mecklenburg unter dem Einflusse der Aristokratie die selbständigen Bauergüter durch die schwedische Gesetzgebung zerstört und zu den Rittergütern eingezogen waren, so daß nur noch einzelne Laß- oder Pachtgüter bestanden.[1])

In enger Verbindung mit der Agrargesetzgebung, welche den auf dem flachen Lande bisher herrschenden Dienstzwang der Unterthanen aufhob, steht die neue Gesindeordnung vom 8. 11. 1810.[2]) Dieselbe knüpfte zwar das Gesindeverhältnis an eine freie Vereinbarung, unterwarf aber das Gesinde in gewissen Beziehungen der Gewalt des Hausherren und räumte der Polizeibehörde die Beaufsichtigung des Gesindewesens ein. Die Gesindeordnung vom 8. 11. 1810 wurde später auch auf die neu- und wiedererworbenen Landesteile ausgedehnt, soweit in ihnen das preußische Landrecht eingeführt war, mit Ausnahme der rheinischen Kreise Essen, Rees und Duisburg. Besondere Gesindeordnungen ergingen für die Rheinprovinz am 19. 8. 1844[3]) und für Neuvorpommern am 11. 4. 1845.[4])

Zur Beförderung des Kredits der Großgrundbesitzer blieben die im 18. Jahrhundert für Schlesien, die Kur- und Neumark, Pommern, Ost- und Westpreußen errichteten Kreditsysteme bestehen. Posen erhielt ein solches 1821,[5]) dagegen gelangten sie in den anderen Provinzen nicht zur Einführung.

Auf dem Gebiete der Gewerbepolizei hatte man hauptsächlich die Durchführung der Gewerbefreiheit, die Beseitigung der bei dem Gewerbebetriebe hinderlichen Zwangsrechte und Monopole im Auge. Diese Rechte, ursprünglich ein Schutz der Arbeit gegen die bei einer niederen volkswirtschaftlichen Entwicklung und einem Mangel an Kapital um so furchtbarere Macht desselben, waren mit der Ansammlung des Kapitals durch diese Arbeit gerade zu einem Schutz des Kapitals gegen die Konkurrenz der Arbeit, ein Hinderungsmittel

1) Vgl. Gäde, Die gutsherrlich-bäuerlichen Rechtsverhältnisse in Neuvorpommern und Rügen, Berlin 1853; F. M. Arndt, Geschichte der bäuerlichen und herrschaftlichen Verhältnisse in dem vorm. schwed. Pommern u. Rügen v. 1806 bis 1816, Berlin 1817.

2) G. S. 1810, S. 102.

3) G. S. 1844, S. 356.

4) G. S. 1845, S. 391.

5) Landschaftliche Kreditordnung v. 15. 12. 1821, G. S. 1821, S. 217.

für die Bildung neuer Kapitalien durch Arbeit geworden und hatten dadurch ihre Bestimmung verkehrt. Deshalb mußten alle diese Rechte, die im Laufe der Zeit zu Hemmnissen der volkswirtschaftlichen Entwicklung geworden waren, fallen. Eine Umgestaltung, insbesondere der Innungen zu neuen Vereinigungen der Arbeit zum Schutz gegen das Kapital erschien nicht möglich, obgleich schon damals Stein und Vincke klagten, man hätte die Innungen, statt sie aufzulösen, vielmehr in einem freien Sinne umgestalten sollen. Das bisherige Innungswesen mußte daher vollständig fallen, ehe ein neues entstehen konnte. Die völlige Gewerbefreiheit war damals der einzige Weg, die Arbeit dem Kapital gegenüber wieder in ihr Recht einzusetzen.

Bereits die Verordnung vom 4. 5. 1806 [1]) hatte in Preußen und Lithauen die Gilden, Zünfte und Innungen der Garnzüchner, Leineweber und Baumwollenweber aufgehoben und diese Gewerbe für freie erklärt. Demnächst beseitigte die Verordnung vom 24. 10. 1808 [2]) den Zunftzwang und das Verkaufsmonopol der Bäcker-, Schlächter- und Hökergewerbe in den Städten Ost- und Westpreußens, also dem damals von den Franzosen nicht besetzten Gebiete. Dasselbe war durch das Edikt vom 29. 3. 1808 [3]) hinsichtlich des Müllergewerbes geschehen. Die Geschäftsinstruktion der Regierungen vom 26. 12. 1808, § 34 sprach dann den Grundsatz aus, daß niemand im Genusse seines Eigentums, seiner bürgerlichen Gerechtsame und seiner Freiheit weiter eingeschränkt werden dürfe, als zur Beförderung des allgemeinen Staatswohles notwendig sei, und daß Gesetzgebung und Verwaltung nur dazu berufen seien, alle Hindernisse der möglichst freien Entwicklung der Anlagen, Fähigkeiten und Kräfte der Staatsbürger aus dem Wege zu räumen.

Die weitere Ausführung giebt § 50 der Instruktion, wo es heißt: „Die Wirksamkeit der Regierungen bei Ausübung der Polizeigewalt muß nicht bloß auf die Abwendung von Gefahren und Nachteilen und Erhaltung dessen, was schon da ist, sondern auch auf die Mehrung und Beförderung der allgemeinen Wohlfahrt sich erstrecken. Dieses kann nur durch eine feste Ausübung des in § 34 enthaltenen Grundsatzes und durch die möglichste Gewerbefreiheit, sowohl in Absicht der Erzeugung und Verfeinerung, als des Vertriebs und Absatzes der Produkte geschehen. Es ist dem Staate und seinen einzelnen Gliedern immer am zuträglichsten, die Gewerbe jedesmal ihrem natürlichen Gange zu überlassen, d. h. keine derselben vorzugsweise durch besondere Unterstützungen zu begünstigen und zu heben, aber auch keine

---

1) N. C. C. XII, S. 127.
2) N. C· C. XII, 2, Nr. 53.
3) N. C. C. XII, S. 813.

in ihrem Entstehen, ihrem Betriebe und Ausbreiten zu beschränken, insofern das Rechtsprinzip dabei nicht verletzt wird, oder sie nicht gegen Religion, gute Sitten und Staatsverfassung anstoßen. Es ist unstaatswirtschaftlich, den Gewerben eine andere als die oben bemerkte Grenze anweisen und verlangen zu wollen, daß dieselben von einem gewissen Standpunkt ab in eine andere Hand übergehen oder nur von gewissen Klassen betrieben werden."

Die praktische Ausführung dieser Theorie, die den veränderten volkswirtschaftlichen Verhältnissen entsprechend „unstaatswirtschaftlich" fand, was noch im 18. Jahrhundert als das Produkt höchster staatsmännischer Weisheit gegolten, blieb der Hardenbergschen Wirtschaftsreform vorbehalten. Von maßgebendem Einflusse war hier wie bei der gesamten Hardenbergschen Gesetzgebung das Vorbild Frankreichs und verschiedener Rheinbundstaaten, wo man den Gewerbetrieb unter unbedeutenden polizeilichen Beschränkungen an keine andere Bedingung, als an die vorherige Lösung eines Gewerbesteuerscheines geknüpft hatte.

In dem Sinne der Regierungsinstruktion von 1808 wurde die allgemeine Durchführung der Gewerbefreiheit in dem Finanzedikt vom 27. 10. 1810[1]) angekündigt und erfolgte bereits durch das Gewerbesteueredikt vom 2. 11. 1810.[2]) Der bisherige Unterschied von Stadt und Land in Beziehung auf den Gewerbetrieb wurde beseitigt, alle bis dahin den Zünften und Innungen oder einzelnen Privatpersonen zugestandenen oder mit dem Besitz von Grundstücken verbundenen Vorrechte gegen Entschädigung aufgehoben. Die am 2. 11. 1810 bestehenden ausschließlichen Gewerbeberechtigungen einzelner Personen oder Korporationen, die zwar nicht auf einem Grundstück hafteten und mit demselben in untrennbarer Verbindung standen, aber doch im Hypothekenbuche eingetragen waren, sollten von den Regierungen gegen billige Entschädigung unter Ausschluß des Rechtsweges über dieselbe aufgehoben werden. Diese Bestimmungen kamen jedoch hinsichtlich des Abdeckereiwesens[3]) nie, hinsichtlich des Apothekergewerbes nur in beschränktem Maße zur Durchführung. Zum Gewerbebetriebe sollte künftig in der Regel nur die Lösung eines Gewerbescheins bei der Steuerbehörde gegen Entrichtung der damals neu eingeführten Gewerbesteuer erforderlich und ausreichend sein, und dieser niemandem versagt werden dürfen, der bis dahin einen rechtlichen Lebenswandel geführt habe. Daneben blieb als Erfordernis ein besonderer Befähi-

1) G. S. 1810, S. 24.

2) A. a. O. S. 79.

3) Vgl. inbetreff desselben C. Bornhak, Über Abdeckereiberechtigungen in der „Selbstverwaltung" Jahrg. 1885, S. 177 ff.

gungsnachweis bestehen für 34 namentlich benannte Gewerbe, bei deren ungeschicktem Betriebe gemeine Gefahr obwaltete, oder die eine öffentliche Beglaubigung oder Unbescholtenheit erforderten. Hierher gehörten namentlich die Gewerbe der Bauhandwerker, Tierärzte, Viehkastrierer, Gast- und Schankwirte u. s. w. Den Ärzten wurde untersagt, Arzneien zu dispensieren, den Apothekern, die Arzneikunst auszuüben, und den Mäklern, Handel zu treiben.

Das Edikt vom 7. 9. 1811[1]) betreffend die polizeilichen Verhältnisse der Gewerbe unterwarf die Gewerbefreiheit einigen unbedeutenden Beschränkungen aus polizeilichen Gründen. So wurde z. B. die durch das Edikt vom 2. 11. 1811 aufgehobene Einrichtung, daß die Schornsteinfeger in den ihnen angewiesenen Distrikten ihr Gewerbe ausschließlich ausüben und deren Bewohner nötigen konnten, sich ihrer in gewissen Zeitabschnitten zu bedienen, wieder eingeführt. Personen, welche ihr Gewerbe im Umherziehen betrieben, sollte der Gewerbeschein nur gegen Vorzeigung einer Genehmigung der Regierung erteilt werden. Welchen Personen die Genehmigung versagt werden sollte, wurde im einzelnen näher bestimmt, Ausländer sollten z. B. zum Gewerbebetriebe im Umherziehen in der Regel nicht befugt sein. Jeder, der einen Gewerbeschein löste, konnte Lehrlinge und Gesellen halten, jeder Zünftler aus seiner Innung austreten, jede Zunft durch Mehrheitsbeschluß oder durch die Landespolizeibehörde aufgelöst werden. Die Innungen wurden zwar nicht wie in Frankreich und einigen Rheinbundstaaten gesetzlich aufgehoben, sanken aber zu völliger Bedeutungslosigkeit herab.

Diese Gewerbegesetzgebung wurde in den 1815 neu und wieder erworbenen Landesteilen nicht eingeführt, es galt jedoch in dem größten Teile derselben ein Gewerberecht, welches auf denselben Grundsätzen beruhte wie das preußische. In den Gebieten, die zu Frankreich gehört hatten, waren auf Grund der Dekrete vom 15. und 28. 3. 1790 und 2. — 17. 3. 1791[2]) die ausschließlichen Gewerbeberechtigungen, die Zwangs- und Bannrechte, sowie die Zünfte aufgehoben, und eine allgemeine Gewerbefreiheit unter gewissen polizeilichen Beschränkungen gegen Lösung eines Gewerbesteuerpatentes eingeführt worden. Diese französische Gesetzgebung war recipiert worden in dem ehemaligen Kgr. Westfalen durch das Dekret vom 5. 8. 1808,[3]) im Großherzogtum Berg durch das Dekret vom 31. 3. 1809[4]) und in dem damals zum Großherzogtum Hessen gehörigen Herzogtum Westfalen und den

1) G. S. 1811, S. 263.

2) Bormann und Daniels, Handbuch u. s. w. Bd. I, S. 510.

3) Ges. Büll. d. Kgr. Westfalen v. 1808, Teil II, S. 275.

4) Scotti, Bergische Gesetzsamml. III, S. 1186, Nr. 3059.

Grafschaften Sayn und Wittgenstein zufolge Gesetzes vom 1. 4. 1811.[1]) In den westlichen Provinzen mit Ausnahme des rechtsrheinischen Teils des Regierungsbezirks Koblenz galt also überall das französische Gewerberecht mit seinen davon nur in nebensächlichen Punkten abweichenden Nachbildungen der Rheinbundstaaten, ebenso in dem Teile der Provinz Sachsen, der zum Königreich Westfalen gehört hatte.

In den Städten der Provinz Posen wurde die Aufhebung der ausschließlichen Gewerbeberechtigungen gegen Entschädigung, die durch die Gewerbtreibenden des betreffenden Stadtbezirks aufzubringen war, durch ein Gesetz vom 13. 5. 1833[2]) angeordnet. In den übrigen Landesteilen bestand dagegen die bisherige Gewerbeverfassung, insbesondere das Zunftwesen, fort.

Die Knüpfung des Gewerbebetriebs an die Bedingung der vorherigen Lösung eines Gewerbesteuerscheines, wie es das preußische und französisch-rheinbündische Gewerberecht verlangte, wurde unmöglich, als durch das Gewerbesteuergesetz vom 30. 5. 1820[3]) nur noch gewisse Gewerbe für steuerpflichtig erklärt wurden. Dieses für den ganzen Staat erlassene Gesetz verlangte daher, daß jeder Gewerbtreibende, ob steuerpflichtig oder nicht, von dem Beginne des Gewerbes der Ortspolizeibehörde Anzeige mache. Einen Gewerbeschein erhielten künftig nur diejenigen, welche ihr Gewerbe im Umherziehen betrieben und zwar auf die Dauer eines Jahres. Daneben blieben aber die in einzelnen Gebieten bestehenden Beschränkungen des freien Gewerbebetriebs bestehen.

Die Beseitigung der alten Zunftverfassung, welche namentlich in den ehemals sächsischen Gebieten noch fortbestand und gleichzeitig die Herstellung einer einheitlichen Gewerbegesetzgebung für den ganzen Staat erfolgte erst durch die allgemeine Gewerbeordnung vom 17. 1. 1845.[4]) Dieselbe steht im allgemeinen auf dem Standpunkte der Gewerbefreiheit. Zum selbständigen Gewerbebetrieb wurde in der Regel nur erfordert Dispositionsfähigkeit und fester Wohnsitz, ausnahmsweise der Nachweis der Geschicklichkeit für einzelne Gewerbe, bei denen zur Sicherheit des Publikums entweder die technische Befähigung oder die sittliche Zuverlässigkeit dargethan werden mußte. Für mehrere Gewerbe, deren Betrieb mit Gefahren oder Nachteilen für andere Personen verknüpft sein konnte, blieben besondere Beschränkungen polizeilicher Natur beibehalten. Die Innungen wurden geduldet als freie Vereinigungen von Gewerbtreibenden.

1) Scotti, Kurkölnische Gesetzsammlung II, 2, S. 589, Nr. 432.
2) G. S. 1833, S. 52.
3) G. S. 1820, S. 147.
4) G. S. 1845, S. 41.

Die Durchführung des Prinzips der ungehinderten freien Bewegung erfolgte auf dem Gebiete des Handels hauptsächlich durch die neue Steuergesetzgebung und die Bildung des Zollvereins, wodurch die Schranken des Merkantilsystems fielen.[1]) Die einzelnen Einrichtungen zur Beförderung des Handels sind im Vergleiche hierzu nur untergeordneter Natur. Vor allem gehören hierher die Maßregeln zur Erleichterung der Kommunikation.

In den landrechtlichen Gebietsteilen blieben die im 18. Jahrhundert erlassenen provinziellen Wegeordnungen, neben denen subsidiär das Allgemeine Landrecht galt, in Kraft. Im Gebiete des rheinischen Rechts hatte sich der Code civil art. 538, 649, 651 auf die Bestimmungen beschränkt, daß 1. alle auf Kosten des Staates zu unterhaltenden Wege und Landstraßen für Staatseigentum zu achten seien, 2. zu den zum gemeinen Besten und zum Vorteile einer Gemeinschaft festgesetzten gesetzlichen Servituten auch die gehörten, welche den Straßenbau und die Straßenbesserung zum Gegenstande hätten, und daß alles, was sich auf diese Gattung von Dienstbarkeiten bezöge, in eigenen Gesetzen und Verordnungen bestimmt sei. Es waren also auch unter der Herrschaft des französischen Rechts die provinziellen Wegeordnungen erhalten. Für die Benutzung der Kunststraßen erging am 28. 4. 1828 ein einheitlicher Chausseegeldtarif für das ganze Staatsgebiet,[2]) der hinsichtlich der Staatschausseen durch den Tarif vom 29. 2. 1840[3]) ersetzt wurde.

Der Bau von Eisenbahnen wurde vollständig der Privatindustrie überlassen, da der Eisenbahnbau nur mittels Aufnahme von Anleihen möglich war, die hierzu gesetzlich erforderliche Mitwirkung der Reichsstände jedoch, so lange diese noch nicht ins Leben gerufen waren, nicht beschafft werden konnte. Das Eisenbahngesetz vom 3. 11. 1838[4]) sicherte aber dem Staate eine weitgehende Oberaufsicht über die Eisenbahnen zu. Der Staat hatte namentlich jedes Unternehmen zu konzessionieren und ihm das Enteignungsrecht zu erteilen. Das Statut der Gesellschaft bedurfte der königlichen Genehmigung, durch welche die Gesellschaft Korporationsrechte erhielt. Die Bahnlinie, die Konstruktion der Bahn wie der Wagen war vom Ministerium zu genehmigen. Die Gesellschaft übernahm alle Entschädigungsansprüche wegen der Bahnanlage, verpflichtete sich, die Bahn in einer bestimmten Frist zu vollenden und in gutem Stande zu erhalten und sicherte dem Staate das Recht zu, die Bahn dreißig Jahre nach der Erbauung gegen vollständige Entschädigung an-

1) Vgl. Kap. IX.
2) G. S. 1828, S. 65.
3) G. S. 1840, S. 94.
4) G. S. 1838, S. 505.

zukaufen. Die Gesellschaft hatte ferner ihren Betrieb in Übereinstimmung mit den Bedürfnissen der Postverwaltung einzurichten, die der Post anvertrauten Briefe, Gelder und dem Postzwange unterworfenen Güter wie die dazu nötigen Postwagen unentgeltlich zu befördern.

Die preußische Bank erhielt zunächst durch die Verordnung vom 3. 11. 1817[1]) insofern eine andere Verfassung, als sie zu einem für sich bestehenden, von der Verwaltung des Staatsministeriums unabhängigen Institute erklärt wurde. Die Leitung der Bank wurde dem Chef derselben, der zugleich königlicher Kommissar war, uneingeschränkt unter persönlicher Verantwortlichkeit übertragen. Der Staat führte die Oberaufsicht durch das Bankkuratorium, welches aus dem Präsidenten des Staatsrats, dem Justizminister und dem Direktor der Generalkontrolle bestand.

Ihre neue Verfassung, die sie bis zu ihrem Ende behalten, und die auch die Grundlage für die Verfassung der Reichsbank geworden ist, erhielt die preußische Bank durch die Bankordnung vom 5. 10. 1846,[2]) welche an die Stelle des Bankreglements vom 29. 10. 1766 und der Verordnung vom 3. 11. 1817 trat. Die Bestimmung der Bank blieb, den Geldumlauf des Landes zu befördern, Kapitalien nutzbar zu machen, Handel und Gewerbe zu unterstützen und einer übermäßigen Steigerung des Zinssatzes vorzubeugen. Das Betriebskapital der Bank sollte bestehen 1. aus den von Privatpersonen und vom Staate eingeschossenen Kapitalien, 2. aus dem Reservefond, 3. aus der Bank unter staatlicher Garantie überwiesenen Depositen der Vormundschafts- und Gerichtsbehörden, der Kirchen, Schulen, milden Stiftungen und anderen öffentlichen Anstalten. Die Bank war zur Ausgabe von Banknoten berechtigt, die dem Inhaber bei der Hauptkasse zu Berlin jederzeit, bei den Provinzialkomptoiren, soweit es die Barbestände zuließen, eingelöst wurden.

Die Bank bildete ein vom Staate und dessen Finanzverwaltung unabhängiges Institut mit Korporationsrechten. An der Spitze stand ein vom Staate besoldeter Chef und kgl. Kommissarius, unter ihm das Hauptbankdirektorium, welches aus dem Präsidenten und fünf Mitgliedern, darunter der Justitiar, zusammengesetzt war. Die Bankanteilseigner wurden vertreten durch die 200 Meistbeteiligten. Ihre Versammlung wählte einen Ausschuß von 15 Mitgliedern, der die Interessen der Bankanteilseigner der Verwaltung gegenüber zu wahren und dieselbe durch drei aus seiner Mitte gewählte Deputierte beständig zu kontrollieren hatte.

Die Provinzialkomptoire der Bank, nämlich das Bankdirektorium zu

1) G. S. 1817, S. 295.
2) G. S. 1846, S. 435.

Breslau, die Bankkomptoire zu Königsberg, Stettin, Magdeburg, Münster, Danzig, Köln und Posen und die in allen größeren Städten bestehenden Bankkommanditen waren keine selbständigen Institute, sondern unter dem Hauptbankdirektorium stehende Zweiggeschäfte.

Die staatliche Aufsicht wurde ausgeübt durch das Bankkuratorium, welches aus dem Präsidenten des Staatsrats, den Ministern der Justiz, der Finanzen, für Handel und Gewerbe und einem fünften vom Könige ernannten Mitgliede bestand.

Hinsichtlich der Armenpflege waren die Bestimmungen des Allgemeinen Landrechts unzureichend geworden, da dieselben einerseits nicht auf dem Grundsatze der Freizügigkeit beruhten, andererseits eine einheitliche Regelung des Armenwesens für das ganze Staatsgebiet wünschenswert schien. Es erging daher am 31. 12. 1842 ein Gesetz über die Verpflichtung zur Armenpflege.[1])

Dasselbe gab den vom A. L.-R. noch theoretisch festgehaltenen Grundsatz von der Verpflichtung des Staates zur Armenpflege auf und überwies dieselbe den Gemeinden und subsidiär den Provinzen. Diese Verpflichtung hatte, wenn keine andere nach privatrechtlichen Grundsätzen zur Alimentation verbundene und dazu vermögende Person vorhanden war, die Gemeinde, in der der Bedürftige 1. als Mitglied ausdrücklich aufgenommen oder, 2. wenn eine solche Gemeinde nicht vorhanden, die, in welcher er seinen Wohnsitz erworben oder, 3. wenn auch dies nicht der Fall, die, in welcher er nach erlangter Großjährigkeit sich drei Jahre lang aufgehalten. Nach dem Jahrhunderte lang bestehenden Herkommen, welches auch jetzt aufrecht erhalten wurde, lag in den patrimonialen Gebieten die Sorge für die in dem Gutsbezirke und dem dazu gehörenden Dorfe vorhandenen Armen nicht der Landgemeinde, sondern der Gutsherrschaft ob. Der nach diesen Bestimmungen erworbene Unterstützungswohnsitz ging verloren durch dreijährige Abwesenheit aus der verpflichteten Gemeinde nach erlangter Großjährigkeit. Diejenigen Armen, die keinen Unterstützungswohnsitz hatten, oder die die Gemeinde zu verpflegen unfähig war, fielen dem Landarmenverbande ihres Aufenthaltsortes zur Last. Abgesehen von dieser Neuregelung der Verpflichtung zur Armenpflege blieben die Bestimmungen des A L.-R. erhalten.

Die auf Grund des A. L.-R. in der vorigen Periode errichteten Landarmenverbände blieben als solche bestehen. Im Jahre 1811 wurde in der Kurmark die Verwaltung des Landarmenwesens den Ständen, welche dasselbe in hohem Grade hatten verwahrlosen lassen, entzogen und den kgl. Behörden

1) G. S. 1843, S. 8.

übertragen. Erst zufolge einer Kabinettsordre vom 8. 3. 1828 ging die Landarmenverwaltung gemäß den Wünschen der Stände wieder auf diese über. Der Verband umfaßte den Regierungsbezirk Potsdam mit Ausnahme der Städte Berlin und Potsdam und der einen besonderen Verband bildenden Uckermark. Die ständische Landarmendirektion bestand aus den vom Kommunallandtage der Kurmark gewählten Mitgliedern unter Kontrolle eines kgl. Kommissars. Die nach dem Landarmenreglement von 1791 der Versammlung zum neuen Biergelde beigelegten Befugnisse gingen auf den Kommunallandtag über, der insbesondere die Rechnungen zu revidieren hatte. Der besondere uckermärkische Verband wurde am 1. 1. 1841 mit dem kurmärkischen vereinigt.

Das neumärkische Landarmenwesen wurde ebenfalls 1811 unter staatliche Verwaltung gestellt. Die Wiederherstellung der ständischen Verwaltung erfolgte auch hier durch die Kabinettsordre vom 8. 3. 1828. Die Direktion bestand aus sechs vom Kommunallandtage gewählten Mitgliedern unter Vorsitz und Aufsicht eines kgl. Kommissars. Die Befugnisse des Kommunallandtags waren dieselben wie in der Kurmark.

Die Niederlausitz bildete nach dem am 8. 6. 1846 landesherrlich genehmigten Regulativ vom 17. 5. 1846 einen besonderen Armenverband mit dem 1833 gegründeten Strafhause zu Luckau unter Verwaltung einer vom Kommunallandtage der Niederlausitz gewählten Landesdeputation. Der Kottbuser Kreis wurde durch dieselbe Kabinettsordre als besonderer Landarmenverband unter der Verwaltung des Landrats und vier vom Kreistage aus seiner Mitte gewählter Mitglieder konstituiert.

In Alt-Pommern lag die Verwaltung des Landarmenwesens nach dem am 26. 3. 1831 landesherrlich genehmigten Regulativ vom 20. 3. 1831[1]) den Regierungen unter Kontrolle der Kommunallandtage bezw. einer von diesem gewählten Landarmendirektion von drei ritterschaftlichen, zwei städtischen und zwei bäuerlichen Mitgliedern ob. Dagegen bestand in Neu-Vorpommern nach der Instruktion vom 20. 7. 1836 eine ständische Verwaltung.

In Posen, das einen Landarmenverband bildete, erfolgte eie Verwaltung durch die Regierungen unter Teilnahme der für die Korrektionsanstalt zu Kosten gewählten ständischen Deputation.[2]) Das preußische Landarmenwesen verwaltete der Oberpräsident. Die Stände revidierten jährlich zweimal das Landarmenhaus zu Tapiau durch eine auf dem Provinziallandtage gewählte Kommission von je zwei Mitgliedern jedes Standes.[3])

---

1) v. Kamptz, Ann. Bd. 15, S. 129.

2) K. O. v. 13. 10. 1843, Minist. Bl. d. inn. Verw. 1843, S. 249.

3) Regulativ v. 13. 7. 1826.

In der Rheinprovinz bildete jeder Regierungsbezirk einen Landarmenverband unter Verwaltung des Regierungspräsidenten. Die Kontrolle, besonders die Prüfung und Abnahme der Rechnungen stand einer Kommission zu, welche aus dem Regierungspräsidenten als Vorsitzenden, einem von der Regierung aus ihrer Mitte zu bestellenden Kommissare und je einem Deputierten jedes Kreistages bestand. Westfalen war nach der Kabinettsordre vom 13. 9. 1843 nur ein Armenverband, Sachsen zerfiel dagegen in sechs Verbände. In Schlesien bildete nach der Kabinettsordre vom 23. 4. 1844 jeder Kreis einen Kommunalarmenverband vorbehaltlich der freiwilligen Vereinigung mehrerer Kreise zu gemeinschaftlichen Verbänden. Die Verwaltung führte eine ständische Kommission unter Vorsitz des Landrats.

Die Organe.

Die Organe zur Ausübung der Polizei sind im ganzen die der allgemeinen Landesverwaltung. Die Reformgesetzgebung des Jahres 1808 war von dem Gedanken ausgegangen, daß die Polizei ein unveräußerliches Staatshoheitsrecht sei und daher nur von staatlichen Organen ausgeübt werden, daß die Ausübung nie zu einem eigenen Rechte des ausübenden Organs sich entwickeln könne. Die Städteordnung von 1808 hatte deshalb dem Staate vorbehalten, in den Städten eigene Polizeibehörden anzuordnen oder die Ausübung der Polizei dem Magistrate zu übertragen, der sie sodann vermöge Auftrags handhabte. Denselben Standpunkt hatte die Städteordnung von 1831 festgehalten. Sofern also der Magistrat oder ein Magistratsmitglied die Polizei ausübte, war er Staatsbehörde, es lag die reine obrigkeitliche Selbstverwaltung vor. Nur in Neuvorpommern, wo die im 18. Jahrhundert bestehende Verfassung der Städte sich erhielt, blieb die Polizei ebenso wie die Gerichtsbarkeit eigenes Recht der Kommunen.

Auch auf dem flachen Lande wollte man während der Steinschen Reformperiode die patrimoniale Polizeiverwaltung beseitigen. Bekanntlich kam aber die Neugestaltung der Verwaltung des flachen Landes unter Stein nicht zu stande. Es blieb daher im Osten die patrimoniale Verwaltung bestehen. Nur wo dieselbe nicht wiederhergestellt wurde, nachdem sie durch die Fremdherrschaft beseitigt war, war der Landrat die unterste Polizeibehörde.[1]) In Posen war die unterste Polizeiverwaltung den Woytämtern und später den Distriktskommissaren übertragen.[2]) In der Rheinprovinz und Westfalen endlich wurde die Lokalpolizei ausgeübt durch die Bürgermeister bezw. Amt-

1) S. S. 67.
2) S. S. 68.

leute unter Aufsicht des Landrats. Nur für die standesherrlichen Gebiete war auch in den westlichen Provinzen durch die Instruktion vom 30. 5. 1820 den Standesherren in Gemäßheit der deutschen Bundesakte die Ausübung der niederen Polizei im ganzen Umfange der standesherrlichen Besitzung bis zu der Grenze, wo solche von den Regierungen durch die Landräte verwaltet wurde, übertragen worden.

Über den Landräten standen die Regierungen, über diesen die Oberpräsidenten und der Minister des Innern.

Als Exekutivorgane der Polizei hatten bis 1806 die Kreisausreuter und Polizeiausreuter fungiert, die sich aber in den unruhigen Zeiten während und nach dem Kriege wegen ihrer mangelhaften Organisation völlig unzureichend erwiesen hatten. Die konservative Richtung und ihre Führer Stein und Vincke, denen stets das englische Ideal vorschwebte, hatten eine aus unbesoldeten Ehrenbeamten gebildete Gensdarmerie nach Art der älteren englischen Constables und High Constables ins Auge gefaßt. Dieser Plan mußte jedoch wie die gesamte Verwaltungsreform des flachen Landes an der noch nicht durchgeführten wirtschaftlichen Befreiung des Bauernstandes scheitern. So kam denn mit der Übernahme der Verwaltung durch Hardenberg das französisch-westfälische Vorbild mehr und mehr zur Geltung.

In Frankreich war die bereits seit Mitte des 16. Jahrhunderts bestehende, militärisch organisierte, berittene Polizei, die Maréchaussée durch das Gesetz vom 28. Germinal VI. (17. 4. 1798) zeitgemäß als militärische Gensdarmerie unter einheitlichem Oberbefehl zur Aufrechterhaltung der öffentlichen Ordnung umgestaltet worden. Diese Gensdarmerie wurde nachgeahmt in den Bonaparteschen Rheinbundstaaten Westfalen und Berg. Im Königreich Westfalen erfolgte die Organisation durch das Dekret vom 29. 1. 1808.[1]) Hier wurde eine Legion von 144 Mann, darunter 93 gemeine Gensdarmen, gebildet. An der Spitze der gesamten Gensdarmerie stand ein Legionschef, in jeder Departementshauptstadt war ein Wachtmeister, in jeder Distrikts- oder Arrondissementshauptstadt ein Brigadier stationiert. Die Organisation war eine militärische. Die Gensdarmen waren nicht den Civilbehörden, sondern nur ihren Offizieren untergeordnet, welche von den Civilbehörden requiriert werden mußten. Auf denselben Grundsätzen beruhte die Organisation im Großherzogtum Berg, wo dieselbe zufolge Verordnung vom 22. 11. 1808[2]) erfolgte.

Da verschiedene ehemals westfälische Beamte in den preußischen Staats-

1) Ges. Büll. Bull. des lois 1808, Teil I, S. 318 ff.

2) Scotti, Bergische Gesetzsamml. III, S. 1152, Nr. 3031.

dienst übergetreten waren, so wurde die westfälische Gensdarmerie das Muster, an welches man sich vorzugsweise anschloß. Bald nach dem Rücktritte Steins wurde durch eine Kabinettsordre vom 15. 7. 1809 eine Kommission bestellt zur Ausarbeitung eines Planes betreffend Errichtung einer Gensdarmerie nach französischem Vorbilde. Die endlos langen Beratungen verliefen jedoch im Sande.[1]) Eine Kabinettsordre vom 24. 3. 1812 ordnete deshalb die vorläufige Errichtung einer militärischen Gensdarmerie an, ohne daß ihre Rechte und Pflichten gesetzlich bestimmt worden wären. Erst am 30. 7. 1812[2]) erging das Edikt wegen Errichtung der Gensdarmerie.

Das Edikt enthielt außer einem Plane betreffend die Neuorganisation der Kreisverfassung, der nicht zur Ausführung kam, die genauen Bestimmungen über Errichtung der Gensdarmerie. Als Ziel war im Sinne der Hardenbergschen Politik der Centralisation der Verwaltung zur Durchführung der Wirtschaftsreform die Beseitigung der Mängel hingestellt, welche der Wirksamkeit der Staatsverwaltung in Beziehung auf das flache Land hinderlich seien. Als Exekutivorgan wurde nun eine Gensdarmerie gebildet, welche für jeden Kreis bestand aus einem Kreisbrigadier, 2—3 berittenen, 2 unberittenen Offizieren, 10—40 berittenen und unberittenen Gensdarmen, welche sämtlich Besoldung und Unterhalt aus der Militärkasse erhielten. Die Gensdarmerie war, abweichend von der westfälischen Einrichtung, den Anweisungen des Chefs der Kreisverwaltung, des Kreisdirektors, an dessen Stelle vorläufig der Landrat blieb, unbedingten Gehorsam schuldig. Leichtere Strafen gegen Offiziere und Gensdarmen wegen Dienstvergehen konnte der Landrat, schwerere nur der Brigadier mit Genehmigung des Oberbrigadiers festsetzen. Für jeden Regierungsbezirk wurde als militärischer Chef der Gensdarmerie ein Oberbrigadier mit Oberst- oder Majorsrang und 1200 Thlr. Gehalt ernannt. Den militärischen Oberbefehl über die gesamte Gensdarmerie endlich führte ein Generalmajor.

In den Jahren 1813 und 1814 wurde die Einrichtung der Gensdarmerie in Gemäßheit des Edikts vom 30. 7. 1812 successive auch auf die neuen Gebiete ausgedehnt.[3]) Einerseits dieser Umstand, andererseits die Thatsache, daß nach dem Gensdarmerieedikte die neue Einrichtung in die engste Verbindung gesetzt war mit der geplanten Reform der Verwaltung des flachen Landes, welche gar nicht zur Ausführung gelangt war, gaben Ver-

---

1) Vgl. E. Meier, Reform d. Verwaltungsorg. S. 423 ff.

2) G. S. 1812. S. 142.

3) Vgl. für die Provinzen zwischen Weser und Rhein die Verordn. v. 6. 3. 1814 bei Scotti, Kleve-märk. Ges. V, S. 2743, Nr. 2938.

anlassung zu einer neuen Redaktion, der Gensdarmerieordnung vom 30. 12. 1820.[1])

Die bisherige Unterordnung der Gensdarmerie unter die Civil- und Militärbehörden wurde aufrecht erhalten, indem die Gensdarmerie, militärisch organisiert und in acht Brigaden geteilt, in Bezug auf die Wirksamkeit und Dienstführung unter den betreffenden Civilbehörden dem Minister des Innern, in Bezug auf Oekonomie, Disciplin und innere Verfassung unter dem Oberbefehle eines Generals als Militärchef dem Kriegsministerium untergeordnet wurde. Die Gensdarmerie war demnach in ihren Dienstobliegenheiten den Civilbehörden, jeder Gensdarm dem Landrate oder der Ortspolizeibehörde, der er überwiesen, unterstellt. Die Militärvorgesetzten hatten die Mannschaften zur Erhaltung der militärischen Disciplin von Zeit zu Zeit zu mustern, insbesondere auf die vorgeschriebene Ordnung von Montierung, Pferden und Waffen zu sehen. Ein disciplinarisches Strafrecht stand nur der Militär-, nicht aber der Civilbehörde zu, letztere hatte jedoch im Dienstjournal des Gensdarmen am Monatsschluß zu vermerken, ob sie mit ihm zufrieden gewesen, sie konnte auch sonst von Dienstvergehen der Militärbehörde Anzeige machen. Die Thätigkeit der Gensdarmerie erstreckte sich nur noch auf die Exekution in Polizei-, nicht mehr wie nach dem Gensdarmerieedikt von 1812 in Justiz- und Finanzsachen. Die Anstellung der Gensdarmen erfolgte durch den Chef der Gensdarmerie, die der Offiziere auf seinen Vorschlag durch den König, die Verteilung der Gensdarmerie im Lande durch den Minister des Innern nach Rücksprache mit dem Chef der Gensdarmerie.

Die 1808 beabsichtigte Vereinigung der ganzen inneren Landesverwaltung in den Regierungen zeigte sich sehr bald als undurchführbar. Zunächst entstanden besondere Behörden für die Durchführung der sozialen Reformgesetzgebung, für die Regelung der gutsherrlich-bäuerlichen Verhältnisse. Die hierfür schon im vorigen Jahrhundert in Schlesien errichteten Urbarienkommissionen[2]) wurden am 9. 12. 1809 aufgehoben, und ihre Geschäfte den Justizkollegien übertragen.[3]) Dagegen bestimmte das Edikt vom 14. 9. 1811,[4]) es sei für jedes Regierungsdepartement ein besonderes Kollegium zu errichten zur ausschließlichen Bearbeitung der Landesökonomie- und Kultursachen. Diese Behörden, Landesökonomiekollegien genannt, sollten Deputationen der Pro-

1) G. S. 1821, S. 1.
2) Vgl. Band II, S. 236.
3) N. C. C. XII, 2, Nr. 97.
4) G. S. 1811, S. 300.

vinzialregierungen bilden, aber in ihren Beschlüssen von diesen unabhängig sein. Die Errichtung eines Landesökonomiekollegiums erfolgte jedoch nur für Ostpreußen, und auch hier wurde es bereits am 30. 4. 1815 wieder beseitigt.[1])

Gleichzeitig hatte das Edikt vom 14. 9. 1811 die Bildung einer Generalkommission für jedes Regierungsdepartement angeordnet, die sich ausschließlich mit der Auseinandersetzung der Bauern und Gutsherren und zwar möglichst im Wege der Güte beschäftigen sollte. Solche Generalkommissionen, bestehend aus dem Generalkommissar, einem juristischen und einem technischen Beisitzer, wurden errichtet zu Berlin für die Kurmark und das Herzogtum Magdeburg rechts der Elbe, zu Soldin für die Neumark, zu Stargard für Pommern, zu Königsberg für Ostpreußen und Lithauen, zu Marienwerder für Westpreußen und zu Groß-Strehlitz für Oberschlesien. Der Amtssprengel letzterer wurde durch die Verordnung vom 20. 6. 1817 auf ganz Schlesien ausgedehnt. Das Gesetz vom 7. 6. 1821[2]) beschränkte sie dagegen wieder auf Oberschlesien und errichtete für die Regierungsbezirke Breslau und Liegnitz ausschließlich der Oberlausitz eine Generalkommission zu Breslau, mit der die zu Groß-Strehlitz am 18. 4. 1825 vereinigt wurde. Das Herzogtum Sachsen und das Gebiet von Erfurt wurden durch das Gesetz vom 7. 6. 1821 der Generalkommission der Kurmark, das Gebiet von Danzig durch das Gesetz vom 8. 4. 1823 der Generalkommission zu Marienwerder unterworfen, während für Posen, das Gebiet von Thorn und den Kulm- und Michelauschen Kreis eine besondere Generalkommission zu Posen errichtet wurde. Endlich wurde zufolge des Gesetzes vom 25. 9. 1820[3]) für die ehemals französischen, westfälischen und bergischen Gebiete, soweit sie zur Provinz Sachsen gehörten, eine Generalkommission zu Magdeburg, seit 1821 zu Stendal, soweit sie zu Westfalen und zur Rheinprovinz gehörten, eine solche zu Münster errichtet. In der Provinz Preußen wurden die Generalkommissionen durch eine Verordnung vom 30. 6. 1834[4]) aufgehoben, und ihre Geschäfte den Regierungen unter Mitwirkung besonderer Spruchkollegien übertragen. Dasselbe geschah am 27. 6. 1840 mit der Generalkommission zu Soldin, statt deren eine besondere landwirtschaftliche Abteilung bei der Regierung zu Frankfurt errichtet wurde.

Ferner wurde durch die Verordnung vom 30. 4. 1815[5]) die Bildung besonderer Medizinalkollegien für jede Provinz angeordnet, deren Zuständigkeit

1) G. S. 1815, S. 85.
2) G. S. 1821, S. 84.
3) G. S. 1820, S. 185.
4) G. S. 1834, S. 30.
5) G. S. 1815, S. 85.

durch eine Dienstanweisung vom 23. 10. 1817[1]) geregelt wurde. Ihre Aufgaben waren rein technischer Natur, die Medizinalkollegien traten an die Stelle der wissenschaftlichen Deputationen für das Medizinalwesen bei den Regierungen. Zu ihrer Zuständigkeit gehörte: 1. die Angabe und Begutachtung allgemeiner Maßregeln zur Beförderung der Kultur der medizinischen Wissenschaft und Kunst; 2. die Entwerfung oder Beurteilung allgemeiner Pläne zur Vervollkommnung des Medizinalpolizeiwesens der Provinz; 3. die Prüfung der Medizinalpersonen mit Ausnahme der der Hebeammen, welche nach dem Prüfungsreglement vom 1. 12. 1825 den Regierungen oder den von diesen beauftragten Hebeammenlehrern zustand; 4. die Beurteilung gerichtlich medizinischer Fälle, die Abfassung bezw. Prüfung medizinischer Gutachten, Atteste und Obduktionsverhandlungen; 5. die Angabe und Prüfung allgemeiner Heilungs-, Verhaltungs- und Sicherheitsmaßregeln bei Seuchen; 6. die Untersuchung technischer, für das Medizinalwesen wichtiger Gegenstände; 7. die Zusammenstellung von Generalwerken und die Abfassung übersichtlicher periodischer Berichte über das Medizinal- und Sanitätswesen nach den von den Regierungen mitzuteilenden Materialien.

Das Medizinalkollegium jeder Provinz bestand aus dem Oberpräsidenten als Leiter und mindestens fünf Mitgliedern, unter denen sich jederzeit ein wissenschaftlich gebildeter Wundarzt und Pharmazeut, ein Tierarzt und womöglich ein wissenschaftlich und praktisch in der Entbindungskunst erfahrenes Mitglied befinden sollte.

Die Kontrollen.

Infolge der fast vollständigen Beseitigung der Verwaltungsgerichtsbarkeit tritt die Rechtskontrolle der Verwaltung durch die ordentlichen Gerichte jetzt wieder mehr in den Vordergrund als bisher. Die ordentlichen Gerichte entscheiden daher allgemein über Übertretungen der Polizeistrafgesetze und Polizeiverordnungen vorbehaltlich einer vorläufigen Straffestsetzung durch die Regierungen.

Eine Ausnahme wurde neuerdings unter dem Einflusse der den Großgrundbesitz begünstigenden neuständischen Ideen gemacht durch die Deklaration vom 10. 2. 1827.[2]) Dieselbe bestimmte, daß die geringeren Polizeivergehen, die mit höchstens 14 Tagen Gefängnis oder 5 Thlr. Geldstrafe bedroht seien (A. L.-R. II, 17 §§ 61, 62), nicht von dem Patrimonialrichter, sondern vom Gutsherrn selbst abzuurteilen seien, auch wenn dieser die Quali-

---

1) G. S. 1817, S. 245.
2) G. S. 1827, S. 26.

fikation zum Richteramte nicht besitze. Eine fernere Verordnung vom 31. 3. 1838[1]) erklärte dies selbst dann für zulässig, wenn der Gutsherr ein persönliches Interesse bei dem Strafverfahren habe. Was Westfalen anbetrifft, so überließ die Verordnung vom 21. 6. 1816 die Polizeiverwaltung und Polizeigerichtsbarkeit den ehemals Reichsunmittelbaren innerhalb ihrer Bezirke, auf dem übrigen flachen Lande hatte nach der westfälischen Landgemeindeordnung allgemein der Amtmann die Polizeigerichtsbarkeit, der Ortsvorsteher nur in Ortspolizeikontraventionen, die mit höchstens einem Thaler Geldstrafe bedroht waren. In der Rheinprovinz stand dagegen den ordentlichen Gerichten, den Friedensgerichten, allein die Polizeigerichtsbarkeit zu.

Abgesehen von dieser in einem großen Teile des flachen Landes wiederhergestellten Verbindung der Polizeigerichtsbarkeit mit der Polizeiverwaltung, welche jede Rechtskontrolle der Verwaltung illusorisch machte, hatten die ordentlichen Gerichte zu entscheiden über Polizeikontraventionen, d. h. darüber, ob eine polizeiliche Vorschrift verletzt war. Dagegen stand ihnen abgesehen von der Rheinprovinz eine Entscheidung über die Berechtigung zum Erlaß von Polizeiverordnungen deshalb nicht zu, weil mit Ausnahme der Rheinprovinz die Ortspolizeibehörden solche gar nicht, die Regierungen nach der Instruktion vom 23. 10. 1817 nur mit höherer Genehmigung erlassen konnten, so daß noch immer wie im 18. Jahrhundert in formeller Hinsicht jede Polizeiverordnung einem Gesetze gleich stand.

Andererseits blieb nach der Behördenorganisation von 1808 der Rechtsweg grundsätzlich ausgeschlossen gegenüber polizeilichen Zwangsverfügungen. Die Regierungen konnten solche nach der Instruktion von 1817 erlassen unter Androhung von Geldstrafe bis zu 100 Thlr. oder Gefängnis bis vier Wochen.[2]) Die Ermächtigung der Verwaltungsbehörden zum Erlaß polizeilicher Zwangsverfügungen war aber wie nach dem A. L.-R. II, 17 § 10 so auch noch in den Regierungsinstruktionen von 1808 und 1817 so allgemein gehalten, daß jede derartige Verfügung gesetzmäßig war. Zweifelhaft konnte nur die Zweckmäßigkeit sein und hierüber vermochten eben nicht die Gerichte, sondern nur die Verwaltungsbehörden zu entscheiden.

Die Verordnung wegen verbesserter Einrichtung der Provinzial-Polizei- und Finanzbehörden vom 26. 12. 1808 unterschied jedoch, ob der Widerspruch gegen eine Verfügung sich nur auf die allgemeine bürgerliche Freiheit

---

1) G. S. 1838, S. 253.

2) Ob auch die Unterbehörden zum Erlaß derartiger Verfügungen ermächtigt seien, war zweifelhaft. Die Praxis bejahte es ziemlich allgemein, dagegen wurde es verneint von Oppenhoff, Ressortverhältnisse S. 122 ff.

und auf die Grundsätze vom freien Genuß des Eigentums, oder ob sie sich auf eine ausdrückliche Disposition der Gesetze bezw. einen speziellen Rechtstitel gründete. Im ersteren Falle war der Rechtsweg nur wegen der Entschädigung zulässig, er fand jedoch unbedingt statt, wenn die Verfügung von der höheren Verwaltungsbehörde gemißbilligt war, oder derselben eine rechtswidrige Absicht oder grobe Fahrlässigkeit zu Grunde lag. Für den Fall einer ausdrücklichen Disposition der Gesetze oder eines speziellen Rechtstitels war der Rechtsweg über die Entschädigung wie über die Verpflichtung zulässig. Die späteren für den ganzen Staat erlassenen Verwaltungsgesetze ließen diesen Punkt unberührt, die Geschäftsinstruktion der Regierungen vom 23. 10. 1817 nahm auf die Verordnung vom 26. 12. 1808 Bezug, soweit sie die landrechtlichen Gebietsteile betraf, während für das Gebiet des rheinischen Rechts ein besonderes Ressortreglement erging, und es für das Gebiet des gemeinen Rechts bei den bisherigen Bestimmungen verblieb.[1])

Zur Beseitigung der hierdurch entstandenen Ungleichmäßigkeiten über die Zulässigkeit des Rechtswegs in Bezug auf polizeiliche Verfügungen erging daher am 11. 5. 1842 ein allgemeines Gesetz.[2]) Dasselbe erklärte Beschwerden über polizeiliche Verfügungen jeder Art, sie mögen die Gesetzmäßigkeit, Notwendigkeit oder Zweckmäßigkeit derselben betreffen, als vor die vorgesetzte Dienstbehörde gehörig. Wurde eine polizeiliche Verfügung im Wege der Beschwerde als gesetzwidrig oder unzulässig aufgehoben, so blieben dem Beteiligten seine Rechte nach den allgemeinen gesetzlichen Bestimmungen über die Vertretungsverbindlichkeit der Beamten vorbehalten.

Für den Fall, daß der, dem eine Verpflichtung durch polizeiliche Verfügung auferlegt wurde, die Befreiung von derselben auf Grund einer besonderen gesetzlichen Vorschrift oder eines speziellen Rechtstitels behauptete, fand die richterliche Entscheidung sowohl über das Recht zu dieser Befreiung wie über dessen Wirkungen statt. Die Verfügung konnte jedoch des Widerspruchs ungeachtet bis zum Erkenntnis vorläufig ausgeführt werden, wenn die Ausführung nach dem Ermessen der Polizeibehörde ohne Nachteil für das allgemeine Wohl nicht ausgesetzt werden konnte.

Wurde gegen die polizeiliche Verfügung nur eingewendet, daß dieselbe einen Eingriff in Privatrechte enthalte, für den Entschädigung geleistet werden müsse, so war der Rechtsweg sowohl darüber, ob ein solcher Eingriff vorhanden wie über den Betrag der Entschädigung zulässig. Eine Wiederherstellung des früheren Zustandes konnte nicht verlangt werden, wenn dieselbe

1) S. S. 74 ff. 84.
2) G. S. 1842, S. 192.

nach dem Ermessen der Polizeibehörde unzulässig war. Ein Prozeß unter den Beteiligten endlich war statthaft, wenn der Polizeibehörde nur die Befugnis zu einer vorläufigen Festsetzung vorbehaltlich der Rechte der Beteiligten zustand, und der, dem die Verpflichtung auferlegt wurde, behauptete, daß diese Verpflichtung ganz oder teilweise einem andern obliege.

Diese Gerichtsbarkeit gegenüber polizeilichen Zwangsverfügungen gehörte nicht zu der sogenannten Polizeigerichtsbarkeit, sie war also unter allen Umständen Sache der ordentlichen Gerichte.

Kap. IX. Die Finanzhoheit.

Die Rechtsnormen.

A. Die Domänen.

Das preußische Domänenrecht hatte durch das Edikt vom 13. 8. 1713 und zuletzt durch das Allgemeine Landrecht II, 14 seine Gestaltung gewonnen.[1]) Die Domänen waren dadurch zu unveräußerlichem Staatseigentum erklärt worden. Dieser rechtliche Zustand war nach dem Jahre 1807 nicht mehr haltbar, indem der Staat zur Abtragung der Kriegskontributionen zu einer Domänenveräußerung gedrängt wurde. So wurden bereits am 24. 3. 1809 Domänen im Werte von 12 Millionen Thalern den kur- und neumärkischen Ständen wiederkäuflich überlassen.[2])

Um aber der Veräußerung eine rechtliche Grundlage zu geben und sie allgemein zu ermöglichen, erging das Hausgesetz vom 17. 12. 1808 nebst Edikt vom 6. 11. 1809.[3]) Zur Aufhebung des Hausgesetzes Friedrich Wilhelms I war ein neues die Veräußerung der Domänen zulassendes Hausgesetz erforderlich, welches auch mit Zustimmung sämtlicher Agnaten des kgl. Hauses zu Stande kam. Nach dem damaligen Staatsrechte der meisten preußischen Territorien war ferner zur Domänenveräußerung ständische Zustimmung erforderlich.[4]) Auch diese ständische Einwilligung wurde verlangt und erteilt. In Schlesien, wo die Stände spurlos verschwunden waren, wurde zu diesem Zwecke durch die Kabinettsordre vom 17. 12. 1808 eine

---

1) Vgl. Band II, S. 97, 340.

2) N. C. C. XII, 2, Nr. 73.

3) A. a. O. Nr. 93.

4) Vgl. Band I, S. 206, 382.

provisorische Repräsentation durch die Kreditinstitute, also die Generallandschaft und sämtliche Fürstentumsdirektionen, unter Zuziehung je eines Deputierten aus jedem landrätlichen Kreise angeordnet.

Die auf diese Weise unanfechtbar sanktionierten Grundsätze sind folgende: 1. Was die Domänen anbetrifft, deren Ertrag zu den öffentlichen Ausgaben bestimmt war, so sollten jederzeit nur die Bedürfnisse des Staates und die Anwendung einer vernünftigen Staatswirtschaft darüber entscheiden, ob ihre Veräußerung sei es durch Verkauf an Privateigentümer oder Erbverpachtung oder mittels eines anderen Titels für das gemeinsame Wohl und das Interesse des kgl. Hauses notwendig oder vorteilhaft sei. 2. Die Vorschriften des A. L.-R. II, 14 §§ 16 ff., nach welchen Domänen nur insoweit an einen Privatbesitzer gelangen konnten, als der Staat dagegen auf andere Art schadlos gehalten wurde, wurden dahin erklärt, daß a. eine Verschenkung von Domänen unzulässig sei, vielmehr jederzeit von dem Geschenkgeber selbst wie von seinem Nachfolger widerrufen werden konnte, b. der jedesmalige Souverän befugt sei, die zu den Domänen gehörigen Bauergüter, Mühlen, Krüge und andere Pertinenzien entgeltlich zu veräußern, wenn er dies den Grundsätzen der staatswirtschaftlichen Verwaltung gemäß finde, sowie das volle Eigentum an bäuerlichen Besitzungen ohne Bezahlung eines Kaufgeldes zu übertragen, c. daß er schließlich hinsichtlich der übrigen Domänengrundstücke zur Vererbpachtung unbeschränktt, zum Verkaufe, zur Verpfändung oder sonstigen dinglichen Belastung nur dann befugt sei, wenn das wahre Bedürfnis des Staates eintrete, und mit dem Kaufgelde oder dem erliehenen Kapitale Schulden des Staates bezahlt werden müßten, die in der Erhaltung desselben entstanden sein. Hierbei sollte der Kronprinz und der älteste Prinz des Hauses zugezogen werden. 3. Der Erwerber der hiernach rechtmäßig veräußerten Domänengrundstücke war gegen jeden fiskalischen Anspruch geschützt, der auf Vernichtung des über die Veräußerung oder Verpfändung abgeschlossenen Kontrakts unter dem Vorwande der Unveräußerlichkeit der Domänen gehen würde.

Ein weiteres Edikt vom 30. 10. 1810[1]) ordnete die Säkularisation der geistlichen Güter an, indem es alle Klöster, Dom- und andere Stifter, Balleyen und Kommenden, katholische wie evangelische, für Staatsgüter erklärte. Dieselben sollten nach und nach eingezogen und für Entschädigung der Nutznießer oder sonst an denselben berechtigten Personen gesorgt werden. Vom 30. 10. 1810 ab durften keine Anwartschaften mehr erteilt, niemand in den Besitz einer Stelle gesetzt, keine Veränderungen in der Substanz vorgenommen, keine Kapitalien eingezogen, Schulden kontrahiert oder Inventarien

1) G. S. 1810, S. 32.

veräußert und ohne königliche Genehmigung keine Pachtkontrakte mehr abgeschlossen werden. Der Zweck dieser Säkularisation war nicht etwa die Vermehrung des Domänenbestandes des Staates, sondern die Gewinnung von neuen Mitteln zur Abtragung der französischen Kontributionen. Für diese ehemals geistlichen Güter galt daher auch nicht das Edikt vom 6. 11. 1809, obwohl sie für Staatsgüter erklärt waren, sondern ihre Veräußerung und Verpfändung wurde durch die Deklaration und Verordnung vom 6. 6. 1812[1]) allein vom Willen des Königs abhängig gemacht.

In den 1815 neu und wieder erworbenen Gebieten gelangte das Hausgesetz vom 17. 12. 1808 und das Edikt vom 6. 11. 1809 nicht zur Einführung. Die rechtlichen Verhältnisse wurden hier geordnet durch eine Verordnung vom 9. 3. 1819,[2]) welche folgende Bestimmungen traf: 1. Die rechtliche Eigenschaft und Veräußerlichkeit der Domänen ist nach den Bestimmungen des A. L.-R. II, 14 zu beurteilen, die Veräußerung derselben wie die Ablösung von Domanialrenten, Erbpachtsgeldern und anderen Grundabgaben, Zinsen, Zehnten und Diensten ist daher nur gegen genügende Schadloshaltung des Staates gestattet. 2. Mit dem Verkaufe der Domänen und mit Ablösung der Domanialgefälle und Rechte kann in den gedachten Provinzen mit staatswirtschaftlicher Rücksicht auf bleibende Vorteile für den Staat verfahren werden, es müssen jedoch die dadurch erzielten Gelder ausschließlich zum Abtrag gekündigter Domänenpassivkapitalien und zur Bezahlung allgemeiner, zur Erhaltung und zum wahren Bedürfnis des Staates gemachter Staatsschulden verwendet werden. 3. Verschenkungen von Domänen sind unstatthaft, ausnahmsweise werden die Dotationen bestätigt, welche in Beziehung auf die Ereignisse der Jahre 1813, 1814 und 1815 in den erwähnten Provinzen gemacht sind, wogegen vorbehalten wird, heimfallende Lehen statt jener Dotationsgüter den Lehen des Staates einzuverleiben.

Nach der Verordnung vom 17. 1. 1820[3]) war von den Domäneneinkünften für den Unterhalt der kgl. Familie, des kgl. und sämtlicher prinzlichen Hofstaaten eine jährliche Rente von 2500000 Thalern zum Kronfideikommiß abzuführen. Die Güter, welche zur Aufbringung dieser Rente nicht erforderlich waren, hafteten für die sämtlichen damals vorhandenen Staatsschulden.

Was die Nutzung der Domänen anbetrifft, so war 1808 nicht nur zur Abtragung der französischen Kriegskontributionen, sondern auch aus volkswirt-

1) G. S. 1812, S. 108.
2) G. S. 1819, S. 73.
3) G. S. 1820, S. 9 ff.

schaftlichen Gründen die Veräußerung des gesamten Domänenbestandes des Staates und die Zerschlagung in kleine Bauergüter in Aussicht genommen. Ein sehr großer Teil der Domänen wurde denn auch thatsächlich veräußert. Nach Wiederherstellung des Staates zog man jedoch die Vorteile eines staatlichen Grundvermögens und eines festen nicht von Steuern abhängigen Einkommens mehr in Betracht. Die noch nicht veräußerten Domänen blieben daher Staatseigentum.

Die Nutzung erfolgte in der Regel durch Zeitpacht. Eine Domänenverwaltung war nach der Instruktion der Oberrechenkammer vom 18. 12. 1824 nur vorübergehend zulässig bei einer unvermeidlichen Exmission der Pächter. Die Verpachtung war meistens eine Generalverpachtung ganzer Domänenämter an Generalpächter, die gleichzeitig die gutsherrliche Polizei über den Amtsbezirk ausübten. Daneben kam auch die Einzelverpachtung der zu einem Amte gehörigen Güter vor.

Das in der vorigen Periode in Südpreußen eingeführte Intendantursystem kam mit einigen Abänderungen jetzt allgemein in der Provinz Preußen zur Anwendung. Hier wurden die Güter im einzelnen verpachtet, und über mehreren Pächtern stand ein Beamter gewöhnlich mit dem Titel Domänenrentmeister, der die Wirtschaft der Pächter beaufsichtigte, die Domänenpachtgelder und sonstige Gefälle erhob, gleichzeitig aber die Polizei über den Domänenbezirk und die sonst dem Generalpächter zustehenden Rechte ausübte.[1])

Hinsichtlich der Forsten blieb allgemein die Verwaltung bestehen. Über die Bewirtschaftung und Nutzung der Forsten erging die Kabinettsordre vom 5. 10. 1833. Die Domänenjagden wurden teils verwaltet, teils verpachtet.

B. Die Regalien und Monopole.

1. Die Lotterie. Das Lotteriewesen wurde vollständig umgestaltet durch das Lotterieedikt vom 28. 5. 1810,[2]) welches, um den Nachteilen der Lotterie für die minder begüterten Klassen entgegenzuwirken, das bisherige Zahlenlotto durch eine Quinenlotterie ersetzte, neben der die bisherige Klassenlotterie fortbestehen sollte. Die Quinenlotterie wurde später durch eine sogenannte kleine Geldlotterie ersetzt, welche auch wieder einging, so daß die Klassenlotterie allein bestehen blieb. Der Einzelverkauf der Loose wurde meist Gewerbtreibenden übertragen. Die oberste Leitung erhielt nach dem Edikt

1) Vgl. Reskr. d. Fin. Min. v. 22. 2. 1822; Publ. d. Regierung zu Danzig v. 2. 4. 1822 bei v. Kamptz, Ann. Bd. 17, S. 298.

2) N. C. C. XII, 2, Nr. 118.

von 1810 die General-Lotterie-Administration, die mit der Lotterie-Direktion unter dem Namen General-Lotterie-Direktion vereinigt wurde.

2. **Das Salzmonopol.** Die Salzkonskription, welche in den alten Provinzen mit Ausnahme Schlesiens schon früher beseitigt war, wurde durch eine Verordnung vom 9. 5. 1816[1]) auch in dem rechtselbeschen Teile des Herzogtums Sachsen sowie in Schlesien beseitigt. Für die auf dem linken Elbufer liegenden Teile des Staatsgebiets erging ein besonderes Salzedikt am 10. 6. 1816,[2]) welches ebenfalls die Salzkonskription, nicht aber das Salzmonopol der königlichen Salinen und Faktoreien aufhob. Der Detailhandel wurde völlig freigegeben, die Salinen verkauften nicht unter 400 Pfund Salz. Der Salzpreis für den Detailhandel wurde aber einheitlich festgesetzt. Eine spätere, für das ganze Staatsgebiet erlassene Verordnung vom 17. 1. 1820[3]) bestimmte, daß das Salz zum inländischen Gebrauche aus den Niederlagen der Salinen und Faktoreien überall zu demselben Preise zu verkaufen, übrigens jedem zu gestatteu sei, den Salzbedarf aus jeder ihm gelegenen Niederlage zu beziehen. Außerdem wurde, um die Salzdefraudation zu verhüten, am 19. 8. 1823[4]) eine Salzverbrauchskontrolle angeordnet und in einigen den Defraudationen ausgesetzten Landesteilen wirklich eingeführt.

3. **Das Postregal.** In den landrechtlichen Gebietsteilen des Staates blieb das Postrecht des A. L.-R. in Geltung oder gelangte zur Einführung. Nur die Verwaltungspolitik des Postwesens wurde zum Teil eine andere. Statt des bisher allein ausschlaggebenden fiskalischen Gesichtspunktes sprach die Regierungsinstruktion vom 26. 12. 1808 den Grundsatz aus, daß das Institut der Posten mehr einen polizeilichen als finanziellen Zweck habe, letzterer zwar nicht zu vernachlässigen, jedoch im Kollisionsfalle dem ersteren untergeordnet sein müsse.

In den ehemals französischen Gebietsteilen der Rheinprovinz war maßgebend das Dekret vom 16. 10. 1794, welches jedermann die Anlegung von Posten gestattete und dem Postzwange nur vorbehielt die Beförderung von Briefen und Paketen bis zu einem Kilogramm und das Extrapostwesen. Dieses Dekret hatte Abänderungen erfahren durch das Dekret vom 30. 7. 1797 und das Gesetz vom 25. 2. 1804, wodurch alle erlaubten Privatpostunternehmen und die Privatgüterbeförderung mit einer hohen Steuer, nämlich 10 Prozent des Bruttoertrages, belegt wurden. Ein Gesetz vom 20. 5.

1) G. S. 1816, S. 139, 141.
2) A. a. O. S. 182.
3) G. S. 1820, S. 27.
4) v. Kamptz, Ann. Bd. 7, S. 557.

1805 erforderte zur Anlage jedes neuen Postunternehmens die kaiserliche Genehmigung. Endlich wurde durch ein Dekret vom 9. 12. 1808 die Beförderung von Reisenden mittels unterwegs gewechselter Transportmittel den Posthaltern vorbehalten, allen anderen Personen aber bei Strafe untersagt.

Diese Grundsätze des französischen Rechts waren in einer einheitlichen Kodifikation zusammengefaßt durch die noch unter preußischer Herrschaft in den ehemals bergischen Landesteilen der Rheinprovinz geltende großherzoglich bergische Postordnung vom 25. 2. 1809,[1]) welche sich von dem französischen Rechte hauptsächlich dadurch unterschied, daß sie den Postzwang bis zu Paketen von 50 Pfund ausdehnte.

Was die gemeinrechtlichen Gebiete anbetrifft, so galt in den ehemals nassauischen Landesteilen des Regierungsbezirks Koblenz die nassauische Postordnung vom 10. 3. 1807, in dem Gebiete der Stadt Wetzlar die Reichspostordnung vom 28. 11. 1768, in Neuvorpommern die Postordnungen vom 13. 9. 1745 und 3. 12. 1770, in allen diesen Gebieten aber subsidiär das gemeine Recht. Sowohl dieses wie die Partikularpostordnungen regelten das Postrecht ungefähr in derselben Weise wie das A. L.-R.[2])

4. Das Münzregal. Das Münzwesen wurde für das ganze Staatsgebiet, in dem infolge der neuen Erwerbungen die verschiedensten Münzsysteme neben einander bestanden, neu geordnet durch das Gesetz vom 30. 9. 1821.[3]) Der Friedrichsd'or blieb die Gold-, der Thaler die Silbermünze des Staates. Wie bereits nach dem Münzfuße von 1764 gingen 14 Thlr. auf die Mark fein. Ausgeprägt wurden ferner $\frac{1}{3}$, $\frac{1}{6}$ und $\frac{1}{12}$ Thalerkourantstücke. Dagegen wurde der Thaler jetzt eingeteilt in 30 Silbergroschen zu 12 Pfennigen. Es sollte aber nicht mehr Scheidemünze ausgeprägt werden als für den kleinen Verkehr erforderlich war. Diese Münzverfassung wurde durch die auf Grund des Zollvereinsvertrages vom 22. 3. 1838 am 30. 7. 1838 unter den Zollvereinsstaaten abgeschlossene Münzkonvention nicht geändert, indem die neue Vereinsmünze, der Vereinsthaler vollständig dem preußischen Thaler entsprach, und $24\frac{1}{2}$ Gulden gleich 14 Thaler aus einer Mark fein gemünzt werden sollten.

Das erste Papiergeld wurde zufolge einer Verordnung vom 4. 2. 1806[4]) ausgegeben. Es waren dies die Tresorscheine, welche dem Metallkourantgelde gleich stehen, bei den Bankkontoren jederzeit realisierbar und mit Zwangs-

---

1) Scotti, Bergische Gesetzsammlung, III, S. 1184, Nr. 3054.
2) Stephan, Geschichte der pr. Post, Berlin 1859, S. 663 ff.
3) G. S. 1821, S. 159.
4) N. C. C. XII, S. 39.

kurs versehen sein sollten. Der Zwangskurs wurde durch eine Verordnung vom 1. 6. 1807 wieder aufgehoben. Der Ausbruch des Krieges von 1813 machte aber die Wiederherstellung des Zwangskurses erforderlich, welche durch ein Edikt vom 19. 1. 1813 erfolgte, aber schon am 5. 3. 1813 wieder beseitigt wurde.[1]) Nach einem Edikte vom 7. 9. 1814[2]) sollten die Tresorscheine bei allen landesherrlichen Kassen zum Nennwerte, sonst nur nach Übereinkunft der Interessenten angenommen werden. Die Tresorscheine und die denselben gleichgestellten von Preußen übernommenen sächsischen Kassenbillets wurden zufolge Kabinettsordre vom 21. 12. 1824[3]) eingezogen und in kgl. preußische Kassenanweisungen verwandelt, auf die die Bestimmungen über die Tresorscheine anwendbar sein sollten.

Alle übrigen noch bestehenden Regale und Monopole wurden aufgehoben, das Brennholzmonopol[4]) am 30. 3. 1809,[5]) das Monopol des Mühlsteinhandels in Pommern, der Kur- und Neumark durch Patent vom 20. 3. 1809.[6])

C. Die Steuern.

I. Die Steuergesetzgebung bis zum Jahre 1815.

Mit der Aufhebung der bisherigen ständischen Gliederung der Gesellschaft war auch eine vollständige Neuregelung des Steuerwesens zum Bedürfnis geworden. Wie die Aufrechterhaltung dieser ständischen Gliederung hauptsächlich in der verschiedenen Besteuerung der drei Besitzklassen ihren Grund hatte, so mußte mit der Beseitigung jener auch eine gleichmäßige Besteuerung zur Durchführung gelangen. Die Freiheit, überall bürgerliche Gewerbe zu treiben, und die gleichzeitige Aufrechterhaltung der Accise würde die Verlegung der Gewerbe auf das flache Land zur Folge gehabt, die Aufrechterhaltung der Zollfreiheit des Adels diesen selbst wider seinen Willen zu den bürgerlichen Gewerben gedrängt, die privilegierte Besteuerung der Rittergüter diese zum bevorzugten Erwerbsgegenstand für Bürger und Bauern gemacht, jeder dieser Vorgänge aber den Steuerertrag herabgedrückt haben. Das Finanzinteresse des Staates forderte also gebieterisch eine vollständige Umwälzung der bisherigen ständisch gegliederten Steuergesetzgebung, da die Voraussetzung derselben, die Stände, nicht mehr vorhanden waren.

---

1) G. S. 1813, S. 23.
2) G. S. 1814, S. 83.
3) G. S. 1824, S. 238.
4) Vgl. Band II, S. 244.
5) v. Bassewitz, Die Kurm. Br. v. 1808—1810, S. 661.
6) G. S. 1806—10, Nr. 71.

Die neuen Grundsätze wegen der Besteuerung wurden festgestellt in dem Edikte vom 27. 10. 1810 über die Finanzen des Staates.[1]) In Aussicht gestellt wurde die gleiche und verhältnismäßige Verteilung der Grundsteuer unter Beseitigung aller Exemtionen, die Vereinfachung des bisherigen Abgabenwesens, eine Reform, auf dem Grundsatze der gleichmäßigen Verteilung aller Staatslasten auf alle Unterthanen beruhend, und völlige Gewerbefreiheit gegen Entrichtung einer mäßigen Patentsteuer. Diese Grundsätze wurden weiter ausgeführt und ins Leben gerufen durch eine Reihe einzelner Steuergesetze.

Zunächst mußten wegen der Ausdehnung der Gewerbefreiheit auf das flache Land die indirekten Steuern auch auf dieses erstreckt, Stadt und Land in Bezug auf die Konsumtionsabgaben gleich behandelt werden, wenn sich nicht die meisten Gewerbe nach dem flachen Lande ziehen sollten. Es erging daher am 28. 10. 1810 das Edikt über die neuen Konsumtions- und Luxussteuern.[2]) Das Vorbild lieferte die Steuergesetzgebung des Königreichs Westfalen. Hier war zufolge eines kgl. Dekrets vom 15. 2. 1809[3]) eine Konsumtionssteuer von inländischem Schlachtvieh, Getreide, Bier und Branntwein und 17 verschiedenen ausländischen Gegenständen gleichmäßig für Stadt und Land unter Aufhebung aller Exemtionen und Privilegien eingeführt worden. Dagegen waren alle anderen bisherigen inländischen Konsumtionssteuern, Accise, Licent, Tranksteuer, Aufschlag, Konsum, Impost und sonstige Gegenstände der Fabrikation, Konsumtion oder des Luxus treffende Steuern aufgehoben.

Ebenso wurden in Preußen die drückendsten der bisherigen Acciseabgaben, die Handlungsaccise von den meisten inländischen Fabrikaten, die Großhandlungsaccise, die Umschüttegelder, die Fixaccisen, die Thoraccise, Nachschußaccise, Nahrungssteuer und andere gänzlich aufgehoben. Der Name der Accise verschwand jetzt vollständig. Von etwa zwanzig Gegenständen, namentlich Fleisch, Gemahl, Bier und Branntwein sollte nach für die ganze Monarchie gleichen Steuersätzen eine Konsumtionssteuer in den Städten und auf dem flachen Lande erhoben werden. Die Befreiungen der Rittergüter, Domänenbeamten und Geistlichen von den Verbrauchssteuern hörten auf. Dagegen wurden alle anderen inländischen Verbrauchsabgaben, besonders die landschaftlichen und städtischen von Getränk, Schlachtvieh und Getreide aufgehoben. Für die vom Auslande kommenden Waren wurde ein neuer Zolltarif erlassen.

---

1) G. S. 1810, S. 25

2) G. S. 1810, S. 33.

3) Ges. Büll. Bull. des lois 1809, Teil I, S. 343.

Gleichzeitig wurde eine Luxussteuer eingeführt für das Halten von männlicher oder weiblicher Bedienung, von Hunden, Pferden und Wagen.

Die gleiche Behandlung sämtlicher Städte und des flachen Landes in Bezug auf die Konsumtionssteuern erschien aber schon nach kurzer Zeit nicht haltbar, da der Wert der Gegenstände in großen Städten und in dem übrigen Lande ein durchaus verschiedener ist. Ein neues Edikt vom 7. 9. 1811[1]) unterschied daher zwischen großen Städten einerseits und zwischen kleinen Städten und dem platten Lande andererseits. Für beide wurden die Verbrauchssteuern verschieden geordnet, namentlich fiel in den kleinen Städten und auf dem flachen Lande die Mahlsteuer ganz fort, wurde die Fleisch- und Branntweinsteuer ermäßigt, während statt dessen eine Personensteuer von 12 g. Gr. jährlich für jede Person von über zwölf Jahren eingeführt wurde.

Gleichzeitig mit den Konsumtions- und Luxussteuern wurde eine Gewerbesteuer eingeführt. In der glücklichsten Weise hatte man in Frankreich die Gewerbefreiheit verbunden mit dem Finanzinteresse des Staates durch die zufolge Dekrets vom 2.—17. 3. 1791[2]) eingeführte Patentsteuer. Unter gewissen polizeilichen Beschränkungen herrschte allgemeine Gewerbefreiheit gegen die Verpflichtung des Gewerbtreibenden, sich jährlich bei der Steuerbehörde ein Steuerpatent zu lösen. Die Gewerbesteuer hieß deshalb Patentsteuer. Die Patentsteuerpflicht war eine allgemeine für alle Gewerbtreibenden, nur waren die Steuersätze für die einzelnen Gewerbe verschieden abgestuft. Von der Verpflichtung zur Lösung eines Patentes befreit, also patentsteuerfrei waren allein 1. öffentliche Beamte, 2. Landbauer, 3. Personen, welche nicht die Mobiliarsteuer im Werte von drei Arbeitstagen zahlten, 4. Lehrlinge, Gesellen und auf Tageslohn arbeitende Handwerker, 5. Eigentümer und ländliche Besitzer für ihre Produkte mit Ausnahme von Getränken.

In dem rheinbündischen Musterstaate, dem Königreich Westfalen, war diese Patentsteuer ebenfalls durch Gesetz v. 5. 8. 1808[3]) eingeführt worden. Befreit von der Patentsteuer waren hier 1. die vom Staate besoldeten öffentlichen Beamten, 2. Feldbauer und Ackersleute inbetreff des Verkaufs ihrer Produkte, 3. Weber von Hanf und Linnen, 4. Kommis, Tagelöhner und alle, die um Lohn dienten, 5. Künstler, 6. Medizinalpersonen, 7. Inhaber reitender Posten, 8. Fischer, 9. Wollkämmer, Spinner, Wäscherinnen und Schuhflicker, 10. Hausierer, welche Eßwaren verkauften. Dem Beispiele

1) G. S. 1811, S. 253.

2) Bormann und Daniels, Handbuch I, S. 510.

3) Ges. Bull. Bull. des lois 1808, Teil II, S. 275.

Westfalens folgte das Großherzogtum Berg, wo die Patentsteuer durch Gesetz vom 31. 3. 1809[1]) eingeführt wurde, und am 1. 4. 1811 das Großherzogtum Hessen,[2]) dem damals das Herzogtum Westfalen und die Grafschaften Sayn und Wittgenstein gehörten. Die Patentsteuergesetzgegung dieser drei Rheinbundstaaten unterschied sich, abgesehen von den Steuersätzen, einzig und allein hinsichtlich der einzelnen Befreiungen von der Patentsteuerpflicht vom französischen Rechte.

Auch das preußische Edikt über die Gewerbesteuer vom 28. 10. 1810[3]) schloß sich eng an die französisch-westfälische Patentsteuergesetzgebung an. Der Gewerbebetrieb wurde grundsätzlich freigegeben. Die einzige Bedingung desselben war die Lösung eines Gewerbescheins, der nichts anderes war, als eine Steuerquittung. Die Gewerbtreibenden wurden nach dem Umfange ihres Betriebes in sechs Klassen eingeteilt und hatten hiernach die entsprechenden Gewerbescheine in bestimmten Zeitperioden zu lösen. Wer ohne einen solchen ein Gewerbe anfing oder fortsetzte, zahlte den sechsfachen Betrag der hinterzogenen Steuer als Strafe. Nicht gewerbesteuerpflichtig waren: 1. Beamte, 2. ländliche Grundeigentümer, Pächter u. s. w., 3. städtische Hauseigentümer, auch wenn sie vermieteten, es sei denn möblierte Zimmer, 4. Kapitalisten, 5. Dienstboten, 6. Gewerbeaufseher, 7. Tagelöhner und ähnliche Personen. Neben der Gewerbesteuer fielen alle bisher von den Gewerben erhobenen Steuern, sofern sie die Berechtigung zum Betriebe derselben betrafen, fort. Die Erhebung der Gewerbesteuer erfolgte in den Städten durch die Magistrate für die Konsumtionssteuerkassen, auf dem Lande durch die Landräte für die Kreiskassen.

Das dritte große Steuergesetz des Jahres 1810 ist das nach dem Vorbilde des westfälischen Dekrets vom 4. 3. 1809[4]) erlassene Stempelgesetz vom 20. 11. 1810.[5]) Abgesehen von Abweichungen im Stempeltarife beruht die Verschiedenheit beider Stempelgesetze hauptsächlich darin, daß der Mangel des Stempels nach dem preußischen Nichtigkeit der stempelpflichtigen Urkunde, nach dem westfälischen nur Strafe zur Folge hatte. Das preußische Stempelgesetz hob alle früheren die Stempel- und Chargengebühren betreffenden Gesetze vom 1. 1. 1811 ab auf. Dagegen wurden fünf verschiedene Stempelsteuern eingeführt: 1. der gewöhnliche Stempel, 2. der Wertstempel, 3. der Gnadenstempel, 4. der Kartenstempel, 5. der Zeitungsstempel, die ein-

---

1) Scotti, Bergische Gesetzsammlung, III, S. 1186, Nr. 3059.

2) Scotti, Kurkölnische Gesetzsammlung II, 2, S. 589, Nr. 432.

3) G. S. 1810, S. 79.

4) Ges. Büll. Bull. des lois 1809, Teil I, S. 551.

5) G. S. 1810, S. 121.

heitlich für das ganze Staatsgebiet festgesetzt wurden. Der Mangel des Stempels bewirkte Verlust des Klagerechts und der Beweiskraft der stempelpflichtigen Urkunde, es sei denn, daß dadurch ein anderer als der Verschuldete leiden würde. Außer der Nachzahlung des Stempels hatte die Defraudation die Strafe des Vierfachen des hinterzogenen Betrages, mindestens aber eine Strafe von einem Rthlr. zur Folge.

Die Sozialreform, namentlich die Regulierung der gutsherrlich-bäuerlichen Verhältnisse, ließ die Vollendung der Steuerreform auf einige Zeit in den Hintergrund treten. Insbesondere kam es nicht zu einer Regulierung des Grundsteuerwesens. Es blieb also das flache Land, obgleich es jetzt ebenso wohl wie die Städte die Konsumtionssteuern zu tragen hatte, unverhältnismäßig mehr mit Grundsteuern belastet, es blieben auch die zahlreichen Grundsteuerprivilegien und Exemtionen erhalten.

Eine nur vorübergehende Abgabe sollte die durch das Edikt vom 24. 5. 1812[1]) eingeführte Vermögens- und Einkommensteuer sein. Um die dringenden Staatsbedürfnisse zu befriedigen, sollten drei Prozent alles Privatvermögens während des Jahres 1812 als Steuer erhoben werden und zwar in drei Terminen, am 24. Juni, zu Michaelis und zu Weihnachten. Ausgenommen blieb das in Staats- und anderen öffentlichen Papieren bestehende Vermögen. Die Grundeigentümer hatten die drei Prozent vom Werte ihrer Grundstücke ohne Abzug der Schulden zu zahlen. Von dem Einkommen, welches nicht aus Kapital- oder Grundvermögen herfloß, war eine Einkommensteuer zu entrichten. Dieselbe betrug bei 100 bis 300 Thlrn. Einkommen ein Prozent, bei einem Einkommen von 300 Thlrn. und darüber fünf Prozent. Die Personen, die ein jährliches Einkommen unter 100 Thlr. besaßen, wurden in zwei Klassen geteilt. Die erste, bestehend aus denjenigen, die nur durch physische Kräfte ihren Unterhalt erwarben, zahlte 12 g. Gr., die andere, die einer Kunst oder besonders erlernter Kenntnisse zum Gewerbebetrieb bedurften, 18 g. Gr. ein- für allemal. Die Entrichtung der Einkommensteuer erfolgte ebenfalls in den oben genannten drei Terminen. Die Einschätzung geschah durch Selbstabschätzung, die Beurteilung derselben durch besondere Kommissare. Diese Vermögens- und Einkommensteuer wurde aber, wie von Anfang an beabsichtigt, nur für das Jahr 1812 erhoben und fiel dann wieder fort.

Endlich wurde die durch das Edikt vom 28. 10. 1810 eingeführte Luxussteuer von Wagen und Pferden, Dienstboten und Hunden vom 1. 12. 1813 ab durch eine Verordnung vom 2. 3. 1814[2]) wieder aufgehoben.

---

1) G. S. 1812, S. 49.
2) G. S. 1814, S. 17.

II. Die Steuergesetzgebung nach dem J. 1815.

Die Steuerreform war also bei der Wiederherstellung des Staates erst zum Teil durchgeführt worden, namentlich fehlte noch die dringend notwendige Reform der Grundsteuer, als das Staatsgebiet durch den Wiener Kongreß fast eine Verdoppelung seines bisherigen Bestandes erfuhr. Das Steuerwesen bedurfte durchaus einer einheitlichen Regelung für das ganze Staatsgebiet, wenn auch in dem größten Teile der neuen Gebiete bereits durch die Fremdherrschaft ein zeitgemäßes Steuersystem eingeführt war. Andererseits erschien aber die Einführung des noch gänzlich unvollendeten und unfertigen preußischen Steuerwesens auf die neuen Erwerbungen unmöglich. Man mußte sich daher zu einer neuen einheitlichen Steuergesetzgebung für den ganzen Staat entschließen, die zugleich das letzte große Werk der ruhmreichen Sozial- und Wirtschaftsreform Hardenbergs ist.

Am drückendsten war die verschiedenartige indirekte Besteuerung, welche den Verkehr zwischen den einzelnen Teilen des Staates hemmte. Am 26. 5. 1818 erging daher das Gesetz über den Zoll und die Verbrauchssteuer von ausländischen Waren und über den Verkehr zwischen den Provinzen des Staates,[1]) welchem Gesetze am 8. 2. 1819 dasjenige wegen Besteuerung des inländischen Branntweins, Braumalzes, Weinmostes und der Tabaksblätter folgte.[2]) Unter Aufrechterhaltung dieser beiden Gesetze wurde im folgenden Jahre, da sich nach Regelung des Staatsschuldenwesens und des Staatshaushaltsetats die Unzulänglichkeit der bestehenden Abgaben herausstellte, eine neue einheitliche Steuergesetzgebung unternommen. Den Plan gab das Gesetz vom 30. 5. 1820 über die Einrichtung des Abgabenwesens.[3])

Nach dem hier aufgestellten Plane sollte es künftig folgende Steuern geben: a. die Zölle und Verbrauchssteuern nach dem Gesetze vom 26. 5. 1818; b. die Abgabe vom Salz nach dem Gesetze vom 17. 1. 1820[4]); c. die Stempelsteuer; d. die Gewerbesteuer, e. die Grundsteuer; f. die Steuer von inländischem Branntwein, Braumalz, Weinmost und Tabaksblättern nach dem Gesetze vom 8. 2. 1819; g. die Klassensteuer und, wo diese nicht erhoben wurde, h. die Schlacht- und Mahlsteuer. Für die Stempelsteuer, Gewerbesteuer, Klassensteuer und Schlacht- und Mahlsteuer ergingen unter demselben Datum neue allgemeine Gesetze. Bezüglich der Grundsteuer wurde nur bestimmt, daß sie nach den bisherigen Sätzen forterhoben werden, jedoch ein

---

1) G. S. 1818, S. 65.
2) G. S. 1819, S. 97.
3) G. S. 1820, S. 134.
4) G. S. 172.

Fünftel des Reinertrags des steuerpflichtigen Grundstücks nicht übersteigen sollte. Mit der Erhebung der Grundsteuer wurden die Gemeinden beauftragt.

Gegen Entrichtung dieser in dem Gesetze vom 30. 5. 1820 genannten Steuern sollten alle in dem Gesetze nicht begriffenen Abgaben fortfallen, namentlich A. an Konsumtionssteuern 1. die Accise vom Gemahl, Fleisch und Brennmaterial und die Landkonsumtionssteuer vom Schlachtvieh in den alten Provinzen, 2. die Generalaccise, Landaccise, Fleischsteuer und Mahlgroschen im Herzogtum Sachsen, 3. die besondere Mahl- und Schlachtsteuer in einzelnen Distrikten zwischen der Elbe und der Weser und im Regierungsbezirk Minden, 4. die Schlachtsteuer in den ehemals warschauischen Gebieten, 5. der Oktroi in den westfälischen und rheinischen Städten; B. an persönlichen Steuern 1. die durch das Edikt vom 7. 9. 1811 eingeführte Personensteuer, soweit sie bisher erhoben, 2. die Personen- und Charaktersteuer im Herzogtum Sachsen, 3. die in einem Teile des Regierungsbezirks Arnsberg bisher erhobene Vermögenssteuer, 4. die französische und bergische Personal- und Mobiliarsteuer in den westlichen Provinzen, 5. die Thür- und Fenstersteuer, soweit sie noch stattfand; C. an Gewerbesteuern 1. die durch das Edikt vom 2. 11. 1810 eingeführte allgemeine Gewerbesteuer, 2. sämtliche Gewerbe-, Patent- und Nahrungssteuern, die in den seit dem 1. 1. 1813 neu oder wieder erworbenen Landesteilen erhoben wurden; D. alle unter den direkten Abgaben in den Etats aufgeführten Abgaben, die nach einer vom Finanzminister anzustellenden Prüfung ihrer jetzigen Natur nach zu einer der unter A, B, C benannten Steuern zu rechnen seien.

Es sollten ferner künftig fortfallen 1. das Naturalquartier des garnisonierenden Militärs in den Bürgerhäusern, der Offiziere binnen längstens sechs Monaten, der Gemeinen und Unteroffiziere in dem Verhältnisse, in dem die Kasernierung vorschreiten konnte; 2. die außerordentlichen Zuschüsse der Städte zum reglementsmäßigen Servis für die Offiziere, der sog. Hilfsservis; 3. die Beiträge der Stadtgemeinden zur Unterhaltung der Gerichts- und der vom Staate außerhalb der Magistrate besonders angeordneten Polizeibehörden.

Nicht aufgehoben wurden die auf einem besonderen Erhebungstitel beruhenden Staatseinkünfte, wie z. B. die Abgaben der Mennoniten.

Diese Steuergesetzgebung der Jahre 1818 bis 1820 ist während dieser ganzen Periode fast unverändert in Geltung geblieben und zum großen Teile noch jetzt in Kraft. Es werden hier zunächst die direkten Abgaben, Grundsteuer, Klassensteuer und Gewerbesteuer, sodann die indirekten, Zölle, inländische Konsumtionssteuern, Mahl- und Schlachtsteuer und Stempelsteuer, behandelt werden.

1. Die Grundsteuer.[1]) Die Grundsteuer ist die einzige Abgabe, die durch die Steuergesetzgebung von 1818/20 keine Regelung erfuhr. Das Gesetz über die Einrichtung des Abgabenwesens vom 30. 5. 1820 erkannte die Notwendigkeit einer Revision der Grundsteuern an, wollte jedoch diesen Gegenstand, der zahlreiche wohlerworbene Rechte berührte, der ständischen Beratung überlassen. Vorläufig wurden nur folgende Bestimmungen getroffen: 1. die Grundsteuer sollte in jeder Provinz nach den bisherigen Grundsätzen erhoben werden, 2. aber an keinem Orte, wo dieselbe infolge der seit 1789 eingetretenen Staatsveränderungen neu eingeführt oder erhöht worden, den fünften Teil des Reinertrags des verpflichteten Grundstücks übersteigen, und der, welcher eine höhere Belastung seines Grundstücks nachweisen konnte, eine entsprechende Herabsetzung der Grundsteuer zu fordern berechtigt sein. 3. Die Domänen und Forsten wurden für grundsteuerpflichtig erklärt, ihre Veräußerung sollte daher nur unter Auferlegung der landesüblichen Grundsteuer, mindestens einem Sechstel des Reinertrages erfolgen. 4. Der städtische Servis wurde unter den Grundsteuern mit aufgenommen.

Die bisherige Grundsteuerverfassung wurde also mit diesen Modifikationen aufrecht erhalten. So kam es, daß Preußen 33 verschiedene Grundsteuerverfassungen besaß, von denen allein 8 auf die Provinz Sachsen entfielen. Auch die Steuerfreiheit oder geringere Besteuerung der Rittergüter, sowie die sonstigen Grundsteuerprivilegien blieben in den Provinzen, die der Fremdherrschaft nicht unterworfen gewesen waren, mit der ganzen Grundsteuerverfassung, wie sie sich im 18. Jahrhundert ausgebildet hatte, erhalten.[2]) Den Mediatisierten wurde auch in den anderen Provinzen die Freiheit von der Grundsteuer durch die Verordnung vom 21. 6. 1815[3]) besonders garantiert.

Die in Aussicht genommene Reform der Grundsteuer kam bei dem Widerstande der Privilegierten gegen dieselbe nur zu stande 1839 für die Rheinprovinz und Westfalen und 1844 in beschränktem Maße für Posen. In der Rheinprovinz und Westfalen fand zunächst die auf dem linken Rheinufer schon unter französischer Herrschaft begonnene Aufnahme eines Grund-

1) Vgl. Fr. G. Schimmelpfennig, Die preuß. direkten Steuern, 2 Teile, 3. A. Berlin 1859, wo im ersten Teile eine übersichtliche Darstellung der Entwicklung der Grundsteuerverfassung in den einzelnen den pr. Staat bildenden Gebietsteilen gegeben ist. Die Behandlung dieser verschiedenen Grundsteuerverfassungen, die größtenteils nur die Bedeutung von Rechtsaltertümern ohne historischen Wert haben, ist hier nicht am Orte.

2) Vgl. über die Grundsteuerverfassung der alten Provinzen Band II, S. 102 ff., 245 ff.

3) G. S. 1815, S. 105.

steuerkatasters zufolge einer Kabinettsordre vom 26. 7. 1820 statt. Nach Vollendung des Katasters erging für beide Provinzen das Gesetz über die Grundsteuerverhältnisse vom 21. 1. 1839.[1]) Auf Grund des periodischen Revisionen unterliegende Katasters wurde der Reinertrag der Grundstücke festgestellt, und die Grundsteuer nach Prozenten des Reinertrags erhoben. Von der Steuer befreit war aller Grund und Boden, der weder einen Ertrag brachte noch kulturfähig war, sowie alle dem Staate, den Provinzen, Kreisen oder Gemeinden gehörigen, zu einem öffentlichen Dienste oder Gebrauche bestimmten Grundstücke. Durch die Grundsteuern der einzelnen Grundstücke war die durch eine Kabinettsordre vom 7. 4. 1828 festgesetzte Grundsteuerhauptsumme der beiden Provinzen aufzubringen. Diese konnte einer Veränderung nur unterliegen, wenn der Reinertrag der Grundstücke im Ganzen unter den fünffachen Betrag der Grundsteuerhauptsumme herabsank, oder wenn zur Zeit unbesteuerte Grundstücke in die Reihe der besteuerten übergingen und umgekehrt.

Für die Provinz Posen erging am 14. 4. 1844 eine Verordnung über die anderweite Regulierung der Grundsteuer.[2]) Die bis dahin unter verschiedenen Namen erhobenen Grundsteuern wurden vom 1. 1. 1846 ab in eine Summe zusammgezogen und als Grundsteuer bezeichnet. Der Steuerbetrag jeder Gemeinde sollte als Kontingent auf alle abgabepflichtigen Güter nach Verhältnis ihres Ertragswertes verteilt werden. Die Besitzungen, auf welche weniger als 1 Sgr. fiel, blieben steuerfrei, auch sollte von keinem Gute eine höhere Steuer als ein Fünftel des Reinertrags gezahlt werden.

2. Die Klassensteuer. Nach dem Gesetz über die Einrichtung des Abgabenwesens vom 30. 5. 1820 sollte anstatt der bisherigen persönlichen Steuern eine nach Hauptklassen des Vermögens zu erhebende Personensteuer, daher Klassensteuer genannt, treten. An demselben Tage erging dann ein besonderes Gesetz über die Klassensteuer.[3]) Dieselbe sollte nur zur Erhebung gelangen auf dem flachen Lande und in denjenigen Städten, in denen die Schlacht- und Mahlsteuer nicht eingeführt wurde. Auf Grund allgemeiner Bestimmungen waren von der Klassensteuer befreit die ehemals Reichsunmittelbaren,[4]) die Geistlichen, Schullehrer und Hebeammen. In dem Gesetze wurde die Befreiung ausgesprochen für a. die Einwohner der Städte, in

---

1) G. S. 1839, S. 30.

2) G. S. 1844, S. 601.

3) G. S. 1820, S. 140.

4) Dieselben waren durch die Verordnung vom 21. 6. 1815 (G. S. 1815, S. 105) von allen gewöhnlichen Personal- und Grundsteuern, nicht dagegen von außerordentlichen und Kriegssteuern und von indirekten Steuern befreit.

denen die Mahl- und Schlachtsteuer erhoben wurde, b. Fremde, die sich nicht ein volles Jahr an demselben Orte aufhielten, c. Kinder unter 14 Jahren, d. die Personen des aktiven Soldatenstandes, die Offiziere der Landwehr und die Militärbeamten, e. Almosenempfänger, f. in öffentlichen Anstalten verpflegte Personen.

Die Steuer sollte nach fünf Klassen erhoben werden und zwar nach Haushaltungen. Wer keiner solchen angehörte, zahlte die Hälfte des gewöhnlichen Satzes als Personensteuer, in der fünften Klasse erfolgte die Erhebung überhaupt nicht nach Haushaltungen, sondern nach Personen. Der jährliche Steuerbetrag belief sich in der ersten Klasse auf 4 Thlr., in der zweiten auf 2 Thlr., in der dritten auf 1 Thlr., in der vierten auf 8 Groschen für die Haushaltung, in der fünften auf 1 Groschen für die Person. Die Klassifikation der Einwohner in die fünf Klassen erfolgte durch die Kommunalbehörden unter Aufsicht der Landräte, die Erhebung durch die Gemeindebeamten, welche die Grundsteuer einzogen.

3. Die Gewerbesteuer. Die durch ein besonderes Gesetz vom 30. 5. 1820[1]) eingeführte Gewerbesteuer trat in den alten Provinzen an die Stelle der bisher auf Grund des Edikts vom 2. 11. 1810 erhobenen Gewerbesteuer, in den neu oder wieder erworbenen Landesteilen an die Stelle der dort bestehenden Patent-, Gewerbe- und Nahrungssteuern.

Während bisher nach französischem Vorbilde eine allgemeine Gewerbesteuerpflicht bestanden, von der nur einzelne Ausnahmen gemacht waren, wurden durch das neue Gesetz für steuerpflichtig nur erklärt der Handel, die Gastwirtschaft, das Verfertigen von Waren auf den Kauf, der Betrieb von Handwerken mit mehreren Gehilfen, der Betrieb von Mühlenwerken, das Gewerbe der Schiffer, der Fracht- und Lohnfuhrleute, der Pferdeverleiher und die von umherziehenden Personen betriebenen Gewerbe. Es wurde dann des Weiteren bestimmt, welche Gewerbebetriebe unter die einzelnen Kategorien fielen.

Jeder Gewerbtreibende, ob steuerpflichtig oder nicht, hatte der Ortspolizeibehörde von dem Beginne des Gewerbebetriebes Anzeige zu machen. Einen Gewerbeschein erhielten künftig nur diejenigen, welche ihr Gewerbe im Umherziehen betrieben und zwar auf die Dauer eines Jahres.

Die Erhebung der Gewerbesteuer erfolgte nach verschiedenen Klassen. Zum Zweck der Einschätzung wurden die Regierungen ermächtigt, unter den Gewerbtreibenden Gesellschaften zu bilden, denen die Steuerverteilung durch aus ihrer Mitte gewählte Abgeordnete oblag.

---

1) G. S. 1820, S. 147.

4. **Die Zölle und Verbrauchssteuern von ausländischen Waren.**[1]) Den Schutz der inländischen Produktion gegenüber der Konkurrenz des Auslandes hatte Preußen bis 1810 in der Weise gewährt, daß es die ausländischen Produkte zu einer verhältnismäßig höheren Thoraccise heranzog,[2]) da an der Durchführung eines den ganzen Staat umfassenden Grenzzollsystems die zerrissene Lage Preußens hinderte. Mit der Beseitigung der Thoraccise und der Gewerbefreiheit des flachen Landes war dieser Schutz fortgefallen. Einen Ersatz hierfür hatte während der Fremdherrschaft, da der gefährlichste Konkurrent England war, das Kontinentalsystem geboten. Mit dem Beginne der Freiheitskriege hörte dasselbe auf. Selbst der berechtigte Kern, der in dem Kontinentalsystem gelegen, ging verloren, da das ganze System als ein Erzeugnis der Fremdherrschaft verhaßt war. Der Siegespreis, den England aus den Freiheitskriegen davon trug, war die völlige Schutzlosigkeit Deutschlands auf dem Gebiete der Industrie, so daß die englischen Waren, die während langer Jahre den auswärtigen Markt fast verloren hatten und in England aufgespeichert waren, jetzt Deutschland, das allein unter allen größeren Gebieten Europas kein ausreichendes Zollsystem besaß, förmlich überschwemmten.

Die deutsche Bundesakte vom 8. 6. 1815 Art. 16 hatte zwar den Bundesgliedern vorbehalten, bei der ersten Zusammenkunft der Bundesversammlung wegen des Handels und Verkehrs zwischen den verschiedenen Bundesstaaten sowie wegen der Schiffahrt nach Anleitung der auf dem Kongreß zu Wien angenommenen Grundsätze in Beratung zu treten. Die ersten Versuche im Jahre 1817, wenigstens die hemmendsten Schranken zwischen den Bundesstaaten, die Korn- und Viehausfuhrverbote, zu beseitigen, scheiterten aber an dem Widerspruche Hannovers, damals mit England in Personalunion stehend, so daß man, da bei gemeinnützigen Anstalten Einstimmigkeit der Bundesglieder erforderlich war, die Angelegenheit als endgiltig gescheitert betrachten konnte.

Preußen sah sich daher genötigt, mit der Regelung seines Zollsystems selbständig vorzugehen. Die Grundlage für die Entwicklung des preußischen Zollwesens in den letzten Menschenaltern bildet das Gesetz über den Zoll

---

1) Vgl. über die Entwicklung des Zollvereins besonders Weber, Der deutsche Zollverein, Lpz. 1871 (vom bayrischen Standpunkte), Aegidi, Aus der Vorzeit des Zollvereins, Hamburg 1865, ferner die betr. Abschnitte bei Roscher, Gesch. der Nationalökonomik in Deutschland, München 1874 und v. Treitschke, Deutsche Gesch. im 19. Jhd. Bd. 2, sowie die politischen Streitschriften. Hier ist der Zollverein nur insofern zu behandeln, als er auf die Verwaltung des preußischen Zollwesens einwirkt.

2) Vgl. Band II, S. 113, 345.

und die Verbrauchssteuer von ausländischen Waren und über den Verkehr zwischen den Provinzen des Staates vom 26. 5. 1818.[1]) Durch dasselbe wurden sämtliche im preußischen Staate noch bestehenden Binnenzölle mit Ausnahme der Rhein-, Elbe- und Weserzölle abgeschafft und innerhalb des Staates eine vollständige Handelsfreiheit anerkannt. Auch die Einfuhr fremder, die Ausfuhe einheimischer Erzeugnisse war grundsätzlich unbeschränkt. Ausnahmen waren nur zulässig aus polizeilichen Rücksichten und auf bestimmte Zeit. Salz und Spielkarten sollten nach den besonderen deshalb erlassenen Anordnungen beurteilt werden. Für fremde Waren wurde ein Einfuhrzoll von durchschnittlich einem halben Thaler für den Centner nebst einer Verbrauchssteuer bei dem Verbleiben der Waren im Inlande, in der Regel bis zu zehn Prozent des Wertes eingeführt, während bei der Ausfuhr die Zollfreiheit die Regel sein sollte. Gleichzeitig erging ein einheitlicher Zolltarif für die östlichen Provinzen, ein besonderer Zolltarif für die westlichen Provinzen, sowie eine Zoll- und Verbrauchssteuerordnung.

Durch die Abschaffung aller Binnenzölle mit Ausnahme einiger auf internationalen Verträgen beruhenden Flußzöllen und durch die Erhebung des Zolles als eines Einfuhrzolles von fremden Waren suchte sich Preußen abzuschließen zu einem einheitlichen Handelsgebiete. Diese Abschließung fand aber Schwierigkeiten in der zerrissenen Gestalt des Staates nach zwei Richtungen hin. Abgesehen davon, daß die westlichen Provinzen territorial mit den östlichen gar nicht zusammenhingen, besaß Preußen namentlich in den linkselbischen Gebieten eine zahllose Menge von Exklaven. Es konnte dieselben nicht in sein Zollgebiet einschließen, wenn es diese bisweilen nur aus wenigen Dörfern bestehenden Absplissen, die ihre notwendigsten Bedürfnisse gar nicht selbst produzieren konnten, sondern aus benachbarten fremden Gebieten beziehen mußten, nicht dem Verhungern Preis geben wollte. Das Gesetz vom 26. 5. 1818 hatte daher für diese Exklaven bereits besondere Zollverfassungen vorbehalten, dieselben sollten also nicht in das preußische Zollgebiet einbezogen werden.

Andererseits befanden sich verschiedene, rings von preußischem Gebiete umschlossene fremde Gebietsteile in einer ähnlichen Lage. Da die Zölle und Verbrauchssteuern an der preußischen Grenze erhoben und bei der Ausfuhr aus dem preußischen Gebiete nicht zurückvergütet wurden, so mußten die Bewohner jener fremden Gebiete für die aus dem Auslande bezogenen Waren die preußischen Steuern zahlen, wenn nicht, wozu sich Preußen bei Erlaß des neuen Zollgesetzes bereit erklärt hatte, die Regierungen der von dem preußi-

1) G. S. 1818, S. 65.

schen Zollgesetze betroffenen Staaten, mit Preußen besondere Vereinbarungen trafen.

Diese Verhältnisse bewogen schon in kürzester Zeit Schwarzburg-Sondershausen mit Preußen in diplomatische Verhandlungen zu treten. Bereits am 25. 10. 1819 kam zwischen beiden Staaten ein Vertrag zu stande,[1]) nach dem Preußen sich verpflichtete, an Schwarzburg-Sondershausen für die vom preußischen Territorium umschlossenen schwarzburgischen Gebiete, welche die preußischen Zölle und Verbrauchssteuern zu zahlen hatten, eine von drei zu drei Jahren festzustellende Vergütigung zu zahlen, die nach dem Gesamtbetrage der Zölle und Verbrauchssteuern und dem Verhältnis der Bevölkerung der östlichen Provinzen zu der von Schwarzburg-Sondershausen berechnet wurde. Für 1819 bis 1822 wurde die von Preußen zu zahlende Summe auf 15000 Thlr. festgesetzt. Schwarzburg-Sondershausen schloß sich für seine Unterherrschaft ganz dem preußischen Zollsysteme an. Preußen erhob an der schwarzburgischen Grenze keine Zölle mehr und umgekehrt. Eine Veränderung in den Zollgesetzen erfolgte einseitig durch Preußen, dies wurde jedoch in die schonende Form gekleidet: „Solche Veränderungen bedürfen der Zustimmung der schwarzburg-sondershäuser Regierung; diese Zustimmung wird aber nicht verweigert werden, wenn die Veränderung in Preußen allgemein getroffen wird."

Ähnliche Verträge schlossen in den folgenden Jahren für ihre vom preußischen Territorium ganz oder teilweise umschlossenen Gebietsteile 1822 Schwarzburg-Rudolstadt für die Unterherrschaft,[2]) 1823 Sachsen-Weimar für die Ämter Allstädt und Oldisleben[3]) und Anhalt-Bernburg für das obere Herzogtum,[4]) 1826 Lippe für die Gebiete Lipperode, Cappel und Grevenhagen,[5]) 1827 Mecklenburg-Schwerin für die Gebiete Rossow, Netzeband und Schönberg,[6]) 1829 Sachsen-Koburg-Gotha für seine von der Provinz Sachsen umschlossenen Gebietsteile,[7]) 1830 Hessen-Homburg für Meisenheim,[8]) Oldenburg für Birkenfeld,[9]) 1831 Waldeck.[10])

---

1) S. dens. in der G. S. 1820, S. 1.
2) G. S. 1822, S. 225.
3) G. S. 1823, S. 169.
4) G. S. 1823, S. 177.
5) G. S. 1826, S. 101.
6) G. S. 1827, S. 1.
7) G. S. 1829, S. 121, G. S 1830, S. 121.
8) G. S. 1830, S. 49.
9) G. S. 1830, S. 121.
10) G. S. 1831, S. 159.

Diese Verträge hatten aber doch alle nur den Zollanschluß einzelner Gebietsteile an das preußische Zollgebiet zur Folge. Preußen hatte allein die Zollgesetzgebung und Zollverwaltung, die anderen Staaten bezogen für ihre umschlossenen Gebiete nur gewisse Erträge aus der preußischen Zollkasse. Eine vollkommene Zollvereinigung erfolgte erst durch den am 14. 2. 1828 zwischen Preußen und dem Großherzogtum Hessen nach dem Grundsatz der Revenüenteilung entsprechend der Bevölkerungszahl geschlossenen Staatsvertrag.[1])

Im Gegensatz zu den bisher von Preußen geschlossenen Verträgen blieb der hessischen Regierung die selbständige Zollverwaltung in ihrem Gebiete. Dieselbe mußte aber nach preußischem Muster eingerichtet, die Etats über die Zollverwaltungsausgaben nach preußischem Fuße reguliert und der preußischen Regierung zur Revision mitgeteilt werden. Preußen erhielt das Recht der Ernennung eines der beiden Räte und eines Substituten bei der hessischen Zollverwaltung, wogegen die hessische Regierung einen Rat bei der preußischen Steuerdirektion zu Köln zu ernennen hatte. Künftige Abänderungen des Zolltarifs und der übrigen das Zollwesen betreffenden gesetzlichen oder reglementarischen Bestimmungen sollten nur gemeinschaftlich verfügt, auch Handelsverträge, durch welche die Interessen des Großherzogtums oder der westlichen preußischen Provinzen berührt würden, von Preußen nur unter Mitwirkung der großherzoglich hessischen Regierung abgeschlossen werden. Von der Zollgemeinschaft ausgenommen waren alle Konsumtions- und indirekten Abgaben, die Wasserzölle, Oktrois, Chaussee-, Kanal-, Brücken- und ähnliche Abgaben. Zur Sicherung der Konsumtionssteuern an Branntwein, Wein, Bier, Essig, Tabaksblättern und Schlachtvieh wurden besondere Übergangssteuern eingeführt, während die Einfuhr von Salz und Spielkarten in Preußen, von Salz in Hessen verboten blieb. Zur Abrechnung und zur Erledigung sonstiger Verwaltungsangelegenheiten traten jährlich einmal Abgeordnete beider Teile zusammen. Jeder Teil war befugt, eine gleiche Anzahl Kontrolleurs zu den Hauptzollämtern des anderen Teils zu ernennen, um von der Geschäftsführung der Zollverwaltung Einsicht zu nehmen und auf Abstellung etwaiger Mißbräuche anzutragen.

Dem preußisch-hessischen Zollverbande traten fernerhin mit ihrem ganzen Gebiete bei 1828 Anhalt-Dessau und Anhalt-Köthen,[2]) 1830 beide Reuß.[3]) Diese Staaten behielten jedoch nicht ihre selbständige Zollverwaltung, sondern

1) G. S. 1828, S. 50, Vgl. auch Weber, Der deutsche Zollverein, S. 63 ff.

2) G. S. 1828, S. 99.

3) G. S. 1830, S. 105.

wurden einfach Zollanschlüsse des preußischen Staates, indem ihnen nur ein Recht auf einen entsprechenden Revenüenanteil zustand.

Inzwischen hatten sich Bayern mit Ausnahme der Pfalz und Württemberg, dem sich die hohenzollernschen Fürstentümer als Zollanschlüsse angegliedert hatten, durch einen Vertrag vom 18. 1. 1828 zu einem süddeutschen Zollvereine verbunden. Nach diesem Vertrage wurden ebenfalls die Zölle nach Verhältnis der Bevölkerung geteilt. Jeder der beiden Staaten behielt seine selbständige Zollverwaltung, bei der ein ständiger Generalbevollmächtigter des anderen Teiles zur Kontrolle angestellt war. Allgemeine Anordnungen erfolgten mit Ausnahme dringender Fälle nur im gemeinsamen Einverständnisse. Zollbefreiungen, Rückvergütungen und ähnliche Vergünstigungen fielen auf Rechnung derjenigen Regierung, welche sie gewährte. Die Stapel- und Umschlagsrechte wurden aufgehoben. Wegegelder, Wasserzölle, Brücken- und Pflasterzölle, Krahnen-, Werft- und dergleichen Gebühren blieben der privativen Erhebung vorbehalten. Wegegeld und Wasserzölle sollten jedoch niemals zwei Pfennig vom Centner und für die Stunde überschreiten, und Brücken- und Pflasterzölle nicht als Finanzquelle benutzt werden. Konsumtionsabgaben, welche in dem einen Staate erhoben wurden, konnten in gleichem Betrage auch bei der Einfuhr aus dem anderen Staate zur Hebung kommen. Die Salzregale wurden beiderseits aufrecht erhalten.

Zur Besorgung der gemeinschaftlichen Vereinsangelegenheiten trat jährlich ein Generalkongreß zusammen, bestehend aus zwei bayrischen und zwei württembergischen Abgeordneten mit wechselndem Vorsitze, um über die etwa notwendigen Abänderungen des Grundvertrages, der Organisation der Verwaltung, der Zollordnung und des Tarifs sich zu vereinigen, die administrativen Rechenschaftsberichte der Oberzolladministrationen zu prüfen, die Hauptrechnung und den Etat festzustellen, die Rekurse und Beschwerden über die Verfügungen der Oberzolladministrationen zu entscheiden.[1])

Durch Vertrag vom 24. 9. 1828 hatten sich ferner Sachsen, Hannover, Kurhessen, einige thüringische Staaten, Braunschweig, Oldenburg und Frankfurt a. M. zu einem mitteldeutschen Handelsvereine verbündet. Der Zweck dieses Vereins war ein rein negativer, die kleinen mitteldeutschen Staaten vor dem Anschlusse an einen der beiden Zollvereine zu schützen. Es kam deshalb auch zwischen den Staaten des mitteldeutschen Vereins keine Zollvereinigung zu stande, sondern dieselben verpflichteten sich nur, während der nächsten drei Jahre keinem fremden Zollverbande einseitig beizutreten, während dieser Zeit die Transitabgaben, gleichgiltig, woher die Waren kämen,

---

1) Weber, a. a. O. S. 51 ff.

einseitig nicht zu erhöhen, sich gegenseitig Verkehrserleichterungen zu gewähren.[1]) Infolge seiner rein negativen Tendenzen konnte der Verein nicht recht lebensfähig werden und löste sich sehr bald auf, als Kurhessen durch Vertrag vom 25. 8. 1831[2]) sich dem preußischen Zollsystem anschloß und dadurch den territorialen Zusammenhang des mitteldeutschen Handelsvereins unterbrach, andererseits aber die territoriale Verbindung zwischen den östlichen und westlichen Provinzen Preußens herstellte.

Jetzt erst war auch ein ununterbrochener territorialer Zusammenhang zwischen dem preußisch-hessischen und dem bayrisch-württembergischen Verein und damit die Möglichkeit ihrer Vereinigung gegeben. Nach längeren Verhandlungen traten dem preußisch-hessischen Vereine durch Vertrag vom 22. 3. 1833[3]) Bayern und Württemberg, durch Vertrag vom 30. 3. 1833[4]) das Königreich Sachsen bei. Zufolge Vertrages vom 10. 5. 1833[5]) bildete sich aus den preußischen Kreisen Erfurt, Schleusingen und Ziegenrück, dem kurhessischen Schmalkalden und den thüringischen Staaten, soweit sie noch nicht dem preußischen Zollsystem angeschlossen waren, der thüringer Zoll- und Handelsverein, der am 11. 5. 1833[6]) dem preußischen Zollvereine, nunmehr Gesamtzollverein genannt, beitrat. Der Zollverein umfaßte daher am 1. 1. 1834 achtzehn Staaten mit 7719 Quadratmeilen und 23 Millionen Einwohnern.

Nach den Zollvereinsverträgen fand in den Vereinsstaaten ein vollkommen übereinstimmendes Zollsystem mit gleichem Tarife für Eingangs-, Ausgangs- und Durchgangsabgaben und im Innern der Vereinsstaaten vollkommene Verkehrsfreiheit unter Wegfall aller bisherigen Zollgrenzen und der bisher noch bestehenden Stapel- und Umschlagsrechte statt. Ausgenommen von der Verkehrsfreiheit waren nur: 1. die zu den Staatsmonopolien gehörigen Gegenstände, namentlich Spielkarten und Salz, 2. Gegenstände, welche ohne Eingriff in die von einem Staate erteilten Erfindungspatente und Privilegien nicht nachgemacht oder eingeführt werden durften, 3. Gegenstände, welche einer Ausgleichungs- oder Übergangsabgabe unterlagen.

Diese Übergangsabgaben schienen erforderlich, da die inländischen Konsumtionssteuern nicht im ganzen Vereinsgebiete dieselben waren. In Preußen bestanden nach dem Gesetze vom 8. 2. 1819 solche Konsumtionssteuern auf inländischem Branntwein, Braumalz, Weinmost und Tabaksblätter. Diesem

1) A. a. O. S. 68 ff.
2) G. S. 1831, S. 227.
3) G. S. 1833, S. 145, 162.
4) A. a. O. S. 210, 228.
5) A. a. O. S. 232.
6) A. a. O. S. 240.

preußischen Steuersysteme hatten sich nur die nördlichen Vereinsstaaten angeschlossen. Damit nun die Konsumtionssteuern der einzelnen Staaten nicht durch Einführung von in anderen Vereinsstaaten produzierten Waren, von denen in jenen Staaten keine oder eine geringere Steuer erhoben wurde, geschädigt würden, wurden im Innern des Zollvereins von den konsumtionssteuerpflichtigen Waren Übergangsabgaben erhoben und zwar in Preußen und den seinem Steuersysteme beigetretenen nördlichen Staaten von aus anderen Vereinsstaaten kommendem Bier, Branntwein, Tabak, Traubenmost und Wein, in Bayern und Württemberg von Bier, Branntwein und geschrotenem Malze, im Großherzogtum Hessen vom Biere. Grundsätzlich sollte die Höhe der Übergangssteuer entsprechen der Differenz der gesetzlichen Steuer des Gegenstandes im Lande der Bestimmung von der im Lande der Herkunft.

Bestehen blieben ferner die Abgaben für Benutzung öffentlicher Wege, aber höchstens im Betrage des preußischen Chausseegeldtarifs von 1828, Kanal-, Schleusen-, Brücken und ähnliche Gelder für Benutzung wirklich bestehender Einrichtungen. Die Aufhebung der Wasserzölle wurde weiterer Vereinbarung vorbehalten.

Die Verteilung der Zollrevenüen erfolgte nach der Bevölkerungszahl. Jeder Staat mit Ausnahme der Zollanschlüsse behielt seine eigene Zollverwaltung. Zum Zweck der gegenseitigen Kontrolle stand jedem selbständigen Vereinsstaate das Recht zu, 1. den Hauptzollämtern auf den Grenzen anderer Vereinsstaaten Kontrolleure, Vereins- oder Stationskontrolleure genannt, beizuordnen, 2. in gleicher Weise an die Zolldirektionen der anderen Vereinsstaaten Beamte abzuordnen, um von dem Geschäftsgange Einsicht zu nehmen — Vereinsbevollmächtigte.

Aus den Bevollmächtigten aller selbständigen Vereinsstaaten wurde eine Vereinsbehörde gebildet, und ihr übertragen a. die Verhandlungen über alle sich ergebenden und nicht im gewöhnlichen Korrespondenzwege erledigten Beschwerden und Mängel, b. die endgiltige Abrechnung zwischen den Vereinsstaaten über die gemeinschaftlichen Einnahmen, c. die Beratung über Wünsche und Vorschläge einzelner Vereinsstaaten, d. die Verhandlungen über Abänderungen des Zollgesetzes, des Zolltarifs, der Zollordnung und der Verwaltungsorganisation. Diese Versammlung, Generalkonferenz genannt, trat jährlich einmal und zwar abwechselnd unter den Hauptstädten der Vereinsstaaten zusammen. Jeder Staat hatte gleiches Stimmrecht. Zur Giltigkeit eines Beschlusses war die Übereinstimmung sämtlicher selbständigen Vereinsstaaten erforderlich.

Der Zollverein trat ins Leben am 1. 1. 1834 und zwar zunächst nur auf acht Jahre, nach Ablauf der ersten Vereinsperiode erfolgte jedoch die

Verlängerung auf zwölf Jahre. Das Vereinszollgesetz, welches an die Stelle des preußischen Gesetzes vom 26. 5. 1818 trat, erging am 23. 1. 1838.[1])

Dem Zollvereine traten fernerhin als selbständige Glieder bei 1835 Baden und Nassau und mit beschränkteren Rechten 1836 Frankfurt a. M., ferner nach der ersten Erneuerung der Vereinsverträge Braunschweig für den größten Teil seines Gebietes und Luxemburg. Letzteres mußte jedoch seine Vertretung in der Generalkonferenz auf Preußen übertragen, die luxemburger Zolldirektion, deren Chef dem Großherzoge von Preußen zur Ernennung präsentiert wurde, dem preußischen Finanzministerium unterstellen, welches auch bei den Hauptzollämtern den dritten Beamten und die Obergrenzkontrolleure vorzuschlagen hatte.[2])

5. Die inländischen Konsumtionssteuern. Nach dem Gesetze vom 8. 2. 1819[3]) waren folgende im Inlande erzeugten Gegenstände einer Steuer unterworfen: 1. Branntwein, 2. Braumalz, 3. Weinmost, 4. Tabaksblätter.

Die Branntweinsteuer sollte durch einen Blasenzins derart erhoben werden, daß von jedem Quart Branntwein zu 50 Prozent Alkohol nach dem Alkoholometer von Tralles, welcher von dem als Regel angenommenen Betriebe gewonnen werden konnte, ein g. Gr. drei Pfennig zu entrichten waren. Als Regel wurde fernerhin angenommen, daß der in vierundzwanzig Stunden erzeugte Branntwein von 50 Prozent Alkohol sich zum Blasenraume wie eins zu vier verhalte, wonach der Blasenzins einen g. G. drei Pfennig auf vier Quart Blaseninhalt für jene Zeit betrug. Eine verhältnismäßige Erhöhung fand bei schnellerem Betriebe statt, während bei kleinen und abgelegenen Brennereien eine Fixation des Blasenzinses zulässig war.

Die Schwierigkeiten der Schätzungen, besonders hervorgerufen durch die Verbesserung der Destillierapparate, führte 1820 zur Erhebung der Steuer als Maischsteuer.[4]) Indem angenommen wurde, daß in einem Gefäße von 25 Quart aus mehligen Substanzen so viel Weingeist durch Gährung hervorgebracht werde, als zum Gewinne eines Quarts Branntwein von 50 Prozent Alkohol erforderlich sei, die Steuer aber von einem Quart Branntwein einen g. Gr. drei Pfennig betragen sollte, so war von zwanzig Quart Maischraum ein guter Groschen zu zahlen. Eine spätere Kabinettsordre vom

---

1) G. S. 1838, S. 34.

2) Weber, a. a. O. S. 205.

3) G. S. 1819, S. 97.

4) Regulativ des Finanzministers v. 1. 12. 1820 bei v. Kamptz, Ann. Bd. 4, S. 714, genehmigt durch Kabinettsordre vom 20. 6. 1822, G. S. 1822, S. 176.

10. 1. 1824[1]) setzte die Steuer für jede Einmaischung in ein Gefäß von zwanzig Quart Rauminhalt auf einen Sgr. sechs Pf. fest.

Die Braumalzsteuer, welche von der Einmaischung zu entrichten war, betrug von jedem Centner Malzschrot, welches zum Bierbrauen verwandt wurde, 20 Sgr. Die Steuer war auch von dem zur Essigfabrikation verwandten Braumalz zu entrichten, wenn mit der Bierbrauerei eine Essigbrauerei verbunden war, oder Essig aus Malz in eigens dazu bestimmten Anlagen im Großen zum Verkaufe bereitet wurde. Die Herstellung eines Haustrunks in Kochkesseln war steuerfrei, wenn dieselbe zum eigenen Bedarfe in Familien von nicht mehr als zehn Personen über vierzehn Jahren geschah.

Von dem inländischen Weinmost war eine Steuer zu entrichten, die nach der verschiedenen Güte 1 Thlr., 20 Sgr., $12\frac{1}{2}$ Sgr. und $7\frac{1}{2}$ Sgr. für den Eimer des auf der Kelter gewonnenen Mostes betrug. Diese Steuer wurde wegen ihrer ungeeigneten Erhebungsart durch das Gesetz vom 25. 9. 1820 wegen Veränderung der Weinsteuer[2]) beseitigt. Statt der bisherigen Steuer sollte von dem im Lande gewonnenen Weine je nach dessen Güte eine Steuer von $1\frac{1}{6}$ Thlr., 25 Sgr., $17\frac{1}{2}$ Sgr., $12\frac{1}{2}$ Sgr., 10 Sgr. und $7\frac{1}{2}$ Sgr. für den Eimer erhoben werden. Die Steuer wurde nach der Kabinettsordre vom 28. 9. 1834[3]) erst fällig mit dem Verbrauche des Weins oder mit dessen Übergang in fremde Hände.

Was die Tabakssteuer anbetrifft, so hatte nach dem Gesetze vom 8. 2. 1819 derjenige, welcher eine Grundfläche von mehr als fünf Quadratruten mit Tabak bepflanzte, von jedem Centner getrockneter Tabaksblätter einen Thaler Steuer zu entrichten. Statt dessen ordnete die Kabinettsordre vom 29. 3. 1828[4]) eine nach Maßgabe der mit Tabak bepflanzten Grundfläche zu erhebende Abgabe von dem Erntegewinn an, die je nach der Güte des Bodens 3 bis 6 Sgr. von je sechs Quadratruten des mit Tabak bepflanzten Landes betrug.

Vergütungen der gezahlten Konsumtionssteuern bei Versendungen der versteuerten Gegenstände ins Ausland fanden nach dem Gesetze vom 8. 2. 1819 in der Regel nicht statt, doch sollten, wenn örtliche Verhältnisse diese Vergütungen zur Erhaltung des Handelsverkehrs im Großen erforderten, solche Verhältnisse berücksichtigt, und besondere Bestimmungen getroffen werden.

Außer diesen vier Konsumtionssteuern, welche auf dem Gesetze vom

1) Bergius, Ergänz. zur G. S., S. 101.
2) G. S. 1820, S. 193.
3) G. S. 1834, S. 165.
4) G. S. 1828, S. 39.

8. 2. 1819 und den dasselbe abändernden oder ergänzenden Bestimmungen beruhten, wurde durch eine Verordnung vom 21. 3. 1840[1]) der aus Runkelrüben erzeugte Rohzucker einer Abgabe von $\frac{1}{6}$ Thlr. für den Centner unterworfen. Die Veranlassung zur Einführung dieser Steuer gab das Sinken der Erträge des Zuckerzolls infolge der inländischen Rübenzuckerproduktion. Nach einer bei Erneuerung der Zollvereinsverträge von den Vereinsstaaten am 8. 5. 1841 getroffenen besonderen Übereinkunft sollte daher in allen Vereinsstaaten eine Rübenzuckersteuer eingeführt werden. Die Steuer, für die ein gemeinsamer Satz vereinbart wurde, sollte während der ersten drei Jahre eine privative bleiben, jedoch vom 1. 9. 1844 ab für die Gemeinschaft erhoben werden. Auf Grund des Zollvereinsbeschlusses erhöhte in Preußen eine Verordnung vom 30. 7. 1841[2]) die hier bereits eingeführte Steuer auf $\frac{1}{3}$ Thlr. für den Centner.

Durch Vereinbarung der Zollvereinsstaaten vom 6. 11. 1843 wurde demnächst die Steuer von neuem festgestellt, ihre Erhebung und Verrechnung geordnet. Die Festsetzung des Steuersatzes sollte nunmehr immer von drei zu drei Jahren erfolgen. Die Höhe der Steuer sollte stets in der Weise geregelt werden, daß der Eingangszoll vom ausländischen Zucker und Syrup und die Steuer vom vereinsländischen Rübenzucker zusammen für den Kopf der jeweiligen Bevölkerung des Zollvereins jährlich mindestens eine Bruttoeinnahme gewährten, die dem Ertrage des Eingangszolles vom ausländischen Zucker und Syrup für den Kopf der Bevölkerung im Durchschnitte der drei Jahre 1838 bis 1840 gleichkam. Dem entsprechend wurde der Steuersatz für die nächsten drei Jahre auf einen Thaler für den Centner Rübenrohzucker oder $1\frac{1}{2}$ Sgr. für den Centner Rüben normiert, wobei man annahm, daß 20 Centner Rüben einem Centner Rohzucker entsprächen.[3]) Eine endgiltige Regelung traf für Preußen die Verordnung vom 7. 8. 1846,[4]) welche in Übereinstimmung mit den Zollvereinsbeschlüssen eine periodische Festsetzung der Steuer von drei zu drei Jahren anordnete.

6. Die Schlacht- und Mahlsteuer. Die Schlacht- und Mahlsteuer beruhte auf einem Gesetze vom 30. 5. 1820.[5]) Sie sollte zur Erhebung gelangen in einer Reihe namentlich genannter größerer Städte, die dagegen von der Klassensteuer befreit waren, so daß Klassensteuer und Schlach-

1) G. S. 1840, S. 101.
2) G. S. 1841, S. 140.
3) Weber, a. a. O. S. 417.
4) G. S. 1846, S. 335.
5) G. S. 1820, S. 143.

und Mahlsteuer nirgends neben einander bestehen konnten. Der Mahlsteuer waren unterworfen alle Getreidearten, Körner und Hülsenfrüchte mit Ausnahme des Malzes und des Getreides, welches die Inhaber einer Brauerei oder Brennerei nachweisbar zum Brauen oder zur Destillation verwandten. Die Steuer betrug vom Weizen für den Centner 16 g. Gr., von Roggen, Gerste, Buchweizen, anderen Getreidearten und Hülsenfrüchten für den Centner 4 g. Gr. Die Erhebung der Steuer erfolgte, bevor das Getreide zur Mühle kam. Wenigstens ein Viertel Centner mußte auf einmal zur Mühle gesandt werden, kein Müller durfte geringere Quantitäten annehmen. Weniger als ein Sechstel Centner war steuerfrei. Die Schlachtsteuer war zu entrichten von allem geschlachteten Rindvieh, Schafen, Ziegen und Schweinen, auch von Kälbern, Lämmern und Ferkeln und betrug einen Thaler für jeden Centner Fleisch.

7. Die Stempelsteuer. Die Stempelsteuer wurde unter Aufhebung aller früheren das Stempelwesen betreffenden Bestimmungen einheitlich geregelt durch das Stempelsteuergesetz vom 7. 3. 1822.[1]) Sie war zu entrichten von stempelpflichtigen Verhandlungen, die in der Regel auf Stempelpapier selbst zu schreiben waren, aber auch binnen 14 Tagen mit demselben umschlagen werden konnten. Dem Stempel unterlagen ferner inländische Kalender und zwar Volkskalender in Höhe von 1 bis 3 Sgr., Luxuskalender in Höhe von 5 Sgr., Spielkarten und politische Zeitungen.

Bis 1847 beruhten sämtliche Steuern auf Gesetzen, die wie alle anderen Gesetze einseitig vom Könige erlassen wurden. Mit der Begründung des Vereinigten Landtages machte sich aber das Bestreben geltend, demselben wie den ständischen Versammlungen des Mittelalters ein Steuerbewilligungsrecht einzuräumen. Diese Bestrebungen waren jedoch noch nicht stark genug, die feste gesetzliche Grundlage des preußischen Steuersystems zu zerstören und durch periodische Bewilligungen zu ersetzen. Vielmehr bestimmte das Patent die ständischen Einrichtungen betreffend vom 3. 2. 1847[2]) nur: „So oft die Bedürfnisse des Staates entweder neue Anleihen oder die Einführung neuer oder eine Erhöhung der bestehenden Steuern erfordern möchten, werden Wir die Provinzialstände der Monarchie zu einem Vereinigten Landtage um Uns versammeln, um für Erstere die durch die Verordnung über das Staatsschuldenwesen vorgesehene ständische Mitwirkung in Anspruch zu nehmen und zu letzterer Uns ihrer Zustimmung zu versichern.“ Während also im Übrigen eine Zustimmung des Vereinigten Landtags für das Zustande-

1) G. S. 1822, S. 57.
2) G. S. 1847, S. 33.

kommen von Gesetzen nicht erforderlich war, wurde dieselbe verlangt für Gesetze, welche die Einführung neuer oder die Erhöhung bestehender Steuern betrafen.

Die Organe.

Die untersten Organe für die Domänenverwaltung waren die Domänenpächter, entweder der Generalpächter oder Pächter kleinerer Güter. Über letzteren standen in Preußen die Domänenrentmeister.[1])

Jeder königliche Forst stand unter der Verwaltung eines Oberförsters, dem die unteren Forstbeamten unterstellt waren. Eine Dienstinstruktion für die Oberförster erging am 21. 4. 1817. Die Oberförster hatten die laufende Forst- und Jagdverwaltung zu führen. Mehrere Oberförstereien wurden einem Forstinspektor unterstellt, der die Thätigkeit der Oberförster und der ihnen untergeordneten Beamten zu kontrollieren hatte und eine Mittelinstanz zwischen dem Oberförster und dem Oberforstmeister bezw. der Regierung bildete. Durch ein Publikandum vom 20. 1. 1829[2]) wurden die Forstinspektoren zwar auf die Besorgung kommissarischer Geschäfte, die Unterstützung und Vertretung der oberen Forstbeamten beschränkt, aber bereits 1834 erhielten sie ihre frühere Stellung zurück. Die Erhebung der Holzgelder und Forstgefälle mehrerer Oberförstereien war einer Forstkasse unter einem Forstkassenrendanten übertragen, die in der Regel mit dem Domänenrentamte verbunden sein sollte. Die Forstkassenrendanten standen wie die Oberförster unter der Aufsicht der Forstinspektoren.

Für den Regierungsbezirk lag die Verwaltung der Domänen und Forsten der Regierung ob. Die Geschäfte der bisherigen Gesamtkammer zu Wusterhausen wurden 1809 der Regierung zu Potsdam, die der Amtskammer zu Schwedt[3]) 1811 der damaligen pommerschen Regierung übertragen. Hinsichtlich der Forstverwaltung stand dem technischen Mitgliede der Regierung, dem Oberforstmeister, zu die Leitung des technischen Teils der Forstverwaltung, die Disciplin über die Forstbeamten des Regierungsbezirks und die Vollziehung der sonstigen Lokalrevisionen.[4])

Zur Verwaltung des Bergregals zerfiel Preußen in fünf Hauptbergdistrikte: 1. den brandenburg-preußischen, umfassend Brandenburg, Pommern, Preußen und den Regierungsbezirk Bromberg, unter unmittelbarer Verwal-

1) S. S. 171.

2) v. Kamptz, Ann. Bd. 13, S. 35.

3) Vgl. über beide Kammern Band II, S. 347.

4) Instr. der Reg. v. 23. 10. 1817 § 43.

tung der Ministerialabteilung für Berg-, Hütten- und Salinenwesen; 2. den schlesischen, umfassend Schlesien und den Regierungsbezirk Posen, mit dem Oberbergamte zu Breslau, dem verschiedene Bergämter und Hüttenämter untergeordnet waren; 3. den sächsischen, umfassend die Provinz Sachsen, mit dem Oberbergamte zu Halle, verschiedenen Bergämtern, Salzämtern und Salinenverwaltungen; 4. den westfälischen, umfassend die Provinz Westfalen mit Ausnahme eines Teils des Regierungsbezirks Arnsberg und einen Teil des Regierungsbezirks Düsseldorf, mit dem Oberbergamte zu Dortmund, mehreren Berg- und Salzämtern; 5. den rheinischen, umfassend die Rheinprovinz mit Ausnahme eines Teils des Regierungsbezirks Düsseldorf und einen Teil des Regierungsbezirks Arnsberg, mit dem Oberbergamte zu Bonn, mehreren Bergämtern, Hüttenämtern und Salinenverwaltungen.

Was die Lotterie anbetrifft, so erfolgte der Detailverkauf der Lose durch Gewerbtreibende, die oberste Verwaltung seit 1810 durch die Generallotteriedirektion.[1]) Den Salzverkauf im großen besorgten die den Regierungen bezw. Provinzialsteuerdirektionen untergeordneten Salinen. Die Generalsalzdirektion, welche die Centralbehörde bildete und gleichzeitig an Stelle der Regierungen zu Potsdam und Frankfurt die Provinzialverwaltung der Salzangelegenheiten für Brandenburg führte, wurde am 21. 3. 1829 aufgehoben. Die Provinzialverwaltung ging seitdem in Brandenburg auf die vierten Abteilungen der Regierungen, die Centralverwaltung auf die Generaldirektion der Steuern zu Berlin über.[2])

Die Verwaltung des Postwesens erfolgte wie bisher durch die einzelnen Postämter, von denen einige die Bezeichnung Hofpostamt oder Oberpostamt führten, und die ihnen nur bezüglich des Rechnungswesens untergeordneten Postwärterämter, später Postexpeditionen genannt. Die einzelnen Postämter hatten früher unmittelbar unter dem Generalpostamte zu Berlin gestanden. Die Verordnung vom 26. 12. 1808 schob jedoch zwischen beiden die Regierungen ein, welche die polizeiliche Aufsicht über das Postwesen sowohl hinsichtlich der allgemeinen Grundsätze für dessen Betrieb und Ökonomie wie einer zweck- und polizeimäßigen Ausführung derselben erhielten, und welchen insoweit auch sämtliche Postofficianten ihres Departements untergeordnet wurden. Mit dem administrativen Detail waren dagegen die Regierungen nicht befaßt, dieses verwalteten vielmehr die Postämter unter Aufsicht des in jedem Regierungsdepartement anzusetzenden Postdirektors, der die Stellung eines technischen Rats bei der Regierung einnahm. Die Unterordnung der

1) S. S. 171 ff.
2) G. S. 1829, S. 42.

Postämter unter die Regierungen bewährte sich jedoch nicht, da ihnen die erforderlichen Kenntnisse des Postwesens und seiner Bedürfnisse fehlten. Nach der Hardenbergschen Verwaltungsorganisation von 1810 wurden daher die Postämter wieder dem Generalpostamte[1]) unmittelbar untergeordnet. Zur Kontrolle der Postämter war das ganze Staatsgebiet in sieben, später in zehn Inspektionsbezirke geteilt. In jedem führte ein Postinspektor als Kommissar des Generalpostamtes die unmittelbare Aufsicht über die Unterämter.[2])

Die Verwaltung der direkten Steuern stand im allgemeinen den gewöhnlichen Behörden der Landesverwaltung zu. Bei Einführung der ersten allgemeinen direkten Steuer, der Gewerbesteuer, durch das Edikt vom 28. 10. 1810 war bestimmt worden, die Einziehung solle in den Städten durch die Magistrate für die Konsumtionssteuerkassen, auf dem flachen Lande durch die Landräte und ihre Unterbeamten für die Kreiskassen erfolgen. Die Grundsteuern wurden ebenfalls, wie dies seit alters Herkommen, in den Städten an die Magistrate, auf dem Lande zu den Kreiskassen gezahlt.

Die Gesetze vom 30. 5. 1820 über die direkten Abgaben übertrugen dagegen allgemein sowohl in den Städten wie auf dem flachen Lande die Einziehung sämtlicher direkten Abgaben, der Grundsteuer, der Klassensteuer und der Gewerbesteuer, den Gemeindebehörden, denen für Ermittlung, Erhebung und Verteilung der Gewerbesteuer der 25. Teil derselben zugesichert wurde. Die Gemeindebehörden gewannen demnach auf dem Gebiete der Steuerverwaltung dieselbe Stellung wie auf dem der Polizeiverwaltung nach den Städteordnungen, sie waren Behörden der allgemeinen Landesverwaltung vermöge staatlichen Auftrages. Für die Rheinprovinz und Westfalen wurde dagegen durch das Grundsteuergesetz vom 21. 1. 1839[3]) und die Kabinettsordre vom 6. 2. 1841[4]) angeordnet, die Erhebung sämtlicher direkten Steuern solle durch die von den Regierungen ernannten Empfänger stattfinden, die Kommunen von der Verpflichtung zur örtlichen Erhebung der direkten Abgaben befreit sein. Für Erhebung der Grundsteuer wurden drei Prozent derselben, welche als Grundsteuerzuschlag berechnet wurden, als Hebegebühr bewilligt.

Indem auch auf dem flachen Lande die Steuerverwaltung von den Kreisen auf die Gemeinden bezw. besondere Beamte überging, hörten die Kreise auf, Bezirke für die Steuerverwaltung zu bilden. Es bestand aller-

1) Vgl. über dieses S. 101.
2) Vgl. Stephan, Gesch. d. pr. Post, S. 698.
3) G. S. 1839, S. 30 ff.
4) G. S. 1841, S. 29.

dings eine Kreiskasse fort, an welche die zu dem Kreise gehörigen Gemeinden die eingezogenen Steuern abzuführen hatten. Diese Kreiskassen, deren Kassenkurator der Landrat war, sind aber eben nichts weiter als Ablieferungsstellen, ja in einigen Regierungsbezirken der westlichen Provinzen fehlten die Kreiskassen ganz, und die Gemeindebehörden lieferten die eingenommenen Staatssteuern, so lange sie überhaupt noch mit der Einziehung befaßt waren, direkt an die Regierungshauptkasse ab.

Besondere Einrichtungen wurden jetzt erforderlich für die Steuereinschätzung. Im 18. Jahrhundert war bei der damals bestehenden Steuerverfassung eine solche Einschätzung nur bei der Einführung einer neuen Steuer erforderlich gewesen, da alle direkten Steuern als Grundsteuern erhoben wurden und unveränderlich wie Reallasten auf den pflichtigen Grundstücken fixiert waren. Bei der Klassen- und Gewerbesteuer war aber eine periodisch wiederkehrende Einschätzung der Steuerpflichtigen notwendig.

Nach dem Klassensteuergesetz vom 30. 5. 1820 sollte die Einschätzung der Steuerpflichtigen in die verschiedenen Stufen der Klassensteuer durch die Gemeindebehörden unter Aufsicht der Landräte stattfinden. In der Rheinprovinz, wo die französischen Grundsätze über die Steuerquotisation beibehalten waren, wurde die von jedem Regierungsbezirke der Provinz an Klassensteuer aufzubringende Summe fixiert. Eine Kommission, bestehend aus einem Mitgliede der Regierung, sämtlichen Landräten des Regierungsbezirks und je einem von jeder kreisständischen Versammlung erwählten Deputierten, verteilte diese Steuersumme auf die einzelnen Kreise. Die weitere Verteilung auf die einzelnen Bürgermeistereien wurde einer anderen Kommission übertragen, die für jeden Kreis aus dem Landrate als Vorsitzenden, den Bürgermeistern der klassensteuerpflichtigen Ortschaften und drei Deputierten der Kreisstände bestand. Die Einschätzung der einzelnen Steuerpflichtigen endlich geschah wie in den anderen Provinzen durch die Gemeindebehörden.[1])

Für die Einschätzung der Gewerbtreibenden in die verschiedenen Stufen der Gewerbesteuer waren durch das Gewerbesteuergesetz vom 30. 5. 1820 die Regierungen ermächtigt worden, unter den Gewerbtreibenden Gesellschaften zu bilden, denen die Einschätzung durch von ihnen gewählte Abgeordnete obliegen sollte.

Der Wert der obrigkeitlichen Selbstverwaltung bei den direkten Steuern, namentlich bei Einschätzung in die Klassensteuer, ist also, da überall an die Kommunalbehörden angeknüpft wird, vorzugsweise bedingt durch den Wert der in den einzelnen Landesteilen geltenden Gemeindeordnungen. Am un-

1) Kabinettsordre vom 1. 12. 1828, G. S. 69.

abhängigsten war diese Selbstverwaltung daher auch bezüglich der Steuern im Geltungsgebiete der Städteordnungen, unbedingt dienstbar den Staatsbehörden im Geltungsgebiete der westfälischen Landgemeindeordnung und besonders der rheinischen Gemeindeordnung. Diese Verschiedenheiten und die aus der Abhängigkeit der Gemeindebehörden hervorgehenden Übelstände traten zwar unter der absoluten Regierung, wo eine pflichtgetreue Büreaukratie stets die Gesetzmäßigkeit der Verwaltung im Auge hatte, nicht hervor, mußten aber sofort in der Revolutionszeit zum Vorschein kommen, wo nicht mehr die Gesetzmäßigkeit, sondern Zweckmäßigkeitsgründe das ausschlaggebende Moment waren.

Zur Erhebung der indirekten Steuern gab es Hauptzoll- und Hauptsteuerämter, welchen Zoll- und Steuerämter untergeordnet waren. Jedes Hauptzoll- oder Hauptsteueramt bestand aus dem Hauptzoll- oder Hauptsteuerinspektor, der vielfach den Titel Steuerrat erhielt, dem Hauptamtsrendanten und Hauptamtskontrolleur, sowie dem erforderlichen Unterpersonale, die Unterämter hatten nur einen Einnehmer.

Die höhere Verwaltung sowohl der direkten wie der indirekten Steuern stand bis in den Anfang der zwanziger Jahre den Regierungen zu. Es wurde jedoch durch die Kabinettsordres vom 5. 7. 1823[1]) für die Rheinprovinz, vom 3. 10. 1824[2]) für Sachsen, vom 12. 9. 1825[3]) für Posen, vom 19. 10. 1825[4]) für Pommern, vom 3. 12. 1825[5]) für Preußen, vom 30. 6. 1827[6]) für Schlesien die Bildung büreaukratischer Provinzialsteuerdirektionen für den Umfang je einer Provinz angeordnet, die für die Verwaltung der indirekten Steuern an die Stelle der Regierungen traten. Die Provinzialsteuerdirektoren waren vollständig unabhängig von den Regierungen, standen aber zum Oberpräsidenten in demselben Verhältnisse wie diese. Den Plenarsitzungen der Regierungen seines Amtsbezirks war der Provinzialsteuerdirektor beizuwohnen berechtigt, auch konnte er von dem Regierungspräsidenten bei seiner Anwesenheit in dem betreffenden Regierungsbezirke zu einzelnen Sitzungen des Plenums und der Abteilungen eingeladen werden, in welchem Falle er ein Votum hatte.

Dagegen verschwand 1820 eine andere bisher selbständige Steuerverwaltung, das märkische Kreditwerk. Schon durch die Steuergesetzgebung des

---

1) v. Kamptz, Ann. Bd. 8, S. 23.
2) A. a. O. S. 1005.
3) A. a. O. Bd. 9, S. 887.
4) A. a. O. S. 888.
5) A. a. O. S. 889.
6) A. a. O. Bd. 11, S. 634.

Jahres 1810 waren die bisher den ständischen Kassen zugeflossenen indirekten Abgaben beseitigt worden gegen Entschädigung der ständischen Kassen aus der Staatskasse. Die Thätigkeit der Landschaft bestand daher nur noch in der Erhebung der ihr gehörigen Grundsteuern, des Hufen- und Giebelschosses, und in der Liquidierung der von ihr übernommenen Schulden durch Auszahlung der vereinnahmten Steuern und der staatlichen Entschädigungsgelder nach Abzug der Verwaltungskosten an die Gläubiger der Landschaft. Den bekannten Hardenbergischen oder vielmehr französisch-liberalen Grundsätzen entsprechend, nach denen eine aktive Thätigkeit der Unterthanen in der allgemeinen Landesverwaltung unzulässig war, wurde durch eine Verordnung vom 17. 1. 1820[1]) die Landschaft aufgehoben, die Befriedigung der Gläubiger des Kreditwerks ging auf die Staatsschuldenverwaltung, die Einziehung des Hufen- und Giebelschosses als einer gewöhnlichen Grundsteuer auf die Regierungen und deren Organe über.

Die oberste Leitung des Finanzwesens hatte das Finanzministerium.[2])

Eine besondere Bewandnis hatte es mit dem Kreditwesen. Der Oktroi der Seehandlung lief am 1. 1. 1808 ab. Da dieselbe dem Staate sowohl vor als auch nach 1806 bedeutende Gelder vorgeschossen hatte, so sah sie sich außer stande, ihre Gläubiger zu befriedigen. Es fand daher eine Erneuerung des Oktrois nicht statt, vielmehr bestimmte das Edikt vom 27. 10. 1810,[3]) die Obligationen wie die Aktien der Seehandlung würden vom Staate übernommen und in Staatsschuldscheine umgeschrieben, so daß jede Beteiligung Privater bei der Seehandlung aufhörte. Das Institut blieb aber unter einer eigenen Direktion, die dem Finanzministerium unterstellt wurde, bestehen als kaufmännisches Hilfsorgan des Staates bei Abwicklung größerer Geldgeschäfte. Die Kabinettsordre vom 17. 1. 1820[4]) ordnete dann die Verhältnisse der Seehandlung endgiltig, indem sie dieselbe für ein für sich bestehendes, von dem Ministerium des Schatzes unabhängiges Geld- und Handlungsinstitut des Staates erklärte, dessen Chef die gesamte Leitung mit unumschränkter Vollmacht, aber unter persönlicher Verantwortlichkeit führen sollte. Als Geschäfte der Seehandlung wurden bezeichnet der Ankauf des Salzes aus England, Frankreich, Portugal und die Abgabe an die Salzdebitspartie, die Einziehung der Salzdebitsüberschüsse in Ost- und Westpreußen, Lithauen und Schlesien und die Besorgung aller für Rechnung des Staates

---

1) G. S. 1820, S. 19.
2) S. S. 98 ff.
3) G. S. 1810, S. 25.
4) G. S. 1820, S. 25.

im Auslande vorfallenden Geldgeschäfte. Der Staat übernahm die Garantie für die Geschäfte und Verpflichtungen der Seehandlung, stellte sie aber unter seine Oberaufsicht, zu deren Führung ein aus drei Staatsbeamten bestehendes Kuratorium angeordnet wurde. Eine weitere Kabinettsordre vom 3. 5. 1821 ordnete an, daß der Gewinn der Seehandlung nicht an die Staatskassen abzuführen, sondern zum Kapitalvermögen zu schlagen sei, um sie in den Stand zu setzen, die zu den gewöhnlichen Zahlungen erforderlichen Bestände in Bereitschaft zu halten und einen Fond zu sammeln, der in außerordentlichen Fällen außer den Grenzen des abgeschlossenen Staatshaushalts zur Verfügung des Königs stehe.

Die Kontrollen.

Die Kontrollen sind vorwiegend administrative und werden ausgeübt durch die obere Behörde über die untere. Besonders hervorzuheben ist nur die Kontrolle der Zollverwaltung durch Beamte anderer Zollvereinsstaaten. Schon in dem preußisch-hessischen Vertrage vom 14. 2. 1828 war jedem Teile die Berechtigung zugesprochen, Kontrolleurs zu den Hauptzollämtern des anderen Teils zu ernennen, um von der Geschäftsführung der Zollverwaltung Kenntnis zu nehmen und auf Abstellung etwaiger Mißbräuche anzutragen. Dieses System der gegenseitigen Kontrolle war noch weiter ausgedehnt in den Zollvereinsverträgen von 1834, um eine den Verträgen entsprechende Handhabung der Zollverwaltung in allen Vereinsstaaten zu sichern. Außer der Abordnung von Kontrolleuren zu den Hauptzollämtern anderer Staaten, sog. Vereins- oder Stationskontrolleuren, wurden die Vereinsstaaten auch zur Entsendung von Beamten behufs Kontrolle der Zolldirektionen anderer Staaten ermächtigt. Die preußischen Hauptzollämter wie die preußischen Provinzialsteuerdirektionen wurden also beständig kontrolliert durch Beamte anderer Vereinsstaaten.

Für die gesamte Finanzverwaltung dagegen greift Platz die Rechnungskontrolle in der Centralinstanz durch die Oberrechnungskammer. Nach dem Publikandum vom 16. 12. 1808 sollte dieselbe hinsichtlich des formalen Geschäftsganges unter dem gesamten Staatsrate, also dem Staatsministerium, stehen, dagegen hinsichtlich ihrer Geschäftsführung dem Könige unmittelbar verantwortlich sein und von diesem Befehle erhalten. Durch die Verordnung vom 27. 10. 1810 wurde sie dem Staatskanzler untergeordnet, und bestimmt, daß sie die Revisionsbehörde für alle Rechnungen und Etats und über alle landesherrlichen Fonds ohne Ausnahme sein solle. Eine neue Organisation erhielt die Oberrechnungskammer nach der Wiederherstellung des Staates im Jahre 1817. Nach dem Cirkular über die Organisation der

Oberrechnungskammer vom 22. 2. 1817[1]) zerfiel sie in zwei Abteilungen, die eine für Brandenburg, Schlesien, Pommern, Preußen und Posen, die andere für Sachsen, Westfalen und die Rheinprovinz. Sie stand unmittelbar unter dem Staatskanzler und erhielt die Etats aus dem Finanzministerium. Eine Verordnung vom 3. 11. 1817[2]) bestimmte, daß eine Teilnahme der Oberrechnungskammer bei den Etatsprüfungen ferner nicht stattfinden, sie aber verpflichtet sein solle, der damals neu errichteten Generalkontrolle der Finanzen auf Erfordern jede Auskunft zu geben.

Eine ausführliche Instruktion der Oberrechnungskammer erging am 18. 12. 1824.[3]) Danach war Aufgabe der Oberrechnungskammer, die ihren Sitz in Potsdam erhielt: a. durch Revision der Rechnungen sich zu überzeugen, daß die allgemeinen Grundsätze des vom Könige genehmigten Staatsverwaltungssystems festgehalten, im Geiste desselben wirklich administriert, die einzelnen Verwaltungen nach den bestehenden Gesetzen, Verordnungen, Instruktionen und Etats gewissenhaft geführt, Einnahmen und Ausgaben gehörig nachgewiesen und die den Verwaltungen überwiesenen Summen bestimmungsgemäß verwendet würden; b. nach den aus den Rechnungen sich ergebenden Resultaten der Verwaltung zu beurteilen, ob und wo zur Beförderung des Staatszwecks Abänderungen nötig oder doch rätlich seien. Sie war daher die höchste kontrollierende Behörde für die einzelnen Verwaltungen. Zu ihrer Prüfung gehörten nach der Instruktion die Rechnungen derjenigen Kassen, einzelnen Fonds, Magazin- und Naturalienverwaltungen, deren Etats der Revision der Generalkontrolle unterworfen waren, sowie die Rechnungen derjenigen Institute, welche mit Gewährleistung des Staates verwaltet wurden, selbst wenn deren Etats von der Generalkontrolle nicht mit vollzogen wurden, und solche keine förmliche Rechnung legten.

Die Einsetzung einer besonderen Centralbehörde unter der Bezeichnung „Generalkontrolle der Finanzen für das gesamte Etats-, Kassen- und Rechnungswesen und für die Staatsbuchhalterei" erfolgte durch die Verordnung vom 3. 11. 1817.[4]) Diese Behörde sollte bei der Revision der Etats darüber wachen, daß die Staatseinnahmen überall mit Umsicht und Treue verwaltet, die Ausgaben auf das Notwendigste beschränkt und im ganzen ein geregelter Haushalt geführt werde. Durch die mit ihr verbundene Staatsbuchhalterei hatte sie über den Zustand der Finanzen genaue Übersichten zu führen und

1) v. Kamptz, Ann. Bd. I, 1, S. 37.
2) G. S. 1817, S. 292.
3) v. Kamptz, Ann. Bd. 9, S. 2.
4) G. S. 1817, S. 292.

die Ergebnisse in gewissen Zeitabschnitten dem Könige vorzulegen. Durch die Kabinettsordre vom 29. 11. 1826[1]) wurde indes die Generalkontrolle wieder aufgehoben, und zum Zweck der ihr bisher obliegenden Zusammenstellungen der Übersichten des Staatsvermögens, der Staatseinnahmen und Ausgaben in Vergleichung mit den Etats eine neue Centralbehörde, die Staatsbuchhalterei, bestellt, deren erster Chef der Minister, welcher beim Könige den Vortrag in Verwaltungssachen hatte, und deren zweiter Chef der Finanzminister sein sollte. Auch die Staatsbuchhalterei wurde am 19. 7. 1844 aufgehoben, während ihre Funktionen auf das Finanzministerium übergingen.[2])

Eine eigentümliche Gestaltung gewann die Kontrolle auf dem Gebiete des Staatsschuldenwesens. Eingehende Bestimmungen hierüber traf die Verordnung vom 17. 1. 1820.[3]) Dieselbe erklärte, daß für die sämtlichen Staatsschulden mit dem gesamten Vermögen und Eigentum des Staates, insbesondere mit den Domänen, Forsten und säkularisierten Gütern im ganzen Umfange der Monarchie garantiert werde. Die Kabinettsordre vom 17. 6. 1826[4]) deklarierte dies dahin, daß jene Garantie sich auf sämtliches Staatseigentum erstrecke, welches unter der Benennung der landesherrlichen Domänen durch das Finanzministerium verwaltet werde, und daß auch die dem Staatseigentume einverleibten Güter der aufgehobenen Klöster und geistlichen Stiftungen zu dieser Spezialgarantie gehörten.

Die Verordnung vom 17. 1. 1820 hatte fernerhin die Bestimmung getroffen: „Sollte der Staat künftighin zu seiner Erhaltung oder zur Förderung des allgemeinen Besten in die Notwendigkeit kommen, zur Aufnahme eines neuen Darlehens zu schreiten, so kann solches nur mit Zuziehung und unter Mitgarantie der künftigen reichsständischen Versammlung geschehen.“ Schon hierdurch war den Reichsständen ein Einfluß auf das Staatsschuldenwesen und eine Kontrolle desselben eingeräumt. Dieselbe mußte aber zunächst wirkungslos bleiben, da die Reichsstände nicht gebildet wurden. Die für das Staatsschuldenwesen durch die Verordnung vom 17. 1. 1820 eingesetzte Behörde, die Hauptverwaltung der Staatsschulden, bestand denn auch nur aus Staatsbeamten und zwar aus einem Präsidenten und vier Mitgliedern.

Dagegen trat nach Begründung des Vereinigten Landtages hinzu eine ständische Deputation für das Staatsschuldenwesen. Zufolge der Verordnung vom 3. 2. 1847[5]) sollten je acht Mitglieder auf sechs Jahre von den

1) G. S. 1826, S. 45.
2) G. S. 1844, S. 265.
3) G. S. 1820, S. 12.
4) G. S. 1826, S. 57.
5) G. S. 1847, S. 43.

Ständen jeder Provinz auf dem Vereinigten Landtage und, wenn dieser nicht versammelt, auf den Provinziallandtagen, sowie für jeden Gewählten zwei Stellvertreter erwählt werden. Dieser Deputation wurde übertragen die Mitwirkung bei Kriegsanleihen, wenn die Stände nicht versammelt, die Verwahrung der eingelösten Staatsschuldendokumente, die Prüfung der Jahresrechnung und die Revision der Staatsschuldentilgungskasse.

Hierdurch war eine wirksame ständische Kontrolle des Staatsschuldenwesens hergestellt, die gleichzeitig in engster Verbindung stand mit der administrativen Kontrolle desselben. Die in dieser Einrichtung enthaltenen guten Ansätze, welche unter günstigeren Verhältnissen sich vielleicht glücklich weiter entwickelt hätten, mußten aber zu Grunde gehen infolge der fehlerhaften, auf den neuständischen Ideen beruhenden Zusammensetzung des Vereinigten Landtages, der bald nach seinem Entstehen wieder zu Grunde ging.

Eine Rechtskontrolle der Finanzverwaltung fand zunächst statt durch die privatrechtlichen Klagen gegen den Fiskus aus Privatrechtsverhältnissen, die seit Aufhebung der Verwaltungsgerichtsbarkeit allgemein vor die ordentlichen Gerichte gehörten. Soweit aber der Staat einen Anspruch erhob auf Grund eines staatlichen Hoheitsrechtes, war der Rechtsweg grundsätzlich ausgeschlossen.

Dies galt namentlich in Bezug auf die Steuern. Nach den in die Verordnung vom 26. 12. 1808 übernommenen, noch heute geltenden Bestimmungen des A. L.-R. II, 14 §§ 78, 79 waren folgende Grundsätze maßgebend:

1. Über die Verbindlichkeit zur Entrichtung allgemeiner Anlagen, denen sämtliche Einwohner des Staates oder alle Mitglieder einer gewissen Klasse derselben nach der bestehenden Verfassung unterworfen sind, findet kein Prozeß statt, aus welchem Grunde auch immer, der ungesetzlichen Erhebung, der Prägravation oder sonst, ein Anspruch gegen den Berechtigten auf Befriedigung geltend gemacht werden möchte.

2. Behauptet aber jemand die Befreiung von einer solchen Abgabe durch Vertrag, Privilegium oder ersitzende Verjährung, so ist der Rechtsweg zulässig.

3. Behauptet jemand eine Prägravation, so findet ein Prozeß, aber nur unter den Kontribuenten, statt.

4. Ob eine Forderung des Staates eine allgemeine Anlage ist, entscheidet allein die Verwaltungsbehörde.

In allen hier nicht genannten Fällen war der Rechtsweg ausgeschlossen, also namentlich über die Frage der zu hohen Einschätzung. Nach den Steuergesetzen vom 30. 5. 1820 stand demnach der Regierung die Entscheidung zu bei Beschwerden über zu hohe Einschätzung in direkte Steuern. Hinsichtlich der Klassensteuer erfolgte die Entscheidung der Regierung noch vorheriger gutachtlicher Äußerung der zu diesem Zweck gebildeten kreisständischen Kommission.[1]) Bezüglich der indirekten Steuern hatte die Verwaltungsbehörde, also die Regierung oder der Provinzialsteuerdirektor, zu entscheiden über Zweifel betreffend die richtige Anwendung des Zolltarifs auf die einzelnen zollpflichtigen Gegenstände,[2]) über die Stempelpflichtigkeit eines Gegenstandes und die Anwendung des Stempeltarifs auf denselben, es sei denn, daß es sich um eine gesetzliche Befreiung besonderer Anstalten, Gesellschaften und Personen von gewissen Stempelabgaben handelte.[3])

Als einziger Rest der bis 1808 ziemlich ausgedehnten Verwaltungsgerichtsbarkeit erhielten sich die auf besonderen Verträgen beruhenden Elb-, Weser- und Rheinzollgerichte. Auf Grund der zwischen Preußen und den benachbarten Elbstaaten geschlossenen Elbschiffahrtsakte vom 23. 6. 1821[4]) sollte bei jedem Elbzollamte ein richterlicher Beamter zur summarischen Untersuchung und Entscheidung der auf der Elbe vorkommenden Zollkontraventionen, Zollstreitigkeiten, Beschädigungen der Wiesen und Felder, Streitigkeiten der Schiffer mit ihren Leuten u. s. w. bestellt werden. Solche Elbzollgerichte wurden in Preußen errichtet zu Mühlberg und Wittenberge. Die Berufung ging an das Oberlandesgericht, in dessen Bezirk das Elbzollgericht lag. In derselben Weise und mit derselben Zuständigkeit wurden auf Grund der Weserschiffahrtsakte vom 10. 9. 1823[5]) Weserzollgerichte zu Minden und Beverungen errichtet. Die Rheinzollgerichte endlich beruhen auf der Übereinkunft vom 31. 3. 1831.[6])

Kap. X. **Die Kirchenhoheit.**

Die Rechtsnormen.

Während dieser ganzen Periode blieben die allgemeinen Grundsätze des Landrechts über Glaubens- und Religionsfreiheit[7]) unverändert. Das Patent, die Bildung neuer Religionsgesellschaften betreffend, vom 30. 3. 1847[8]) deutete nur die Grundsätze an, nach denen den Geistlichen neuer Religions-

1) S. S. 70.
2) V. v. 23. 1. 1838, G. S. 1838, S. 33.
3) Stempelgesetz v. 7. 3. 1822 § 3, K. O. v. 18. 11. 1828, G. S. 1829, S. 16.
4) G. S. 1822, S. 9.
5) G. S. 1824, S. 25.
6) G. S. 1831, S. 73.
7) Vgl. Band II, S. 356.
8) G. S. 1847, S. 121.

gesellschaften, sofern sie sich in wesentlicher Übereinstimmung mit einer seit dem westfälischen Frieden in Deutschland anerkannten christlichen Religionspartei befanden, und in ihnen ein Kirchenministerium eingerichtet war, die Befugnis erteilt werden sollte, die Begründung oder Feststellung bürgerlicher Rechtsverhältnisse betreffende Amtshandlungen mit civilrechtlicher Wirkung vorzunehmen. Im übrigen gab das Patent eine Zusammenstellung der landrechtlichen Normen über Glaubens- und Religionsfreiheit.

Um so größere Veränderungen erfuhr dagegen das Verhältnis des Staates zu der evangelischen und katholischen Kirche. Die Steinsche Reformgesetzgebung hielt noch an dem Territorialsystem des A. L.-R. unverbrüchlich fest, ja führte dasselbe erst mit vollster Konsequenz durch, indem durch das Publikandum vom 16. 12. 1808 und die Verordnungen vom 26. 12. 1808 und 27. 10. 1810 die nach dem A. L.-R. dem Staate gegenüber den einzelnen Kirchen zustehenden Rechte ohne jede konfessionelle Sonderung den Regierungen in der Provinzialinstanz, dem Minister des Innern, der an die Stelle des konfessionell geschiedenen geistlichen Departements trat, in der Centralinstanz übertragen wurde. Sämtliche für die protestantischen Kirchen bisher bestandenen konfessionellen Staatsbehörden, die Konsistorien, die Oberkonsistorien und das reformierte Kirchendirektorium, verschwanden. Wie es die Theorie des Territorialsystems verlangte, sollten über den einzelnen Kirchengemeinden ohne Unterschied der Konfession unmittelbar die staatlichen Aufsichtsbehörden stehen.

An dieser konsequenten Durchführung des Territorialprinzips mußte aber das ganze System scheitern. Die feste Gliederung der katholischen Kirche ließ sich nicht mit einem Federstrich beseitigen wie die protestantischen Kirchenbehörden. Während man die Konsistorien aufhob, blieben die Bistümer bestehen. Durch Aufgeben der konfessionellen Sonderung in den kirchlichen Oberbehörden entstand also eine Rechtsungleichheit der einzelnen Kirchen. Man mußte zu der unabweisbaren Überzeugung gelangen, daß die Rechte des Staates gegenüber den protestantischen Kirchen wesentlich andere seien als gegenüber der katholischen Kirche, daß sie mehr seien als eine polizeiliche Aufsicht zur Erhaltung des konfessionellen Friedens unter den einzelnen Konfessionen, daß mit einem Worte die Theorie des Territorialsystems in ihren äußersten Konsequenzen nicht praktisch durchführbar sei. So kam man zu einer Unterscheidung der Kirchenhoheit, des Jus circa sacra, der obersten Aufsicht, die dem Staate gegenüber allen Konfessionen, und der Kirchengewalt, des Jus in sacra, die ihm nur gegenüber den protestantischen Kirchen zustand.

Die am 30. 10. 1810 erfolgte Erklärung der Klöster, Dom- und anderen Stifter, Balleyen und Kommenden, der evangelischen wie der katholischen für Staatsgüter[1]) war weniger ein Schritt zur Durchführung des Territorialsystems, denn dieses erkannte selbständige einzelne kirchliche Korporationen unbedingt an, als ein Notbehelf, eine Konfiskation von Privateigentum in der drückendsten Finanznot.

Bei den neuen Verwaltungseinrichtungen des Jahres 1815 trat der Bruch mit dem Territorialsystem zum ersten Male ins Leben, indem die nach der Verordnung vom 30. 4. 1815[2]) für jede Provinz unter dem Vorsitze des Oberpräsidenten errichteten Konsistorien für Kirchen- und Schulsachen bezüglich der Protestanten auch die Konsistorialrechte, bezüglich der Katholiken nur die Jura circa sacra auszuüben hatten.

Mit der 1817 erfolgten Union der beiden protestantischen Kirchen mußte die Kirchenpolitik den einzelnen Kirchen gegenüber ganz verschiedene Bahnen einschlagen.

Die Jahrhunderte lange Gewöhnung der beiden protestantischen Kirchen an ein friedliches Nebeneinanderbestehen hatte schließlich die Gegensätze schwinden lassen und die Möglichkeit gegeben, endlich die Politik Johann Sigismunds zur Durchführung zu bringen. Unbeschadet der Glaubensunterschiede waren damit rechtlich in Kirchenverfassung und Verwoltung die lutherische und die reformierte Kirche verschmolzen zu der evangelischen Landeskirche, die unter der Verwaltung des Landesherrn als Summus episcopus und seiner Behörden stand. Sie bildete in dem ganzen Staatsgebiete einen der katholischen Kirche selbständig gegenüber stehenden Organismus und erhielt in den westlichen Provinzen einen weiteren Ausbau durch synodale Einrichtungen zufolge der Kirchenordnung vom 3. 3. 1835.[3]) Die Gesetzgebung über inner-kirchliche Gegenstände der evangelischen Landeskirche ging zwar bei dem Fehlen synodaler Einrichtungen für den ganzen Staat einseitig vom Könige aus, aber nicht in seiner Eigenschaft als Staatsoberhaupt, sondern als oberster Landesbischof. Jene Gesetze sind daher keine Staatsgesetze, sondern Kirchengesetze. Diejenigen lutherischen und reformierten Gemeinden, die sich der Union nicht angeschlossen hatten, insbesondere die französisch-reformierten Gemeinden, blieben als selbständige, nur der Staatsaufsicht unterworfene Korporationen außerhalb der Landeskirche stehen.

Dagegen mußte man gegenüber der katholischen Kirche eine ganz neue Kirchenpolitik einschlagen, die hier zum ersten Male ins Leben tritt, die Verhandlung des Staates mit der Kurie. Wenn auch bereits unter Friedrich

1) S. S. 169.
2) G. S. 1815, S. 85.
3) v. Kamptz, Ann. Bd. 19, S. 104.

dem Großen vereinzelt Verständigungen zwischen dem Staate und der Kurie stattgefunden hatten, so waren dieselben doch immer nur über untergeordnete Punkte gepflogen worden. Jetzt dagegen wurde das Ergebnis der Verhandlungen grundlegend für das gesamte Staatskirchenrecht.

Der Organismus der katholischen Kirche in Westdeutschland befand sich in tiefster Zerrüttung infolge der territorialen Umwälzungen. Von dem beiderseitigen Wunsche geleitet, dieser Zerrüttung ein Ende zu machen, traten Staat und Kurie mit einander in Unterhandlung. Durch die auf Grund dieser Unterhandlungen erlassene Bulle De salute animarum vom 16. 7. 1821 wurde die Einrichtung und Begrenzung der Diözesen, die Dotation und Besetzung der Bistümer und Kapitel für Preußen neu geordnet. Dieser Bulle erteilte der König durch die Kabinettsordre vom 23. 8. 1821[1]) seine staatsoberhauptliche Bewilligung und Sanktion, indem er sie für ein bindendes Statut der katholischen Kirche Preußens erklärte.

Es wurden danach in Preußen zwei Erzdiözesen, Köln und Gnesen-Posen, errichtet. Suffraganbistümer von Köln waren Trier mit Meisenheim und Birkenfeld, Münster mit Oldenburg, Paderborn mit Waldeck, einem Teile von Koburg-Gotha, Schwarzburg und Lippe, Suffraganbistum von Gnesen-Posen war Kulm, Breslau und Ermland blieben exemte nur dem Papste unterstellte Bistümer. Das bisherige Bistum Aachen wurde supprimiert, und dessen Kathedrale in eine Kollegiatkirche unter dem Erzbischofe von Köln umgewandelt.

Zur Besetzung erledigter erzbischöflicher und bischöflicher Sitze wurde bei den Kirchen von Köln, Trier, Münster, Paderborn und Breslau den Domkapiteln ein Wahlrecht eingeräumt, wenn die Erledigung durch Todesfall extra romanam curiam oder durch Abdankung oder Entsagung erfolgte. Durch ein gleichzeitig mit der Bulle erlassenes Breve wurden die fünf Domkapitel angewiesen, nur solche Personen zu wählen, die dem Könige genehm seien, und sich dessen vor der feierlichen Wahl zu versichern. Bei den vereinigten Erzbistümern von Gnesen und Posen, wo die beiderseitigen Kapitel den Erzbischof wählten, und bei dem Bistum Kulm blieb es wie bisher bei der entscheidenden Mitwirkung des Königs. In den Domkapiteln hatte der Papst die Propsteien und die in den apostolischen Monaten erledigten Kanonikate, der Erzbischof oder Bischof die in den übrigen Monaten erledigten Kanonikate, die Dechaneien und Vikarien zu besetzen. In dem Kollegiatstifte Aachen verlieh der Papst die Propstei, die sechs Kanonikate aber nur abwechselnd mit dem Erzbischofe von Köln. Alle Kollationen bedurften der landes-

1) G. S. 1821, S. 113.

herrlichen Genehmigung. In Betracht kam nur kanonische Tüchtigkeit der Person, nicht Stand und Geburt.

Das Einkommen der Bischöfe und Mitglieder der Kapitel wurde festgesetzt, und für den Unterhalt der bischöflichen Kanzleien, Seminare, Baufonds, Versorgungs- und Demeritenhäuser gesorgt. Die Dotation der Bistümer wie der ganzen katholischen Geistlichkeit übernahm der Staat als Ersatz für die von ihm eingezogenen Kirchengüter.

Der Inhalt der dem Staate gegenüber der katholischen Kirche zustehenden Aufsichtsrechte blieb trotz des Bruches mit dem Territorialsysteme derselbe wie bisher, in Geltung erhielten sich namentlich die diesbezüglichen Bestimmungen des Allgemeinen Landrechts II, 11. Es blieb also die Religionsübung auch der katholischen Kirche der Oberaufsicht des Staates unterworfen. Dieser war berechtigt, von dem, was gelehrt oder verhandelt wurde, Kenntnis einzuziehen. Die Ordnungen über die äußere Form und Feier des Gottesdienstes, welche die Kirche erlassen konnte, unterlagen der Prüfung des Staates und erlangten nach erfolgter Genehmigung durch denselben mit anderen Polizeigesetzen gleiche Kraft und Verbindlichkeit. Es erhielt sich der Rechtssatz, daß der Staat allein Anordnungen zu treffen habe über Rechte und Pflichten der Geistlichen und über die zu einem geistlichen Amte notwendigen persönlichen Erfordernisse. Kirchenversammlungen der inländischen Geistlichkeit und die Teilnahme derselben an auswärtigen Versammlungen bedurften der staatlichen Genehmigung, ebenso die Beschlüsse, wenn sie zur Ausführung gebracht werden sollten. Das Kirchenvermögen stand unter der Direktion des Staates, welcher befugt war, darauf zu sehen, daß die Einkünfte der Kirchen zweckmäßig verwendet wurden.

Noch weiter gehende Beschränkungen der katholischen Kirche ordnete ein Reskript des Ministers der geistlichen Angelegenheiten vom 31. 8. 1818[1]) an. Danach sollten alle dem päpstlichen Stuhle verfassungsmäßig vorzutragenden Gesuche geistlichen Inhalts zuerst dem Bischofe oder Generalvikar vorgelegt werden, welcher dieselben in kanonischer Form beglaubigt dem Oberpräsidenten zur weiteren Beförderung an die Kurie durch Vermittlung des auswärtigen Ministeriums übersandte. Nur in dringenden Ehedispensangelegenheiten war der Bischof berechtigt, sich an das Ministerium unmittelbar zu wenden. Gesuche, deren Gegenstand Gewissensangelegenheiten waren, und welche an die römische Pönitentiaria gerichtet wurden, durften derselben unmittelbar zugefertigt werden, auch brauchten die darauf ergehenden Resolutionen der Staatsbehörde nicht vorgelegt zu werden, während alle anderen

1) v. Kamptz, Ann. Bd. 2, S. 717.

päpstlichen Verfügungen vor ihrer Ausführung dem Oberpräsidenten eingereicht werden sollten, es sei denn, daß sie bereits mit Genehmigung des Ministers der geistlichen Angelegenheiten den kirchlichen Behörden zugefertigt wären. Diese Beschränkung der katholischen Kirche fiel jedoch unter Friedrich Wilhelm IV. fort, indem dieser gleich nach seiner Thronbesteigung den Verkehr zwischen dem Papste und den geistlichen Behörden freigab. Dies wurde bekannt gemacht durch ein Cirkularreskript des Ministers der geistlichen Angelegenheiten vom 1. 1. 1841.[1])

Obgleich der Staat jetzt die katholische Kirche als selbständige, außerhalb des Staates bestehende Korporation anerkannt hatte, verlangte er doch von den Geistlichen der katholischen wie von denen der evangelischen Kirche die Vornahme von Civilstandshandlungen in Gemäßheit der vom Staate erlassenen Gesetze, insbesondere also auch die Einsegnung von gemischten Ehen, in denen die damalige Staatspolitik ein vorzügliches Mittel zur Abschleifung des Gegensatzes der Konfessionen erkannt zu haben glaubte. Dieses Verlangen des Staates führte bekanntlich im Jahre 1837 zu einem Konflikt zwischen dem Staate und der Kurie, der erst nach dem Tode Friedrich Wilhelms III. durch ein Kompromiß beigelegt wurde.[2])

Was das Schulwesen anbetrifft, so blieb im allgemeinen das bestehende Schulrecht, wie es in dem Allgemeinen Landrechte und den provinziellen Schulordnungen kodifiziert war, bestehen. Infolge der veränderten Stellung von Staat und Kirche mußte aber auch das Verhältnis von Staat, Kirche und Schule ein anderes werden. Das Allgemeine Landrecht hatte zu seinem fundamentalen Grundsatze inbetreff des Schulwesens: „Schulen und Universitäten sind Veranstaltungen des Staates, welche den Unterricht der Jugend in nützlichen Kenntnissen und Wissenschaften zur Absicht haben," nur gelangen können vermöge des Territorialsystems, indem es die katholische wie die evangelische Kirche zu Staatsinstituten machte. Nur dadurch waren auch die Schulen, bisher untrennbare Bestandteile der Kirche, zu Veranstaltungen des Staates geworden. Während nun jetzt der Kirche gegenüber das Territorialsystem aufgegeben, wenigstens die katholische Kirche als eine außerhalb und neben dem Staate bestehende, nur dessen Aufsicht unterworfene Korporation anerkannt wurde, blieb der landrechtliche Grundsatz erhalten, daß die Schulen Veranstaltungen des Staates seien.

So gelangte man jetzt zuerst zu einem rein staatlichen von der Kirche

---

1) Min. Bl. d. inn. Verw. v. 1841, S. 16.

2) Vgl. Nippold, Die verschiedenen Stadien des sog. preußischen Kirchenstreites, in den Preuß. Jahrbüchern, Band XXIII, S. 325 ff., 423 ff., Band XXIV, S. 381 ff.

unabhängigen Unterrichtswesen. Damit war aber nicht gesagt, daß dieses Unterrichtswesen ein konfessionsloses sein werde oder müsse. Bei dem Nebeneinanderbestehen verschiedener Konfessionen innerhalb des Staates, die alle das Streben nach ausschließlicher Herrschaft ihrer Ideen haben mußten, konnte allerdings nicht mehr wie in den Staatsgebilden des 16. und 17. Jahrhunderts mit einer herrschenden Konfession das Unterrichtswesen ohne Gefährdung der nationalen Einheit der Kirche überlassen bleiben. Ebenso wenig war aber ohne schweren Schaden für die Schule eine Beseitigung des Einflusses der Kirche auf dieselbe möglich. Das Verhältnis von Kirche und Schule in gedeihlicher Weise zu ordnen, war die größte, besonders in konfessionell gemischten Gegenden mit Schwierigkeiten verknüpfte Aufgabe des Staates.

Die Instruktion der Konsistorien vom 23. 10. 1817 § 7 und die Regierungsinstruktion von demselben Tage § 18 hatten den Erlaß einer allgemeinen Schulordnung in Aussicht gestellt. Eine durch Kabinettsordre vom 3. 11. 1817 eingesetzte Kommission brachte auch einen Entwurf zu stande, der den Provinzialbehörden und den katholischen Bischöfen zur Begutachtung vorgelegt wurde. Infolge des allgemeinen Widerspruchs gegen den Entwurf, der besonders in den Schwierigkeiten der Regelung des Verhältnisses von Kirche und Schule und der Schullasten seinen Grund hatte, scheiterte aber das Unternehmen. Es blieb daher überall bei dem bestehenden Rechte, zu dessen Ergänzung die Praxis der Verwaltungsbehörden eingreifen mußte. Insbesondere fand das Verhältnis von Kirche und Schule seine vorläufige Regelung durch einen Modus vivendi, indem den Pfarrern und Superintendenten bezw. Erzpriestern die Lokal- und Kreisschulinspektion der Schulen ihrer Konfession unabhängig von der kirchlichen Stellung der betreffenden Geistlichen lediglich als Organen des Staates übertragen wurde.

Was die Elementarschulen anbetrifft, so blieb es in denjenigen Provinzen, die der Fremdherrschaft nicht unterworfen gewesen waren, bei den bisherigen provinziellen Verordnungen, neben denen subsidiär das Allgemeine Landrecht galt. Insbesondere wurde für die Provinz Preußen die fortdauernde Geltung der Principia regulativa vom 30. 7. 1736[1]) durch eine Verordnung vom 30. 11. 1840[2]) anerkannt. Es wurden jedoch allgemein zur Verwaltung der äußeren Angelegenheiten der Schulen für die Städte durch die Städteordnungen[3]) und das Reskript vom 26. 11. 1811,[4]) für

1) Vgl. Band II, S. 134.

2) Müller, Pr. Schulgesetzgebung, Berlin 1854, S. 107.

3) S. S. 23.

4) Müller, a. a. O. S. 13.

das flache Land durch die Verfügung vom 28. 10. 1812[1]) besondere Schulvorstände, zusammengesetzt aus dem Patron und gewählten Gemeindemitgliedern, bestellt, während im übrigen die Organisation der Schulorgane unverändert blieb.

Nach dem Scheitern einer allgemeinen Schulordnung wurde eine Kodifikation der in den einzelnen Provinzen geltenden Unterrichtsgesetze zwar in Aussicht genommen, es kam aber nur für die Provinz Preußen die Schulordnung für die Elementarschulen der Provinz Preußen vom 11. 12. 1845[2]) zu stande. Dieselbe regelte zunächst die Schulpflicht. Jedes Kind, welches zu Hause nicht den nötigen Unterricht erhielt, konnte nach vollendetem fünften, sollte aber nach vollendetem sechsten Lebensjahre zur Schule geschickt werden und darin bis zum vollendeten vierzehnten Lebensjahre verbleiben. In besonderen Fällen konnte jedoch der die Schule beaufsichtigende Pfarrer die Entlassung noch um ein bis zwei Jahre hinaussetzen. Die Geldstrafen gegen Eltern und Pfleger wegen ungerechtfertigter Schulversäumnisse wurden von der Ortspolizeibehörde, die im Unvermögensfalle an die Stelle der Geldstrafe tretende Gefängnisstrafe auf dem Lande durch den Landrat, in den Städten durch den Magistrat festgesetzt.

Das Recht der Berufung der Lehrer stand auf dem Lande dem Gutsherrn und, wo kein solcher vorhanden, dem Schulvorstande, in den Städten den Magistraten, die Bestätigung der Lehrer den Regierungen zu. Rechte und Pflichten der Lehrer, insbesondere das Diensteinkommen und die Pension, wurden im einzelnen genauer bestimmt.

Wo die Unterhaltung der Elementarschulen und Lehrer auf besonderen Stiftungen beruhte, oder wo einzelne Personen oder Korporationen durch besondere Rechtstitel zu gewissen Leistungen für die Elementarschulen verpflichtet waren, behielt es dabei sein Bewenden. Insbesondere verblieben die Kirchschulen, die Kirch- und Dorfschullehrer im Besitze der Einkünfte und Leistungen, die sie bisher aus dem Kirchenvermögen oder von dem Kirchenpatrone und den Eingepfarrten empfangen hatten. In Ermangelung solcher Mittel hatten die Ortsgemeinden und die sonst zur Schule gehörigen Ortschaften die Bedürfnisse für Unterhaltung der Schule in derselben Weise wie die übrigen Kommunalbedürfnisse aufzubringen. Einführung oder Erhöhung des Schulgeldes war nur statthaft mit ausdrücklicher Genehmigung der Regierung.

Die Aufsicht über die Elementarschulen des flachen Landes wurde dem Schulpatron und dem Pfarrer des Kirchspiels mit dem Schulvorstande über-

1) A. a. O. S. 18.
2) A. a. O. S. 111.

tragen. Dem Schulpatron und, wo deren mehrere vorhanden, einem aus ihrer Mitte gewählten stand die Direktion des Schulvorstandes mit der Befugnis zu, dessen Versammlungen mit vollem Stimmrechte und bei Stimmengleichheit mit entscheidender Stimme beizuwohnen und darin den Vorsitz zu führen. Der Schulvorstand setzte sich zusammen aus dem Pfarrer des Kirchspiels, welcher in Abwesenheit des Schulpatrons den Vorsitz führte, den Ortsvorstehern der Gemeinden des Schulbezirks und aus zwei bis vier Familienvätern der zur Schule gehörigen Gemeinden, welche von den Gemeinden gewählt, vom Landrate bestätigt wurden und die Verpflichtung hatten, die Stelle des Schulvorstandes auf sechs Jahre anzunehmen. Dem Schulvorstande lag die Sorge für die äußere Ordnung, namentlich die Vermögensverwaltung der Schule, dem Pfarrer die Anordnung über das Innere des Schulwesens und die Aufsicht über die Amtsführung der Lehrer ob. Über den Schulvorständen und Pfarrern standen die Kreisschulinspektoren. Dieses Amt hatten in der Regel die Superintendenten, Erzpriester und Dekane zu verwalten, in besonderen Fällen konnten jedoch die Behörden auch einen anderen Geistlichen damit beauftragen. Bezüglich der Aufsicht über die städtischen Elementarschulen wurde auf die Bestimmungen der Städteordnung, d. h. der damals in der ganzen Provinz Preußen geltenden Städteordnung von 1808,[1]) verwiesen. Die Oberaufsicht und Leitung über sämtliche Elementarschulen des Bezirks verblieb den Regierungen.

In den ehemals französischen, westfälischen und bergischen Gebietsteilen waren durch die Fremdherrschaft die bisher über das Unterrichtswesen ergangenen Gesetze aufgehoben und durch das für den ganzen Umfang der damaligen französischen Republik erlassene Gesetz über die Organisation des öffentlichen Unterrichts vom 13. Messidor X (1. 5. 1802) beziehungsweise dessen westfälische und bergische Nachbildungen ersetzt worden. Soweit nun in den ehemals der Fremdherrschaft unterworfenen Gebieten das Allgemeine Landrecht wieder eingeführt wurde, also in den Provinzen Sachsen und Westfalen und den rheinischen Kreisen Essen, Rees und Duisburg, traten dessen Bestimmungen an die Stelle des französischen Rechtes. Da die älteren provinzialrechtlichen Bestimmungen durch die fremde Gesetzgebung aufgehoben waren, eine Wiederherstellung des Provinzialrechtes aber nach Beseitigung des französischen Rechtes nicht erfolgte, so hatten in den betreffenden Gebietsteilen die Vorschriften des Allgemeinen Landrechts über das Schulwesen nicht wie sonst eine nur subsidiäre Geltung, sondern wie das bisher geltende fremde Recht eine unmittelbare praktische Wirksamkeit.

---

1) S. S. 23.

In der Rheinprovinz, soweit in ihr das Allgemeine Landrecht nicht eingeführt wurde, hatte bereits das provisorische Generalgouvernement des Nieder- und Mittelrheins die französische Unterrichtsgesetzgebung aufgehoben und am 6. 5. 1814 eine Verordnung über die Leitung des öffentlichen Unterrichts und am 15. 7. 1814 eine Verordnung über die Schulvorstände erlassen, welche, da die Chefs des provisorischen Generalgouvernements dem preußischen Beamtentum angehörten, durchaus im Sinne der preußischen Gesetzgebung gehalten waren und in den wesentlichsten Punkten eine Übereinstimmung des rheinischen Schulwesens mit dem altpreußischen herstellten. Diese Verordnungen erfuhren unter preußischer Herrschaft noch verschiedene Ergänzungen.[1])

Für die höheren Schulen waren bisher hauptsächlich die Stiftungsurkunden und Statuten maßgebend gewesen, allgemeine gesetzliche Bestimmungen waren ausgenommen für die protestantischen Gymnasien von Kleve-Mark, die 1782 eine allgemeine Schulordnung erhalten,[2]) nicht vorhanden. Da diese kleve-märkische Schulordnung durch die Fremdherrschaft beseitigt war, das Allgemeine Landrecht sich dagegen nur auf einige vereinzelte Bestimmungen über die Rechte der höheren Schulen als Korporationen und ihrer Lehrer beschränkte, so blieb die Regelung der Rechtsverhältnisse der höheren Schulen der Verwaltungspraxis überlassen. Die Stiftungsurkunden und Statuten fielen jetzt fast nur noch ins Gewicht für die Unterhaltung der betreffenden Schulen. Dagegen erfolgten die notwendigen Anordnungen über Disziplin der Lehrer und Schüler, über die Prüfungen zum höheren Schulamte und die Schülerprüfungen, sowie die Spezialvorschriften über einzelne Unterrichtsgegenstände durch Reglements und Cirkularreskripte des Unterrichtsministers, die durch Reskripte der Provinzialbehörden die notwendigen Ergänzungen erfuhren.

Noch mehr als die Gymnasien beruhen auf der Verwaltungspraxis die erst im Anfange dieses Jahrhunderts in größerer Anzahl entstehenden Real- und Gewerbeschulen, für deren rechtliche Stellung in alten Statuten und dem Herkommen nicht einmal ein Anhalt geboten war.

Dagegen sind für die Universitäten, soweit nicht die polizeiliche Aufsicht über die Studierenden in Betracht kommt, ausschließlich maßgebend die Stiftungsurkunden und die Statuten der einzelnen Fakultäten, neben denen für die ministeriellen Anordnungen nur ein geringer Spielraum blieb.

---

1) Vgl. v. Rönne, Unterrichtswesen des pr. Staates, Bd. I, S. 188 ff.

2) Vgl. Band II, S. 276.

Die Organe.

Bei der jetzt durchgeführten Scheidung der staatlichen Kirchenhoheit und der Kirchengewalt ist zu unterscheiden zwischen den rein kirchlichen Organen und den Organen des Staates zu Ausübung der Kirchenhoheit. Die eigentümliche Stellung der evangelischen Landeskirche brachte es mit sich, daß bezüglich ihrer beide Kategorien von Organen zum Teil identisch sind. Auch die rein kirchlichen Organe der katholischen wie der evangelischen Kirche behielten die im Allgemeinen Landrechte gewährten Rechte und Pflichten der Staatsbeamten.

Die unteren Organe der Kirchenverwaltung bis zu den Superintendenten bezw. Erzpriestern blieben dieselben wie bisher. Über den einzelnen Superintendenturen und Dekanien erhoben sich als höhere geistliche Behörden für die Katholiken die Bischöfe in rein geistlichen Angelegenheiten, die Regierungen als Behörden in rein geistlichen Angelegenheiten der Protestanten und zur Ausübung der kirchlichen Staatshoheitsrechte über Katholiken und Protestanten.

Diese Organisation, hervorgegangen aus der konsequent durchgeführten Idee des Territorialsystems erfuhr eine tiefgreifende Veränderung durch die Verordnung vom 30. 4. 1815 wegen verbesserter Einrichtung der Provinzialbehörden,[1]) der zufolge in jeder Provinz für die Kirchen- und Schulsachen ein Konsistorium unter Vorsitz des Oberpräsidenten bestehen sollte. Unverkennbar waltete hierbei das Bestreben ob, die evangelische Kirche aus ihrer unwürdigen Stellung, vermöge deren sie mit anderen staatlichen Polizeianstalten auf einer Stufe stand, zu befreien, ihr selbständige, rein kirchliche Organe zu verleihen und sie dadurch der katholischen Kirche ebenbürtig zu machen. Dieser Plan, der dazu hätte führen müssen, den Konsistorien die Jura in sacra der Protestanten, den Regierungen oder anderen staatlichen Organen die Jura circa sacra der Katholiken und Protestanten zu übertragen, mißlang aber in der Ausführung. Es fehlte der Mut, das, was man für recht erkannt, auch energisch durchzuführen und endgiltig mit dem Territorialsystem zu brechen.

Nach der Verordnung vom 30. 4. 1815 sollten die Konsistorien zu verwalten haben die Kirchenangelegenheiten und zwar bezüglich der Katholiken nur der Jura circa sacra, bezüglich der Protestanten auch der Konsistorialrechte, sowie die Schulangelegenheiten mit Ausnahme der dem Minister des Innern, später dem Unterrichtsminister unmittelbar untergeordneten Universitäten und Akademien. Die Dienstinstruktion für die Provinzialkonsistorien

1) G. S. 1815, S. 85.

vom 23. 10. 1817[1]) bestimmte dann den Geschäftskreis der Konsistorien näher besonders bezüglich der Verwaltung der Angelegenheiten der evangelischen Kirche. Es wurde ihnen danach namentlich übertragen:

1. Die Sorge für die Einrichtung evangelischer Synoden, die Aufsicht über die bereits bestehenden; die Prüfung und nach Befinden die Berichtigung oder Bestätigung der Synodalbeschlüsse, auch erforderlichen Falls die Berichterstattung über dieselben;

2. die Aufsicht über den Gottesdienst im allgemeinen, insbesondere in dogmatischer und liturgischer Beziehung, zur Aufrechterhaltung desselben in seiner Reinheit und Würde;

3. die Aufsicht und Vorsorge für die Bildung des geistlichen Standes auf allen vorbereitenden Stufen, soweit dieselbe nicht den öffentlichen Unterrichts- und Lehranstalten selbständig anvertraut war; die Prüfung der Kandidaten pro facultate concionandi und pro ministerio und die Abhaltung der colloquia pro munere; die Aufsicht über die Fortbildung und sittliche Haltung der Kandidaten und die Disziplin über dieselben, die Verwendung der Kandidaten zu geistlicher Aushülfe;

4. die Bestätigung der von Patronen und wahlberechtigten Gemeinden berufenen Geistlichen;

5. die Ordination, Vereidigung und Einführung der Geistlichen in das Amt;

6. die Anordnung kirchlicher Feste;

7. die Erteilung von kirchlichen Dispensationen, soweit solche gesetzlich zulässig oder erforderlich;

8. die Anordnung von Kirchenvisitationen.

Den Regierungen verblieb dagegen nach ihrer Geschäftsinstruktion hinsichtlich beider Konfessionen die Aufsicht über sämtliche Elementar- und Privatschulen unter oberer Leitung des Konsistoriums in wissenschaftlicher Hinsicht, die Besetzung der dem landesherrlichen Patronatrechte unterworfenen geistlichen und Schullehrerstellen, die Bestätigung der von Privatpersonen und Gemeinden gewählten Elementarschullehrer, die Aufsicht über deren Amts- und moralische Führung, die Aufrechterhaltung der Kirchenzucht und Ordnung, die Direktion und Aufsicht über sämtliche Kirchen, die Regulierung des Stolwesens und der Schulgelder, die gesamte Verwaltung des Kirchen-, Schul- und Stiftungsvermögens, soweit es nicht anderen Korporationen gebührte, sowie die Abnahme der Kirchen und Institutsrechnungen.

Der Plan, besondere Behörden für die Verwaltung der rein kirchlichen

---

1) G. S. 1817, S. 237.

Angelegenheiten der evangelischen Landeskirche zu schaffen, war also im allgemeinen gescheitert. Denn die Konsistorien hatten nicht nur die Verwaltung der evangelischen Kirche zu führen, es stand ihnen auch die Ausübung der staatlichen Hoheitsrechte gegenüber der katholischen Kirche zu. Andererseits war ihnen die Verwaltung der evangelischen Kirche nicht vollständig übertragen, ein großer Teil derselben lag noch in der Hand der Regierungen. Das Unterrichtswesen vollends, welches jetzt ein rein staatliches und von der Kirche rechtlich unabhängig war, wurde vollständig aus einander gerissen, indem die Verwaltung der höheren Unterrichtsanstalten den Konsistorien, die Verwaltung der Elementarschulen den Regierungen zufiel. Eine Scheidung der staatlichen und kirchlichen Rechtssphäre war daher nur in relativem Maße erfolgt. Denn die Hauptmasse der den Konsistorien obliegenden Geschäfte bestand allerdings in der Verwaltung der inneren Angelegenheiten der evangelischen Kirche, die Hauptmasse der Geschäfte der Regierungen in der Verwaltung der Externa beider Kirchen. Aber diese Sonderung war doch völlig ungenügend; der Drang der evangelischen Kirche nach eigenen kirchlichen Organen wurde dadurch nicht befriedigt.

Diesem Übelstande suchte die Dienstinstruktion für die Oberpräsidenten vom 31. 12. 1825[1]) und die Kabinettsordre von demselben Tage wegen anderweiter Organisation der Provinzialverwaltungsbehörden[2]) abzuhelfen. Die Dienstinstruktion der Oberpräsidenten übertrug diesen allein die Wahrnehmung des jus circa sacra catholicorum nach Anleitung des § 4 der Dienstinstruktion für die Konsistorien vom 23. 10. 1817, die Konsistorien wurden also von der Ausübung der staatlichen Hoheitsrechte über die Katholiken entbunden. Durch die Kabinettsordre vom 31. 12. 1825 wurde ferner jedes Konsistorium in zwei Abteilungen zerlegt, von denen die erste unter dem Namen „Konsistorium" die evangelisch-geistlichen Sachen, die andere unter dem Namen „Provinzial-Schul-Kollegium" die dem Kollegium durch die Dienstinstruktion für die Konsistorien vom 23. 10. 1817 überwiesenen Unterrichtsangelegenheiten bearbeiten sollte. Dem Oberpräsidenten blieb aber in beiden Abteilungen der Vorsitz und die Leitung der Geschäfte. Außerdem wurden die Ressortverhältnisse der Konsistorien und der Regierungen in der Verwaltung der evangelischen Kirche in verschiedenen Punkten zu Gunsten der Konsistorien abgeändert.

Eine noch schärfere Scheidung der rein kirchlichen und der staatlichen Sphäre erfolgte durch die Verordnung vom 27. 6. 1845 betreffend die

1) G. S. 1826, S. 1.
2) A. a. O. S. 5.

Ressortverhältnisse der Provinzialbehörden für das evangelische Kirchenwesen.[1]) Zunächst wurde bestimmt, daß der Vorsitz in den Provinzialkonsistorien mit dem Amte der Oberpräsidenten nicht von selbst und unmittelbar verbunden sein solle, sondern dem Könige vorbehalten bleibe, in jedem einzelnen Falle wegen Ernennung des Vorsitzenden besonders zu bestimmen. Dagegen blieb es dabei, daß der Vorsitz im Provinzialschulkollegium mit dem Amte des Oberpräsidenten verbunden war. Die beiden Abteilungen des Konsistoriums, Konsistorium und Provinzialschulkollegium, waren dadurch thatsächlich zu zwei selbständigen Behörden geworden.

Es ging ferner die innere Verwaltung der evangelischen Kirche vollständig auf die Konsistorien über, die Thätigkeit der Regierungen wurde fast ausschließlich auf das polizeiliche Gebiet beschränkt. Es blieb demnach den Regierungen nur vorbehalten: 1. die Regulierung des Interimistikums in streitigen Kirchen-, Pfarr- und Küsterbausachen, 2. die Aufsicht über die Kirchenbücher, 3. die Sorge für die Unterhaltung und Anlage der Kirchhöfe, 4. die Anordnung und Vollstreckung der zur Aufrechterhaltung der äußeren kirchlichen Ordnung erforderlichen polizeilichen Vorschriften, 5. die Aufsicht über das Vermögen der dem landesherrlichen Patronate nicht unterworfenen kirchlichen Institute und die Ausübung des landesherrlichen Patronatsrechts, 6. die Ernennung oder Bestätigung der für die kirchliche Vermögensverwaltung anzustellenden weltlichen Kirchenbedienten und die Aufsicht über dieselben. In diesen Angelegenheilen konnten die Regierungen die Geistlichen durch Ermahnungen, Zurechtweisungen und Ordnungsstrafen zur Pflichterfüllung anhalten. Vor die Konsistorien und Regierungen gemeinsam gehörten: 1. die Veränderung bestehender und die Einführung neuer Stolgebührentaxen, 2. die Veränderung bestehender und die Bildung neuer Pfarrbezirke.

Durch eine zweite Verordnung vom 27. 6. 1845[2]) erfolgte eine neue Regelung der Ressortverhältnisse in katholisch-kirchlichen Angelegenheiten. Dem Oberpräsidenten wurde außer seinen bisherigen Funktionen übertragen die Bestätigung der zu Stellen bischöflicher Kollation oder Privatpatronats berufenen katholischen Geistlichen in allen Fällen, in denen solche bisher den Regierungen übertragen war, und die Ausübnng des landesherrlichen Ernennungsrechts zu den katholisch-geistlichen Stellen ebenfalls in demselben Umfange, in dem es bisher den Regierungen zustand. Den Regierungen verblieben dagegen die übrigen bisher zu ihrem Geschäftskreise gehörigen Angelegenheiten.

Somit war auf kirchlichem Gebiete eine durchaus zweckentsprechende Ge-

---

1) G. S. 1845, S. 440.
2) G. S. 1845, S. 443.

staltung der Zuständigkeitsverhältnisse erfolgt. Die evangelische Kirche besaß für ihre inneren Angelegenheiten besondere Organe in den Konsistorien, die staatlichen Hoheitsrechte gegenüber den Kirchen wurden durch die Oberpräsidenten und die Regierungen ausgeübt. Nur in der Centralinstanz bestand für die evangelische Kirche noch die Vereinigung der Jura circa sacra und der Jura in sacra fort, indem die Ausübung beider dem Minister des Innern und seit 1817 dem Kultusminister übertragen blieb.

Die Verwaltung des Schulwesens ferner war seit 1825 und vollständig seit 1845 von der kirchlichen Verwaltung getrennt. Den Pfarrern, Superintendenten und Erzpriestern blieb zwar die Inspektion der Elementarschulen, aber nicht in ihrer Eigenschaft als Geistliche, sondern lediglich als Organe des Staates. In den höheren Instanzen fand selbst eine solche Personalunion der Kirchen- und Schulbehörden nicht mehr statt. So wenig wie die Bischöfe hatten seit 1825 die Konsistorien mit der Verwaltung des Schulwesens zu thun. Vielmehr wurde dasselbe ohne Rücksicht auf die konfessionellen Verschiedenheiten allein durch die Regierungen und die Provinzialschulkollegien verwaltet. Zwischen beiden Behörden blieb das Schulwesen in einer für die einheitliche Verwaltung desselben höchst unersprießlichen Weise geteilt nach folgenden Hauptgesichtspunkten:

Die Instruktion der Konsistorien vom 23. 10. 1817 unterstellte sämtliche Elementar- und Bürgerschulen, sowie die Privaterziehungs- und Unterrichtsanstalten der Aufsicht und Verwaltung der Regierungen, während den Konsistorien, also später den Provinzialschulkollegien nur die obere Leitung derselben in wissenschaftlicher Hinsicht und bezüglich der inneren Verfassung und die Sorge für die Ausbildung der Elementarschullehrer zufiel. Es gehörte insbesondere nach der Regierungsinstruktion vom 23. 10. 1817 zur Zuständigkeit der Regierungen: 1. die Besetzung aller dem landesherrlichen Patronate unterworfenen Schullehrerstellen, die Bestätigung der von Privatpersonen und Gemeinden dazu erwählten Personen, sofern sie nicht außerhalb Landes her vociert wurden, die Prüfung und Einführung derselben, 2. die Aufsicht über ihre Amtsführung und die Urlaubserteilung, 3. die Direktion und Aufsicht über sämtliche öffentliche und Privatschulen und Erziehungsanstalten, sowie über milde Stiftungen, 4. die Aufsicht und Verwaltung des ganzen Elementarschulwesens, 5. sowie sämtlicher äußeren Schulangelegenheiten, wie Regulierung des Schulgeldes und 6. des Schul- und Stiftungsvermögens, 7. die Einrichtung und Verteilung der Schulsozietäten.

Dagegen sollten nach Instruktion der Konsistorien alle gelehrten Schulen, d. h. diejenigen, welche zur Universität entließen, und die Schullehrerseminare unter unmittelbarer Aufsicht und Verwaltung der Konsistorien stehen, an deren Stelle später die Provinzialschulkollegien traten. Die Kabinettsordre vom 31. 12. 1825 übertrug den Provinzialschulkollegien auch die Vermögensverwaltung dieser Schulen.

In der Centralinstanz blieb die Verwaltung des Schulwesens noch mit der der geistlichen Angelegenheiten in einem Ministerium vereinigt. Unmittelbar unter dem Unterrichtsministerium standen die sechs Landesuniversitäten, die beiden Akademien zu Braunsberg und Münster und verschiedene andere wissenschaftliche Anstalten.

Die Kontrollen.

Die Kontrolle sowohl der kirchlichen Regierung wie der Ausübung der Staatshoheitsrechte über die einzelnen Kirchen ist eine rein administrative, soweit nicht bei Streitigkeiten über individuelle Rechte, wie die Kirchenbaulast, der Rechtsweg zulässig ist.

Mit derselben Beschränkung üben auf dem Gebiete des Schulwesens die Verwaltungsbehörden eine Art Verwaltungsgerichtsbarkeit, indem wegen Schulversäumnissen die Straffestsetzung durch die unteren Behörden der allgemeinen Landesverwaltung, die Regelung der Unterhaltungspflicht der Schulen durch die Regierungen erfolgt. Auch hier ist der Rechtsweg nur auf Grund spezieller Rechtstitel zulässig.

Achte Periode.

Bis zur neuesten Verwaltungsreform.

Vom J. 1848 bis jetzt.

Kap. I. Die Revolution.

§ 1. Übersicht.

Die einseitige Bevorzugung des Grundbesitzes durch die neuständische Gesetzgebung, deren Schlußstein die Bildung des Vereinigten Landtages war, hatte bei der Zurückweisung aller berechtigten Forderungen des Liberalismus, der den Kapitalbesitz des Landes vertrat und trotz aller Kautelen besonders in den industriellen westlichen Provinzen Zugang zu den Kreis- und Landtagen gefunden hatte, die eine Besitzklasse, den Kapitalismus, genötigt, die Bahnen der Revolution zu betreten. Die preußische Revolution von 1848 ist daher ein Kampf zwischen zwei Gesellschaftsklassen, Grundbesitz und Kapitalismus, Konservatismus und Liberalismus, unter völliger Ohnmacht der Staatsgewalt, insbesondere des in sich zwiespältigen Beamtentums.

Bei dem gewaltigen Impulse, den die Revolution dem Kapitalismus gab, bei seiner bisherigen Ausschließung von der Teilnahme am Staate und der daraus folgenden Ungeübtheit in Staatsangelegenheiten konnte die Revolution nur die einseitig gesellschaftlichen Anschauungen des Kapitalismus zur Geltung bringen. Die liberale Doktrin, die Auffassung von der Staats- und Gesellschaftsordnung, bei der der Kapitalismus seine Rechnung zu finden glaubte, wurde das politische Programm der zum Siege gelangten Revolution.

Nicht das Mehr oder Minder der dem Vereinigten Landtage eingeräumten Rechte hatte den Kapitalismus zur Revolution getrieben, denn je größer die politischen Rechte des Vereinigten Landtags wurden, um so mehr war er in seinen Interessen bedroht, es war allein die Zusammensetzung des Vereinigten Landtages, gegen die sich die ganze Wucht der liberalen Angriffe richtete. Die Befugnisse des jetzigen Landtages sind nicht viel größere, als die des Vereinigten Landtages waren, und, was jener an Mehr besitzt, wäre auch diesem bei längerem Bestehen zu Teil geworden.

Man beabsichtigte zunächst die Überleitung aus den alten in die neuen Verhältnisse, zu deren Inangriffnahme allerdings die Gewalt genötigt hatte, in durchaus gesetzlichen Formen herbeizuführen, die Rechtskontinuität aufrecht zu erhalten. Das am 29. 3. 1848 besonders unter Heranziehung von Rheinländern gebildete Ministerium Camphausen-Hansemann legte dem am 2. 4. 1848 zum letzten Male einberufenen Vereinigten Landtage den Entwurf eines Wahlgesetzes für die zur Vereinbarung der preußischen Staatsverfassung zu berufende Versammlung und den Entwurf einer Verordnung über einige Grundlagen der künftigen preußischen Verfassung zur Beratung vor. Der Vereinigte Landtag genehmigte dieselben unter dem Drucke der Zeitströmung, worauf am 8. bezw. 6. 4. 1848 die Publikation erfolgte. Das Hauptbollwerk des neuständischen Systems, der einseitigen Vertretung des Grundbesitzes in der Centralverwaltung, war beim ersten Angriffe gefallen, indem das Wahlgesetz jedem Preußen, der im Vollbesitze der bürgerlichen Rechte war, bei einem Alter von 24 Jahren das aktive, bei einem solchen von 30 Jahren das passive Wahlrecht verlieh und indirekte Wahlen durch Wahlmänner, aber ohne Census in nach der Bevölkerungszahl gebildeten Wahlkreisen anordnete. Die am 13. 5. 1848 eröffnete preußische Nationalversammlung ist aber bekanntlich mit der Beratung der Verfassung über die ersten Stadien nicht hinausgekommen. Da in der Versammlung die extremen Elemente immer mehr die Oberhand gewannen, wurde sie am 6. 12. 1848 aufgelöst und an demselben Tage, da eine Vereinbarung über die Verfassung nicht möglich gewesen, eine solche durchaus nach gemäßigt liberaler Schablone unter Vorbehalt der Revision im Wege der Gesetzgebung oktroyiert. Nach der Neuwahl der auf Grund der Verfassung gewählten Kammern fand bekanntlich diese Revision statt, und die revidierte Verfassung wurde am 31. 1. 1850 als nunmehriges Staatsgrundgesetz der preußischen Monarchie publiziert.

Diese Entstehungsgeschichte der Verfassung erklärt es, daß dieselbe im wesentlichen die staatlichen Gesichtspunkte festhält, das von der liberalen Doktrin geforderte unbedingte Steuerbewilligungsrecht und das nur suspensive Veto der Krone bei Gesetzentwürfen verwirft und dadurch jede Konventsherrschaft unmöglich macht. Die Verfassung beseitigte die einseitige Interessenvertretung des Grundbesitzes in der Centralverwaltung endgiltig. Indem sie das aktive wie das passive Wahlrecht von einer bestimmten Besitzweise unabhängig machte, gewährte sie einer jeden Einfluß auf den Staat. Die revolutionäre Strömung ergab es, daß dieser Einfluß zunächst dem Kapitalbesitze, der liberalen Partei, anheimfiel, welche ihre Macht zum entscheidenden Kampfe gegen den bisher bevorrechteten Grundbesitz gebrauchte oder vielmehr mißbrauchte.

Der Grundbesitz, insbesondere der Großgrundbesitz, hatte sich bisher einer ganzen Reihe von Vorrechten zu erfreuen gehabt, die teils Überbleibsel einer untergegangenen Gesellschaftsordnung, des alten ständischen Staates, teils durch die neuständische Gesetzgebung neu geschaffen waren. Gegen alle diese Bevorzugungen des Grundbesitzes, mochten sie auch noch so berechtigt sein, richteten sich jetzt die Angriffe des Liberalismus. Die Rittergutsbesitzer hatten die patrimoniale Gerichtsbarkeit, sie wurde aufgehoben durch die Verordnung vom 2. 1. 1849. Die Grundbesitzer allein besaßen in den Landgemeinden der östlichen Provinzen die politischen Gemeinderechte, die Rittergutsbesitzer führten die Aufsicht über die Gemeindeverwaltung, diese Rechte des Grundbesitzes wurden beseitigt durch die neue Gemeindeordnung vom 11. 3. 1850. Die Großgrundbesitzer führten auf dem flachen Lande der östlichen Provinzen die gutsherrliche Polizeiverwaltung, sie fiel durch das Gesetz über die Polizeiverwaltung von demselben Tage. Die Großgrundbesitzer hatten durch ihre bevorzugte Vertretung die Kommunalverwaltung der Kreise und Provinzen in ihrer Hand, die Kreis-, Bezirks- und Provinzialordnung vom 11. 3. 1850 ersetzte das neuständische System durch Interessenvertretungen der Steuerzahler, wobei der Kapitalbesitz am besten seine Rechnung fand. Die Mobilisierung des Grundbesitzes schien durch die Hardenbergische Gesetzgebung noch nicht hinreichend durchgeführt, die Agrargesetzgebung von 1848/50 führte die Mobilisierung bis zu den Grenzen der Möglichkeit durch, jedenfalls weit über das Interesse des kleinen Grundbesitzes hinausgehend. Die Rittergutsbesitzer besaßen noch bedeutende Steuerprivilegien, die Reform der Grundsteuer wurde zwar in Angriff genommen, gelang aber noch nicht.

Alle Maßregeln der zur Herrschaft gelangten liberalen Partei tragen den Stempel des Kampfes des Kapitalismus gegen den Grundbesitz, das einzige Bestreben ist Beseitigung der Vorrechte des Grundbesitzes, womöglich Ersetzung derselben durch Vorrechte des Kapitalismus. Es ist der einseitig gesellschaftliche Standpunkt, der zur Geltung kommt und auf das Interesse des Staates nur so viel Rücksicht nimmt, als es die gesellschaftlichen Interessen gestatten.

Das Beamtentum, seit der Zeit Hardenbergs zum größten Teile mit liberalen Ideen erfüllt, bot zu diesen Reformen um so williger die Hand, als sie sein Interesse nirgends verletzten, ihm die Staatsverwaltung in dem bisherigen Maße verblieb, allerdings nicht mehr als einer herrschenden Klasse, sondern als einem Diener der herrschenden Partei. Das Parlament des alten absoluten Beamtenstaates, der Geh. Staatsrat, konnte daher in dem Streite der gesellschaftlichen Interessen keine Stätte mehr finden. Er wurde stillschweigend in die politische Rumpelkammer geworfen.

§ 2. Die Justizreform.

Die Patrimonialgerichtsbarkeit und der Inquisitionsprozeß war der Krebsschaden der sonst vortrefflichen preußischen Justiz, gegen beide Institute, von denen der Inquisitionsprozeß nur eine notwendige Folge der Patrimonialgerichtsbarkeit war, richteten sich seit lange die berechtigten Angriffe der liberalen Partei. Beide Mißstände wurden daher sofort nach dem Siege der Revolution beseitigt. Die oktroyierte Verfassung vom 5. 12. 1848 sprach die Aufhebung der Privatgerichtsbarkeit aus, bestimmte, daß die richterliche Gewalt nur im Namen des Königs durch unabhängige Gerichte ausgeübt werden solle, beseitigte alle Standesvorrechte, also auch den eximierten Gerichtsstand, erklärte Ausnahmegerichte und außerordentliche Kommissionen für unzulässig vorbehaltlich der Errichtung von Gerichten für besondere Klassen von Angelegenheiten, wie Gewerbe- und Handelsgerichte, sicherte die Öffentlichkeit der Gerichtsverhandlungen in Civil- und Strafsachen und die Einführung von Schwurgerichten in Strafsachen zu und erklärte schließlich, daß in Preußen nur ein oberster Gerichtshof bestehen solle. Alle diese Grundsätze gingen später in die revidierte Verfassung vom 31. 12. 1850 über.

Der anfängliche Plan, einfach die den herrschenden liberalen Anschauungen entsprechende rheinische Gerichtsverfassung auf das ganze Staatsgebiet zu übertragen, scheiterte an der Verschiedenheit des materiellen Rechtes. Die oktroyierte Verordnung über die Aufhebung der Privatgerichtsbarkeit und des eximierten Gerichtsstandes sowie über die anderweitige Organisation der Gerichte vom 2. 1. 1849[1]) und die Verordnung über die Einführung des mündlichen und öffentlichen Verfahrens mit Geschworenen in Untersuchungssachen vom 3. 1. 1849[2]) wurden daher nur für die landrechtlichen und gemeinrechtlichen Gebietsteile, nicht dagegen für das Geltungsgebiet des rheinischen Rechts erlassen, wo weder Patrimonialgerichtsbarkeit noch Inquisitionsprozeß mehr bestand. Beide Verordnungen befanden sich in Übereinstimmung mit den in der oktroyierten Verfassung vom 5. 12. 1848 ausgesprochenen Grundsätzen, deren Ausführung sie enthielten. Die erste Verordnung regelte die neue Gerichtsverfassung nach Aufhebung der Patrimonialgerichtsbarkeit. Da die Neuordnung der Gerichtsverfassung für das ganze Staatsgebiet an der Verschiedenheit der geltenden Rechte unübersteigliche Schwierigkeiten gefunden, begnügte man sich damit, die rheinische Gerichtsverfassung vorläufig bis zur Herstellung eines gemeinsamen Rechts völlig unberührt zu lassen. Die hauptsächlichsten Bestimmungen der Verordnungen für die landrechtlichen und gemeinrechtlichen Landesteile sind nun folgende:

Alle Privatgerichtsbarkeit, standesherrliche, gutsherrliche und städtische, welch letztere noch in Neuvorpommern bestand, wurde aufgehoben, ebenso die

1) G. S. 1849, S. 1.
2) A. a. O. S. 14.

geistliche Gerichtsbarkeit in weltlichen Angelegenheiten, namentlich in Ehesachen. Infolge dessen verschwanden 6616 Patrimonialgerichte, von denen allein 2000 auf die Provinz Schlesien entfielen.[1]) Mit der Patrimonialgerichtsbarkeit hörte auch der eng mit derselben zusammenhängende privilegierte Gerichtsstand einzelner Personen und Grundstücke auf. Die Rittergutsbesitzer, die naturgemäß nicht vor sich selbst oder vor ihrem Justitiar hatten Recht nehmen können, und die ihnen gleichgestellten landesherrlichen Beamten erhielten ihren Gerichtsstand erster Instanz wie alle anderen Unterthanen vor den neuen Kreisgerichten, welche die volle Garantie einer unabhängigen Rechtsprechung auch gegenüber den bisherigen Eximierten gewährten.

An die Stelle der bisherigen Untergerichte traten die Stadtgerichte und Kreisgerichte. Besondere Stadtgerichte, bestehend aus einem Präsidenten, einem oder mehreren Direktoren, Stadtgerichtsräten, Stadtrichtern und dem erforderlichen Unterpersonale, wurden errichtet für Berlin, Breslau und Königsberg. Die für das übrige Land errichteten Kreisgerichte bestanden aus einem Direktor und mindestens fünf richterlichen Mitgliedern und umfaßten Jurisdiktionsbezirke von durchschnittlich 50000 Einwohnern, die sich möglichst an die Kreiseinteilung anschließen sollten. Die Städte Danzig und Magdeburg hatten Gerichte, deren Zuständigkeit sich auch über die nächste ländliche Umgebung erstreckte, und die deshalb Stadt- und Kreisgerichte hießen. Im Jahre 1850 besaß Preußen 3 Stadtgerichte, 2 Stadt- und Kreisgerichte und 236 Kreisgerichte.[2])

Mit den Kreisgerichten verbunden wurden aus Einzelrichtern bestehende Gerichtskommissionen, welche sich an den vom Sitze des Kreisgerichts entfernteren Orten befanden und durchschnittlich einen Bezirk von 7500 Einwohnern umfaßten. Die Gerichtskommissarien waren Mitglieder des Kreisgerichts und standen unter der Aufsicht des Kreisgerichtsdirektors. Die Kommission wurde vom Justizminister ertheilt. Ihre Zuständigkeit umfaßte Bagatellprozesse bis zu 50 Thlrn., Injurien, Forstrügesachen, Polizeivergehen und die freiwillige Gerichtsbarkeit. Mehrere Gerichtskommissarien konnten zu einer Deputation des Kreisgerichts zusammentreten, um kollegialisch zu behandelnde Angelegenheiten des Kreisgerichts zu erledigen. Ausnahmsweise konnten solche Deputationen auch als ständige Abteilungen des Kreisgerichts für vom Sitze desselben entferntere Bezirke errichtet werden, um die vor das Kreisgericht gehörigen Sachen an Stelle desselben kollegialisch zu entscheiden.

---

1) Übersicht der Organisation der Gerichtsbehörden im Just. Min. Bl. v. 1850, S. 352 ff.

2) Just. Min. Bl. v. 1850, S. 352.

Die Kreisgerichte selbst waren die Gerichte erster Instanz mit Ausnahme der Strafsachen der Militärpersonen, der Studierenden, soweit die Zuständigkeit des Universitätsgerichts begründet war, der Lehns-, Fideikommiß- und Familienstiftungssachen, welche den Obergerichten verblieben. Zur Aburteilung der Verbrechen wurde das Institut der Geschworenen eingeführt, wie es in den Rheinlanden bestand.

Die Oberlandesgerichte wurden abgesehen von der ihnen auch in erster Instanz vorbehaltenen Lehnsgerichtsbarkeit ausschließlich Gerichte zweiter Instanz und, um dies neue Verhältnis auszudrücken, erhielten sie die Bezeichnung Appellationsgerichte mit Ausnahme des Kammergerichts, welches seine bisherige Benennung behielt, des Appellationsgerichts zu Königsberg, welches Ostpreußisches Tribunal genannt wurde, und des Justizsenats zu Ehrenbreitstein.

Mit der nunmehr hergestellten Einheit der Gerichtsverfassung in den landrechtlichen und gemeinrechtlichen Gebieten waren auch die verschiedenen obersten Gerichtshöfe überflüssig geworden. Die Oberappellationsgerichte zu Greifswald und Posen und der Revisionshof für den rechtsrheinischen Teil des Regierungsbezirks Koblenz zu Berlin verschwanden, die gemeinrechtlichen Gebiete und die Provinz Posen wurden unmittelbar dem Obertribunale zu Berlin, welches das für den öffentlichen Prozeß nicht mehr passend erscheinende Attribut „Geheimes" Obertribunal verlor, unterstellt. Dagegen erhielt sich vorläufig noch der rheinische Kassationshof zu Berlin entgegen der Bestimmung der Verfassung, daß in Preußen nur ein oberster Gerichtshof bestehen solle.

Die Verordnung vom 3. 1. 1849 ersetzte für die landrechtlichen und gemeinrechtlichen Gebietsteile den bisherigen Inquisitionsprozeß durch den öffentlichen und mündlichen Anklageprozeß, in schwereren Straffällen mit Geschworenen. Die Folge dieser prozessualischen Neubildung war die Einführung der Staatsanwaltschaft und des sog. Anklagemonopols derselben nach rheinisch-französischem Vorbilde, aber ohne das dort noch vorhandene Recht der Appellhöfe, auch von Amtswegen strafbare Handlungen zu verfolgen.

§ 3. Die neue Gemeindeverfassung.

Die allgemeine Tendenz der Revolutionszeit, Verfassung und Verwaltung im alleinigen Interesse des Kapitalbesitzes umzugestalten, tritt besonders hervor bei der Neuordnung der Gemeindeverfassung, speziell bei dem Erlaß einer gemeinsamen Gemeindeordnung für Stadt und Land.

Der Besitz der städtischen und der ländlichen Einwohner ist ein grundverschiedener. Der Besitz der Bewohner des flachen Landes besteht ausschließlich in Grund und Boden, ihre Kapitalien legen sie, sobald sie eine angemessene Höhe erreicht haben, sofort wieder im Grundbesitze an. Im Gegensatz hierzu besteht der Besitz der städtischen Bewohner ausschließlich in Kapital und ist angelegt in Handel und Gewerbe. Selbst der städtische Grundbesitz hat fast vollständig die Natur des Kapitalbesitzes angenommen. Es ist eine durchaus gleichartige Beschäftigung, wenn der Kapitalist vierteljährlich die Zinsen der ausgeliehenen Kapitalien und wenn der Hauseigentümer den Mietszins seiner Mieter in Empfang nimmt. Allerdings hat der städtische Grund und Boden noch gewisse Eigenschaften mit anderem Grundeigentum gemeinsam, so z. B. das Steigen der Grundrente bei entwickelten wirtschaftlichen Verhältnissen, besonders im Centrum großer Städte, während bei der hohen wirtschaftlichen Entwicklung gleichzeitig der Kapitalzins fällt. Aber diese gemeinsamen Eigenschaften des städtischen und ländlichen Grundbesitzes sind doch nur untergeordneter Natur. Vor allem kommt in Betracht, daß der städtische Grundbesitz im Gegensatz zum ländlichen durch die Möglichkeit von Neubauten ebenso wie das Kapital der unbeschränkten Vermehrung fähig ist — es ist dies zugleich das Gegengewicht gegen das Steigen der städtischen Grundrente bei hoher Kultur —, so daß in allen wesentlichen Beziehungen Kapital und städtisches Grundeigentum gleichartige Besitzmassen sind.

Stadt- und Landgemeindebewohner stehen sich also gegenüber wie Kapitalbesitz auf der einen, Grundbesitz auf der anderen Seite. Nicht nur aus der verschiedenen Größe der Stadt- und Landgemeinden, sondern vor allen Dingen aus der verschiedenen Art des Besitzes ihrer Bewohner folgt die Notwendigkeit der Verschiedenheit der Stadt- und Landgemeindeverfassungen. Es würde eine Ungerechtigkeit sein, die städtische Kommunalverfassung ausschließlich auf den städtischen Grundbesitz zu basieren, denn die übrigen besitzenden Klassen der Städte haben ein eben so reges Interesse an der städtischen Verwaltung wie die Grundbesitzer. Ebenso ungerechtfertigt würde es aber sein, in den Landgemeinden die Gemeindeverfassung auf einen anderen Besitz als den bäuerlichen Grundbesitz zu gründen. Die kommunalen Bedürfnisse sind bei der gleichartigen Besitzweise lediglich Bedürfnisse der bäuerlichen Grundeigentümer, es wäre eine Verkehrung der richtigen Verhältnisse, durch den Aufbau der Landgemeindeverfassung auf jeden Besitz dem reichen Kapitalisten, der in einem Dorfe eine Fabrik oder gar nur eine Villa zur Sommerfrische besitzt, auch wegen seines Kapitalbesitzes einen überwiegenden Einfluß auf die Kommunalverwaltung des Dorfes einzuräumen. Es wäre dies weit unheilvoller als das System des Patrimonialstaates, da die Interessen des Gutsherren und der Bauern nach Lösung der Gutsunterthänigkeit bei der gleichen Besitzweise im wesentlichen dieselben waren.

Sobald nun eine Gesellschaftsklasse, sei es der Grundbesitz, sei es der Kapitalbesitz, einen überwiegenden Einfluß auf die Staatsverwaltung genommen hat, zeigt sich das Streben nach einer gleichen Verfassung für Stadt- und Landgemeinden, um auch in der Kategorie von Gemeinden, in denen die im Staate herrschende Gesellschaftsklasse keinen Einfluß besitzt, deren Macht zu begründen. Der Grundbesitz, der Konservatismus, will jede Gemeindeverfassung nur auf das Grundeigentum gründen. Dieses Bestreben zeigt sich z. B. in Preußen bei dem Hauptvertreter der konservativen Staatsideen, dem Freiherrn vom Stein, der anfangs nur den städtischen Grundbesitzern Teilnahme am Stadtregimente gewähren wollte. Es wäre dies eben wegen der kapitalähnlichen Natur des städtischen Grundbesitzes und bei der besonders in mittleren und kleineren Städten durchgängig vorhandenen Verbindung des Grundbesitzes mit Handel und Gewerbetrieb nicht mit allzugroßen Gefahren verknüpft gewesen, da trotzdem alle Interessen eine Vertretung gefunden hätten. Stein, der sich in der Regel von seinen gesellschaftlichen Anschauungen soweit frei zu erhalten vermochte, um den staatlichen Gesichtspunkt nicht aus dem Auge zu verlieren, kam aber von diesem Plane selbst wieder ab, und die Städteordnung von 1808 gewährte den städtischen Grundeigentümern, dem natürlichen Ferment jeder kommunalen Pflichtgenossenschaft, nur einen bestimmten Prozentsatz in der städtischen Vertretung.

Umgekehrt tritt bei jedem überwiegenden Einflusse des Kapitalbesitzes, des Liberalismus, auf den Staat das Bestreben hervor, die Verfassung nicht nur der städtischen, sondern auch der ländlichen Gemeinden auf jeden Besitz, d. h. bei der größeren Beweglichkeit des Kapitals vorzugsweise auf den Kapitalbesitz aufzubauen. Der erste gewaltige Ansturm des neueren Kapitalismus gegen die mittelalterliche Gesellschaftsordnung, die infolge der jeder unentwickelten Kulturstufe, also auch dem Mittelalter, eigentümlichen Naturalwirtschaft ausschließlich auf dem Grundbesitz beruhte, war nun die französische Revolution. Sie führte daher mit der Unterwerfung des Grundbesitzes unter das Kapital zum ersten Male zu einer gemeinsamen Gemeindeordnung für Stadt und Land, welche die Gemeindeverfassung auf jeden Besitz gründete. Diese gemeinsame Gemeindeordnung, beruhend auf der Unterwerfung des Grundbesitzes unter das Kapital, welche ersteren in seinen Interessen aufs äußerste schädigte, wurde nur erträglich durch die von Napoleon durchgeführte fast vollständige Rechtlosigkeit der Gemeinden und ihre Verwaltung durch Staatsbeamte. Es wurde auf diese Weise der einseitig kapitalistischen Vertretung der Landgemeinden die Möglichkeit genommen, übles zu thun.

Diese Gemeindeverfassung war aber wie geschaffen für die industriellen preußischen Rheinlande. Mit allen Kräften wehrten sich daher die Rheinländer, als die Einführung der revidierten Städteordnung von 1831 für die Rheinprovinz in Frage kam, gegen eine verschiedene Verfassung der Stadt- und Landgemeinden und setzten wirklich durch, daß die neue rheinische Gemeindeordnung von 1845, welche den Gemeinden viel größere Rechte gewährte als die Napoleonische Kommunalverfassung, für Stadt und Land gemeinsam erlassen wurde.

Nach der preußischen Revolution von 1848, wie die französische Revolution von 1789 eine gewaltsame Erhebung des in seinen Interessen gefährdeten Kapitalbesitzes, des Liberalismus, gegen den bevorrechteten Grundbesitz, den Konservatismus, führte ebenfalls wie jede von einseitig gesellschaftlichen Interessen beeinflußte Staatsverwaltung zu einer gemeinsamen Gemeindeordnung. Eine solche ist nie möglich, wo das staatliche Interesse den Ausschlag giebt, der erste Handels- und Industriestaat der Welt, England, hat nie den Versuch dazu gemacht, dieses Unternehmen ist stets die notwendige Folge einer liberalen Revolution. Dies war auch der Fall in Preußen mit der Gemeindeordnung vom 11. 3. 1850.[1])

Die oktroyierte Verfassungsurkunde vom 5. 12. 1848, Art. 104 stellte inbetreff der Gemeindeverfassung folgende Grundsätze auf: a. Über die inneren und besonderen Angelegenheiten der Gemeinden beschließen aus gewählten Vertretern bestehende Versammlungen, deren Beschlüsse durch die Vorsteher der Gemeinden ausgeführt werden. Das Gesetz bestimmt die Fälle, in welchen die Beschlüsse dieser Vertretung der Genehmigung einer höheren Vertretung oder der Staatsregierung unterworfen sind. b. Über die Ausübung des den Gemeinden zustehenden Wahlrechts der Gemeindevorsteher soll die Gemeindeordnung das nähere bestimmen. c. Den Gemeinden steht die selbständige Verwaltung ihrer Gemeindeangelegenheiten zu, sowie die Ortspolizei, ausgenommen in Städten von über 30000 Einwohnern, in denen die Polizei besonderen Behörden übertragen werden kann. d. Die Beratungen der Gemeindevertretungen sind öffentlich, jedoch kann das Gesetz Ausnahmen hiervon bestimmen. Über die Einnahmen und Ausgaben muß wenigstens jährlich ein Bericht veröffentlicht werden. Die revidierte Verfassung vom 31. 1. 1850, Art. 105 schloß sich an diese Bestimmungen an, behielt aber dem Staate die Bestätigung der Gemeindevorsteher und die Aufsicht über die Gemeindeverwaltung vor und beschränkte sich bezüglich der

1) Vgl. v. Rönne, Die Gemeindeordnung, die Kreis-, Bezirks- und Provinzialordnung für den preußischen Staat nebst dem Gesetze über die Polizeiverwaltung vom 11. 3. 1850. Brandenburg 1850.

Polizeiverwaltung auf die Anordnung, daß das Gesetz über die Beteiligung der Gemeinden bei Verwaltung der Ortspolizei bestimme.

Schon vor dem Zustandekommen der Verfassung hatte aber die siegreiche Revolutionspartei die neue Gemeindeordnung in Angriff genommen. Bereits am 15. 8. 1848 legte die Regierung der preußischen Nationalversammlung einen Entwurf vor, der jedoch infolge der weiteren politischen Ereignisse ebenso wenig zur Beratung gelangte als ein von 54 extremen Mitgliedern der Nationalversammlung vorgelegter Entwurf. Nach Erlaß der oktroyierten Verfassung wurde demnächst in der zweiten Kammer beantragt, die Staatsregierung um Vorlegung eines Entwurfes zu ersuchen. Die Auflösung der zweiten Kammer verhinderte auch hier weitere Schritte. Erst am 19. 8. 1849 gelangte ein Entwurf vor die neuberufenen Kammern. Zwar wurde in diesen selbst auf den unvertilgbaren, nicht nur auf der Größe beruhenden Unterschied der Stadt- und Landgemeinden hingewiesen, namentlich auf die von der mittelalterlichen Unterscheidung von Stadt- und Landrecht unabhängige, verschiedenartige Erwerbsart ihrer Bewohner. Der herrschende Liberalismus fertigte aber diese Einwürfe mit der Antwort ab, der historisch und rechtlich begründete Unterschied zwischen Stadt und Land habe allein in den gewerblichen Vorrechten der Städte gelegen, dieser sei durch die Gesetzgebung längst hinweggeräumt, und es gebe daher zwischen beiden keinen essentiellen Unterschied mehr. So kam denn die monströse Gemeindeordnung für Stadt und Land wirklich zu stande. Die erste Kammer erledigte die Vorlage am 19. 12. 1849, die zweite Kammer mit mannigfachen Abweichungen von den Beschlüssen der ersten Kammer am 20. 2. 1850. Endlich trat die erste Kammer am 25. 2. 1850 den Beschlüssen der zweiten Kammer bei, worauf das Gesetz am 11. 3. 1850 die königliche Genehmigung erhielt und publiziert wurde.

Die reale Grundlage der Gemeinde bilden nach dem neuen Gesetze alle innerhalb derselben liegenden Grundstücke. Jedes Grundstück muß einem Gemeindebezirke angehören oder einen solchen bilden. Veränderungen der Gemeindebezirke erfolgen nach Zustimmung der Vertretungen der beteiligten Gemeinden und nach Anhörung der Kreisvertretung durch Beschluß des Bezirksrats unter königlicher Genehmigung.

Außer dieser realen hat die Gemeinde noch eine persönliche Grundlage, indem alle Einwohner des Gemeindebezirks, d. h. alle, die in dem Gemeindebezirke ihren Wohnsitz haben, zur Gemeinde gehören. Wie schon die Städteordnung von 1831 das korporative Element innerhalb der Gemeinde gelockert, die Gemeindeordnungen der westlichen Provinzen es nach französischem Vorbilde völlig aufgehoben, so unterscheidet auch die Gemeindeordnung von 1850 nicht mehr zwischen Bürgern und Schutzverwandten. Vielmehr sind alle Einwohner zur Benutzung der Gemeindeanstalten berechtigt, zur Teilnahme an den Gemeindelasten verpflichtet mit der Beschränkung, daß Personen, die in der Gemeinde Grundeigentum besitzen oder Gewerbe treiben, aber nicht in der Gemeinde wohnen, nur zu den Belastungen des Grundeigentums bezw. Gewerbebetriebs herangezogen werden können.

Dagegen stehen die politischen Gemeinderechte, d. h. das aktive und passive Gemeindewahlrecht, nur denjenigen selbständigen Preußen zu, die seit einem Jahre 1. Einwohner des Gemeindebezirks sind, 2. keine Armenunterstützung aus öffentlichen Mitteln empfangen und 3. die sie betreffenden Gemeindeabgaben gezahlt haben und 4. mindestens zwei Thaler als Jahresbetrag an direkten Steuern entrichten oder in Gemeinden unter 1500 Einwohnern ein Grundstück im Werte von 100 Thlrn. oder ein Haus im Gemeindebezirk besitzen. In den mahl- und schlachtsteuerpflichtigen Gemeinden tritt an die Stelle des Beitrages zu den direkten Steuern der Nachweis eines jährlichen Einkommens von 200 Thlrn. in Gemeinden von unter 10000 Einwohnern, von 250 Thlrn. in Gemeinden von 10000 bis 50000 Einwohnern, von 300 Thlrn. in Gemeinden von über 50000 Einwohnern. Das Wahlrecht ruht während der Dauer einer gerichtlichen Haft, einer Kriminaluntersuchung oder eines Konkurses.

In den Stadt- und Landgemeinden gewährte also jede Besitzart die politischen Rechte. Schon hierdurch war dem beweglichen Kapitalbesitze ein Übergewicht über den ländlichen Grundbesitz gesichert. Dieses Übergewicht wurde aber noch erhöht durch die Bestimmung, daß jeder, der in einer Gemeinde seit einem Jahre mehr als einer der drei höchstbesteuerten Einwohner sowohl an direkten Staats- wie Gemeindeabgaben entrichtet habe, auch ohne in der Gemeinde zu wohnen oder sich daselbst aufzuhalten, berechtigt sei, an den Gemeindewahlen teil zu nehmen, falls bei ihm die übrigen Erfordernisse eines Gemeindewählers vorhanden wären. Dasselbe Recht wurde den juristischen Personen zugesichert, die in dem erwähnten Maße in einer Gemeinde besteuert waren. Es wurde dadurch der Fabrikherr oder die Aktiengesellschaft, die etwa einen Steinbruch oder eine Kalkgrube in der Gemeinde besaß, in den Stand gesetzt, die ganze Wucht des persönlichen Einflusses auf die in öffentlichen Verhältnissen unerfahrenen Bauern geltend zu machen, womöglich die ganze Gemeindeverwaltung, namentlich in Wegeangelegenheiten, nicht nur einer, sondern einer ganzen Reihe von Landgemeinden allein im Interesse der industriellen Unternehmung zu leiten, indem nicht einmal mehr der persönliche Wohnsitz in der Gemeinde zur Bedingung der politischen Gemeinderechte gemacht wurde.

Für jeden Gemeindewähler wird zwar noch einmal wie in den Städteordnungen die Verpflichtung zur Übernahme von unbesoldeten Stellen in der Gemeindeverwaltung oder Vertretung auf drei Jahre ausgesprochen, sofern nicht gewisse Entschuldigungsgründe vorliegen. Die Weigerung, dieser allgemeinen Bürgerpflicht Genüge zu leisten, hat aber nur zur Folge, daß durch einen von der Aufsichtsbehörde zu bestätigenden Beschluß des Gemeinderats der sich Weigernde der ihm durch die Gemeindeordnung beigelegten Befugnisse, also der politischen Gemeinderechte, für die Zeit von drei bis sechs Jahren verlustig erklärt werden konnte. Eine Verpflichtung zur Teilnahme an den Gemeindewahlen fand ohnehin nicht mehr statt. Das Ergebnis ist also: Wer sich um die öffentlichen Angelegenheiten nicht kümmern will, kann dies unterlassen. Die Gemeinde hat aufgehört, eine Pflichtgenossenschaft zu sein, sie ist lediglich eine Interessenverbindung der Steuerzahler.

Den auf dieser schiefen gesellschaftlichen Basis aufgebauten Gemeinden sichert nun die Gemeindeordnung, indem sie sie für Korporationen erklärt, die Selbstverwaltung ihrer Angelegenheiten zu, Selbstverwaltung natürlich, wie später ersichtlich werden wird, im Sinne der liberalen Ideen, im gesellschaftlichen Parteiinteresse des Kapitalismus.

Über ihre besondere Verfassung ist jede Gemeinde befugt, innerhalb der gesetzlichen Schranken ein Gemeindestatut zu errichten, welches zum Inhalt hat: 1. Festsetzungen über solche Angelegenheiten der Gemeinden, sowie über solche Rechte und Pflichten ihrer Mitglieder, hinsichtlich deren die Gemeindeordnung Verschiedenheiten gestattet oder keine ausdrücklichen Bestimmungen enthält, 2. Bestimmungen über sonstige eigentümliche Verhältnisse und Einrichtungen. Das Statut bedarf der Bestätigung des nach der Provinzial-Bezirks- und Kreisordnung vom 11. 3. 1850 errichteten Bezirksrates nach vorgängiger Begutachtung durch den Kreisausschuß.

Jede Gemeinde hat zu ihrer Vertretung einen Gemeindevorstand und einen Gemeinderat. Die mit den Lehn- und Erbschulzengütern verbundenen Rechte und Pflichten hinsichtlich der Verwaltung des Schulzenamts werden aufgehoben. In Bezug auf die Organisation der Gemeindebehörden macht nun die Gemeindeordnung einen Unterschied zwischen Gemeinden von mehr und nicht mehr als 1500 Einwohnern. Diese Unterscheidung deckt sich allerdings, was die Größe der Gemeinden anbetrifft, durchschnittlich mit der bisherigen der Stadt- und Landgemeinden, die Verfassung beider ist aber nach der Gemeindeordnung keine innerlich verschiedene, sondern es werden nur die sich durch die verschiedene Größe notwendig ergebenden Verschiedenheiten besonders in der Zahl der Gemeindevertreter festgesetzt.

In den Gemeinden von über 1500 Einwohnern besteht der Gemeinderat aus 12 bis 60 Gemeindeverordneten, letzteres in Gemeinden von 90001 bis 120000 Einwohnern. In noch größeren Gemeinden treten für jede weiteren 50000 Einwohner 6 Gemeindeverordnete hinzu. Zum Zweck der Wahl des Gemeinderats führt die Gemeindeordnung nach dem Vorbilde der rheinischen Gemeindeordnung von 1845 das Dreiklassensystem nach Maßgabe der von den Gemeindewählern zu entrichtenden direkten Steuern, Staats- und Kommunalsteuern, in Gemeinden mit Mahl- und Schlachtsteuer nach Maßgabe ihres Einkommens ein. Bei der verschiedenen Höhe der Kommunalsteuern in den einzelnen Gemeinden, bei der verschiedenen volkswirtschaftlichen Entwicklung der östlichen und der westlichen Provinzen war es unmöglich, einen bestimmten Census allgemein durchzuführen, wie dies die für ein beschränkteres Gebiet erlassenen bisherigen Gemeindeordnungen gethan hatten. Es wird daher die erste Abteilung aus denjenigen gebildet, welche die höchsten Beträge bis zum Belaufe eines Drittels des Gesamtbetrages der Steuern aller Gemeindewähler entrichten, oder welche das höchste Einkommen bis zum Belaufe eines Drittels des Gesamteinkommens aller Gemeindewähler besitzen. In derselben Weise wird nach Ausscheidung der ersten Klasse die zweite gebildet. Jede Abteilung wählt ein Drittel der Mitglieder zum Gemeinderate, ohne dabei an die Wähler ihrer Abteilung gebunden zu sein.

Die Hälfte der von jeder Abteilung zu wählenden Gemeindeverordneten muß aus Grundbesitzern (Eigentümern, Nießbrauchern oder erblichen Besitzern) bestehen, an deren Stelle in Gemeinden mit keinen oder nur sehr wenigen Grundbesitzern nach Bestimmung des Bezirksrates Pächter treten können. Von der passiven Wählbarkeit zum Gemeinderate sind außer den nicht aktiv wahlberechtigten Personen ausgeschlossen: 1. die vom Staate ernannten Mitglieder der Aufsichtsbehörde, 2. die Mitglieder des Gemeindevorstandes und die sonstigen Gemeindebeamten, 3. die Mitglieder der Kreis-, Stadt- und Landgerichte einschließlich der Einzelrichter ihrer Gerichtssprengel und die Mitglieder der höheren Gerichtshöfe, 4. die Beamten der Staatsanwaltschaft, 5. die Polizeibeamten, 6. die zu dem stehenden Heere und die zu den Landwehrstämmen gehörenden Personen. Vater und Sohn, sowie Brüder können nicht gleichzeitig Mitglieder des Gemeinderates sein. Für den Fall ihrer gleichzeitigen Wahl wird nur der ältere zugelassen.

Die Wahl der Gemeindeverordneten erfolgt auf sechs Jahre derart, daß jedes zweite Jahr ein Drittel derselben ausscheidet. Die Wahl geschieht mündlich zu Protokoll mit absoluter Mehrheit. Die noch in der Städteordnung von 1831 festgehaltene Verpflichtung zur Ausübung des Wahlrechts läßt die Gemeindeordnung fallen. Dagegen gestattet sie ganz im Sinne der politischen Umwälzung zu Gunsten des Kapitalismus den nicht in der

Gemeinde wohnenden, aber wahlberechtigten höchstbesteuerten und juristischen Personen, sowie den durch Militärdienst Behinderten die Ausübung des Wahlrechts durch Bevollmächtigte, die selbst Gemeindewähler sein müssen.

Das zweite Organ der städtischen Verwaltung ist der Gemeindevorstand. Derselbe besteht aus einem Bürgermeister, einem Beigeordneten und mehreren Schöffen, deren Zahl von zwei in Gemeinden von unter 2500 Einwohnern bis zu zehn in Gemeinden von 60001 bis 100000 Einwohnern steigt. In noch größeren Gemeinden treten für jede weiteren 50000 Einwohner zwei Schöffen hinzu. Dazu kommen die etwa erforderlichen besoldeten Mitglieder, wie Syndikus, Kämmerer, Schulrat, Baurat. Die Bürgermeister und die übrigen besoldeten Mitglieder beziehen ein vom Gemeinderate vor der Wahl festzusetzendes Gehalt, sowie eine danach abgestufte Pension für den Fall ihrer Nichtwiederwahl. Die Beigeordneten können Entschädigung erhalten, die Schöffen nicht. In großen Gemeinden ist die Einteilung in Bezirke unter je einem von dem Gemeinderate aus den Wählern des Bezirks erwählten Vorsteher zulässig, die Einrichtung erfolgt durch den Gemeindevorstand nach Anhörung des Gemeinderates. Mitglieder des Gemeinderats können nicht sein diejenigen, welche zu dem Amte eines Gemeindeverordneten unfähig sind mit der Maßgabe, daß Mitglieder des Gemeinderates nicht Mitglieder des Gemeindevorstandes, auch Vater und Sohn, Schwiegervater und Schwiegersohn, Brüder und Schwäger nicht gleichzeitig der eine Mitglied des Gemeinderats, der andere Mitglied des Gemeindevorstandes sein dürfen.

Die Wahl der Beigeordneten und Schöffen erfolgt auf sechs Jahre derart, daß alle zwei Jahre ein Drittel ausscheidet, die Wahl der Bürgermeister und der besoldeten Mitglieder auf zwölf Jahre durch den Gemeinderat mit absoluter Stimmenmehrheit. Eine höhere Bestätigung ist erforderlich für die Bürgermeister und die Beigeordneten. Dieselbe erfolgt in Gemeinden von über 10000 Einwohnern durch den König, in anderen durch den Regierungspräsidenten. Die Versagung der Bestätigung kann nur nach Anhörung des Bezirksrates erfolgen. Bei Nichtbestätigung auch der zweiten Wahl oder Verweigerung der Wahl durch den Gemeinderat steht dem Könige bezw. dem Regierungspräsidenten die Ernennung auf höchstens sechs Jahre zu.

Das Verhältnis von Gemeinderat und Gemeindevorstand ist durchaus nach liberalen Grundsätzen geordnet, d. h. in der Weise, wie es der liberale Kapitalistenstand selbst tagtäglich in den modernen Erwerbsgesellschaften handhabte. Diese gesellschaftlichen Auffassungen werden jetzt auf die Gemeindeverwaltung übertragen. Der Gemeinderat, der die Art und Weise seiner Verhandlungen selbst ordnet, Vorsteher und Protokollführer selbst wählt und, soweit er nicht anders beschließt, öffentlich verhandelt, hat demnach, ohne an Instruktionen und Aufträge seiner Wähler gebunden zu sein, über alle Gemeindeangelegenheiten Beschluß zu fassen, soweit sie nicht dem Gemeindevorstande überwiesen sind, kann aber seine Beschlüsse nicht selbst zur Ausführung bringen. Außerdem hat er sich gutachtlich über alle von der Aufsichtsbehörde vorgelegten Gegenstände zu äußern.

Nach den übeln Erfahrungen, die man mit der souveränen Machtvollkommenheit der Stadtverordneten nach der Städteordnung von 1808 gemacht, wurden jedoch Beschlüsse des Gemeinderates über Veräußerungen und wesentliche Veränderungen von Sachen, welche einen besonderen wissenschaftlichen, historischen oder Kunstwert hatten, namentlich von Archiven, zu ihrer Ausführung von der Genehmigung der Bezirksregierung abhängig gemacht.

Dagegen steht dem Gemeindevorstande die laufende Verwaltung und die Ausführung der Beschlüsse des Gemeinderates zu. Der Gemeindevorstand ist wie der bisherige Magistrat eine kollegialische Behörde geblieben. Eine der wenigen guten Bestimmungen der Gemeindeordnung enthält nichts neues, sondern ist nur eine Reminiscenz aus der guten alten Zeit, der Städteordnung von 1808. Es können nämlich zur dauernden Verwaltung einzelner Geschäftszweige wie zur Erledigung einzelner bestimmter Angelegenheiten und Aufträge durch Beschluß des Gemeinderates dem Gemeindevorstande untergeordnete Deputationen aus Mitgliedern des Vorstandes, welche wie den Vorsitzenden der Bürgermeister bestimmt, Gemeindeverordneten und Gemeindewählern, welche der Gemeinderat ernennt, gebildet werden.

Die Thätigkeit der Kommunalbehörden erstreckt sich zunächst auf die Kommunalverwaltung im Sinne der bisherigen Städteordnungen, welche die Wohlfahrtspolizei zum Gegenstande hat. Der Gemeindehaushalt wird jährlich vom Gemeindevorstande im September entworfen, 14 Tage öffentlich ausgelegt, alsdann vom Gemeinderate festgestellt und in einem Exemplare der Aufsichtsbehörde eingereicht. Der Gemeinderat stellt auch die persönlichen Dienste der Einwohner fest und verteilt sie. Hierbei ist Ablösung in Geld oder Stellvertretung zulässig. Über die Kommunalsteuern sagt die Gemeindeordnung nichts, läßt es also bei dem geltenden Rechte. Auf die Thätigkeit der Gemeindebehörden in der allgemeinen Landesverwaltung wird später zurückzukommen sein.[1])

In den kleinen Gemeinden von unter 1500 Einwohnern ist der Verwaltungsapparat der Gemeinde etwas vereinfacht. Der Gemeinderat besteht

1) Vgl. § 4 dieses Kap.

hier aus dem Gemeindevorsteher als Vorsitzenden und sechs bis zwölf gewählten Mitgliedern. Außerdem ist ein Sitz im Gemeinderate denjenigen im Gemeindebezirk angesessenen Grundeigentümern zugesichert, die Gemeindewähler sind und mehr als ein Viertel der gesamten Gemeindeabgaben aufbringen. Bei Frauen, juristischen und unter Vormundschaft stehenden Personen ist Stellvertretung durch Gemeindewähler zulässig. Der Gemeindevorstand besteht aus dem Gemeindevorsteher und zwei Schöffen, ersterer muß im Gemeindebezirke ansässig sein und wird wie Schöffen und Gemeindeverordnete nur auf sechs Jahre gewählt, kann aber nach dreijähriger Dienstzeit auf zwölf Jahre gewählt werden. Die Bestätigung des Gemeindevorstehers und der Schöffen steht dem Landrate zu.

Mehrere kleine Gemeinden können sich zu einer Samtgemeinde vereinigen, welche von einem Samtgemeinderate vertreten und von einem Vorsteher, Oberschulze oder Bürgermeister, mit Hilfe eines oder mehrerer Beigeordneten verwaltet wird. Für diese Organe finden dieselben Bestimmungen Anwendung, wie für die Behörden der Einzelgemeinden. Welche kommunalen Angelegen heiten von den Einzelgemeinden auf die Samtgemeinden übergehen sollten, darüber war die Beschlußfassung den Gemeinderäten der Einzelgemeinden unter Genehmigung des Bezirksrates vorbehalten.

Die Aufsicht über die Verwaltung der Gemeindeangelegenheiten wird bei Gemeinden von mehr als 10000 Einwohnern dem Bezirksrate, in anderen Gemeinden in erster Instanz dem Kreisausschusse, in zweiter dem Bezirksrate übertragen.[1]) Beschwerden über Entscheidungen in Gemeindeangelegenheiten sind in der Regel innerhalb vier Wochen zu erheben. Ungesetzliche oder das Staatsinteresse verletzende Beschlüsse des Gemeinderates hat der Bürgermeister oder Vorsteher von Amtswegen oder auf Anordnung der Staatsbehörde in der Ausführung zu suspendieren, den Gemeinderat davon zu benachrichtigen und die Entscheidung des Regierungspräsidenten einzuholen, der nach Beratung mit dem Bezirksrate eine mit Gründen versehene Entscheidung trifft. Insbesondere ist der Regierungspräsident befugt, der Gemeinde gesetzlich obliegende Leistungen, die der Gemeinderat auf den Haushaltsetat zu bringen oder außerordentlich zu genehmigen unterläßt, nach Beratung mit dem Bezirksrate unter Anführung des Gesetzes als Ausgabe festzustellen. Gegen diese Entscheidung hat der Gemeinderat binnen zehn Tagen das Recht der Berufung an den Minister des Innern. In Gemeinden von unter 1500 Einwohnern tritt an die Stelle von Regierungs-

1) Vgl. über Kreisausschuß und Bezirksrat den § 5 dieses Kap.

präsident und Bezirksrat der Landrat und der Kreisausschuß, während die Berufung an den Regierungspräsidenten geht.

Als außerordentliches Aufsichtsrecht steht endlich dem Minister des Innern die Befugnis zu, einen Gemeindevorstand oder einen Gemeinderat auf höchstens ein Jahr seiner Verrichtungen zu entheben und dieselben besonderen Kommissarien zu übertragen. Die schließliche Bestimmung ist aber einem Gesetze vorbehalten, dessen Entwurf den Kammern, sobald dieselben versammelt sind, vorzulegen ist.

§ 4. Das Polizeiverwaltungsgesetz vom 11. 3. 1850.

Hand in Hand mit der neuen Gemeindeordnung geht das unter dem gleichen Datum erlassene Gesetz über die Polizeiverwaltung. Beide Gesetze sind Kampfgesetze des Kapitalismus gegen den Grundbesitz im eminentesten Sinne. Wie die Gemeindeordnung den Einfluß des Grundbesitzes auf die Kommunalverwaltung der Landgemeinden brach, so das Polizeiverwaltungsgesetz den des Großgrundbesitzes auf die allgemeine Landesverwaltung, die patrimoniale Polizei. Dieselbe, in den westlichen Provinzen mit Ausnahme der standesherrlichen Gebiete bereits beseitigt, wurde auch in den östlichen Provinzen ersetzt durch das französische Ideal des rheinischen Liberalismus, das System der Bürgermeistereien, welches dem Großgrundbesitze jeden Einfluß nahm und denselben dem Kapitalismus in die Hände spielte.

Jede einseitig gesellschaftliche Auffassung hat nun das natürliche Bestreben, die Staatshoheitsrechte zu eigenen Rechten des Besitzes zu machen. Die die Interessen des Grundbesitzes vertretende konservative Auffassung knüpfte Gerichtsbarkeit und Polizei an den Großgrundbesitz, machte diese Staatshoheitsrechte zu patrimonialen Rechten der Rittergutsbesitzer. Die liberale Auffassung, welche die Interessen des Kapitalbesitzes vertrat, verband in echt mittelalterlicher Weise die staatlichen Rechte mit den in den Stadtgemeinden gegebenen Associationen des Kapitalbesitzes zu kommunalen Zwecken, sie machte die Polizei wie in den mittelalterlichen Städten zu einem eigenen Rechte des Kommunalverbandes.

Die Städteordnung von 1808 hatte den staatlichen Gesichtspunkt vollständig gewahrt, indem sie den Staat ermächtigte, die örtliche Polizeiverwaltung dem Magistrate zu übertragen, der sie dann als Staatsbehörde kraft Auftrages ausübte, oder eigene Polizeibehörden zu errichten. Noch mehr hatte dies die revidierte Städteordnung von 1831 gethan, welche nicht nur die Übertragung der Polizei auf den Magistrat, sondern auch auf den Bürgermeister oder eine andere Magistratsperson für zulässig erklärte, also dem Staate die völlig freie Wahl seiner Organe sicherte. Dieser staatliche

Gesichtspunkt konnte nicht mehr maßgebend sein bei der gewaltsamen Besitzergreifung der Staatsgewalt durch eine Gesellschaftsklasse, den Kapitalismus. Zwar erklärte man nicht die Polizeiverwaltung für ein eigenes Recht der Kommunen — der Gegensatz zum Patrimonialstaate hinderte, in denselben Fehler zu verfallen wie die ältere Gesellschaftsordnung —, aber das praktische Ergebnis war kaum ein anderes.

Dem Staate wurde die freie Wahl der Polizeibehörden genommen durch die Bestimmung, daß die örtliche Polizeiverwaltung durch die unter vorwiegendem Einflusse des Kapitalismus auch in den Landgemeinden gewählten Vorsteher der Kommunalverbände, die Bürgermeister, Kreisamtmänner oder Oberschulzen im Namen des Königs und mit der Verpflichtung geführt werde, die ihnen von der vorgesetzten Staatsbehörde in Polizeiangelegenheiten erteilten Anweisungen zur Ausführung zu bringen. Nur in Gemeinden, wo sich eine Bezirksregierung, ein Land-, Stadt- oder Kreisgericht befindet, sowie in Festungen und in Gemeinden von mehr als 10000 Einwohnern kann die örtliche Polizei durch Beschluß des Ministers des Innern besonderen Staatsbeamten übertragen werden. In anderen Gemeinden ist aus besonderen Gründen die zeitweise Einführung dieser Einrichtung zulässig. Die Kosten der örtlichen Polizeiverwaltung mit Ausnahme der Gehälter der etwa bestellten besonderen Staatsbeamten haben die Gemeinden zu tragen. Die von der Gemeinde angestellten Polizeibeamten bedürfen der staatlichen Bestätigung.

Es werden nun sämtliche Polizeibehörden ermächtigt, ortspolizeiliche Vorschriften zu erlassen unter einer Strafandrohung bis zu 3 Thlrn. und mit Genehmigung der Bezirksregierung bis zu 10 Thlrn. Zum Schutz gegen Mißbrauch dieses mit Ausnahme der Rheinprovinz zum ersten Male den Ortspolizeibehörden eingeräumten Rechtes werden jedoch zwei Kautelen eingeführt. Es wird bei Erlaß der Verordnung eine vorherige Beratung mit dem Gemeindevorstande und zu Verordnungen über Gegenstände der landwirtschaftlichen Polizei die Zustimmung der Gemeindevertretung erfordert. Es werden ferner die Gegenstände der ortspolizeilichen Vorschriften genau normiert und denselben überwiesen: a. der Schutz der Person und des Eigentums; b. Ordnung, Sicherheit und Leichtigkeit des Verkehrs auf öffentlichen Straßen, Wegen und Plätzen, Brücken, Ufern und Gewässern; c. der Marktverkehr und das öffentliche Feilhalten von Nahrungsmitteln; d. Ordnung und Gesetzlichkeit bei dem öffentlichen Zusammensein einer größeren Anzahl von Personen; e. das öffentliche Interesse in Bezug auf die Aufnahme und Beherbergung von Fremden, die Wein-, Bier- und Kaffeewirtschaften und sonstige Einrichtungen zur Verabreichung von Speisen und Getränken; f. Sorge für Leben und Gesundheit; g. Fürsorge gegen Feuersgefahr, sowie gegen gemeinschädliche und gemeingefährliche Handlungen, Unternehmungen und Ereignisse überhaupt; h. Schutz der Felder, Wiesen, Weiden, Wälder, Baumpflanzungen u. s. w.; i. alles andere, was im besonderen Interesse der Gemeinden und ihrer Angehörigen polizeilich geordnet werden muß.

Zwar sind diese Ermächtigungsklauseln, besonders die letztere, noch sehr allgemein gehalten. Dennoch sind sie nicht ohne Wert, da der Richter bei der Entscheidung über Polizeiübertretungen zu prüfen hatte, ob die verletzte Verordnung nach diesen Klauseln zulässig sei, also eine Rechtskontrolle über das Polizeiverordnungsrecht hergestellt wurde. Die Notwendigkeit und Zweckmäßigkeit der Verordnung unterlag dagegen selbstverständlich der richterlichen Prüfung nicht.

Von jeder Ortspolizeiverordnung ist der nächst vorgesetzten Staatsbehörde Abschrift zu erteilen. Der Regierungspräsident ist befugt, jede ortspolizeiliche Vorschrift durch einen förmlichen Beschluß unter Angabe der Gründe außer Kraft zu setzen. Mit Ausnahme dringender Fälle ist hierzu eine Beratung mit dem Bezirksrate erforderlich, dessen Erklärung entscheidend ist, wenn eine ortspolizeiliche Vorschrift außer Kraft gesetzt werden soll, weil sie das Gemeindewohl verletzt, und wenn es sich darum handelt, eine Verordnung über Gegenstände der landwirtschaftlichen Polizei wegen ihrer Unzweckmäßigkeit aufzuheben.

Die Bezirksregierungen können ferner für mehrere Gemeinden ihres Bezirks oder für den ganzen Umfang desselben Polizeiverordnungen unter Androhung einer Strafe bis zu zehn Thalern über Materien, die Gegenstand des örtlichen Polizeiverordnungsrechtes sind, sowie über alle anderen Gegenstände erlassen, deren polizeiliche Regelung durch die Verhältnisse der Gemeinden oder des Bezirks erfordert wird. Die Zustimmung des Bezirksrates ist notwendig bei Erlaß von Vorschriften über die landwirtschaftliche Polizei. Der Minister des Innern ist befugt, soweit Gesetze nicht im Wege stehen, jede polizeiliche Vorschrift durch einen förmlichen Beschluß außer Kraft zu setzen und zwar nur mit Genehmigung des Königs, wenn die polizeiliche Vorschrift von ihm oder mit seiner Genehmigung erlassen war.

Nicht berührt wurden durch dieses Gesetz die exekutiven Befugnisse der Polizeibehörden, namentlich ihr Recht zum Erlaß polizeilicher Zwangsverfügungen, für welches die allgemeinen Ermächtigungsklauseln[1]) maßgebend blieben.

---

1) S. S. 166.

§ 5. Die Kreis-, Bezirks- und Provinzialordnung vom 11. 3. 1850 und die Organisation der Verwaltungsbehörden.

Nach den in den zwanziger Jahren erlassenen Kreis- und Provinzialordnungen waren die Gewalten zwischen der Büreaukratie und den Selbstverwaltungsorganen in der Weise verteilt, daß dem berufsmäßigen Beamtentume allein die allgemeine Landesverwaltung und, soweit nicht besondere ständische Organe bestellt waren, die Exekutive in der Kommunalverwaltung, den Kreis- und Provinzialständen dagegen die Beschlußfassung in Kommunalangelegenheiten, den Provinzialständen auch die Beratung über die ihnen von der Staatsregierung zugewiesenen Gegenstände der allgemeinen Landesverwaltung zustand.

Auch in der Kreis- und Provinzialverwaltung war nicht der Umfang der ständischen Rechte der Angriffspunkt des Liberalismus, sondern die Zusammensetzung der ständischen Vertretungen, vermöge deren sie einseitige Interessenvertretungen des Grundbesitzes wurden und den Kapitalbesitz ausschlossen. Die Hochflut des Liberalismus schwemmte daher die Kreis- und Provinzialordnungen Friedrich Wilhelms III. fort und ersetzte sie durch die Kreis-, Bezirks- und Provinzialordnung vom 11. 3. 1850, welche das bisherige Verhältnis von Büreaukratie und Kreis- und Provinzialvertretungen im allgemeinen bestehen läßt, nur diese Vertretungen anders zusammensetzt.

Den Kreisen, Bezirken und Provinzen wird die Selbstverwaltung ihrer Angelegenheiten unter Mitwirkung der Staatsregierung zugesichert. Die Organe der letzteren sind die Landräte, Regierungspräsidenten und Oberpräsidenten, welche vom Könige ernannt werden. Selbstverwaltung ist aber im Sinne jeder einseitig gesellschaftlichen Auffassung, des Grundbesitzes wie des Kapitalismus, lediglich die Kommunalverwaltung und das Recht der autonomen Satzung in Kommunalangelegenheiten. Für Kreis- und Provinzialangelegenheiten werden nun erklärt Errichtung, Einrichtung und Veränderung von Kreis- und Provinzialinstituten, Anlagen im besonderen Interesse des Kreises oder der Provinz, wie Straßen, Kanäle, Eisenbahnen, Meliorationen, Erwerbung, Benutzung und Veräußerung von Kreis- und Provinzialeigentum. Die Regierungsbezirke, welche bisher ausschließlich Bezirke der allgemeinen Landesverwaltung gewesen, werden ebenfalls zu Kommunalverbänden umgestaltet, und ihnen die Bezirksstraßen und die Institute, die Eigentum eines Bezirks sind, zugewiesen. Besonderen Gesetzen über das Armenwesen, die Korporationen und Institute, den Wege-, Wasser- und Uferbau, das Deichwesen, die Landeskulturverbesserungen und andere Gegenstände wird die Bestimmung darüber vorbehalten, was außerdem als Kreis-, Bezirks- und Provinzialangelegenheit zu betrachten ist.

Die Kreise werden in ihrem bisherigen Umfange als Korporationen und Verwaltungsbezirke aufrecht erhalten. Die Veränderung der Kreisgrenzen kann eben wegen des korporativen Charakters der Kreise nur durch Gesetz erfolgen. Zur Beschließung über Kreisangelegenheiten wird für jeden Kreis eine Kreisversammlung, zur Verwaltung der Kreisangelegenheiten ein Kreisausschuß errichtet, an deren Stelle in Kreisen, die nur aus einer Gemeinde oder nur einer Samtgemeinde bestehen, Gemeindevertretung und Gemeindevorstand treten. Die Wahl der Kreisversammlung, die aus 15 bis 40 Abgeordneten besteht, erfolgt durch die Gemeindevertretungen, also, da diese unter vorwiegendem Einflusse des Kapitalismus gewählt werden, ebenfalls unter dem Einflusse dieser Besitzmasse. Wählbar ist jeder Gemeindewähler des Kreises, der das 30. Lebensjahr vollendet, seit mindestens drei Jahren dem Kreise durch Grundbesitz oder Wohnsitz angehört hat, einen jährlichen Klassensteuersatz von acht Thlrn. zahlt, welche Summe durch einen vom Könige zu genehmigenden Beschluß der Provinzialversammlung bis auf sechs Thlr. ermäßigt oder bis auf achtzehn Thlr. erhöht werden kann, oder in den mahl- und schlachtsteuerpflichtigen Ortschaften einen Grundbesitz im Werte von mindestens 5000 Thlrn. oder ein jährliches reines Einkommen von mindestens 500 Thlrn. nachweist. Mindestens die Hälfte der Kreisabgeordneten muß aus Grundbesitzern bestehen. Die Wahl erfolgt auf sechs Jahre derart, daß alle zwei Jahre ein Drittel der Gewählten ausscheidet, durch absolute Mehrheit der Wähler.

Gegenstand der Beschlüsse der Kreisversammlung ist nur die Kommunalverwaltung des Kreises. Die Versammlung verpflichtet durch ihre hierin gefaßten Beschlüsse alle Einwohner des Kreises. Sie hat das Recht, in Kreisangelegenheiten, sowie zur Beseitigung eines Notstandes Ausgaben zu beschließen und dieselben auf die Gemeinden des Kreises zu verteilen, in gleicher Weise auch die Abgaben zu verteilen, welche nach Kreisen aufzubringen sind. Die Genehmigung des Ministers des Innern ist zu allen Beschlüssen erforderlich, durch welche die Gemeinden zu Beiträgen für Ausgaben des Kreises über drei Jahre hinaus oder zu Leistungen von mehr als zehn Prozent der direkten Staatssteuern verpflichtet werden sollen. Zur Abwehr oder Milderung eines dringenden Notstandes im Kreise kann jedoch die Kreisversammlung ohne jede weitere Genehmigung die Erhebung einer einmaligen Kreisabgabe bis zu fünf Prozent der direkten Staatssteuern selbst dann beschließen, wenn der Gesamtbetrag der von den Gemeinden des Kreises aufzubringenden Kreisabgaben zehn Prozent der Staatssteuern übersteigt. Es bedürfen ferner Beschlüsse der Kreisversammlung über Anleihen der Genehmigung des Bezirksrates, Beschlüsse über Bürgschaften der Bestätigung des Ministers des Innern. Die Kreisversammlung stellt alljährlich die Kreisrechnung und den Kreisetat fest, kann aber mit Genehmigung des Bezirksrates die Aufstellung des Kreisetats für drei Jahre beschließen. Zur Erledigung dieser ihrer Geschäfte tritt die Kreisversammlung zur gewöhnlichen Sitzung jährlich einmal in der ersten Hälfte des Monats März zusammen. Außerordentliche Versammlungen finden statt auf Berufung des Landrates, die auch erfolgen muß auf Verlangen von mehr als einem Viertel der Mitglieder der Kreisversammlung. Die Versammlung, deren Sitzungen in der Regel öffentlich sind, regelt selbst ihre Geschäftsordnung, wählt ihre Vorsitzenden und Schriftführer.

Über diesem Kreisparlamente, dem Landesparlamente im verkleinerten Maßstabe, erhebt sich das Kreisministerium, der Kreisausschuß. Derselbe besteht aus dem einseitig vom Könige ernannten Landrate, der den Sitzungen der Kreisversammlung beiwohnt und auf Verlangen jederzeit gehört werden muß, und vier von der Kreisversammlung aus ihrer Mitte auf sechs Jahre gewählten Mitgliedern, von denen alle drei Jahre die Hälfte ausscheidet. Der Kreisausschuß ist das Exekutivorgan des Kreises als Kommunalverband, er hat daher die Beschlüsse der Kreisversammlung vorzubereiten und auszuführen, den Rendanten und die etwa sonst erforderlichen Beamten der Kreiskorporation zu ernennen, deren Geschäftsführung zu leiten und zu beaufsichtigen, die Kreiskorporation Dritten gegenüber zu vertreten und die ihm sonst durch die Gesetze überwiesenen Verrichtungen auszuüben, auch über die ihm auf Grund der Gesetze oder durch die Staatsregierung vorgelegten Gegenstände seine Meinung abzugeben. Mit der allgemeinen Landesverwaltung ist der Kreisausschuß nur in einer Hinsicht befaßt, indem er nämlich gewisse Aufsichtsrechte über die Gemeinden auszuüben hat;[1]) die liberale Doktrin hielt es nämlich der den Gemeinden zugesicherten „Selbstverwaltung", d. h. der Autonomie in Kommunalangelegenheiten, für nicht entsprechend, wenn die notwendige Aufsicht durch Staatsbehörden ausgeübt wurde.

Die Ausführung von Beschlüssen der Kreisversammlung oder des Kreisausschusses, welche deren Befugnisse überschreiten, die Gesetze oder das Staatsinteresse verletzen, hat der Landrat von Amtswegen oder auf Anordnung der höheren Staatsbehörde zu untersagen. Die Entscheidung erfolgt in diesem Falle durch den Regierungspräsidenten, wiederum nach Beratung mit dem kommunalen Organe des Regierungsbezirks, dem Bezirksrate.

Die Regierungsbezirke werden ebenfalls in ihrer bisherigen Begrenzung aufrecht erhalten, und Veränderungen der Bezirksgrenzen nur im Wege der

1) S. S. 238.

Gesetzgebung für zulässig erklärt. Obgleich die Regierungsbezirke bisher nie Kommunalverbände gewesen, gar keine Gegenstände einer kommunalen Verwaltung vorhanden waren, organisierte man doch aus Vorliebe für die sogenannte Selbstverwaltung auch die Bezirke als Kommunalverbände und gab ihnen als Organe je einen Bezirksrat, der aus dem Regierungspräsidenten und vier Bezirksdeputierten bestand. Glücklicher Weise verfiel man nicht in die Monstrosität, neben den Gemeinde-, Kreis-, Provinzial- und Landesparlamenten und Ministerien auch noch ein Bezirksparlament als Schaustück ohne Geschäfte herzustellen. Vielmehr erhielt der Regierungsbezirk als Kommunalverband nur ein Exekutivorgan, den Bezirksrat. Die Bestellung der Bezirksdeputierten erfolgte in der Art, daß die Abgeordneten der Kreise des Bezirks für jede Stelle des Bezirksrates durch absolute Stimmenmehrheit drei Kandidaten wählten, aus welchen die Provinzialversammlung ebenfalls mit absoluter Mehrheit die Bezirksdeputierten endgiltig wählte. Wählbar ist jeder, der das 30. Lebensjahr vollendet, mindestens seit drei Jahren dem Bezirke durch Grundbesitz oder Wohnsitz angehört hat, und wenigstens jährlich 18 Thlr. an Klassensteuer oder 20 Thlr. an Grundsteuer oder 24 Thlr. an Gewerbesteuer entrichtet oder unter Voraussetzung des Bestehens einer dieser Steuerarten nach seinen Verhältnissen zu entrichten haben würde. Die Wahl der Bezirksdeputierten erfolgt auf sechs Jahre, alle drei Jahre scheidet die Hälfte aus.

Der Bezirksrat hat die Kommunalverwaltung des Regierungsbezirks, die freilich vorläufig noch nicht vorhanden war, zu leiten und die ihm gesetzlich zugewiesenen Aufsichtsrechte über die Gemeinden und Kreisverbände[1]) auszuüben. Wie der Landrat die Beschlüsse des Kreisausschusses, so kann der Regierungspräsident die des Bezirksrates vorläufig suspendieren und die Entscheidung des Ministers des Innern einholen.

Die Provinzen endlich werden ebenfalls in ihrem bisherigen Umfange als Korporationen und Verwaltungsbezirke aufrecht erhalten und eine Veränderung der Provinzialgrenzen nur im Wege der Gesetzgebung für zulässig erklärt. Das Organ der Kommunalverwaltung ist die Provinzialversammlung, deren Abgeordnete durch die Kreisversammlungen gewählt werden. Wählbar ist jeder Gemeindewähler, der das 30. Lebensjahr vollendet und mindestens seit drei Jahren dem Kreise, für welchen er gewählt wird, durch Wohnsitz oder Grundbesitz angehört hat. Die Wahl erfolgt auf drei Jahre.

Die Provinzialversammlung hat für die Provinz dieselben Befugnisse wie die Kreisversammlung für den Kreis. Jedoch bedarf es zu Anleihen und

1) S. S. 238, 244.

Bürgschaften der Provinz eines Gesetzes. Ein Provinzialausschuß wird nicht gebildet, vielmehr hat der Oberpräsident, soweit nicht für einzelne Institute besondere ständische Kommissionen bestellt sind, die Kommunalverwaltung der Provinz nach den Beschlüssen der Provinzialversammlung zu führen. Beschlüsse derselben, welche ihre Befugnisse überschreiten, Gesetze oder das Staatsinteresse verletzen, hat er zu beanstanden und dem Staatsministerium zur Einholung der Entscheidung des Königs vorzulegen.

Festgehalten wird wie in der Gemeindeordnung der Grundsatz, daß jeder zur Übernahme einer Stelle in der Kreis-, Bezirks- und Provinzialverwaltung verpflichtet sei. Dieser Grundsatz ist aber wie in der Gemeindeverwaltung bis zur Unkenntlichkeit abgeschwächt. Denn die Weigerung, dieser Pflicht zu genügen, ohne daß hinreichende Entschuldigungsgründe vorhanden wären, hat keine andere Folge, als daß der Betreffende durch Beschluß der Wahlversammlung der den Gemeindewählern durch die Kreis-, Bezirks- und Provinzialordnung beigelegten Rechte auf drei bis sechs Jahre verlustig erklärt werden kann.

Der König wird ermächtigt, eine Kreis- oder Provinzialversammlung aufzulösen, in welchem Falle innerhalb zwei Monaten die Neuwahl angeordnet werden muß. Die Kommunallandtage werden bis auf weiteres aufrecht erhalten.

Die allgemeine Landesverwaltung der Kreise, Bezirke und Provinzen blieb zunächst in ihrem bisherigen Zustande, es war jedoch die allgemeine Durchführung des büreaukratischen Systems, also auch für die Bezirksinstanz, in Aussicht genommen.

Auch die Organisation der übrigen Verwaltungsbehörden erfuhr keine Veränderungen. Eine Ausnahme machte nur das Postwesen. Die straffe Centralisation, vermöge deren die einzelnen Postämter unmittelbar unter dem Generalpostamte standen, hatte mit dem größeren Verkehr und der Vermehrung der Postämter und Postkurse gerade zu einer Erschlaffung der Kontrollen geführt, da das Generalpostamt gar nicht mehr allen Anforderungen gerecht werden konnte. Die früher versuchte Übertragung der Kontrolle der Postämter auf die Regierungen[1]) hatte wegen der mangelnden Sachkenntnis derselben nicht zu den gewünschten Ergebnissen geführt. So entschloß man sich denn zur Bildung rein technischer provinzieller Aufsichtsbehörden. Durch die Kabinettsordre vom 19. 9. 1849 wurde für jeden Regierungsbezirk und für Berlin eine büreaukratisch organisirte Oberpostdirektion errichtet. Die Bezeichnung Oberpostamt, die bisher einzelne größere Postämter in den Haupt-

---

1) S. S. 196 ff.

städten geführt hatten, fiel fort. Dem Vorsteher jeder Oberpostdirektion wurden zugewiesen ein Büreauvorsteher, seit dem 3. 4. 1850 mit dem Titel Postrat, der den Oberpostdirektor in Behinderungsfällen zu vertreten hatte, ein Postinspektor, ein Postkassenkontrolleur und die nötigen Büreau- und Revisionsbeamten, sowie der Justitiar der Regierung. Jede Direktion hatte eine Bezirkspostkasse unter sich, während die Generalpostkasse zu Berlin einging. Die Kontrolle der Oberpostdirektionen erfolgte durch zwei Postinspektoren.

Die Generalpostmeisterstelle ging vom 1. 10. 1849 ab ein, und die Post wurde dem Handelsministerium unter spezieller Leitung eines Generalpostdirektors unterstellt.[1])

§ 6. Die Agrargesetzgebung der Jahre 1848 bis 1850.

Einen weiteren Angriffspunkt des Kapitalismus gegen den Grundbesitz bildeten die agrarischen Verhältnisse. Die Hardenbergische Agrargesetzgebung hatte zwar die wirtschaftliche Abhängigkeit des Kleingrundbesitzes vom Großgrundbesitze fast vollständig beseitigt. Diese Gesetzgebung war aber in ihren Wirkungen durch das in den zwanziger Jahren erfolgende Bündnis des Beamtentums mit dem Großgrundbesitze vielfach gehemmt worden, auch bestanden noch mannigfaltige Abhängigkeitsverhältnisse und Rechte des Großgrundbesitzes an fremdem Grund und Boden, deren Beseitigung gar nicht einmal im Interesse des Grundbesitzes, sondern nur in demjenigen des eine vollständige Mobilisierung des Grund und Bodens bezweckenden Kapitalismus lag.

Zuerst erfolgte die Aufhebung des Jagdrechtes auf fremdem Grund und Boden. Das Gesetz vom 31. 10. 1848[2]) hob dasselbe ohne Entschädigung auf, erklärte die bisherigen Abgaben und Gegenleistungen der Berechtigten für wegfallend und bestimmte, daß eine Trennung des Jagdrechtes von Grund und Boden künftig nicht mehr stattfinden könne. Vielmehr sollte die Jagd künftig jedem Grundbesitzer auf seinem Grundstücke zustehen, und derselbe sie in jeder erlaubten Art, das Wild zu fangen und zu jagen ausüben können. Eine Beschränkung der Grundbesitzer in Ausübung der Jagd war nur aus polizeilichen Gründen, namentlich mit Rücksicht auf die öffentliche Sicherheit und die Schonung der Feldfrüchte zulässig.

In kürzester Frist machten sich jedoch die größten Nachteile der eigenen Ausübung der Jagd durch die kleineren Grundbesitzer in volkswirtschaftlicher Hinsicht besonders für den Wildbestand geltend. Das noch unter liberaler

1) Stephan, Gesch. d. preuß. Post, S. 702.
2) G. S. 1848, S. 243.

Herrschaft erlassene Jagdpolizeigesetz vom 7. 3. 1850[1]) sah sich daher genötigt einzulenken. Es ließ zwar das Jagdrecht der Grundeigentümer unberührt, erklärte aber zur eigenen Ausübung des Rechtes nur für befugt die Besitzer a. auf solchen Besitzungen, welche in einem oder mehreren an einander hängenden Gemeindebezirken einen land- oder forstwirtschaftlich benutzten Flächenraum von mindestens 300 Morgen einnehmen und in ihrem Zusammenhange durch kein fremdes Grundstück unterbrochen sind; b. auf allen dauernd und vollständig eingefriedeten Grundstücken; c. auf Seeen, auf zur Fischerei eingerichteten Teichen und auf solchen Inseln, welche ein einziges Besitztum bilden. Mehr als drei Miteigentümer sind jedoch zur eigenen Ausübung des Jagdrechtes nicht befugt. Alle übrigen Grundstücke werden zu Jagdbezirken vereinigt, die von der politischen Gemeinde vertreten werden und die Jagd entweder ruhen lassen oder an höchstens drei Personen verpachten können, während der Ertrag unter die Eigentümer verteilt wird.

Was die Lösung der gutsherrlich-bäuerlichen Verhältnisse anbetrifft, so hatte die Hardenbergische Gesetzgebung die kleineren Grundstücke von der Regulierung ausgenommen, verschiedene erbliche Leiheverhältnisse, die größtenteils im Interesse der Landwirtschaft selbst lagen, bestehen lassen, die Gesetzgebung war ferner keine einheitliche, da sie zuerst nur für die alten Provinzen erlassen und nach der Wiederherstellung des Staates je nach Bedürfnis auf die neuen Erwerbungen ausgedehnt war, in denen zum Teil das französische Recht in Geltung blieb. Aus allen diesen Gründen ergingen am 2. 3. 1850 ein umfassendes Gesetz betreffend die Ablösung der Reallasten und die Regulierung der gutsherrlich-bäuerlichen Verhältnisse[2]) und am 11. 3. 1850 ein Gesetz über die Ablösung der auf Mühlengrundstücken haftenden Reallasten,[3]) beide für das ganze Staatsgebiet mit Ausnahme des linken Rheinufers erlassen.

Durch ersteres Gesetz wurde aufgehoben das Obereigentum des Lehns-, Erbzins-, Grund- und Gutsherren, das Eigentum des Erbverpächters, der Anspruch auf Allodifikationszins, das Heimfalls-, Vorkaufs-, Näher- und Retraktsrecht, sämtlich ohne Entschädigung, doch vorbehaltlich der Ablösung und Entschädigung der aus jenen Verhältnissen entspringenden Abgaben, Leistungen und Nutzungen. Aufgehoben ohne Entschädigung wurde ferner das Recht, einen Anteil oder ein einzelnes Stück aus einer Verlassenschaft vermöge guts-, grund- oder gerichtsherrlichen Verhältnisses zu fordern, und alle aus

1) G. S. 1850, S. 165.
2) G. S. 1850, S. 77.
3) A. a. O. S. 146.

solchen Verhältnissen abzuleitenden Leistungen steuerartiger Natur. Die übrigen Lasten aus einem gutsherrlichen Verhältnisse wurden für ablösbar erklärt in der Regel durch Rente, wobei aber dem Verpflichteten ein Drittel des Reinertrages frei bleiben mußte. Zur Erleichterung der Rentenablösungen wurde das bekannte Institut der Rentenbanken eingeführt, welches hier nicht weiter zu behandeln ist.

§ 7. Die Grundsteuerreform.

Bei der völligen Gleichheit der Steuern für den Kapitalbesitz mußten die fortbestehenden Grundsteuerprivilegien um so ungerechtfertigter erscheinen, da die Verpflichtungen gegen den Staat, die die Befreiungen einst begründet hatten, längst fortgefallen waren. Bereits der Nationalversammlung wurde daher am 20. 7. 1848 ein Gesetzentwurf betreffend die Grundsteuerbefreiungen vorgelegt, welcher bezweckte, für den ganzen Staat die Verteilung der Grundsteuer nach Verhältnis des Reinertrages und zu diesem Zwecke die Aufnahme eines Grundsteuerkatasters nach Maßgabe des rheinisch-westfälischen anzuordnen, die Ausführung dieser Bestimmung aber einem besonderen Gesetze vorzubehalten, die Aufhebung aller Grundsteuerbefreiungen herbeizuführen, und die ganz oder teilweise befreiten Grundstücke vorläufig mit der landesüblichen Grundsteuer zu belegen.[1])

Dieser Entwurf trat aber wegen der Auflösung der Nationalversammlung nicht ins Leben. Auf Grund der Bestimmung des Art. 100 der oktroyierten Verfassung vom 5. 12. 1848, daß die bestehende Steuergesetzgebung einer Revision unterworfen, und dabei jede Bevorzugung abgeschafft werden solle, versprach das Patent vom 5. 12. 1848,[2]) der nächsten Volksvertretung werde ein Gesetz über Aufhebung der Grundsteuerbefreiungen und wegen Einführung einer allgemeinen Grundsteuer vorgelegt werden.

Demgemäß erging auch am 24. 2. 1850 das Gesetz betreffend die Aufhebung der Grundsteuerbefreiungen.[3]) Dasselbe stellte die Steuerpflichtigkeit aller einen Reinertrag gewährenden Grundstücke unter Aufhebung aller Befreiungen und Bevorzugungen als Regel auf, setzte die im öffentlichen Interesse von dieser Regel zu machenden Ausnahmen fest, ordnete die Veranlagung der Grundsteuer inbetreff der bisher befreiten und bevorzugten Grundstücke für die westlichen Provinzen nach Maßgabe des Gesetzes vom 21. 1. 1839 an, übertrug sie für die östlichen Provinzen dem Finanzminister

1) Verhandl. der Nationalversammlung, Bd. I, S. 547.
2) G. S. 1848, S. 392.
3) G. S. 1850, S. 62.

nach Maßgabe der von ihm zu erteilenden Instruktionen, behielt die Sanktionierung des Resultats der vorläufigen Veranlagung und Erhebung der Steuer nach diesen Veranlagungen einem besonderen Gesetze vor, ebenso die Entscheidung darüber, ob und inwieweit den Besitzern von bisher befreiten oder bevorzugten Grundstücken eine Entschädigung zu gewähren sei.

Die Beseitigung der Grundsteuerbefreiungen war damit zwar theoretisch ausgesprochen, auch ein Anfang zur Ausführung dieses Grundsatzes gemacht, da aber die in dem Gesetze vorbehaltenen Ausführungsgesetze vorläufig nicht zu stande kamen, blieb die Frage der Grundsteuerreform zunächst noch ungelöst.

§ 8. Das Verhältnis von Staat und Kirche.

Bei der Sprengung aller staatlichen Fesseln durch die elementaren Kräfte der Gesellschaft bildete die Kirche einen nicht zu unterschätzenden Faktor. Auch die Kirche forderte für sich die Freiheit. Indem man aber die erstrebte Freiheit nur vom negativen Gesichtspunkte der Gesellschaft als Zustand des Nichtvorhandenseins von Lasten und Verpflichtungen gegen den Staat verstand, vernichtete man die strenge Unterordnung der Kirche unter den Staat, welche das Allgemeine Landrecht hergestellt und auch die neuere Kirchenpolitik des absoluten Staates nur in geringem Maße seit dem Bruch mit dem Territorialsystem gelockert hatte.

Die Grundlage des neuen Staatskirchenrechts bildet der Art. 15 der Verfassung: „Die evangelische und römisch-katholische Kirche, sowie jede andere Religionsgesellschaft ordnet und verwaltet ihre Angelegenheiten selbständig und bleibt im Besitz und Genuß der für ihre Kultus-, Unterrichts- und Wohlthätigkeitszwecke bestimmten Anstalten, Stiftungen und Fonds." Die folgenden Art. 16 bis 19 enthalten nur weitere Folgerungen aus diesem Grundsatze. Der freie Verkehr der Religionsgesellschaften mit den geistlichen Obern, d. h. der katholischen Kirche mit dem Papste, und die Abschaffung des landesherrlichen Placet wird unter den Schutz der Verfassung gestellt. Das Ernennungs-, Vorschlags-, Wahl- und Bestätigungsrecht bei Besetzung kirchlicher Stellen, soweit es dem Staate zusteht und nicht auf dem Patronate oder besonderen Rechtstiteln beruht, wird aufgehoben. Diese Bestimmung findet jedoch keine Anwendung auf die Anstellung von Geistlichen beim Militär und an öffentlichen Anstalten. Endlich wird die Abschaffung des Kirchenpatronats und die Einführung der Civilehe in Aussicht gestellt und besonderen Gesetzen vorbehalten.

Da die Gesetze über das Kirchenpatronat und die Civilehe nicht zu stande kamen, so waren die beiden Verfassungsartikel vorläufig wirkungslos.

Die Art. 16 und 18, betreffend den Verkehr der Religionsgesellschaften mit ihren Obern, die Bekanntmachung kirchlicher Anordnungen und die Besetzung der kirchlichen Stellen, konnten dagegen, da sie nur bisherige positive Beschränkungen der Kirche durch den Staat beseitigten, unmittelbar ins Leben treten.

Unendlich viel größere Schwierigkeiten verursachte es, den grundlegenden Art. 15 der Verfassung zur Ausführung zu bringen. Es war hierdurch den beiden bevorrechteten Kirchen und jeder anderen Religionsgesellschaft gewährleistet die selbständige Ordnung und Verwaltung ihrer Angelegenheiten. Dieser Grundsatz ließ es aber völlig unklar, was unter jedem einzelnen Worte, was unter „selbständig", unter „ordnen und verwalten", unter „ihren Angelegenheiten" zu verstehen war. Es scheint, als wäre man allen Schwierigkeiten durch eine verschwommene Fassung des Gesetzes aus dem Wege gegangen. Wie dieser Verfassungsartikel zur Ausführung gelangen sollte, ob durch ein besonderes Ausführungsgesetz oder auf andere Weise, war unentschieden gelassen, es blieb also der derzeitigen Regierung freie Hand.

Verhältnismäßig leicht war die Ausführung bezüglich der katholischen Kirche, welche einen selbständigen, vom Staate unabhängigen Verwaltungsorganismus bereits besaß, so daß nur eine Reihe von Beschränkungen der Kirche durch den Staat, die mit der Verfassung im Widerspruch standen, fortzufallen hatte. Es handelte sich nur darum festzustellen, welche Beschränkungen dies waren. Der Minister versuchte zuerst die Feststellung durch eine Vereinbarung mit den Bischöfen herbeizuführen. Da diese sich jedoch dessen weigerten unter der Behauptung, daß alle bisherigen Beschränkungen der Kirche durch die Verfassung sofort aufgehoben seien, und die Kirche sich bereits im Besitze voller Selbständigkeit befinde, so blieb der Regierung, da sie die Gesetzgebung nicht in Bewegung setzen wollte, nichts anderes übrig, als diesen kirchlichen Standpunkt anzuerkennen. Regulative der Oberpräsidenten bestimmten daher im einzelnen näher, welche staatlichen Aufsichtsrechte als fortfallend anzusehen seien.[1])

Dagegen mußte die Ausführung des Art. 16 bezüglich der evangelischen Kirche die größten Schwierigkeiten machen. Im Geiste der Verfassung lag die Schaffung selbständiger Organe der evangelischen Kirche und die Beseitigung des landesherrlichen Kirchenregiments, da dasselbe den Monarchen durch die Ministerverantwortlichkeit nicht deckte, mithin von dem Einflusse des Parlaments unabhängige Machtbefugnisse gab und deshalb mit der konstitutionellen Monarchie, wie sie damals verstanden wurde, der unbe-

1) Vgl. v. Rönne, Pr. Staatsrecht, 3. A. Bd. I b S. 647.

dingten Herrschaft der Parlamentsmajorität über den Staat, unvereinbar schien. Einer solchen Selbständigkeit widersprach aber die ganze Geschichte der evangelischen Kirche in Preußen. Die Kirche hatte sich nur entwickeln können in Anlehnung an den Staat. Plötzlich zur Selbständigkeit gelangt, würde sie ohne die Stütze des Staates der seit Jahrhunderten straff centralisierten katholischen Kirche und ihren ungeheuren Machtmitteln in kurzer Zeit unterlegen sein.

Der anfängliche Plan, der evangelischen Kirche eine völlig selbständige Verfassung zu geben und zu diesem Zweck eine konstituierende Generalsynode einzuberufen, wurde dann auch bald aufgegeben. Besondere kirchliche Verwaltungsbehörden, die mit staatlichen Verwaltungsgeschäften nicht befaßt waren, hatten sich in der Zeit von 1817 bis 1845 in den Konsistorien bereits entwickelt, nur die Centralverwaltung der evangelischen Kirche war dem Kultusminister verblieben. Zufolge eines kgl. Erlasses vom 26. 1. 1849[1]) ging dieselbe jedoch provisorisch auf eine neu gebildete kollegialische Abteilung für die inneren evangelischen Kirchensachen über, welche von dem Kultusministerium vollständig unabhängig war. An die Stelle dieser Behörde trat der durch Allerhöchsten Erlaß vom 29. 6. 1850[2]) gebildete Evangelische Oberkirchenrat, so daß die evangelische Landeskirche in allen Instanzen besondere Organe für die Verwaltung ihrer Angelegenheiten besaß. Diese Organe, Konsistorien und Oberkirchenrat, hatten zwar nicht mehr die Eigenschaft von Staatsbehörden, sie waren lediglich Kirchenbehörden, da eine Verwaltung der Kirche durch staatliche Organe mit der Verfassung im Widerspruche stand, das landesherrliche Kirchenregiment blieb jedoch unberührt. Das Kirchenregiment stand aber nicht mehr dem Landesherren als unmittelbarer Ausfluß seiner Souveränetät, sondern wie der Erlaß vom 29. 6. 1850 hervorhebt, nach der Idee der Reformation als vornehmstem Gliede der Kirche zu.

Kap. II. **Die Reaktion.**

Während die neuständische Bewegung, beruhend auf romantischen Staatsanschauungen, die die Interessenpolitik des Großgrundbesitzes in ihren Dienst gestellt hatte, mehr und mehr allen staatlichen Einfluß dem Großgrundbesitze

1) G. S. 1849, S. 125.
2) G. S. 1850, S. 343.

dienstbar zu machen im Begriff war, hatte der gewaltsame Gegenstoß einer hierdurch in ihren Rechten verkürzten Besitzmasse, des Kapitalismus, sich durch die Revolution in den völligen Besitz der Staatsgewalt gesetzt. Alle gesetzgeberischen Maßregeln der Jahre 1848 bis 1850 dienten dem gesellschaftlichen Interesse des Kapitalismus. Die Bildung des Parlaments schien ihm für immer einen maßgebenden Einfluß auf die Centralverwaltung zu sichern, damit war ihm das ganze Beamtentum unbedingt untergeben. Das Beamtum führte aber doch nur die allgemeine Landesverwaltung und auch diese meist nicht in der untersten Instanz. Die neue Gemeinde-, wie die Kreis-, Bezirks- und Provinzialordnung verdrängte den Großgrundbesitz zu Gunsten des Kapitalismus in der Verwaltung der einzelnen Ortschaften und der Kommunalverbände, die Gerichtsverfassung wurde umgestaltet nach den Ideen des Kapitalismus, Grund und Boden so viel als möglich mobilisiert.

Die oft und lang ersehnte Teilnahme am Staate war dem Kapitalbesitze in vollem Maße zu teil geworden, ja mehr als dies, er hatte die Staatsgewalt völlig unterjocht und in seinem Besitze. Und doch war dieser Besitz ein sehr unsicherer. Außer ihr selbst drohte der siegreichen liberalen Partei kein Feind. Sie hatte allerdings den Sieg errungen durch Gewalt und infolge der Schlaffheit und des inneren Zwiespaltes des bisher herrschenden Beamtentums. Gleichwohl konnte ihr die Macht nicht wieder durch Gewalt verloren gehen. Denn indem sie die ganze Centralverwaltung beherrschte, war ihr auch das Heer unterthan.

Aber der Sieger war in sich selbst zerfallen. Nicht allein der Kapitalismus hatte den Sieg errungen, die physische Gewalt der Revolution war fast ausschließlich durch die besitzlosen Massen der großen Städte vertreten worden. Tauchte doch zu jener Zeit in der Frankfurter Nationalversammlung zuerst das geflügelte Wort von den Bassermannschen Gestalten Berlins auf. Diese Besitzlosen verlangten jetzt ihren Anteil an der Beute und sahen ebenso scheel auf die neuen Gewalthaber aus dem Kapitalistenstande wie auf die früheren herrschenden Klassen. Ein großer Teil des Kapitalismus empfand die Lockerung aller staatlichen Bande schmerzlich und sehnte sich zurück nach der Ordnung, die ihm Leben und Eigentum gewährleistete.

So erschlaffte die Kraft des revolutionären Impulses. Die alten von der Herrschaft zurückgedrängten Besitzmassen regten sich von neuem. In dem größten Teile der östlichen Provinzen war aber die mächtigste Gesellschaftsklasse noch immer der Großgrundbesitz, der jetzt seine verlorene Stellung wiederzugewinnen suchte. Der großen Masse, die sich vom Liberalismus abwandte, erschien die Interessenvertretung des Großgrundbesitzes, die konservative Partei, als die natürliche Wahrerin der Ordnung, die einflußreichen Kreise des Kapitalistenstandes beruhigte sie, indem sie sich auf den Boden der konstitutionellen Monarchie stellte. In der Sitzung der ersten Kammer vom 8. 1. 1851 hatte der Ministerpräsident den Bruch mit der Revolution, d. h. mit der Interessenpolitik des Kapitalismus, verkündet und damit die Reaktion, die Interessenpotitik im Sinne des Großgrundbesitzes, eingeleitet. In Parlament und Ministerium kam jetzt die konservative Partei als Ordnungspartei zur Herrschaft und dadurch ebenso in den Besitz der Staatsgewalt wie bisher die den Kapitalismus vertretende liberale Partei.

Wie der Liberalismus die Staatsverwaltung ausschließlich in seinem gesellschaftlichen Interesse gehandhabt hatte, so jetzt nicht weniger die konservative Partei. Es schien, als sollte das steuerlos gewordene Staatsschiff nichts anderes mehr sein als der Spielball der auf- und abwogenden gesellschaftlichen Strömungen. Jedes selbständige staatliche Leben war mit dem Siege der Revolution über das bisher herrschende höhere Beamtentum verloren gegangen. Die Revolution hatte das Prinzip des Rechts in der Staatsverwaltung ersetzt durch das Prinzip der Zweckmäßigkeit, der Zweckmäßigkeit natürlich im Sinne der jeweilig mächtigsten Besitzmasse. Die den Grundbesitz vertretende konservative Partei war berufen, das Erbe der Revolution zu übernehmen.

Die Hardenbergische Verwaltung hatte zur Durchführung ihrer großartigen sozialen und wirtschaftlichen Reformen unter Vernichtung aller noch vorhandenen Selbstverwaltung der Kreise und Provinzen alle Macht in dem Beamtentum vereinigt und dasselbe von der Centralstelle, dem Staatskanzleramte, unbedingt abhängig gemacht. Unter der absoluten Staatsform hatte jene Abhängigkeit lediglich staatlichen Zwecken, der Durchführung der großen Reformen, gedient. Dagegen mußte in dem konstitutionellen Staate diese Gestaltung der Verwaltungsorganisation den herrschenden Parteien zu statten kommen, sie zu unbeschränkten Herren des ganzen Staates machen, wie dies thatsächlich während der Revolutionszeit zu Gunsten der liberalen Partei der Fall gewesen war.

Dem jetzt zur Herrschaft gelangenden konservativen Regimente genügte aber die Beherrschung des Staates durch das Beamtentum nicht mehr. War doch dieses Beamtentum zum größten Teile schon seit den Zeiten Hardenbergs, da es die französische Revolution im Wege der friedlichen Reform nach Preußen hatte verpflanzen müssen, von den Ideen des Liberalismus erfüllt, war es doch mit Ausnahme der Elemente, die aus dem Landratsamte hervorgegangen und mit den Interessen des Großgrundbesitzes eng verbündet waren, dem kapitalistischen Bürgertum entsprossen.

Durch das Gesetz vom 21. 7. 1852[1]) wurde daher bestimmt, daß die Unterstaatssekretäre, Ministerialdirektoren, Oberpräsidenten, Regierungspräsidenten und Vicepräsidenten, Militärintendanten, Beamten der Staatsanwaltschaft, Vorsteher königlicher Polizeibehörden, Landräte, Gesandten und diplomatischen Agenten durch königliche Verordnung jederzeit unter Gewährung des gesetzlichen Wartegeldes einstweilig in den Ruhestand versetzt werden könnten. Da nach der konstitutionellen Doktrin von der politischen Verantwortlichkeit der Minister diese ohnedies nach dem Willen der jeweiligen Kammermehrheit regieren und aus deren Reihen hervorgehen mußten, die Verwaltungsbeamten der maßgebenden Stellen jetzt aber beliebig entlaßbar waren, so gehorchte die ganze Verwaltungsmaschinerie jedem Fingerdruck der herrschenden Kammermehrheit. Dieses Verhältnis entsprach durchaus den damals auf liberaler wie auf konservativer Seite herrschenden Anschauungen, wonach die Abhängigkeit der Beamten von den Ministern eine notwendige Folge des konstitutionellen Systems und der daraus hervorgehenden politischen Verantwortlichkeit der obersten Chefs der Verwaltung für ihre Verwaltungszweige war.

Nachdem sich die konservative Partei auf diese Weise den Staat dienstbar gemacht, begann sie Gesetzgebung und Verwaltung in ihrem Sinne, d. h. im gesellschaftlichen Interesse des Großgrundbesitzes, umzugestalten. Eine Änderung der Repräsentativverfassung und deren Ersatz durch das ständische System lag nicht in der Absicht der konservativen Partei. Hatte doch die Erfahrung so eben erst gezeigt, daß sich mit der Repräsentativverfassung die Herrschaft des Großgrundbesitzes über den Staat noch viel besser erreichen lasse als mit dem Vereinigten Landtage und ähnlichen neuständischen Bildungen. Es war jedoch die Möglichkeit nicht ausgeschlossen, daß wieder einmal ein liberales Regiment ans Ruder kam und dann die Gesetzgebung wieder wie in der Revolutionszeit im Interesse des Kapitalismus in Bewegung setzte. Als Präventiv hiergegen wurde auf Grund des Gesetzes vom 7. 5. 1853 durch die Verordnung wegen Bildung der ersten Kammer vom 12. 10. 1854 wenigstens die erste Kammer im Sinne des neuständischen Systems umgestaltet zu einer Interessenvertretung des Großgrundbesitzes, wie es der Vereinigte Landtag gewesen war. Da zum Zustandekommen eines Gesetzes Übereinstimmung des Königs und beider Kammern erforderlich war, so hatte der Großgrundbesitz ein absolutes Veto bei allen Gesetzvorlagen. Ein etwa wieder zur Herrschaft gelangendes liberales Regiment war in der Gesetzgebung im voraus brach gelegt. In der zweiten Kammer hatte die konser-

1) G. S. 1852, S. 468.

vative Partei ebenfalls vorläufig die Mehrheit, Aufgabe der Verwaltung blieb es, diese Mehrheit zu erhalten und dadurch auch eine positive Wirksamkeit der Gesetzgebung im Interesse des Großgrundbesitzes zu ermöglichen.

Neben diesen elementaren gesellschaftlichen Kräften war die Thätigkeit eines Staatsrats, der unabhängig von gesellschaftlichen Einflüssen nur vom staatlichen Gesichtspunkte aus die Gesetzesvorlagen einer Prüfung unterzog, ebenso wenig denkbar wie in der Revolutionszeit. Gleichwohl wurde durch königlichen Erlaß vom 12. 1. 1852[1]) der Staatsrat wieder in Wirksamkeit gesetzt und durch Ordre vom 27. 6. 1854 die Wiedereröffnung desselben angeordnet, welche am 4. 7. 1854 erfolgte. Da aber das Regierungssystem dasselbe blieb, da nach wie vor gesellschaftliche Einflüsse allein der Verwaltung ihre Bahnen anwiesen, so konnte auch jetzt der Staatsrat nicht wieder seine frühere Stellung gewinnen, und seine Thätigkeit schlief endlich ganz ein. Nicht einmal eine Vorberatung der Gesetzentwürfe von unparteiischem Standpunkte war unter den gewaltigen gesellschaftlichen Strömungen erreichbar.

Als seine nächste Aufgabe sah es der zur Herrschaft gelangte Grundbesitz nun an, den Kapitalismus aus den kleineren Kreisen des staatlichen Lebens, den Gemeinden, den Kreis- und Provinzialverbänden und der Lokalverwaltung des flachen Landes wieder zu verdrängen. Die Gerichtsorganisation blieb unberührt, die Patrimonialgerichtsbarkeit beseitigt. Nur zu Gunsten der Standesherrn wurde eine durch das Verhältnis Preußens zum deutschen Bunde sich rechtfertigende Ausnahme gemacht, indem ihnen gewisse Präsentationsrechte eingeräumt wurden. Es wurde ferner die Einheit des obersten Gerichtshofes den Bestimmungen der Verfassung entsprechend hergestellt, indem durch das Gesetz vom 17. 3. 1852 der rheinische Kassationshof mit dem Obertribunale verschmolzen wurde.

Dagegen konnte sich der Grundbesitz nimmermehr die lediglich im Interesse des Kapitalismus erlassene gemeinsame Gemeindeordnung für Stadt und Land gefallen lassen. Die neue Gemeindeordnung vom 11. 3. 1850 war in den westlichen Provinzen zum größten Teile, in den östlichen Provinzen dagegen erst in der Hälfte der Städte und in einzelnen Landgemeinden der Kreise Stallupöhnen, Wanzleben, Nordhausen und Schleusingen eingeführt,[2]) als durch einen königlichen Erlaß vom 19. 6. 1852[3]) die weitere Einführung der neuen Gemeindeordnung suspendiert wurde. Demnächst be-

---

1) Min. Bl. d. i. Verw. v. 1852, S. 21.

2) Instr. d. Min. d. Inn., Min. Bl. d. i. V. 1853, S. 116.

3) G. S. 1852, S. 388.

seitigte ein Verfassungsgesetz vom 24. 5. 1853[1]) den die Grundlage der Gemeindeordnung vom 11. 3. 1850 bildenden bisherigen Art. 105 der Verfassung und ersetzte ihn durch die Bestimmung, daß die Vertretung und Verwaltung der Gemeinden, Kreise und Provinzen des preußischen Staates durch besondere Gesetze näher bestimmt werde. Ein zweites Gesetz von demselben Tage[2]) hob die Gemeindeordnung vom 11. 3. 1850 auf und ließ die früheren Gesetze und Vorordnungen über die Landgemeindeverfassungen in den östlichen Provinzen und über die Städteverfassungen in Neuvorpommern und Rügen, soweit sie mit den Bestimmungen der Verfassungsurkunde nicht im Widerspruche standen und durch die Gemeindeordnung vom 11. 3. 1850 bereits beseitigt worden, wieder in Kraft treten. Zur Fortbildung der Landgemeindeverfassungen der östlichen Provinzen und der Städteverfassungen Neuvorpommerns sollten besondere Gesetze erlassen werden, ebenso Städteordnungen für die östlichen Provinzen ausschließlich Neuvorpommers, sowie für Westfalen, endlich eine Landgemeindeordnung für Westfalen und eine Gemeindeordnung für die Rheinprovinz. Auf Grund dieser Bestimmung ergingen dann die sieben Gesetze, welche noch gegenwärtig die Gemeindeverfassung der alten Provinzen regeln: 1. Die Städteordnung vom 30. 5. 1853 für die sechs östlichen Provinzen mit Ausnahme von Neuvorpommern und Rügen,[3]) 2. das Gesetz vom 31. 5. 1853 betreffend die Verfassung der Städte in Neuvorpommern und Rügen,[4]) 3. die Städteordnung vom 19. 3. 1856 für die Provinz Westfalen,[5]) 4. die Städteordnung vom 15. 5. 1856 für die Rheinprovinz,[6]) 5. Das Gesetz vom 14. 4. 1856 betreffend die Landgemeindeverfassungen in den sechs östlichen Provinzen,[7]) 6. die Landgemeindeordnung vom 19. 3. 1856 für die Provinz Westfalen,[8]) 7. das Gesetz vom 13. 5. 1856 über die Gemeindeverfassung in der Rheinprovinz.[9])

Die Bedeutung dieser Gemeindeordnungen für die herrschende Klasse beruht lediglich darin, daß unter völliger Beiseiteschiebung des staatlichen Gesichtspunktes die Gemeindeverfassung derart geordnet wurde, wie es dem gesellschaftlichen Interesse des Großgrundbesitzes am besten zu entsprechen

1) G. S. 1853, S. 228.
2) A. a. O., S. 238.
3) G. S. 1853, S. 261.
4) G. S. 1853, S. 291.
5) G. S. 1856, S. 237.
6) G. S. 1856, S. 406.
7) G. S. 1856, S. 359.
8) G. S. 1856, S. 265.
9) G. S. 1856, S. 435.

schien. In den Städteordnungen wurden die Grundsätze der Steinschen Reform verlassen. Die herrschende Klasse hatte kein Interesse daran, den staatlichen Gesichtspunkt, den die kapitalistische Revolution in der Gemeindeordnung vom 11. 3. 1850 verlassen, zu wahren. Sie hatte ferner, da ihr Besitz und ihre Lebenssphäre nicht in den Städten, sondern auf dem flachen Lande lag, kein Interesse, das städtische Wahlrecht und die städtischen Vertretungen und Körperschaften wesentlich anders zu regeln, als es die Gemeindeordnung vom 11. 3. 1850 gethan. Die Städteordnungen fußen daher auf dieser Gemeindeordnung. Dagegen war die herrschende Klasse wesentlich dabei interessiert, daß die städtische Verwaltung nicht in die Hände von Personen geriet, die ihr feindlich gegenüber standen. Sie nahm deshalb für den von ihr beherrschten Staat ein weitgehendes Aufsichts- und Bestätigungsrecht in Anspruch. Dasselbe wurde aber nicht mehr wie nach der Gemeindeordnung von 1850 durch kommunale Körperschaften, sondern durch Staatsbeamte ausgeübt, die jederzeit zur Disposition gestellt werden konnten.

In den westlichen Provinzen, wo ein Großgrundbesitz nur in sehr bescheidenem Umfange vorhanden, war die Selbständigkeit der Landgemeinden bisher auf ein äußerst geringes Maß beschränkt gewesen. Die westfälischen und noch mehr die rheinischen Landgemeinden befanden sich in völliger Abhängigkeit von den Staatsbehörden. Der Großgrundbesitz hatte hier ebenso wenig wie in den Städten an einer Veränderung der früheren Gemeindeverfassungen ein Interesse. Denn eine größere Selbständigkeit der Landgemeinden konnte dem Großgrundbesitze nicht zu statten kommen, ihre Abhängigkeit von den Staatsbehörden machte sie dagegen mittelbar abhängig von dem Großgrundbesitze, der den Staat beherrschte. Die Landgemeindeverfassungen der westlichen Provinzen beruhen daher auf den bisherigen Gemeindeordnungen derselben, die sie nur in untergeordneten Punkten fortbilden.

Dagegen hatte der nur in den östlichen Provinzen vorherrschende Großgrundbesitz das erheblichste Interesse, den Landgemeinden dieser Provinzen diejenige Verfassung zurückzugeben, die sie vor der Revolution gehabt. Das Gesetz vom 14. 4. 1856 ist daher nur eine Novelle, die das bisherige Gemeinderecht, wie es im Allgemeinen Landrechte kodifiziert war, in untergeordneten Punkten abändert. Die alte patrimoniale Verwaltung der Gemeinden durch erbliche Lehnschulzen unter Aufsicht des Gutsherren war damit wiederhergestellt, der Großgrundbesitz hatte wieder einen maßgebenden Einfluß auf die Landgemeinden gewonnen. Die Verwaltung der Landgemeinden der östlichen Provinzen war eben deshalb so unabhängig von staatlichem Einflusse wie die keiner anderen Gemeinden, da hier der Einfluß der herrschenden Klasse von ihr unmittelbar ohne das Medium des Staates ausgeübt wurde.

Selbst wenn dem Großgrundbesitze der Einfluß auf die Staatsverwaltung verloren ging, mußte ihm doch der auf die Landgemeinden der östlichen Provinzen bleiben.

Indem die herrschende Klasse die Landgemeinden der östlichen Provinzen unmittelbar beherrschte, die übrigen Gemeinden durch die von ihr abhängigen staatlichen Organe, hatte sie den Kapitalismus aus seiner Position, die er durch die Gemeindeordnung vom 11. 3. 1850 gewonnen, vollständig verdrängt.

Was die neu erworbenen Hohenzollernschen Lande anbetrifft, so galt in dem Fürstentum Hohenzollern-Sigmaringen die Gemeindeordnung vom 6. 5. 1840, in dem Fürstentum Hohenzollern-Hechingen für die Stadt Hechingen die Stadtordnung vom 15. 1. 1833, für die übrigen Gemeinden die Landgemeindeordnung vom 19. 10. 1833.[1]) Diese Gemeindeordnungen blieben auch unter preußischer Herrschaft in Kraft.

Mit der Wiederherstellung des patrimonialen Verwaltungssystems in den Landgemeinden des Ostens war die Ausübung der örtlichen Polizei durch Organe der Gemeinden unter Aufsicht der staatlichen Behörden nicht vereinbar. Die Gemeindeordnung vom 11. 3. 1850 war die notwendige Voraussetzung für die Organisation der Polizeibehörden nach dem Polizeiverwaltungsgesetze vom 11. 3. 1850, da die Organe für die nicht patrimoniale Polizeiverwaltung in Gemäßheit der Gemeindeordnung bestellt werden mußten. Mit der Beseitigung der letzteren trat das bisherige Recht thatsächlich wieder in Kraft und somit auch die gutsherrliche Polizei in den östlichen Provinzen mit Ausnahme von Posen, welches seine Distrikskommissare behielt. Die mit der gesamten Patrimonialgerichtsbarkeit aufgehobene Polizeigerichtsbarkeit der Gutsherren blieb dagegen beseitigt. Abgesehen von seinen Bestimmungen über die polizeilichen Organe erhielt sich das Polizeiverwaltungsgesetz vom 11. 3. 1850 in Geltung. Das Ergebnis war also dies, daß der Großgrundbesitz die ihm nunmehr wieder zustehende patrimoniale Polizei erweiterte durch die Befugnisse, welche das Polizeiverwaltungsgesetz vom 11. 3. 1850 den Polizeibehörden beigelegt hatte, namentlich also durch das Polizeiverordnungsrecht.

Mit der unbedingten Herrschaft des Großgrundbesitzes über den Staat war auch die durch die Kreis-, Bezirks- und Provinzialordnung vom 11. 3. 1850 geschaffene Vertretung der größeren Kommunalverbände nicht vereinbar. In einem Teile der östlichen Provinzen hätte vielleicht der Großgrundbesitz infolge seines materiellen Übergewichtes ebenso die Mehrheit erlangt wie in der Ver-

1) Vgl. v. Rönne, Pr. Staatsrecht 3. A. Bd. II a, S. 530.

tretung des ganzen Landes. In dem größten Teile des Staatsgebietes, namentlich in den westlichen Provinzen war aber voraussichtlich die auf dem Gesetze vom 11. 3. 1850 beruhende Position des Kapitalismus in den kommunalen Vertretungen unerschütterlich. Gleichzeitig mit der liberalen Gemeindeordnung wurde daher durch das Gesetz vom 24. 5. 1853[1]) die ständische Gesetzgebung der zwanziger Jahre bezüglich der provinzial- und kreisständischen Verfassung unter Aufhebung der Kreis-, Bezirks- und Provinzialordnung vom 11. 3. 1850 wieder in Kraft gesetzt, und gleichzeitig besondere provinzielle Gesetze zum weiteren Ausbau der Kreis und Provinzialverfassung in Aussicht gestellt. In den Sitzungsperioden von 1852 und 1853 wurden in den Kammern auch Entwürfe vorgelegt, gelangten aber nicht zur Erledigung.

Die allgemeine Landesverwaltung, die auch während der Revolutionszeit keine Veränderung erfahren hatte, blieb jetzt ebenfalls unberührt. Die Verwaltung der auf Grund des Staatsvertrages zwischen Preußen und den Fürsten von Hohenzollern vom 7. 12. 1849 durch das Gesetz vom 12. 3. 1850 mit Preußen vereinigten Hohenzollernschen Fürstentümer wurde geregelt durch die Verordnung vom 7. 1. 1852[2]) und den Allerhöchsten Erlaß vom 18. 1. 1854.[3]) Die Fürstentümer bildeten danach einen Verwaltungsbezirk unter der Bezeichnung Hohenzollernsche Lande, welchen eine Regierung zu Sigmaringen und das Konsistorium, das Provinzialschulkollegium, das Medizinalkollegium und das Oberbergamt der Rheinprovinz in Angelegenheiten ihres Ressorts vorgesetzt waren. Zum Wirkungskreise der Regierung, die nicht in Abteilungen zerfiel, gehörten alle Verwaltungsgegenstände, für die in den anderen Provinzen die Oberpräsidenten, die Regierungen, Provinzialsteuerdirektionen und Auseinandersetzungsbehörden zuständig waren, sofern nicht ausdrückliche Ausnahmen hiervon gemacht wurden. Die Kreisverfassung wurde in den Hohenzollernschen Landen nicht eingeführt, vielmehr wurden dieselben im Anschluß an die bestehenden Einrichtungen durch die Verordnung vom 7. 1. 1852 in zwei Oberamtsbezirke, Hechingen und Sigmaringen, dagegen durch den Allerhöchsten Erlaß vom 18. 1. 1854 in sieben Oberamtsbezirke, Hechingen, Sigmaringen, Gammertingen, Haigerloch, Wald, Trochtelfingen und Ostrach, geteilt. An der Spitze jedes Oberamtsbezirkes stand als Organ der Regierung ein Oberamtmann.

Das Jadegebiet bildete nach der Verordnung vom 5. 11. 1854[4]) zwei,

1) G. S. 1853, S. 238.
2) G. S. 1852, S. 35.
3) G. S. 1854, S. 7.
4) G. S. 1854, S. 595.

nach der Verordnung vom 6. 10. 1858[1]) einen einzigen Amtsdistrikt mit derselben Wirksamkeit wie die großherzoglich oldenburgischen Ämter. Zweite Instanz war das Admiralitätskommissariat zu Oldenburg, Ministerialinstanz das Marineministerium.

Auf dem Gebiete der Steuergesetzgebung blieb der wichtigste Punkt, die Reform der Grundsteuer, unerledigt, da dieselbe natürlich nur zum Nachteile des Großgrundbesitzes ausfallen konnte. Dagegen wurde die zufolge Gesetzes vom 30. 5. 1820 eingeführte Klassensteuer zufolge Gesetzes vom 1. 5. 1851[2]) ersetzt durch die noch jetzt bestehende Klassen- und klassificierte Einkommensteuer, wodurch auch in den mahl- und schlachtsteuerpflichtigen Städten eine Heranziehung der Einkommen von über 1000 Thlr. zu der direkten Steuer ermöglicht wurde. Außerdem wurde in auffallendem Widerspruche mit der Lässigkeit, die sich bei der Grundsteuerreform zeigte, durch das Gesetz vom 30. 5. 1851 betreffend Entrichtung einer Abgabe von den Eisenbahnen[3]) der in die Eisenbahnunternehmungen gesteckte Kapitalbesitz einer Besteuerung unterworfen.

Das Postrecht erhielt eine neue Kodifikation durch das für den ganzen Umfang des Staatsgebietes erlassene Postgesetz vom 5. 6. 1852.[4]) Dasselbe beseitigte die Partikulargesetzgebung auf dem Gebiete des Postwesens und hob alle bisher geltenden Bestimmungen, soweit sie nicht auf Staatsverträgen und Konventionen mit dem Auslande beruhten, auf. Der Postzwang wurde festgehalten für Pakete bis zu zwanzig Pfund, Gold, Silber, Juwelen und andere Pretiosen, sowie für Zeitungen, die der Stempelsteuer unterlagen. Dagegen fiel der Postzwang für Reisende fort. Das Postregal auf den Wasserstraßen wurde vollständig freigegeben, ebenso auf den Landstraßen, sofern kein Wechsel der Transportmittel stattfand, und der Preis für eine Person einschließlich dreißig Pfund Gepäck $2\frac{1}{2}$ Sgr. für die Meile nicht überstieg. Regelmäßige Verbindungen zwischen zwei Orten mit bestimmter Abfahrts- und Ankunftszeit bedurften der Genehmigung der Postbehörde. Die Haftung der Post war nur ausgeschlossen bei zufälligen Unglücksfällen, wozu jedoch Diebstahl und Raub nicht zu rechnen waren. Die dieserhalb gegen den Postfiskus erwachsenen Ansprüche verjährten in sechs Monaten. Das neue Postgesetz ordnete also nur das Verhältnis der Post zum Publikum, für den

1) G. S. 1858, S. 543.
2) G. S. 1851, S. 193.
3) G. S. 1853, S. 449.
4) G. S. 1852, S. 345.

innern Dienst und die Verwaltungsorganisation der Post blieben die Anordnungen vom 1. 10. 1849 und 19. 9. 1849[1]) in Kraft.

Werfen wir noch einen Rückblick auf die nunmehr in dem neuen konstitutionellen Staatswesen bestehende Verwaltungsorganisation, so macht es den Eindruck, als sei dieselbe dazu da, die seltsamsten Gegensätze in sich zu vereinigen. Äußerlich war die Verwaltung dieselbe wie unter dem absoluten Staate. Das berufsmäßige Beamtentum führte bis zu den Kreisen herab ausschließlich die allgemeine Landesverwaltung. Es war aber nicht mehr ein von gesellschaftlichen Einflüssen freier Wille, der dies Beamtentum leitete, sondern die jeweilig mächtigste Gesellschaftsklasse, welche durch die Wahlen die Mehrheit in dem Landtage erlangt hatte. Die Aufgaben der Verwaltung waren daher auch nicht mehr die des Staates, sondern die Vertretung der Interessen der herrschenden Klasse. Ziel der Gesetzgebung wurde die Sicherung ihres Einflusses durch dauernde Institutionen, Ziel der laufenden Verwaltung die Erhaltung der zeitigen Landtagsmehrheit.

Ganz im Widerspruche mit dem Systeme des Beamtenstaates hat sich auf dem flachen Lande der östlichen Provinzen die Verwaltung der Polizei und die Beaufsichtigung der Kommunalverwaltung der Landgemeinden in den Händen der Großgrundbesitzer, der Gutsherren, erhalten. Wie Ruinen ragen diese letzten Reste des Patrimonialstaates, die mit der seit 1807 bestehenden Gesellschaftsordnung vollkommen unvereinbar waren, in die neue Zeit herein. Es sind morsche Trümmer, die gerade als Fundament in das vollkommen moderne Staatsgebäude hineingebaut sind.

Einen nicht geringeren Gegensatz wie absoluter Beamtenstaat und patrimoniale Verwaltung bietet die Zusammensetzung des Landtages und der größeren Kommunalvertretungen. In dem Landtage herrscht das konstitutionelle Prinzip, in den Provinzial- und Kreistagen das seit den zwanziger Jahren als historische Rarität wieder ausgegrabene ständische System der Vertretung nach Grundbesitzmassen. So kam es, daß in dem Bau, zu dessen Fundament einige zwar morsche, aber doch echte Ruinensteine verwendet waren, auch einige imitierte mittelalterliche Partien nicht fehlten.

Der preußische Staat schien eine Vereinigung ähnlicher Kontraste zu bieten wie dereinst das heilige römische Reich deutscher Nation. Und doch können beide nicht einmal mit einander verglichen werden. Die Struktur des preußischen Staates war nicht durch Verwahrlosung und Anarchie eine so seltsame geworden, sondern sie war mit gutem Vorbedacht und nach einem einheitlichen Plane in dieser Weise hergestellt, die scheinbar widersprechendsten

1) S. S. 246 ff.

Systeme, welche neben einander bestanden, dienten alle einem einheitlichen Zwecke, der Herrschaft des Großgrundbesitzes. Die patrimoniale Verwaltung wie die kommunalen Vertretungen bildeten einzelne wohlbefestigte Außenwerke der herrschenden Klasse, das Charakteristische aber war die unbedingte Herrschaft der Parlamentsmehrheit durch das von ihr abhängige Beamtentum über den Staat.

Es ist nun aber eine stetig wiederkehrende Erscheinung, daß, wenn eine Gesellschaftsklasse eine unbeschränkte Herrschaft über den Staat gewonnen hat, wenn sie diese Herrschaft am meisten gesichert glaubt, die Staatsidee zu neuer innerer Kräftigung gelangt, den Staat von dem Einflusse der Gesellschaft befreit und statt dessen die Gesellschaft in den Dienst des Staates stellt. Seit Jahrtausenden ist jedoch bei den germanischen Völkern die Staatsidee verkörpert in dem nationalen Königtum. So wird auch in Preußen Revolution und Reaktion abgelöst durch den Kampf des Königtums gegen die herrschenden gesellschaftlichen Mächte, und dieser Kampf endet mit dem vollständigen Siege der Staatsidee.

Kap. III. **Die Konfliktszeit.**

Seit der Thronbesteigung König Wilhelms I. war es das Hauptstreben der Regierung, den Staat aus den Fesseln, die ihm die Gesellschaft auferlegt, zu befreien, die staatlichen Gesichtspunkte dem Kampfe der gesellschaftlichen Interessen gegenüber zur Geltung zu bringen und die Gesellschaft in den Dienst des Staates zu stellen. Der Kampf zwischen Staat und Gesellschaft, der sich hieraus entwickeln mußte, wurde auf drei Schlachtfeldern ausgefochten. Auf dem einen stand dem Staate der Grundbesitz, auf dem anderen alle Besitzmassen, insbesondere sein eigenes Beamtentum, auf dem dritten der Kapitalismus gegenüber. Man kann die drei Streitgebiete am besten kennzeichnen durch den Siegespreis, den der Staat auf jedem von ihnen davon trug, es war die Grundsteuerreform, die teilweise Herstellung des Rechtsstaates und die Armeereorganisation.

Die Grundsteuerreform war bereits seit 1810 verheißen, das allgemeine Steuergesetz vom 30. 5. 1820 hatte sie von neuem in Aussicht gestellt, die Verfassung und das Gesetz vom 24. 2. 1850 sie nochmals in Angriff genommen, aber alle Reformpläne waren gescheitert an der Macht des bevorrechteten Großgrundbesitzes. Nach dem Jahre 1820 hatte er durch die neuständische Gesetzgebung mehr und mehr Einfluß auf den Staat erlangt und war so in den Stand gesetzt worden, die Grundsteuerreform immer weiter hinauszuschieben. Als durch die Revolution der Kapitalismus zur Herrschaft gelangt war, hatte er einen neuen energischen Versuch gemacht, die noch vorhandene Rechtsungleichheit in der Besteuerung zu beseitigen. Ehe jedoch die liberale Partei hiermit zum Ziele gelangt war, wurde ihre Herrschaft wieder abgelöst durch die des Grundbesitzes. Der während der Reaktionszeit den Ausschlag gebende, bezüglich der Grundsteuern bevorrechtete Großgrundbesitz konnte es natürlich nicht als seine Aufgabe ansehen, sich eine neue Steuer aufzuerlegen.

Erst als mit dem Ministerium der sogenannten neuen Ära in dem Abgeordnetenhause die gemäßigt liberale Partei wieder die Mehrheit erlangt hatte, schien der Versuch zur endlichen Durchführung der Grundsteuerreform Aussicht auf Erfolg zu haben. Nur das Herrenhaus, die Interessenvertretung des Großgrundbesitzes, leistete noch Widerstand gegen die Regierungsvorlage. Es mußte im Jahre 1860 erst durch Neuernennung von achtzehn Mitgliedern eine teilweise Umgestaltung erfahren, worauf es am 2. 5. 1861 den Gesetzentwurf annahm. Am 21. 5. 1861 erfolgte dann die Publikation der drei in einander greifenden Gesetze über die anderweite Regelung der Grundsteuer, über die Einführung einer allgemeinen Gebäudesteuer und über die Entschädigung für die Aufhebung der Grundsteuerbefreiungen.[1])

Die beiden ersten dieser Gesetze bilden die rechtliche Grundlage der noch heute erhobenen Grund- und Gebäudesteuer. Dieselbe wurde nach Vollendung des Katasters und nach Ermittlung des Reinertrages der steuerpflichtigen Liegenschaften vom 1. 1. 1865 ab erhoben und beseitigte eines der letzten Bollwerke des alten ständischen Staates, die seit Einführung des stehenden Heeres unberechtigte Steuerbevorzugung der Rittergutsbesitzer. Jeder Grundbesitz mit Ausnahme desjenigen des Staates, der Kommunalverbände, einzelner juristischer Personen und der ehemals reichsunmittelbaren Fürsten und Grafen, soweit sie nicht in besonderen Verträgen auf die Grundsteuerfreiheit Verzicht geleistet, wurde der gleichen Steuer unterworfen. Die seit Jahrhunderten bestehenden Grundsteuervorrechte der Rittergüter, deren jetzige Besitzer sie zum großen Teile unter Berücksichtigung der bestehenden Grundsteuerverhältnisse zu einem höheren Kaufpreise erworben hatten, als anderer Grundbesitz wert war, rechtfertigte dagegen die Entschädigung der Eigentümer, welche nunmehr entweder einer höheren oder überhaupt erst einer Grundsteuer unterworfen wurden.

Das zweite Feld, auf dem Staat und Gesellschaft zusammenstießen, war

1) G. S. 1861, S. 253—340.

die staatlicherseits versuchte Befreiung von den gesellschaftlichen Fesseln durch die Herstellung des Rechtsstaates. In dem absoluten Staate war das öffentliche Recht durch die Verwaltungsbeamten ebenso unparteiisch gehandhabt worden wie das Privatrecht durch die Gerichte. Friedrich Wilhelm III. war in einer Kabinettsordre vom 22. 8. 1833 den damals auch in Preußen sich geltend machenden französisch-liberalen Anschauungen ausdrücklich entgegen getreten, indem er erklärte:

„Es ist der Meinung nicht beizustimmen, daß nur von seiten der ordentlichen Gerichtshöfe nach den Grundsätzen des strengen Rechts entschieden werde, das Eigentum also größeren Schutz bei dem gerichtlichen als bei demjenigen Verfahren fände, welches die Gesetze in besonders bestimmten Fällen der Kognition administrativer Behörden überwiesen haben, da auch die letzteren die zu ihrer Erörterung und Entscheidung gestellten Rechtsverhältnisse nicht nach Billigkeit, sondern ganz wie die Gerichtshöfe nach Recht zu entscheiden verpflichtet sind, und das Gesetz gewisse Gegenstände nur dann und nur deshalb den ordentlichen Gerichten entzieht, wo und weil die Feststellung des rechtlichen Gesichtspunktes wesentlich von der richtigen Beurteilung solcher Momente abhängt, die in ihren Motiven und allen ihren Details den Verwaltungsbehörden gründlicher und vollständiger bekannt sind als den Gerichten."

Diese Grundsätze der absoluten Monarchie waren seit der Revolution vollständig aufgegeben worden. Beide nach einander zur Herrschaft gelangte Parteien hatten es als selbstverständlich angesehen, daß die Verwaltung nicht nach Recht, sondern nach Zweckmäßigkeitsgründen, d. h. im Interesse der herrschenden Klasse gehandhabt werde. Nach dem vermeintlich konstitutionellen Grundsatze von der politischen Verantwortlichkeit der Minister waren diese unbedingt abhängig von der Mehrheit der zweiten Kammer, und ebenso alle übrigen Beamten der Verwaltung von den Ministern, so daß die ganze Verwaltungsmaschinerie dem Interesse der mächtigsten Gesellschaftsklasse dienstbar war. Diese Verkehrung des Rechtsstaates zu Gunsten der Gesellschaft, die Handhabung der Verwaltung im gesellschaftlichen Interesse mußte aufhören, sobald die Staatsidee wieder einigermaßen erstarkte. Es war dies bereits der Fall nach Beseitigung der Reaktionsherrschaft. Noch waren aber die gesellschaftlichen Interessen in der Verwaltung so mächtig, die Wogen der gesellschaftlichen Strömungen, wenn auch in ihrer vollen Macht gebrochen, wirkten doch noch immer derart auf das Staatsschiff ein, daß an eine Rückkehr zu den Verwaltungsprinzipien des absoluten Staates nicht zu denken war. Auch die Herstellung einer Verwaltungsgerichtsbarkeit war, da man nur das Vorbild der französischen Verwaltungsgerichte vor Augen hatte und aus Erfahrung kannte, noch nicht möglich. Man mußte sich daher begnügen, wenigstens einen Teil der Verwaltung unter das Dach des Rechtsstaates zu bringen.

Während der Revolutions- und Reaktionszeit hatten sich die ordentlichen Gerichte verhältnismäßig am meisten von den gesellschaftlichen Einflüssen frei gehalten, sie hatten immer noch wie im absoluten Staate allein die Verwirklichung des Rechts ohne alle Nebenrücksichten zum Ziele. Da man hierfür aber aus den oben entwickelten Gründen in der Verwaltung keine geeigneten Organe finden konnte, so lag es am nächsten, auch auf den Gebieten des öffentlichen Rechts, auf denen die Verwirklichung des Rechts statt der bisherigen Zweckmäßigkeitspolitik als das dringendste Bedürfnis erschien, die Rechtskontrolle den ordentlichen Gerichten zu übertragen. So erging das Gesetz vom 24. 5. 1861 betreffend die Erweiterung des Rechtsweges.[1])

Die Beamten waren durch die Gesetzgebung der Reaktionszeit in völlige Abhängigkeit von den obersten Verwaltungschefs gestellt, zum Teil sogar für beliebig entlaßbar erklärt worden.[2]) Um so notwendiger war es, die vermögensrechtlichen Ansprüche der Beamten gegen den Staat einer vom Parteistandpunkte unabhängigen rechtlichen Prüfung zu unterwerfen. Es wurde daher für Ansprüche der Beamten aus ihrem Dienstverhältnisse, insbesondere auf Besoldung, Pension oder Wartegeld der Rechtsweg unter gewissen Bedingungen für zulässig erklärt. Der Anstellung der Klage muß mit Ausnahme des Falles, wo ein Beamter durch eine von der Oberrechnungskammer getroffene Festsetzung verkürzt zu sein glaubt, die Entscheidung des Verwaltungschefs vorausgehen, und die Klage muß bei Verlust des Klagerechtes innerhalb sechs Wochen, nachdem dem Beamten die Entscheidung des Verwaltungschefs oder die Festsetzung der Oberrechnungskammer bekannt gemacht worden, angebracht werden. Die Klage ist gegen die Provinzialbehörde des betreffenden Verwaltungsressorts und in Ermangelung einer solchen gegen die Bezirksregierung zu richten, in deren Bezirk der Beamte zur Zeit der Entstehung des Anspruches seinen persönlichen Gerichtsstand hatte. Die Rechtsmittel stehen beiden Teilen ohne Rücksicht auf die Höhe der streitigen Forderung zu.

Es wurde fernerhin zufolge desselben Gesetzes vom 24. 5. 1861 die seit dem Erlaß des Allgemeinen Landrechtes zwischen Justiz und Verwaltung gezogene Grenze[3]) zu Gunsten der Justiz verschoben durch folgende Bestimmungen:

---

1) G. S. 1861, S. 241.

2) S. S. 255.

3) Vgl. Band II, S. 301 ff., Band III, S. 204.

1. Wegen allgemeiner Anlagen und Abgaben (§§ 36, 41 der Verordn. v. 26. 12. 1808, §§ 78, 79 A. L.-R. II, 14) kann auf Grund der Behauptung, daß die einzelne Forderung bereits früher getilgt oder verjährt sei, die Klage auf Erstattung des Gezahlten angestellt werden, jedoch bei Verlust des Klagerechtes nur binnen spätestens sechs Monaten nach erfolgter Beitreibung oder geleisteter Zahlung.

2. Der Rechtsweg findet ferner statt, wenn der Herangezogene behauptet, daß die geforderte Abgabe keine öffentliche Abgabe sei, sondern auf einem aufgehobenen privatrechtlichen Fundamente, insbesondere einem früheren gutsherrlichen, schutzherrlichen oder grundherrlichen Verhältnisse beruhe.

3. Wer zur Entrichtung eines Wertstempels oder eines nicht nach dem Betrage des Gegenstandes zu bemessenden Vertragsstempels gar nicht oder nicht in dem geforderten Betrage verpflichtet zu sein vermeint, ist befugt, dies gerichtlich geltend zu machen. Die Klage muß aber bei Verlust des Klagerechtes binnen sechs Monaten nach erfolgter Beitreibung oder mit Vorbehalt der Rückforderung geleisteter Zahlung des Stempelbetrages erhoben werden. Hinsichtlich der Stempel, welche zu Gerichtskassen eingezogen werden, ist die Klage gegen die betreffende Salarienkassenverwaltung, in allen übrigen Fällen gegen die zur Verwaltung der indirekten Steuern bestimmte Provinzialbehörde zu richten. Die Rechtsmittel stehen ohne Rücksicht auf die Höhe der streitigen Summe beiden Teilen zu.

Diese durch das Gesetz vom 24. 5. 1861 erfolgte Erweiterung des Rechtsweges war allerdings noch eine sehr beschränkte, indem immer noch die wichtigsten Fragen des Verwaltungsrechtes der Entscheidung der Verwaltungsbehörden vom Zweckmäßigkeitsstandpunkte überlassen blieben. Es war aber wenigstens bei denjenigen Forderungen des Staates und gegen den Staat, bei denen es sich um Mein und Dein handelte, die stets jeden einzelnen Unterthanen am empfindlichsten berühren, und die deshalb einer willkürlichen Auslegung seitens der Verwaltungsbehörden die willkommenste Handhabe bieten mußten, wieder eine Rechtsprechung im wahren Sinne des Wortes hergestellt. Der weitere Ausbau des Rechtsstaates hauptsächlich auf dem Gebiete der polizeilichen Zwangsverfügungen schien nur noch eine Frage der Zeit. Da wurde die gesetzgeberische Thätigkeit, die gerade bei den damaligen Zuständen Preußens kaum zu entbehren war, durch den infolge der Armeereorganisation ausgebrochenen Verfassungskonflikt auf einige Jahre so gut wie vollständig lahmgelegt. Die Verwaltungsreform und insbesondere die Herstellung einer Verwaltungsgerichtsbarkeit konnte daher erst nach einem Jahrzehnte wieder aufgenommen werden.

Die einzelnen Thatsachen, welche die äußere Veranlassung des Verfassungskonfliktes in Preußen bildeten, sind ja bekannt genug. Der Grundgedanke der Armeereorganisation bestand in der Verstärkung der preußischen Kriegsmacht durch Heranziehung auch derjenigen Rekruten, die bisher wegen Mangels an Cadres keine Aufnahme in das Heer hatten finden können. Zu dieser Verwirklichung der allgemeinen Wehrpflicht war eine erhebliche Vermehrung der Cadres erforderlich. Es wurde ferner die nach einer dreijährigen Dienstpflicht im stehenden Heere eintretende Reservepflicht von zwei auf vier Jahre erhöht, dagegen aber die Landwehrpflicht entsprechend herabgesetzt, wobei die Unterscheidung zwischen Landwehr ersten und zweiten Aufgebots fortfiel. Alle diese Anordnungen, durch welche die Militärgesetzgebung der Jahre 1814 bis 1819[1]) in einer Reihe der wichtigsten Punkte abgeändert wurde, erfolgten nicht durch die Gesetzgebung, sondern im Verordnungswege, indem die Regierung von dem Standpunkte ausging, daß die Feststellung der Präsenzstärke auf Verordnung des Kriegsherren beruhen müsse. Es handelte sich nur noch um Aufbringung der Mehrkosten.

Dieselben beliefen sich auf neun Millionen Thaler. Da das Abgeordnetenhaus, in dem die gemäßigt liberale Partei die Mehrheit hatte, dieselben weder bewilligen noch ablehnen wollte, faßte es die Reorganisation als bloße Marschbereitschaft auf und bewilligte die Kosten vorläufig bis zum 30. 6. 1861, womit sich die Regierung auch einverstanden erklärte. Am 31. 5. 1861 ließ sich das Abgeordnetenhaus zu einer neuen provisorischen Bewilligung bewegen, aber nur in Höhe von 7801334 Thlr. statt der geforderten 8551334 Thlr. Auch dies fand wieder die Zustimmung der Regierung. Erst am 23. 9. 1862 setzte das Abgeordnetenhaus die Kosten der Armeereorganisation vom Budget ab, wogegen das Herrenhaus am 11. 10. 1862 das vom Abgeordnetenhause beschlossene Budget ablehnte und das von der Regierung vorgelegte annahm. Das Abgeordnetenhaus erklärte nunmehr diesen Beschluß des Herrenhauses für verfassungswidrig. Gleich darauf wurde der Landtag mit der Erklärung der Regierung geschlossen, da ein verfassungsmäßiges Budget nicht zu stande gekommen, werde sie die Ausgaben auf eigene Verantwortung bestreiten und hoffe auf nachträgliche Genehmigung. Es kam seitdem kein Budgetgesetz wieder zu stande. Statt das Hauptgewicht auf die Frage zu legen, ob eine Veränderung der Militärgesetzgebung, namentlich der Präsenzstärke im Verordnungswege zulässig sei, steifte sich das Abgeordnetenhaus auf sein unbeschränktes Ausgabebewilligungsrecht.

Der hauptsächlichste Streitpunkt, um den sich der Konflikt drehte, war seitdem der Art. 99 der Verfassung: „Alle Einnahmen und Ausgaben des

---

1) S. S. 111 ff.

Staates müssen für jedes Jahr im Voraus veranschlagt und auf den Staatshaushaltsetat gebracht werden. Letzterer wird jährlich durch ein Gesetz festgestellt." Der rechtliche Kern der Streitfrage war also der: Welcher von den drei Faktoren der Gesetzgebung hat nachzugeben, wenn eine Vereinbarung derselben über das Budgetgesetz nicht zu stande kommt? Indem das Abgeordnetenhaus für sich das überwiegende Recht in Anspruch nahm, immer wieder auf die Verletzung seines angeblichen Budgetgesetzes zurückkam, substituierte es unwillkürlich den klaren Bestimmungen der preußischen Verfassung die konstitutionellen Theorien Montesquieus und Benjamin Constants, welche in Frankreich und Belgien gesetzliche Anerkennung gefunden hatten.

Damit wurde aber der ganze Rechtsstreit zu einer Machtfrage. Hatte wirklich das Abgeordnetenhaus die alleinige Bestimmung über die jährlichen Staatseinnahmen und Ausgaben, konnte es dieselben, wie es thatsächlich beanspruchte, nach eigenem Gutdünken bewilligen oder ablehnen, so wäre es dadurch zum allein entscheidenden Faktor des Staatslebens geworden. Denn jeder gesetzlichen Einrichtung hätte ihre Wirksamkeit entzogen werden können durch Verweigerung der zu ihrer Aufrechterhaltung erforderlichen Geldmittel, jedes neue Gesetz hätte erzwungen werden können durch Androhung der Ablehnung von notwendigen Ausgaben. Es wäre endlich möglich gewesen, die Besetzung des Ministeriums und damit aller übrigen Beamtenstellen nach dem Willen das Abgeordnetenhauses zu erzwingen, indem dieses erklärte, es bewillige, wie ein mit Recht berüchtigt gewordener Ausdruck lautet, „diesem Ministerium keinen Groschen, auch wenn der Feind im Lande ist." Es hätte also mit einem Worte das Abgeordnetenhaus als regierender Konvent nicht nur die gesamte gesetzgebende Gewalt, sondern auch die Regierungsgewalt, vielleicht auch die richterliche Gewalt in seinen ausschließlichen Besitz genommen, die Ausübung aller Souveränetätsrechte auf sich übertragen.

Thatsächlich war dies auch das Ziel des Kampfes. Das Abgeordnetenhaus beanspruchte in der im Januar 1863 beratenen, von Virchow entworfenen Adresse an den König das Recht, das Budget durch seinen alleinigen Beschluß in seiner Hauptsumme und in seinen Einzelheiten endgiltig festzusetzen; von dem Könige die Entlassung derjenigen Minister zu fordern, die das Vertrauen des Hauses nicht hatten; durch seine, des Hauses, Beschlüsse über den Staatshaushaltsetat den Bestand und die Organisation der Armee festzustellen; sowie die Beziehungen der Exekutivgewalt der Staatsregierung zu ihren Beamten maßgebend zu kontrollieren. Treffend charakterisirte daher der Ministerpräsident diese Bestrebungen am 27. 1. 1863 dahin: „Durch diese Adresse werden dem königlichen Hause der Hohenzollern seine verfassungsmäßigen Regierungsrechte abgefordert, um sie der Majorität dieses Hauses zu übertragen." Das Königtum sollte aufhören, eine selbständige Staatsgewalt zu bilden. Es wäre „ein rein ornamentaler Schmuck des Verfassungsgebäudes geworden, als ein toter Maschinenteil dem Mechanismus des parlamentarischen Regiments eingefügt worden."

Eine Usurpation der obersten richterlichen Gewalt wurde endlich versucht, indem das Abgeordnetenhaus erklärte, der Beschluß des Obertribunals vom 29. 1. 1866, durch welchen die Erhebung der Anklage gegen die Abgeordneten Frentzel und Twesten wegen einiger im Abgeordnetenhause gehaltenen Reden für zulässig erklärt wurde, widerspreche dem Artikel 84 der Verfassung. Abgesehen davon, daß das Abgeordnetenhaus für seine Mitglieder als solche auf Grund einer zweifelhaften Verfassungsbestimmung auch das äußere Zeichen der Souveränetät, die Unverletzlichkeit, in Anspruch nahm, bedrohte es durch seinen Beschluß die verfassungsmäßig garantierte richterliche Unabhängigkeit, versuchte durch Machtsprüche wechselnder Majoritäten den Gerichten anzubefehlen, wie die Gesetze zu interpretieren seien, mit einem Worte eine Rechtsprechung nach Gesetzen durch eine parteiische Kammerjustiz zu ersetzen. Glücklicherweise war dieser Beschluß, der an die schlimmsten Zeiten des französischen Konvents erinnert, ohne jede praktische Folge. Der Größe der Ansprüche des Abgeordnetenhauses kam nichts gleich als seine eigene Ohnmacht.

Das Abgeordnetenhaus forderte also die Ausübung aller Staatsgewalt für sich. In dem Abgeordnetenhause verkörperten sich aber die stetig wechselnden gesellschaftlichen Interessen. Das Abgeordnetenhaus verlangte die Staatsgewalt deshalb, um dieselbe den jeweilig mächtigsten gesellschaftlichen Strömungen, die in dem Hause ihre Vertretung fanden, dienstbar zu machen. Gesetzgebung, Verwaltung und Rechtsprechung sollten nicht zur Verwirklichung der sittlichen Zwecke des Staates, sondern nur zum Dienste für egoistische Interessen einzelner Klassen, damals des Kapitalismus, vorhanden sein.

Hiergegen empörte sich aber das moralische Gefühl der Nation, welches seine Vertretung in dem Königtum fand. Der natürliche Verbündete des Königtums in dem jahrelangen Kampfe war die durch einen etwaigen Sieg des Kapitalismus am meisten in ihrer Existenz bedrohte Gesellschaftsklasse, der Grundbesitz, der im Herrenhause sein festestes Bollwerk besaß, während er im Abgeordnetenhause als sog. konservative Partei auf eine geringe Minderheit beschränkt war. Mit diesem Verbündeten wurde die Regierung allgemein identifiziert. Eine selbständige Staatsgewalt war seit Jahrzehnten etwas so ungewohntes geworden, daß Freunde wie Feinde der Regierung annahmen, dieselbe vertrete bei ihrem Widerstande gegen die Forderungen des Abgeordnetenhauses nur die Interessen der ihr verbündeten Gesellschaftsklasse und bereite eine neue Reaktionszeit vor. Niemand dachte daran, daß das germanische Königtum, der einzige von gesellschaftlichen Einflüssen freie Faktor des Staatslebens, sich wieder seiner eigentlichen Aufgabe bewußt geworden, die es seit Jahrtausenden gehabt, im Kampfe der gesellschaftlichen Interessen die Staatsidee zur Durchführung zu bringen. Im bewußten Gegensatze gegen die herrschenden gesellschaftlichen Strömungen nahm das Königtum wieder die Verwirklichung der höchsten Ziele des Staates in Angriff.

Aus dem Gegensatze zwischen Staat und Gesellschaft, der sich aus jenen Verhältnissen entspann, war mit Rechtsinterpretationen nicht herauszukommen. Denn jeder Teil interpretierte die Verfassung von seinem Standpunkte und warf dem anderen Teile Verfassungsverletzung vor. Der Konflikt war nur durch offenen Kampf zu lösen, in dem der mächtigere Teil die Oberhand behalten mußte. Von diesem Gesichtspunkte aus äußerte der Ministerpräsident in seiner Rede vom 27. 1. 1863 im Abgeordnetenhause, nachdem er auf ein Kompromiß als einzigen Ausweg hingewiesen: „Wird der Kompromiß dadurch vereitelt, daß eine der beteiligten Gewalten ihre eigene Ansicht mit doktrinärem Absolutismus durchführen will, so wird die Reihe der Kompromisse unterbrochen, und an ihre Stelle treten Konflikte, und Konflikte, da das Staatsleben nicht stillzustehen vermag, werden zu Machtfragen; wer die Macht in Händen hat, geht dann in seinem Sinne vor, weil das Staatsleben auch nicht einen Augenblick stillstehen kann."

Diese Macht kam allerdings direkt nur zur Anwendung gegen den äußeren Feind, aber sie konnte auch gegen diesen nur zur Geltung kommen, weil die Staatsgewalt bereits der mächtigere Teil war, und sie ihre äußere Politik ungehindert durch die inneren Ereignisse betreiben konnte. Indirekt fiel jedoch diese Macht auch nach innen ins Gewicht, indem durch die Erfolge der auswärtigen Politik bestimmt die große Masse der Wählerschaften sich von der Politik ihrer bisherigen Vertreter abwandte. Zum Ausdruck kam dieser Umschwung in dem Indemnitätsgesetze.

Die Thronrede vom 5. August 1866, mit welcher der unter dem Eindrucke der kriegerischen Ereignisse zusammengetretene Landtag eröffnet wurde, erkannte an, worüber auch bisher auf keiner Seite Zweifel geherrscht, daß die Staatsausgaben der letzten Zeit bisher der gesetzlichen Grundlage, des Art. 99 der Verfassung entbehrten. Ohne weiter zu untersuchen, wen die Schuld dieses verfassungswidrigen Zustandes traf, wurde der Hoffnung Ausdruck gegeben, die Landesvertretung werde die Indemnität, um die sie angegangen werden solle, erteilen, also mit anderen Worten die gemachten Ausgaben nachträglich genehmigen, wie dies bei sonstigen über den Etat hinaus gemachten Ausgaben konstitutionelles Herkommen war. Die Indemnitätsvorlage wurde dann auch am 3. September mit 230 gegen 75 Stimmen angenommen, womit der Konflikt seine Erledigung fand.

Das Ergebnis war die Zurückweisung sämtlicher Forderungen des Abgeordnetenhauses, welche auf einseitige Beherrschung des Staates in Gesetzgebung und Verwaltung durch die zeitige Kammermajorität hinausgingen. Der Staat hatte sich frei gemacht und frei erhalten von den Einflüssen der Gesellschaft, mochten dieselben von dem Grundbesitze oder dem Kapitalismus ausgehen, mochten sie von rechts oder von links kommen.

Die Macht der Gesellschaft über den Staat, die seit der Revolution zu einer völligen Verdunkelung der Staatsidee geführt hatte, war gebrochen, der Staat konnte ungehindert durch gesellschaftliche Einflüsse seine Ziele verfolgen. Es blieb ihm nur noch übrig, nachdem er sich von der Unterthänigkeit gegen die Gesellschaft befreit, umgekehrt die Gesellschaft in den Dienst des Staates zu stellen, ihre materiellen und geistigen Kräfte für den Staat auszunutzen durch Begründung einer wirklichen Selbstverwaltung in Stadt und Land, wie sie einst von Stein beabsichtigt, aber nicht vollendet war, und das Rechtsprinzip in der Verwaltung nicht nur in vollem Maße wiederherzustellen, sondern auch die Wiederkehr jedes anderen Prinzipes unmöglich zu machen durch dauernde Einrichtungen, d. h. durch Schaffung einer Verwaltungsgerichtsbarkeit. Zunächst wurde aber diese Richtung noch unterbrochen durch die Entwicklung, welche die deutsche Frage gewonnen hatte. Die besten Kräfte wurden für die nächste Zeit in Anspruch genommen durch den Ausbau des norddeutschen Bundesstaates und durch die fast ebenso wichtige Aufgabe, die neuen Provinzen mit den älteren Landesteilen durch eine einheitliche Verwaltung zu verschmelzen.

Kap. IV. Der norddeutsche Bund und das deutsche Reich.

Durch die Begründung des norddeutschen Bundes und später des deutschen Reiches erfuhr das preußische Staatsrecht, namentlich auch das Verwaltungsrecht eine völlige Umgestaltung. Wenn auch bisher schon durch die Stellung Preußens im deutschen Bunde und noch mehr im Zollvereine die Ausübung der Staatshoheitsrechte in einzelnen Punkten vertragsmäßig eingeschränkt war, so erhob sich doch jetzt zuerst über Preußen eine selbständige Staatsgewalt, an welchem Verhältnis die Stellung des preußischen Königtums im Bundesstaate nichts änderte. Preußen überließ eine ganze Reihe von Souveränetätsrechten dem Bundesstaate, der in diesen Beziehungen auch für Preußen an die Stelle der bisherigen Staatsgewalt trat. Wie bedeutend diese Umwälzung des öffentlichen Rechtes für Preußen war, ergiebt sich allein daraus, daß durch das Bundes- bezw. Reichsrecht beinahe ein Viertel der Artikel der preußischen Verfassung aufgehoben sind.

Vorzugsweise war es das materielle Verwaltungsrecht, welches entweder ausschließlich oder doch vorwiegend von der Gesetzgebung des Bundesstaates in Anspruch genommen wurde, während die Verwaltungsorgane meist keine Bundes- bezw. Reichsorgane waren, sondern Organe der Partikularstaaten blieben. Eine kurze Übersicht über die einzelnen Verwaltungszweige wird am besten das Verhältnis des Bundes- bezw. Reichsrechtes zum Landesrechte zeigen.

Auf dem Gebiete des Auswärtigen sind die Rechtsnormen völkerrechtlicher Natur, entziehen sich also der Gesetzgebung eines einzelnen Staates. Von Wichtigkeit ist nur das Vertragsrecht der Staaten. Der Kaiser erklärt Krieg und schließt Frieden, Bündnisse und andere Verträge namens des Reiches.[1]) Das Recht des Kriegs und Friedens ist zwar keinem Partikularstaate ausdrücklich entzogen, aber völlig wertlos, da nur der Kaiser vermöge seiner Kommandogewalt über die Kriegsmacht verfügen kann. Das Reich kann namentlich über alle diejenigen Gegenstände Verträge schließen, die seiner Gesetzgebung unterworfen sind. Das internationale Vertragsrecht der Einzelstaaten ist ebenfalls nicht aufgehoben, aber durch das Vertragsrecht des Reiches, mit dessen Verträgen die der Einzelstaaten nicht im Widerspruche stehen dürfen, vollständig in den Hintergrund gedrängt.

Die Organe des völkerrechtlichen Verkehres sind die Gesandten und Konsuln. Dem Reiche ist die Befugnis eingeräumt, Gesandte abzusenden und zu empfangen.[2]) Auch das Gesandtschaftsrecht ist keinem Einzelstaate entzogen, aber ziemlich wertlos, da hinter deren Gesandten kein Heer und keine Flotte steht, auch das Vertragsrecht der Einzelstaaten auf ein ziemlich enges Gebiet beschränkt ist. Preußen unterhält daher bekanntlich eine Gesandtschaft außer bei anderen deutschen Bundesstaaten nur beim Vatikan. Die Beglaubigung fremder Gesandten erfolgt stets beim Kaiser als Vertreter des Reiches. Als beim Könige von Preußen als solchen beglaubigt können nur die Gesandten der anderen deutschen Staaten zu Berlin angesehen werden.

Was die Konsuln anbetrifft, so ist die Absendung von Landeskonsuln ausgeschlossen, seit die Organisation der Bundes- bezw. Reichskonsulate vollendet ist.[3]) Fremden Konsuln erteilt der Kaiser namens des Reiches das

1) R. V. Art. 11.
2) A. a. O. S.
3) R. V. Art. 56.

Exequatur. Den Einzelstaaten bleibt unbenommen, ein solches für ihr Gebiet zu erteilen, Preußen hat jedoch wegen der Verbindung der Kaiserwürde mit der preußischen Königswürde hierzu nie Veranlassung gehabt. Die Unterhaltung der Reichskonsulate erfolgt wie die der Reichsgesandtschaften selbstverständlich aus Reichsmitteln.

Das materielle Recht ist also auf dem Gebiete des Auswärtigen der Einwirkung der preußischen Gesetzgebung fast ganz entzogen, die Organe sind mit ganz verschwindenden Ausnahmen nur solche des Reiches.

Was das Kriegswesen anbetrifft, so ist hier das materielle Verwaltungsrecht fast ausschließlich Reichsrecht. Art. 4 der Reichsverfassung hat das Militärwesen ausdrücklich der Reichsgesetzgebung unterworfen, Art 57 bis 59 enthalten ferner die obersten Grundsätze der Wehrpflicht, welche ihre weitere Ausführung erfahren haben durch das Bundesgesetz vom 9. 5. 1867 betreffend die Verpflichtung zum Kriegsdienste.[1]) Schließlich trifft der Art. 61 die Bestimmung, daß nach Publikation der Verfassung in dem ganzen Reiche die gesamte preußische Militärgesetzgebung ungesäumt einzuführen sei, sowohl die Gesetze selbst als auch die zu ihrer Ausführung, Erläuterung oder Ergänzung erlassenen Reglements, Instruktionen und Reskripte, namentlich also das Militärstrafgesetzbuch vom 3. 4. 1845, die Militär-Strafgerichts-Ordnung vom 3. 4. 1845, die Verordnung über die Ehrengerichte vom 20. 7. 1843, die Bestimmungen über Aushebung, Dienstzeit, Servis- und Verpflegungswesen, Einquartierung, Ersatz von Flurbeschädigungen, Mobilmachung u. s. w. für Krieg und Frieden. Ausgeschlossen ist allein die Militärkirchenordnung.

Die gesamte preußische Militärgesetzgebung, welche hiernach im ganzen Reiche zur Einführung gelangt ist, erschöpft aber das Militärrecht überhaupt. Da auf den Gebieten, für welche reichsrechtliche Normen bestehen, landesgesetzliche Bestimmungen ausgeschlossen sind, so folgt hieraus, daß die dem Reiche zustehende Gesetzgebung über Militärwesen eine ausschließliche ist, welche eine Gesetzgebung der Einzelstaaten überhaupt nicht mehr zuläßt. Die in Gemäßheit der norddeutschen und der Reichsverfassung im ganzen Bundesgebiete eingeführte preußische Militärgesetzgebung ist jetzt zum größten Teile durch neue reichsrechtliche Normen ersetzt worden. Aber selbst soweit dies nicht der Fall, gelten die preußischen Militärgesetze in Preußen nicht mehr als preußisches Recht, sondern als Reichsrecht, können also auch nur von Reichswegen eine Abänderung erfahren. Nur die Militärkirchenordnung gilt in Preußen noch als Partikularrecht.

---

1) B. G. B. 1867, S. 131.

Die Kommandogewalt über das preußische Heer ist auf das Reich übergegangen, indem die gesamte Landmacht des Reiches ein einheitliches Heer bildet, welches in Krieg und Frieden unter dem Befehle des Kaisers steht.[1]) Die persönlichen Reservatrechte der einzelnen Bundesfürsten bezüglich Ernennung der Offiziere, der Inspektion und sonstigen Ehrenrechte sind für Preußen unerheblich, da hier die persönlichen Rechte des Königs mit denen des Kaisers zusammenfallen.

Dagegen ist die Militärverwaltung den Einzelstaaten verblieben. Das preußische Kriegsministerium ist aber nicht nur die oberste Militärverwaltungsbehörde für Preußen, es haben durch besondere Militärkonventionen auch die meisten Mittel- und Kleinstaaten die ihnen zustehende Militärverwaltung auf Preußen übertragen. Dieses bestellt daher in jenen Staaten preußische Militärverwaltungsbehörden und läßt die Centralverwaltung durch das preußische Kriegsministerium ausüben.

Sämtliche Geldmittel für Unterhaltung des Heeres und der Militärbehörden fließen ausschließlich aus der Reichskasse, obgleich die Organe zum Teil Staatsorgane sind.[2])

Während bei der Landmacht in einigen Punkten noch eine Konkurrenz der Reichs- und Staatsgewalt stattfindet, ist die Seemacht vollständig auf das Reich übergegangen. Alle rechtlichen Normen für die Kriegsmarine gehen vom Reiche aus, der Oberbefehl über dieselbe steht dem Kaiser zu, ihm liegt auch die Organisation und Zusammensetzung derselben ob, er ernennt die Offiziere und Beamten der Marine, welche für ihn ebenso wie die Mannschaften eidlich in Pflicht zu nehmen sind. Die Marineverwaltungsbehörden sind ebenfalls Reichsbehörden. Der zur Gründung und Erhaltung der Kriegsflotte und der damit zusammenhängenden Anstalten erforderliche Aufwand wird ausschließlich aus der Reichskasse bestritten.[3]) Dem preußischen Staate als solchen, von dem die Gründung der Marine ausgegangen war, ist also jeder Einfluß auf dieselbe entzogen.

Auf dem Gebiete der Justiz hatte die Verfassung des norddeutschen Bundes und anfangs auch die des deutschen Reiches der Bundes- bezw. Reichsgesetzgebung nur unterworfen das Obligationenrecht, Strafrecht, Handels- und Wechselrecht und das gerichtliche Verfahren. Erst das Gesetz vom 20. 12. 1873 betreffend die Abänderung der Nr. 13 des Artikel 4 der Verfassung des deutschen Reiches[4]) dehnte das Recht der gemeinsamen Gesetz-

---

1) R. V. Art. 63.
2) R. V. Art. 62.
3) R. V. Art. 53.
4) R. G. B. 1873, S. 379.

gebung auf das gesamte bürgerliche Recht, das Strafrecht und das gerichtliche Verfahren aus. Von dieser seiner Gesetzgebungsbefugnis hat das Reich bekanntlich den ausgedehntesten Gebrauch gemacht, so daß gegenwärtig, nachdem Handels- und Wechselrecht, Strafrecht und Prozeßrecht vollständig kodifiziert, auch zahlreiche privatrechtliche Gesetze erlassen sind, der Partikulargesetzgebung nur ein ganz geringer Spielraum für Ausführungsgesetze und Verordnungen geblieben ist. Und selbst das von der Reichsgesetzgebung noch nicht vollständig in Besitz genommene privatrechtliche Gebiet wird immer mehr beschränkt und nach Vollendung des bürgerlichen Gesetzbuches voraussichtlich der Landesgesetzgebung ebenfalls vollständig entzogen werden.

Bei Erlaß der Prozeßgesetze hat bekanntlich auch die Verfassung der Gerichte für die streitige Gerichtsbarkeit von Reichswegen eine Regelung durch ein besonderes Gerichtsverfassungsgesetz erfahren, da eine einheitliche Gerichtsverfassung die notwendige Voraussetzung für ein einheitliches gerichtliches Verfahren ist. Die einzelnen Gerichte sind zwar Landesgerichte geblieben, aber ihre Organisation und Zuständigkeit richtet sich nach den vom Reiche erlassenen Normen. Den Einzelstaaten steht die Besetzung der Gerichte, die Abgrenzung der Gerichtssprengel und die Aufbringung der zur Unterhaltung ihrer Gerichte erforderlichen Kosten zu.

Bald nach Gründung des norddeutschen Bundes hatte sich jedoch bereits das Bedürfnis geltend gemacht, für diejenigen Rechtsmaterien, für welche bereits ein einheitliches Recht bestand, das Handels- und Wechselrecht, einen einzigen obersten Gerichtshof für das ganze Bundesgebiet zu errichten, damit die gewonnene Rechtseinheit nicht wieder durch ein partikulares Gewohnheitsrecht oder eine verschiedenartige Gerichtspraxis in den einzelnen Territorien verloren ging. So wurde durch das Bundesgesetz vom 12. 6. 1869[1]) ein Bundesoberhandelsgericht zu Leipzig errichtet, welches für Handels- und Wechselsachen an die Stelle der einzelnen obersten Landesgerichte, in Preußen also an die Stelle des Obertribunals trat. Der Gerichtshof erfuhr später, als die Bundes- und Reichsgesetzgebung auch für andere Rechtsgebiete ein einheitliches Recht schuf, noch verschiedene Erweiterungen seiner Zuständigkeit, namentlich in Urheber- und Haftpflichtsachen und erhielt, als nach Gründung des Reiches seine Thätigkeit auf das ganze Reich ausgedehnt wurde, die Bezeichnung Reichsoberhandelsgericht.

Noch mehr trat das Bedürfnis nach einem obersten Gerichtshof hervor, als auch das Straf- und Prozeßrecht, sowie größere Teile des Privatrechtes durch die Reichsgesetzgebung zu einem einheitlichen Rechte für ganz Deutsch-

---

1) B. G. B. 1869, S. 201.

land geworden waren. Durch das Gerichtsverfassungsgesetz wurde daher unter Beseitigung des Reichsoberhandelsgerichtes als oberster Gerichtshof für das gesamte Privat-, Straf- und Prozeßrecht ein Reichsgericht errichtet, welches seinen Sitz ebenfalls in Leipzig erhielt. Von der den Staaten, welche mehrere Oberlandesgerichte besaßen, vorbehaltenen Befugnis zur Errichtung eines obersten Landesgerichtshofs für die Sachen, welche bisher nicht vor das Reichsoberhandelsgericht gehört hatten, hat bekanntlich Preußen keinen Gebrauch gemacht. Preußen besitzt daher für sich keinen obersten Gerichtshof mehr, über den einzelnen preußischen Oberlandesgerichten steht unmittelbar das Reichsgericht.

Während bei den Organen der Rechtsprechung der Einfluß des Reiches nicht nur durch die ihm allein zustehende gesetzliche Regelung der Gerichtsverfassung, sondern auch durch die oberste Gerichtsbarkeit des Reichsgerichts sehr stark hervortritt, ist die Justizverwaltung der Einzelstaaten vom Reiche nicht berührt worden. Dieselbe wird ausgeübt durch die Präsidenten der einzelnen Gerichtshöfe und in oberster Instanz durch das Justizministerium. Selbstverständlich untersteht das Reichsgericht wie das vormalige Reichsoberhandelsgericht der preußischen Justizverwaltung nicht. Für diese Gerichte ist eine besondere dem Reichskanzler untergeordnete Reichsjustizverwaltung geschaffen.

Was die Polizei anbetrifft, so ist hier die Thätigkeit der Einzelstaaten am wenigsten durch das Reich eingeengt. Wie in allen anderen Verwaltungszweigen ist auch hier der Einfluß des Reiches am meisten in dem materiellen Verwaltungsrechte sichtbar. Der Artikel 4 der Reichsverfassung erstreckt die Reichsgesetzgebung auf eine ganze Reihe polizeilicher Angelegenheiten, und das Reich hat wie immer von seiner Befugnis einen ziemlich ausgedehnten Gebrauch gemacht. So sind der Reichsgesetzgebung unterworfen die Bestimmungen über Freizügigkeit, Heimats- und Niederlassungsverhältnisse, Paßwesen, Fremdenpolizei und den Gewerbebetrieb einschließlich des Versicherungswesens, Münzen, Maß und Gewichte, das Bankwesen, Maßregeln der Medizinal- und Veterinärpolizei, das Eisenbahnwesen, Handel und Schifffahrt. Alle übrigen Gegenstände der Polizei sind der ausschließlichen Gesetzgebung bezw. dem Verordnungsrechte der Einzelstaaten verblieben.

Ebenso sind die Organe ausschließlich diejenigen der allgemeinen Landesverwaltung der Einzelstaaten, das Reich besitzt keine eigenen polizeilichen Organe. Eine Ausnahme besteht nur für die Verwaltungsgerichtsbarkeit in Heimats- und Niederlassungsangelegenheiten einschließlich der Armenpflegesachen. Wie auf dem Gebiete der Justiz war auch hier, wo es sich vorzugsweise um streitige Rechtsfragen handelte, eine einheitliche Handhabung der für das ganze Reichsgebiet erlassenen Gesetze erforderlich. Es wurde daher als oberster Verwaltungsgerichtshof ein Bundesamt für das Heimatwesen errichtet, dem vielleicht in Zukunft ein deutscher Verwaltungsgerichtshof ebenso folgen wird wie dem Reichsoberhandelsgerichte das Reichsgericht. Die Bildung weiterer Reichsbehörden für unmittelbare Handhabung der Reichsgesetze hat die neueste soziale Gesetzgebung über Kranken- und Unfallversicherung erforderlich gemacht, doch sind diese Neubildungen noch in der ersten Entwicklung begriffen.

Auf dem Gebiete der Finanzen konkurrieren ebenfalls Reichs- und Staatsgesetzgebung. Dem Reiche wie den Einzelstaaten sind bestimmte Arten von Einkünften ausschließlich vorbehalten, und beide üben die Gesetzgebung für die ihnen zustehenden Einnahmen. Domänen und Forsten sind Eigentum der Einzelstaaten geblieben, dem Reiche steht hier keinerlei Gesetzgebung zu. Von den Regalen und Monopolen sind nur Post und Telegraphie auf das Reich übergegangen. Die ausschließliche Gesetzgebung des Reiches erstreckt sich daher über das gesamte Post- und Telegraphenwesen, soweit nicht eine Regelung einzelner Gegenstände durch Anordnungen der Verwaltungsbehörden zulässig ist.[1])

Dem Reiche ist fernerhin allgemein das Recht der Erhebung von Reichssteuern eingeräumt, das Reich hat sich jedoch bisher auf die indirekten Abgaben beschränkt und die direkten den Einzelstaaten überlassen. Die Haupteinnahmen zieht das Reich aus den Zöllen und Konsumtionssteuern, deren Erträge mit einigen nur Süddeutschland betreffenden Ausnahmen ausschließlich der Reichskasse zufließen. Der Art. 35 der Reichsverfassung gewährt deshalb auch dem Reiche ausschließlich die Gesetzgebung über das gesamte Zollwesen, über die Besteuerung des im Bundesgebiete gewonnenen Salzes und Tabaks, bereiteten Branntweins und Bieres und aus Rüben oder anderen inländischen Erzeugnissen dargestellten Zuckers und Syrups, über den Schutz der in den einzelnen Bundesstaaten erhobenen Verbrauchsabgaben gegen Hinterziehungen, sowie über die Maßregeln, welche in den Zollausschlüssen zur Sicherung der gemeinsamen Zollgrenze erforderlich sind. Der Verfassung des norddeutschen Bundes Art. 4 Nr. 2 und Art. 35 hatte die Gesetzgebung in diesen Materien zwar ebenfalls ausschließlich dem Bunde vorbehalten. Das Gesetzgebungsrecht des Bundes ruhte jedoch, indem seiner Ausübung zufolge des Zoll- und Handelsvereinsvertrages vom 8. 7. 1867[2]) auf die Organe des Zollvereins, den Zollbundesrat und das Zollparlament, übertragen war. Der

1) R. V. Art. 48.

2) B. G. B. 1867, S. 81 ff.

Nettoertrag der Einnahmen wurde verhältnißmäßig auf die einzelnen Mitglieder des Zollvereins, den norddeutschen Bund, die süddeutschen Staaten und Luxemburg, verteilt. Der auf den norddeutschen Bund entfallende Anteil floß in die Bundeskasse und wurde lediglich zu Bundeszwecken verwandt. Mit Gründung des deutschen Reiches, seit sich Reichsgrenze und Zollgrenze im allgemeinen decken, hat dieses ungewöhnliche Verhältnis wieder aufgehört und das Reich übt, da der Zollverein als solcher aufgehört hat, die ihm zustehende Gesetzgebung in Sachen der Zölle und indirekten Verbrauchsabgaben wieder selbst aus.

Eine Reihe einzelner Zoll- und Steuergesetze ist demnächst für das ganze Reich an die Stelle der bisherigen partikularen Gesetzgebung getreten. Von den übrigen indirekten Steuern hat das Reich nur die Wechselstempelsteuer für sich in Anspruch genommen, dagegen alle anderen Steuern den Einzelstaaten überlassen.

Was die Organe für die Verwaltung der Reichsfinanzen betrifft, so bilden sämtliche Beamte der Post- und Telegraphenverwaltung ein einheitliches Personal, welches verpflichtet ist, den kaiserlichen Anordnungen Folge zu leisten. Die Anstellung der oberen Beamten, wie Direktoren, Räte, Oberinspektoren, ferner die Anstellung der zur Wahrnehmung des Aufsichtsdienstes in den einzelnen Bezirken als Organe der erwähnten Behörden fungierenden Post- und Telegraphenbeamten, wie Inspektoren und Kontrolleure, geht für das ganze Reichsgebiet vom Kaiser aus, welchem diese Beamten den Diensteid leisten. Den einzelnen Landesregierungen wird von den ihr Gebiet betreffenden Ernennungen behufs der landesherrlichen Bestätigung und Publikation rechtzeitig Mitteilung gemacht. Die übrigen bei den Verwaltungsbehörden der Post und Telegraphie erforderlichen Beamten, sowie alle für den lokalen und technischen Betrieb bestimmten, mithin bei den eigentlichen Betriebsstellen fungierenden Beamten werden von den betreffenden Landesregierungen angestellt.[1])

Die Verwaltung der anderen Reichseinnahmen, der Zölle, Verbrauchssteuern und der Wechselstempelsteuer, ist dagegen den einzelnen Bundesstaaten vollständig verblieben. Schon unter dem Zollvereine hatte sich aber die Notwendigkeit einer gegenseitigen Überwachung der einzelnen Vereinsstaaten herausgestellt, um eine einheitliche Verwaltungspraxis in dem ganzen Zollgebiete herzustellen.[2]) An die Stelle dieser gegenseitigen Überwachung ist gegenwärtig die Überwachung von Reichswegen getreten. Der Kaiser ordnet den Zoll-

---

1) R. V. Art. 50.
2) S. S. 201.

und Steuerämtern und den Direktivbehörden der einzelnen Staaten nach Vernehmung des Bundesratsausschusses für Zoll- und Steuerwesen Reichsbeamte bei, um die Einhaltung des gesetzlichen Verfahrens zu überwachen.[1]) Da die Steuerverwaltung den einzelnen Staaten verblieben ist, so fließt auch nicht wie bei Post und Telegraphie die Bruttoeinnahme in die Reichskasse, sondern die einzelnen Staaten, welche die Kosten der Verwaltung allein zu tragen haben, sind berechtigt, diese Verwaltungsunkosten von dem an das Reich abzuliefernden Ertrage der indirekten Steuern nach gewissen, in der Reichsverfassung aufgestellten Grundsätzen abzuziehen.[2]) Die Centralbehörden der einzelnen Bundesstaaten haben vierteljährlich wie nach Jahresschluß den Reichsbehörden Kassenextrakte und Übersichten über die dem Reiche zustehenden Einnahmen an Zöllen und indirekten Steuern einzusenden.[3])

Auf dem kirchlichen Gebiete ist durch die Reichsverfassung dem Reiche keinerlei Zuständigkeit eingeräumt worden, es ist vielmehr das ganze kirchliche Rechtsgebiet den Einzelstaaten verblieben. Gleichwohl hat das Reich verschiedene kirchenpolitische Gesetze erlassen, welche aber ihren Rechtsgrund in der polizeilichen Zuständigkeit des Reiches gefunden haben. So erfolgte auf Grund des dem Reiche zustehenden Gesetzgebungsrechtes über die Freizügigkeit eine Einschränkung derselben für die Gesellschaft Jesu und die verwandten Orden durch das Reichsgesetz vom 4. 7. 1872.[4]) Die Befugnis des Reiches, über die Heimats- und Niederlassungsverhältnisse gesetzliche Anordnungen zu treffen, bot eine Handhabe, um Geistlichen, die sich unberechtigt kirchliche Ämter anmaßten, den Aufenthalt an bestimmten Orten, unter gewissen Umständen auch die Staatsangehörigkeit zu entziehen.[5]) Die Erörterung von Staatsangelegenheiten durch die Geistlichen bei Ausübung ihres Berufes in einer den öffentlichen Frieden bedrohenden Weise wurde auf Grund der dem Reiche zustehenden Gesetzgebung in Strafsachen als Vergehen mit Strafe bedroht.[6])

In allen Gegenständen, die der Gesetzgebung seitens des Reiches unterliegen, hat dieses auch das Recht der Beaufsichtigung.[7]) Insbesondere steht

---

1) R. V. Art. 36.

2) R. V. Art. 38.

3) R. V. Art. 39.

4) R. G. B. 1872, S. 253.

5) Reichsgesetz betr. die Verhinderung der unbefugten Ausübung von Kirchenämtern v. 4. 5. 1874, R. G. B. 1874, S. 43.

6) R. G. v. 10. 12. 1871, R. G. B. 1871, S. 442.

7) R. V. Art. 4.

dem Kaiser die Überwachung der Ausführung der Reichsgesetze zu.[1]) Über Mängel, welche bei Ausführung derselben hervortreten, hat der Bundesrat zu beschließen.[2]) In den der Reichsgesetzgebung unterworfenen Verwaltungszweigen findet demnach eine zwiefache Kontrolle statt, soweit die Verwaltung nicht ausschließlich dem Reiche zusteht. Jeder Staat hat über seine Verwaltung die gewöhnliche Kontrolle in Gemäßheit der Reichsgesetze zu führen, das Reich kontrolliert dagegen durch seine Organe die Verwaltung der Einzelstaaten.

Reichs- und Staatsgewalt ergänzen sich also auf fast allen Gebieten des Verwaltungsrechtes in der Weise, daß weder der einen noch der anderen die volle Souveränetät zusteht, sondern beide zusammen erst dieselbe ausmachen. Man kann das Landesverwaltungsrecht nicht behandeln, ohne stets an die ergänzende Stellung des Reichsverwaltungsrechtes zu erinnern und umgekehrt. Reich und Einzelstaaten zusammen sind erst das, was anderswo der Staat ist. Die Reichsgewalt überwiegt auf dem Gebiete des materiellen Verwaltungsrechtes, indem die gesetzgebende Gewalt des Reiches in den meisten Verwaltungszweigen immer weiter um sich greift und die Landesgesetzgebung mehr und mehr auf Ausführungs- und Ergänzungsgesetze beschränkt. Ebenso überwiegt aber die Staatsgewalt bei der Verwaltungsorganisation. Unmittelbare Verwaltungsorgane besitzt das Reich nur in sehr beschränktem Maße, auch wo es die Gesetzgebung für sich ausschließlich oder konkurrierend mit den Einzelstaaten in Anspruch nimmt, überläßt es die Ausführung der Reichsgesetze in der Regel den Einzelstaaten und deren Verwaltungsorganen. Selbst die Organisation und Zuständigkeit der einzelnen Behörden ist nur ausnahmsweise, z. B. die der Gerichte durch das Gerichtsverfassungsgesetz, von Reichswegen geordnet. Auf dem Gebiete der Verwaltungsorganisation finden daher die Einzelstaaten noch ein reiches Feld ihrer Thätigkeit. Besonders Preußen hat nach Gründung des Reiches seiner Verwaltung eine ganz neue Gestalt gegeben. Die Kontrollen endlich sind in den der Reichsgesetzgebung unterliegenden Gegenständen ziemlich gleichmäßig zwischen Reich und Einzelstaaten verteilt. In den Verwaltungszweigen dagegen, in denen dem Reiche nicht das Recht der Gesetzgebung zusteht, ist auch eine Kontrolle der Staatsverwaltung seitens des Reiches ausgeschlossen.

Im allgemeinen überwiegt also das Staatsverwaltungsrecht immer noch das Reichsverwaltungsrecht, letzeres bildet aber eine notwendige Ergänzung des Landesrechtes, ohne welche dieses vielfach kaum verständlich ist. Deshalb

---

1) R. V. Art. 17.

2) R. V. Art. 7.

sollte diese Skizze eine Übersicht des Verhältnisses beider geben, bevor wir uns der weiteren Thätigkeit der preußischen Gesetzgebung zuwenden, die sich seit 1867 innerhalb der ihr durch das Bundes- bezw. Reichsrecht vorgezeichneten Bahnen bewegt.

Kap. V. Die neuen Provinzen.

Nach Erwerbung der neuen Provinzen sah sich Preußen wieder vor die schon so oft mit Glück gelöste Aufgabe gestellt, diese Gebiete, deren Verwaltung zum Teil auf ganz anderen Grundsätzen beruhte als die bisherige preußische Verwaltung, innerlich mit sich zu verbinden. Diese Verschmelzung konnte nach zwei Richtungen vor sich gehen. Einmal konnten verschiedene Einrichtungen der neuen Provinzen auf die alten übertragen werden, wie z. B. thatsächlich das hannöversche Justizwesen für die Reichsjustizgesetzgebung von maßgebendem Einflusse gewesen ist, dann aber war auch eine solche Verschmelzung durch Verpflanzung zahlreicher altländischer Einrichtungen auf die neuen Provinzen möglich.

Der liberalen Partei, welche schon lange an der Umgestaltung des altländischen Verwaltungssystems mit seinen patrimonialen Elementen und neuständischen Kreis- und Provinziallandtagen das lebhafteste Interesse hatte, schwebte vor allem eine Ausgleichung zwischen den alten und neuen Provinzen in der Weise vor, daß bewährte Einrichtungen der letzteren auf die alten Provinzen übertragen und hierdurch deren im Interesse des Großgrundbesitzes gestaltete Verwaltung im liberalen Sinne reformiert wurde. Namentlich die hannöversche Amtsverfassung galt zeitweise als besonders nachahmungswert. Eine derartige Reform würde aber in den alten Provinzen, zumal den östlichen, wo ganz andere soziale und wirtschaftliche Verhältnisse herrschen, nicht durchführbar gewesen sein. Ebenso wenig konnten aber auf die neuen Provinzen mit ihrem vorherrschenden bäuerlichen Grundbesitz patrimoniale Verwaltung und neuständische Vertretungen, deren Beseitigung auch in den alten Provinzen nur eine Frage der Zeit schien, zur Einführung gelangen.

Es blieb daher in den neuen Provinzen nur ein Weg, die Vermittlung zwischen den bestehenden und den preußischen Einrichtungen. Dieser Weg bot auch am besten die Möglichkeit, die Gewohnheiten und Anschauungen der neuen Unterthanen thunlichst zu schonen. Soweit es die Rücksicht auf die notwendige Staatseinheit gestattete, blieben die bestehenden Verhältnisse unberührt. Es entstand daher in den beinahe zwei Jahrzehnten von der Annexion bis zur Ausdehnung der Verwaltungsreform auf die neuen Provinzen eine seltsame Vermischung von preußischen und älteren Einrichtungen, welche nur dazu dienen konnte, den Übergang aus den früheren kleinstaatlichen Verhältnissen in den Großstaat zu erleichtern.

Selbstverständlich gelangte auf den Gebieten, auf denen in allen Staaten eine Rechtseinheit herrschen muß, die preußische Gesetzgebung unverkürzt zur Einführung. Es waren dies vorzugsweise einzelne Teile des materiellen Verwaltungsrechtes.

Am notwendigsten war die Rechtseinheit auf dem Gebiete des Kriegswesens. Die gesamte preußische Militärgesetzgebung und Heeresorganisation kam daher in den neuen Provinzen sofort selbst noch vor Gründung des Bundesstaates zur Einführung. Das Justizwesen dagegen erfuhr nur einzelne unabweisbare Veränderungen, da bereits in der norddeutschen Bundesverfassung eine ausgedehnte Rechtseinheit für das ganze Bundesgebiet in Aussicht genommen war. So wurde die noch in Schleswig-Holstein bestehende Privatgerichtsbarkeit aufgehoben, für Schleswig-Holstein und Hessen-Nassau eine besondere Gerichtsverfassung mit Amtsgerichten, aus Einzelrichtern bestehend, kollegialischen Kreisgerichten und Appellationsgerichten, in allen neuen Provinzen das preußische Strafgesetzbuch und eine besondere Strafprozeßordnung eingeführt. Das anfangs für sämtliche neuen Provinzen als oberster Gerichtshof errichtete Oberappellationsgericht zu Berlin wurde bereits nach kurzem Bestehen den Bestimmungen der Verfassung entsprechend mit dem Obertribunale vereinigt. Im übrigen blieb das Justizwesen der neuen Provinzen bis zum Erlaß der Reichsjustizgesetze ziemlich unberührt. Namentlich in der Provinz Hannover wurde an den bestehenden Einrichtungen, die, zum großen Teile den rheinisch-französischen nachgebildet, die damaligen preußischen weit übertrafen, so gut wie gar nichts geändert.

In das polizeiliche Gebiet griff viel weniger die preußische als die Bundes- und Reichsgesetzgebung ein. So wurde nach einigen vorübergehenden Anordnungen der preußischen Regierung das bisherige Gewerberecht durch die Gewerbegesetzgebung des norddeutschen Bundes verdrängt. Dagegen blieb die Agrargesetzgebung der neuen Provinzen im allgemeinen erhalten. Eine vollständige Einheit des Polizeirechtes, dessen Quellen vorzugsweise lokale Polizeiverordnungen sind, läßt sich in keinem Staate erreichen und war auch in den alten Provinzen Preußens nicht vorhanden. Dagegen war hier die Berechtigung zum Erlaß solcher Verordnungen einheitlich geregelt durch das Polizeiverwaltungsgesetz vom 11. 3. 1850. Eine im wesentlichen gleichlautende Verordnung erging für die neuen Provinzen am 20. 9. 1867.[1]) Die Zulässigkeit des Rechtsweges gegen polizeiliche Anordnungen wurde durch die Verordnung vom 16. 9. 1867[2]) ebenfalls in Übereinstimmung mit den in den alten Provinzen geltenden Grundsätzen geregelt.

Durchaus notwendig war fernerhin die Rechtseinheit in Bezug auf die Finanzen. Soweit daher nicht bereits der Zollverein ein einheitliches Recht geschaffen hatte, wurde 1867 die gesamte preußische Gesetzgebung über Domänen, Regalien und Steuern in den neuen Provinzen eingeführt, dagegen die bisher bestehenden direkten und indirekten Abgaben aufgehoben.

Das kirchliche Rechtsgebiet erfuhr fast nur Abänderungen durch die Einführung der preußischen Verfassung.

Eine Vermittlung zwischen den bisherigen und den preußischen Einrichtungen fand daher vorzugsweise statt bezüglich der Organisation der inneren Landesverwaltung. Die untersten Verwaltungsbehörden vom Kreise abwärts waren in Preußen selbst nicht einheitlich gestaltet, da die sozialen Grundlagen im Osten und im Westen zu verschiedenartige waren. Zu einer Änderung der in den neuen Provinzen in diesem Punkte bestehenden Rechtsverhältnisse lag um so weniger Veranlassung vor, als die für die unterste Verwaltung des flachen Landes der östlichen Provinzen bestehenden Gutsobrigkeiten über kurz oder lang verschwinden, einer Reform in den neuen Provinzen also eine solche in den östlichen vorangehen mußte. Die Lokalverwaltung der neuen Provinzen erfuhr daher nur in einigen besonders reformbedürftigen Punkten Abänderungen. Die Verfassung der Kreise war zum Teil durch die Gestaltung der Lokalverwaltung bedingt, also auch hier war die Herstellung einer völligen Rechtsgleichheit nicht möglich. Eher war dieselbe in den Regierungsbezirken zu schaffen, die auch in Hessen-Nassau und Schleswig-Holstein vollständig nach altpreußischem Muster organisiert wurden. Nur in Hannover wirkte die vollständig abweichende Organisation der Lokal- und folgeweise der Kreisverwaltung auch auf die weiteren Verwaltungsbezirke ein, die Landdrosteien mußten hier erhalten bleiben. Dagegen wurden die Provinzialbehörden überall in derselben Weise organisiert wie in den alten Provinzen. In allen neuen Provinzen wurde demnach von unten nach oben aufsteigend, von den Gemeinden bis zur Provinz, die Verwaltungsorganisation der altpreußischen immer ähnlicher.

In Hannover lag zu einer Veränderung der Gemeindeverfassung, die schon in den alten Provinzen zum Teil nur provinziell hatte geregelt werden

1) G. S. 1867, S. 1529.
2) G. S. 1867, S. 1515.

können, keine Veranlassung vor. Für die selbständigen Städte galt in Hannover die Städteordnung vom 24. 6. 1858, für die amtssässigen Städte, Vorstädte und Flecken, sowie für sämtliche Dörfer die Landgemeindeordnung vom 28. 4. 1859 vorbehaltlich Regelung der eigentümlichen Verhältnisse der Städte und Flecken. Beide Gesetze verdanken ihre Entstehung dem Osnabrücker Stüve, der durch Herstellung einer auf echt germanischen Grundsätzen beruhenden Selbstverwaltung für Hannover dasselbe geworden ist wie Stein für Preußen.

Die Städteordnung von 1858 enthält im wesentlichen eine Nachbildung der preußischen Städteordnungen von 1808 und 1831, übertrifft also bei weitem die vorwiegend nach französisch-liberaler Schablone abgefaßten Städteordnungen der alten Provinzen. Die Bewohner der Stadt zerfallen in Bürger und Einwohner, das Bürgerrecht gewährt zwar keine privatrechtlichen Befugnisse, sondern nur das politische Gemeinderecht, zum Erwerbe des Bürgerrechts sind aber alle städtischen Grundbesitzer und Gewerbtreibenden verpflichtet, dazu berechtigt alle unbescholtenen Einwohner, welche, falls ihnen das Wohnrecht in der Stadt nicht zusteht, nachzuweisen vermögen, daß sie voraussichtlich ihren Unterhalt finden können.

Die Kommunalverwaltung ist verteilt zwischen dem Magistrate, bestehend aus dem Bürgermeister und mehreren Senatoren, welche auf Lebenszeit gewählt werden, und dem Kollegium der Bürgervorsteher. Die der Stadt übertragene allgemeine Landesverwaltung, besonders die Ortspolizei, wird wie nach der preußischen Städteordnung von 1808 durch den Magistrat als solchen ausgeübt.

Auf die nicht mit der Städteordnung beliehenen Ortschaften findet das Gesetz vom 28. 4. 1859 Anwendung. Entsprechend den sozialen Verhältnissen Hannovers, wo der Bauernstand vorherrscht, der Großgrundbesitz sich in verschwindender Minderheit befindet, waren die Bauergemeinden von jedem Einflusse der Rittergutsbesitzer unabhängig. In der Regel sollten die größeren Güter sogar mit den Bauergemeinden vereinigt werden, nur ausnahmsweise blieb ihre Ausscheidung als selbständige Gutsbezirke vorbehalten. Stimmberechtigte Mitglieder der Gemeinde sind alle in derselben mit einem Hofe oder Wohnhause angesessenen unbescholtenen Männer. Dieselben bilden zusammen die Gemeindeversammlung, welche in größeren Gemeinden einen jederzeit durch Gemeindebeschluß wieder zu beseitigenden Ausschuß, den Gemeinderat, bestellen kann. Jede Gemeinde besitzt ferner einen gewählten Gemeindevorsteher und einen Beigeordneten, welche von der Gemeinde unter staatlicher Bestätigung zu wählen sind und ihr Amt unentgeltlich verwalten, sowie die erforderlichen Gemeindediener, welche Besoldung beziehen. Die Zuständigkeit der Organe der Landgemeinden erstreckt sich in der Regel lediglich auf die Kommunalverwaltung. Nur vereinzelt werden sie seit der preußischen Herrschaft zu einzelnen untergeordneten Geschäften der allgemeinen Landesverwaltung, wie Aufstellung von Listen und dergleichen herangezogen. Insbesondere die Polizeiverwaltung steht den einzelnen Landgemeinden nicht zu. Samtgemeinden wie in den westlichen Provinzen giebt es in Hannover allgemein nicht. Doch können sich mehrere Gemeinden für einzelne Kommunalangelegenheiten, namentlich zur gemeinsamen Tragung von außerordentlichen Armenlasten, vereinigen.

Über den einzelnen Gemeinden, zu denen jedoch nie die mit der Städteordnung beliehenen selbständigen Städte gehörten, stand das Amt mit einem Amtshauptmanne. Da der Großgrundbesitz in Hannover sehr zurücktritt, so fehlte für eine Selbstverwaltung dasjenige Element, welches allein materiell in der Lage ist, die Lasten der Verwaltung eines größeren Bezirks zu tragen. In Hannover war das Amt eines Amtsvorstehers, wie es jetzt in den östlichen Provinzen Preußens besteht, geschweige denn das eines Landrates der älteren preußischen Verwaltung unmöglich. Während für eine lebensfähige Selbstverwaltung der Gemeinden die bäuerlichen Elemente vortrefflich waren, reichten sie schon für das Amt nicht mehr ans, selbst Stüve mußte diesem die vorwiegend büreaukratische Organisation lassen, die es schon seit Jahrhunderten hatte.

Nach der hannöverschen Amtsordnung vom 10. 5. 1859 gehörten zur Zuständigkeit des Amtshauptmanns, der wie jeder andere Verwaltungsbeamte vom Könige ernannt wurde und Besoldung bezog, die Hoheits-, Militär- und Steuersachen, die örtliche Verwaltung der Domänen und des Klostergutes, die Mitwirkung bei Kirchen- und Schulsachen, die Aufsicht über die zum Amtsbezirke gehörigen Gemeinden und die gesamte Polizeiverwaltung des Amtsbezirkes. Der Amtshauptmann hat also allein die laufende Verwaltung. Dagegen waren die großen Bauergutsbesitzer, welche an der Spitze ihrer Gemeinden standen, sehr wohl in der Lage, für eine kurze Zeit die Interessen ihres Bezirks der Regierung gegenüber wahrzunehmen. Zur Beratung über wichtigere polizeiliche Angelegenheiten hatte daher jedes Amt eine Amtsvertretung, bestehend aus den Vorstehern der Landgemeinden und den Besitzern bezw. Vertretern der Domanial-, Klöster- und sonstigen großen Güter. Das Amt konnte auch einen Kommunalverband bilden, in diesem Falle war zur Errichtung gemeinnütziger Anstalten und zur Ausschreibung von Kommunalsteuern für das Amt die Zustimmung der Amtsvertretung vorbehaltlich der Genehmigung höherer Behörden erforderlich. Diese hannöversche Amtsverfassung, welche bei den sozialen Verhältnissen des flachen Landes Niedersachsens, sei es in der damals bestehenden, sei es wie nach der neuesten hannöverschen Kreisordnung in etwas veränderter Gestalt, das einzig mögliche Verwaltungssystem war, blieb unter preußischer Herrschaft aufrecht erhalten. Die Verordnung vom 12. 9. 1867[1]) bestimmte, daß es bei der Einteilung in Ämter bewenden, und an der Spitze jedes Amtes ein vom Könige ernannter Amtshauptmann stehen solle, welcher die Verwaltung im Amtsbezirke, soweit dieselbe nicht anderen Behörden überwiesen, nach den Bestimmungen der Amtsordnung vom 10. 5. 1859 zu führen habe.

Nach dem bestehenden materiellen Verwaltungsrechte Preußens, welches zum größten Teile auch in Hannover zur Einführung gelangte, waren aber größere, zwischen den Ämtern und den Regierungsbezirken oder Landdrosteien in der Mitte stehende Verwaltungsbezirke dringend erforderlich. Die Verordnung vom 12. 9. 1867 ordnete daher fernerhin an, es seien für weitere Verwaltungszwecke durch Zusammenlegung von Amtsbezirken und selbständigen Städten Kreise zu bilden. Bis das Bedürfnis die Bestellung eines besonderen Beamten erheischte, sollte der Minister des Innern unter Genehmigung des Königs mit der Wahrnehmung der den ganzen Kreis umfassenden Geschäfte einen Amtshauptmann des Kreises beauftragen, der während der Dauer des Auftrages den Titel Kreishauptmann führte. Derselbe trat überall, wo die in der Provinz Hannover publizierten, die Militär- und Steuerverfassung betreffenden Gesetze und Verordnungen den Landrat nannten, an dessen Stelle, im übrigen sollten aber, soweit künftige Gesetze und Verordnungen nicht ausdrücklich etwas anderes bestimmten, die Funktionen des Landrats durch die Amtshauptleute ausgeübt werden.

Dem Kreishauptmann wurden Kreisstände zur Seite gestellt. Bei Bildung derselben wurde die in den alten Provinzen noch künstlich aufrecht erhaltene Scheidung zwischen Rittergütern und Bauergütern fallen gelassen, da dieselbe in Hannover, wo Vorrechte der Rittergüter nicht bestanden, gar keinen Boden hatte. Vielmehr wurde statt der Rittergüter der Großgrundbesitz, welcher nicht in dem Verbande einer Landgemeinde stand, als besondere Besitzmasse ausgeschieden. Die Kreisstände wurden demnach gebildet aus den auf den Amtsversammlungen mit Virilstimmen stimmberechtigten Großgrundbesitzern, Vertretern der Städte und Landgemeinden. Aufgabe der Kreisstände war, die Kreiskorporation zu vertreten und die Kreiskommunalangelegenheiten des Kreises unter Leitung des Kreishauptmannes zu verwalten, die Verwaltung desselben in den Fällen zu unterstützen, wo die Gesetze ihnen eine Teilnahme oder Mitwirkung zuwiesen, über die Gegenstände zu beraten und zu beschließen, welche ihnen sonst noch durch Gesetze oder durch überein-

1) G. S. 1867, S. 1497.

stimmenden Beschluß der Amtsvertretungen und selbständigen Städte des Kreises zugewiesen würden.

Über den einzelnen Ämtern und den selbständigen mit der Städteordnung beliehenen Städten standen nach der hannöverschen Landdrosteiordnung vom 25. 9. 1852 sechs kollegialisch organisierte Landdrosteien. Dieselben waren durchschnittlich viel kleiner als die preußischen Regierungsbezirke, da sie zahlreichere Unterbehörden unter sich hatten. Die Kreishauptleute hatten nur einzelne Verwaltungsgeschäfte zu besorgen, waren aber den Amtshauptleuten nicht vorgesetzt. Es änderte also auch die Einschiebung der Kreise an jenem Verhältnisse nichts. Die Landdrosteien mußten daher entgegen den anfangs bestehenden Absichten der Regierung in ihrem bisherigen Umfange bestehen bleiben.

Die Landdrosteien waren aber mit der Finanzverwaltung nicht befaßt, welche vielmehr von besonderen, für das ganze Staatsgebiet Hannovers errichteten Behörden bisher versehen worden war. Unter Aufhebung dieser Behörden, des Oberzollkollegiums, des Steuerkollegiums und der Verwaltung der Domänen und Forsten, wurde nach der Einverleibung Hannovers durch den Allerhöchsten Erlaß vom 8. 2. 1867[1]) eine Provinzialsteuerdirektion wie in anderen Provinzen für die Verwaltung der indirekten Steuern und durch den Allerhöchsten Erlaß vom 5. 4. 1869[2]) eine Finanzdirektion zu Hannover für die Verwaltung der direkten Steuern, Domänen und Forsten errichtet.

Die Landdrosteien blieben dagegen als kollegialische Behörden für die höhere Verwaltung der Hoheits-, Militär- und Polizeiangelegenheiten, die Aufsicht über die Gemeindeverwaltung der selbständigen Städte, die Chausseeverwaltung und die Beaufsichtigung einzelner ihnen überwiesenen staatlichen Anstalten wie Medizinal-, Lehr-, Straf- und Brandversicherungsanstalten, bestehen. Die Verwaltung des Volksschulwesens, welche in den alten Provinzen den Regierungen zustand, verblieb vorläufig den einzelnen Konsistorien, von denen die lutherischen 1867 einem obersten Landeskonsistorium zu Hannover unterstellt wurden.

Während also in den unteren Verwaltungskreisen eine Mischung hannöverscher und altländischer Einrichtungen unter Vorwiegen der ersteren eintrat, wurde die Provinzialverwaltung ganz wie in den alten Provinzen gestaltet. Die Provinz erhielt ein Oberpräsidium, ein Medizinal- und Provinzialschulkollegium mit derselben Zuständigkeit wie die entsprechenden Behörden der alten Provinzen.

---

1) G. S. 1867, S. 204.
2) G. S. 1869, S. 511.

Zur Vertretung der Provinz als Kommunalverband wurde durch die Verordnung vom 22. 8. 1867[1]) ein Provinziallandtag gebildet. Wie bei den Kreisvertretungen ließ man auch hier die ständische Gliederung fallen und einfach eine Vertretung nach Besitzmassen eintreten. Die Mitglieder der Provinzialvertretung gingen aber wie in den alten Provinzen nicht aus den Kreisvertretungen, sondern aus ursprünglichen Wahlen hervor. Die Übermacht des Großgrundbesitzes wurde jedoch den in Hannover bestehenden Verhältnissen entsprechend in erheblicher Weise abgeschwächt. Denn in dem Provinziallandtage waren abgesehen von den mit Virilstimmen berechtigten Standesherren die drei Besitzmassen, Großgrundbesitz, Städte und Landgemeinden, jede mit 25 Stimmen vertreten, so daß eine Unterdrückung der einen Besitzmasse durch die andere ausgeschlossen war. Der Provinziallandtag hatte über sämtliche Kommunalangelegenheiten der Provinz zu beschließen und dieselben durch einen ständischen Ausschuß, sowie ein Landesdirektorium, bestehend aus drei besoldeten, vom Provinziallandtage auf zwölf Jahre gewählten Mitgliedern, zu verwalten.

Diese Verwaltungsorganisation der Provinz Hannover, deren Wert hauptsächlich darin bestand, die hannöverschen mit den preußischen Einrichtungen zu vereinigen und den neuen Unterthanen durch möglichste Erhaltung der alten den Übergang in die neuen Verhältnisse zu erleichtern, konnte nur ein Übergangszustand sein. Derselbe hörte auf mit der Ausdehnung der Verwaltungsreform auf die Provinz Hannover, auf welche später zurückzukommen sein wird.

Was die Provinz Hessen-Nassau anbetrifft, so galt in dem ehemaligen Kurhessen sowohl für die Städte wie für die Landgemeinden die Gemeindeordnung vom 23. 10. 1837. Vollkommen im Sinne der französischen liberalen Ideen, welche in Westdeutschland Eingang gefunden hatten, selbst in Kurhessen, soweit das Interesse des kurfürstlichen Hofes dies gestattete, war hier die natürliche Scheidung von Stadt und Land beseitigt, und die städtische Verfassung auch den Dörfern aufgedrungen. Von einer Selbständigkeit der einzelnen Gemeinden war dabei ebenso wenig die Rede wie in Frankreich. Die größten Städte wie die kleinsten Dörfer standen unter derselben Vormundschaft der Regierung.

Jede Gemeinde hatte einen Ortsvorstand, der in den sog. Hauptstädten Kassel, Marburg, Fulda und Hanau den Titel Oberbürgermeister, in den übrigen Städten und in den Landgemeinden den Titel Bürgermeister führte, einen Gemeinderat und einen Gemeindeausschuß. Der Gemeindeausschuß

1) G. S. 1867, S. 1349.

wurde von den stimmfähigen Ortsbürgern, der Gemeinderat durch den Gemeindeausschuß, der Ortsvorstand durch den Gemeinderat und Gemeindeausschuß gemeinschaftlich gewählt. In Gemeinden von funfzig und weniger stimmfähigen Ortsbürgern war die Organisation etwas vereinfacht. Der Ortsvorstand führte unter Mitwirkung des Gemeinderates die Kommunalverwaltung, während der Gemeindeausschuß die Gemeinde vertreten sollte. Gleichzeitig hatte aber der Ortsvorstand die Polizei, soweit keine besondere Polizeidirektion bestellt war, und sonstige Geschäfte der allgemeinen Landesverwaltung zu versehen. Samtgemeinden bestanden nicht. Es war also nicht einmal, wie dies doch in der rheinischen Gemeindeordnung von 1845 und der preußischen Gemeindeordnung von 1850 geschehen war, auf die verschiedenen Größenverhältnisse der einzelnen Gemeinden, die gleichwohl dieselbe Gemeindeordnung erhielten, Rücksicht genommen.

Ebenso wie die kurhessische verdankt auch die nassauische Gemeindeordnung französischen Einflüssen ihre Entstehung. Die in dem ehemaligen Herzogtum Nassau geltende Gemeindeordnung vom 26. 7. 1854 war ebenfalls für die Städte und Landgemeinden gemeinschaftlich erlassen. Freilich war ein solcher Zustand in dem industriereichen Nassau immerhin noch erträglicher als in dem vorwiegend ackerbautreibenden Kurhessen, wo die sozialen Gegensätze zwischen Stadt und Land viel größer waren.

Die Organe der Gemeindeverwaltung waren der Gemeinderat, bestehend aus dem Bürgermeister und mehreren Gemeindevorstehern, und die Gemeindeversammlung, bestehend aus sämtlichen Bürgern, an deren Stelle in Gemeinden von über 1500 Einwohnern ein Bürgerausschuß trat. Der Gemeinderat hatte die laufende Verwaltung, die Gemeindeversammlung bezw. der Bürgerausschuß die Beschlußfassung über die städtische Vermögensverwaltung. Die Verwaltung der örtlichen Polizei war den Bürgermeistern übertragen, soweit nicht besondere Polizeibehörden bestellt wurden.

Zu einer Änderung der bestehenden Gemeindeverfassungen, an die sich die Hessen wie die Nassauer seit lange gewöhnt hatten, lag vorläufig im Interesse der Staatseinheit keine Veranlassung vor. Die hessische wie die nassauische Gemeindeordnung blieben daher unter preußischer Herrschaft erhalten.

Dagegen war die bisherige Verfassung der Stadt Frankfurt a. M., welche die Verbindung sämtlicher staatlichen und Gemeindeangelegenheiten zur Voraussetzung hatte, nicht mehr haltbar, seit die souveräne Staatsgewalt der Gemeinde entzogen und auf Preußen übergegangen war. Es erging daher für die Stadt Frankfurt am 25. 3. 1867 ein besonderes Gemeindeverfassungsgesetz,[1]) dessen Grundsätze und Bestimmungen sich fast vollständig mit denen der Städteordnung für die östlichen Provinzen vom 30. 5. 1853 decken.

Über den einzelnen Gemeinden standen in dem ehemaligen Herzogtum Nassau nach dem nassauischen Gesetze vom 24. 7. 1854 die Ämter mit je einem Amtmanne an der Spitze, welche gleichzeitig die untersten staatlichen Justiz- und Verwaltungsbehörden bildeten. Unter dem Vorsitze des Amtmannes tagte in jedem Amte ein aus sechs Mitgliedern zusammengesetzter, auf sechs Jahre gewählter Bezirksrat, welcher sich monatlich mindestens einmal versammelte, und in wichtigeren Verwaltungsangelegenheiten zu befragen war, wo er dann teils eine beratende teils eine entscheidende Stimme hatte. Da man in Preußen allgemein die Bildung kleinerer Verbände innerhalb der Kreise beabsichtigte, so suchte man solche, soweit sie bestanden, möglichst zu erhalten, selbst wo nicht wie in Hannover ein dringendes Bedürfnis dazu vorhanden war. Die preußische Verordnung vom 22. 2. 1867[2]) ließ daher die nassauischen Ämter zwar fortbestehen, jedoch nur für die Verwaltung, während die Rechtspflege erster Instanz besonderen Amtsgerichten übertragen wurde. Dem Amtmanne verblieb die Aufsicht über die Handhabung der Ortspolizei, er wurde aber gleichzeitig Organ des Landrats für die diesem übertragenen Geschäfte. Er behielt fernerhin den Vorsitz im Bezirksrate, sofern nicht der Landrat zugegen war und selbst die Leitung der Verhandlungen übernahm.

In dem Amte Homburg entsprach die Verwaltungsorganisation im allgemeinen der nassauischen. Ein Bezirksrat war hier durch Gesetz vom 9. 10. 1849 eingeführt worden. Durch den Allerhöchsten Erlaß vom 24. 6. 1867[3]) wurde die Bestimmung getroffen, daß auch der frühere großherzoglich hessische Kreis Vöhl mit den Enklaven Eimelrod und Höringhausen, sowie der frühere bayerische Bezirk Orb, welche Gebiete sämtlich dem Regierungsbezirk Kassel zugeteilt waren, als engere Verwaltungsbezirke bestehen bleiben, und jedes der beiden Gebiete von einem besonderen, dem Landrate untergeordneten Bezirksbeamten mit dem Titel Amtmann nach einer besonderen für diese Beamten zu erlassenden Instruktion verwaltet werden solle. In den übrigen Teilen der Provinz Hessen-Nassau bestanden besondere Amtsbezirke nicht.

In Kurhessen war schon zur Zeit der politischen Selbständigkeit des Landes die Kreisverfassung nach preußischem Vorbilde zur Einführung gelangt.

1) G. S. 1867, S. 401 ff.

2) G. S. 1867, S. 273.

3) G. S. 1867, S. 1261.

Dieselbe wurde nunmehr durch Verordnung vom 22. 2. 1867[1]) auf die ganze Provinz ausgedehnt einschließlich derjenigen Gebiete, in denen bereits die Ämter als unterste Verwaltungsbezirke bestanden. An die Spitze jedes Kreises trat ein Landrat. Derselbe wurde vorbehaltlich der Einführung eines Vorschlagsrechtes der Kreisstände durch den König ernannt und hatte sämtliche Verwaltungsgeschäfte zu versehen, welche in den alten Provinzen den Landräten oblagen, soweit nicht besondere, innerhalb des betreffenden Verwaltungsbezirks bestehende Einrichtungen oder gesetzliche Bestimmungen eine Abweichung hiervon erforderlich machten. Das übrige Kreisbeamtenpersonal war dasselbe wie in den alten Provinzen.

Wie in der Provinz Hannover wurden auch in Hessen-Nassau Kreisstände gebildet. Die Zusammensetzung derselben war aber eine verschiedenartige in den einzelnen die Provinz bildenden Gebietsteilen. In Kurhessen ließ man wie in Hannover die Kreisstände sich nach den drei Besitzmassen zusammensetzen. Die Kreisvertretung bestand demnach in dem Regierungsbezirk Kassel zufolge der Verordnung vom 9. 9. 1867 aus den Besitzern der im Kreise belegenen größeren Güter, welche mit einem Grundsteuerreinertrage von mindestens 1000 Thlrn. veranlagt waren, aus Abgeordneten der Städte und der Landgemeinden. Im Regierungsbezirk Wiesbaden, wo die drei Besitzmassen sich zu sehr unter einander gemischt hatten und bisweilen unmerklich in einander übergingen, schien dagegen eine solche Scheidung der drei Klassen um so weniger durchführbar, als die bisherige nassauische Verwaltung zu einer solchen nie Veranlassung gehabt, also auch im Volksbewußtsein der Unterschied keinen Anhalt mehr hatte. Nach der Verordnung vom 26. 9. 1867 wurden daher hier die Kreisversammlungen gebildet durch Vereinigung der Bezirksräte der im Kreise belegenen Ämter und der Besitzer derjenigen im Kreise belegenen größeren Güter, welche wenigstens jährlich 500 Gulden Grundsteuer zahlten.

Die Zuständigkeit der Kreisstände erstreckte sich auf die Vertretung der Kreiskorporation und die Verwaltung der Kommunalangelegenheiten des Kreises, die Unterstützung der Verwaltung des Landrats in den gesetzlich bestimmten Fällen und die Beschlußfassung in denjenigen Sachen, die ihnen etwa sonst noch durch Gesetz oder Verordnung überwiesen wurden. Der Geschäftskreis der Kreisstände umfaßte also im allgemeinen dieselben Gegenstände wie in den alten Provinzen und Hannover.

Was die weiteren Bezirke der allgemeinen Landesverwaltung anbetrifft, so wurden die Regierungen, eine für Kurhessen und eine für Nassau, Frank-

3) G. S. 1867, S. 273 ff.

furt und einzelne ehemals großherzoglich hessische Gebiete, zufolge der Verordnung vom 22. 2. 1867 nach den in den alten Provinzen geltenden Bestimmungen, die für Hessen-Nassau ausdrücklich in Kraft gesetzt wurden, organisiert. Dasselbe geschah bezüglich der Provinzialbehörden, Oberpräsidium, Medizinalkollegium und Provinzialschulkollegium durch dieselbe Verordnung.

Dagegen war die Errichtung eines Provinziallandtages, dessen Hauptaufgabe in der Verwaltung der Kommunalangelegenheiten der Provinz hätte bestehen müssen, nicht möglich, da sämtliche kommunale Einrichtungen, sowie das kommunale Vermögen nicht der Provinz, sondern den beiden bisherigen Staaten, Hessen und Nassau, gehörte, diese aber mit Eifersucht an ihrer kommunalen Selbständigkeit und an ihrem Eigentume festhielten. Es wurden daher durch die Verordnungen vom 20. und 26. 9. 1867[1]) der Regierungsbezirk Kassel einerseits und der Regierungsbezirk Wiesbaden mit Ausschluß des Stadtkreises Frankfurt a. M. andererseits als selbständige Kommunalverbände mit je einer kommunalständischen Vertretung konstituiert.

Der Kommunallandtag des Regierungsbezirks Kassel bestand aus den mit Virilstimmen ausgestatteten Standesherren, einem Vertreter des Domänenfiskus, einem der ritterschaftlichen Obervorsteher für die Stifter Kaufungen und Wetter, einem Vertreter der Universität Marburg und sechs Abgeordneten der Ritterschaft als erstem, sechzehn Abgeordneten der Städte als zweitem, sechzehn Abgeordneten der Landgemeinden als drittem und sechzehn Abgeordneten der höchstbesteuerten Grundbesitzer und Gewerbtreibenden als viertem Stande. Diese eigentümliche Zusammensetzung des Kommunallandtages, welche vollständig im Widerspruch stand mit den bei Bildung der Provinzial- und Kreisstände der anderen neuen Provinzen, ja selbst der kurhessischen Kreisstände beobachteten Grundsätze, erklärt sich aus der früheren Verfassung des Landes. Die kurhessischen Landstände waren nämlich in derselben Weise aus vier Ständen gebildet. Um den Übergang aus den alten in die neuen Verhältnisse zu erleichtern, wurden einfach die alten Landstände unverändert als Kommunallandtag des Regierungsbezirks Kassel erhalten.

In dem Regierungsbezirk Wiesbaden war dagegen eine strenge Scheidung der Besitzmassen für den Kommunallandtag ebenso wenig möglich wie für die Kreisstände. Namentlich für eine Trennung der Stadt- und Landgemeinden war gar kein Anhalt vorhanden. Eher ließen sich nach Maßgabe ihrer Steuerpflicht die Großgrundbesitzer aus der Masse der gewöhnlichen Bauern aussondern. Der Kommunallandtag des Regierungsbezirks war daher zusammengesetzt aus den Standesherren, zwei gewählten Vertretern der

1) G. S. 1867, S. 1537 ff., S. 1659 ff.

Großgrundbesitzer und je zwei Abgeordneten der innerhalb des Kommunalverbandes belegenen Kreise.

Die Zuständigkeit beider Kommunallandtage erstreckte sich lediglich auf die Beschlußfassung über die Kommunalangelegenheiten des Verbandes, die Verwaltung und Vertretung der kommunalständischen Interessen und Vermögensrechte. Dadurch war natürlich nicht ausgeschlossen, daß ihnen auch andere Fragen, namentlich ihren Bezirk betreffende Gesetzentwürfe von der Staatsregierung zur Begutachtung vorgelegt wurden.

In der Provinz Schleswig-Holstein konnte die bestehende Gemeindeverfassung nicht unverändert gelassen werden, da in dieser Beziehung während der dänischen Herrschaft und der darauf folgenden Unsicherheit über die Zukunft des Landes gänzlich verrottete Zustände eingetreten waren, indem die Thätigkeit der Gesetzgebung fast vollständig lahmgelegt und auch eine Verwaltungskontrolle durch mannigfache Einflüsse gehemmt war. Es wurde daher nach der Einverleibung der Herzogtümer in den preußischen Staat die Verfassung und Verwaltung der Städte neu geordnet durch ein Gesetz vom 15. 4. 1869,[1]) welches sich im wesentlichen an die Städteordnung für die östlichen Provinzen vom 30. 5. 1855 anschließt und von derselben nur in einigen Punkten abweicht insbesondere durch Aufgeben des Dreiklassenwahlsystems. Zur Fortbildung der Landgemeindeverfassungen erging am 22. 9. 1867 eine besondere Verordnung.[2]) Dieselbe enthält aber keineswegs eine erschöpfende Kodifikation des gesamten Gemeinderechtes, sondern trifft nur über einzelne Punkte gesetzliche Anordnungen. Der Gemeindevorsteher sollte zugleich als Organ der Ortsobrigkeit alle örtlichen Geschäfte der allgemeinen Landesverwaltung führen, soweit dazu nicht besondere Behörden bestellt waren.

In den ländlichen Gebieten, in denen bisher landesherrliche Ämter die Ortspolizei ausgeübt hatten, wurden besondere Distriktsbeamte, in Schleswig mit dem Titel Hardesvogt, in Holstein mit dem Titel Kirchspielsvogt zur Ausübung der Ortspolizeiverwaltung unter Aufsicht des Landrates angestellt.

Es blieb also in Schleswig-Holstein die gutsherrliche Polizei in dem gewohnheitsrechtlich feststehendem Umfange erhalten. Die Gutsherrschaften und die landesherrlichen Hardes- und Kirchspielsvögte waren einander nebengeordnete Polizeibehörden, ihre Organe waren die Gemeindevorsteher.

Während aber bisher die Gutsherrschaften ebenso wie die landesherrlichen Ämter unmittelbar unter der entfernten Provinzialregierung gestanden hatten, wurde jetzt unter Aufhebung der Ämter und der ihnen gleichstehenden landes-

1) G. S. 1869, S. 589 ff.
2) G. S. 1867, S. 1603 ff.

herrlichen Verwaltungsbezirke eine größere Anzahl von Gutsherrschaften und Harden bezw. Kirchspielen zusammengefaßt zu einem Kreise. Eingeführt wurde die Kreisverfassung in Schleswig-Holstein durch eine Verordnung vom 22. 9. 1867.[1])

An die Spitze jedes Kreises trat ein Landrat, welcher vorbehaltlich der Einführung eines Präsentationsrechtes der Kreisvertretung vom Könige ernannt wurde. Es wurde ihm die allgemeine Landesverwaltung seines Bezirks in demselben Umfange wie den Landräten der alten Provinzen übertragen, soweit nicht besondere innerhalb seines Verwaltungsbezirks bestehende Anordnungen oder gesetzliche Vorschriften eine Ausnahme notwendig machten. Das übrige Kreisbeamtenpersonal war dasselbe wie in den alten Provinzen.

Für jeden Kreis wurde ferner eine Kreisversammlung gebildet, die wie in Hannover und Kurhessen nach den drei Besitzmassen zusammengesetzt wurde. Die Kreisversammlung bestand aus den Besitzern der größeren im Kreise belegenen Güter, aus Abgeordneten der Städte und Flecken und aus Abgeordneten der Landgemeinden. Die Zuständigkeit der Kreisstände war dieselbe wie in Hessen-Nassau.

Bei dem geringen Umfange der Provinz Schleswig-Holstein und ihrer hinter der anderer Provinzen an Zahl weit zurückstehenden Bevölkerung schien eine Einteilung der Provinz in mehrere Regierungsbezirke nicht erforderlich. Es wurde daher durch den Allerhöchsten Erlaß vom 20. 6. 1868[2]) für die ganze Provinz eine Regierung errichtet mit demselben Wirkungskreise wie die Regierungen der alten Provinzen. Die übrigen Provinzialbehörden, Oberpräsidium, Provinzialschulkollegium und Medizinalkollegium, erhielten ebenfalls die hergebrachte Zuständigkeit.

Wie Hannover wurde auch Schleswig-Holstein außer als Bezirk für die allgemeine Landesverwaltung als Kommunalverband organisiert. Die Verordnung vom 22. 9. 1867 bildete aus der Provinz einen provinzialständischen Verband mit den Rechten einer Korporation und ordnete die Vertretung dieses Verbandes durch Provinzialstände an. Dieselben wurden auch hier nach den drei Besitzmassen zusammengesetzt, welche als Stände bezeichnet wurden. Zu dem ersten Stande, dem der Großgrundbesitzer, gehörten der Besitzer der fürstlich Hessensteinschen Fideikommißgüter, welchem auf dem Provinziallandtage eine Virilstimme zustand, vier Vertreter der schleswig-holsteinschen Ritterschaft wegen der Klöster zu Itzehoe, Preetz, Uetersen und St. Johannis und fünfzehn gewählte Abgeordnete der übrigen Großgrundbesitzer.

1) G. S. 1867, S. 1587 ff.
2) G. S. .1868, S. 620.

Der zweite und dritte Stand, die Städte und Landgemeinden, waren durch je neunzehn Abgeordnete vertreten.

Dem Provinziallandtage sollte unter Mitwirkung und Aufsicht der Staatsregierung obliegen die Beschlußfassung über die Kommunalangelegenheiten der Provinz, die Verwaltung und Vertretung der provinzialständischen Institute und Vermögensrechte, endlich die Rechte und Pflichten der in den älteren Landesteilen bestehenden Provinzialstände.

Kap. VI. Die leitenden Grundsätze der neuesten Verwaltungsreform.

In der Konfliktszeit hatte sich der Staat frei gemacht von dem erdrückenden Einflusse einzelner Gesellschaftsklassen. Grundbesitz wie Kapitalismus, ja das Beamtentum selbst hatten anerkennen müssen, daß eine außer ihnen stehende, von ihnen unabhängige Gewalt über die Geschicke des Staates entscheide, daß die Unterdrückung einer Gesellschaftsklasse durch eine andere vermittels der staatlichen Gesetzgebung und Verwaltung nicht mehr möglich sei. Dieses Verhältnis von Staat und Gesellschaft hatte sich während der folgenden Jahre, als jene selbständige Staatsgewalt ihre höchste Kraft gegen innere wie äußere Feinde entwickelte, unerschütterlich befestigt.

Es war jedoch hiermit keineswegs eine Rückkehr zu den Grundsätzen des absoluten Staates angebahnt. Neben der selbständigen Staatsgewalt besaß auch die Gesellschaft ihre staatlich anerkannte Organisation. Die Gesamtheit der gesellschaftlichen Interessen war mächtiger als in der Konfliktszeit und in allseitig anerkannter Wirksamkeit verkörpert in Reichs- und Landesparlament. Wie in zwei befestigten Lagern standen sich Staat und Gesellschaft als Regierung und Landesvertretung gegenüber. Beide waren gleichberechtigte Faktoren des öffentlichen Lebens. Die Regierung hinderte, daß in der Gesetzgebung die Interessen einzelner Gesellschaftsklassen die des Staates in den Hintergrund drängten. Der Staat dagegen konnte seinerseits keine neuen Opfer von seinen Unterthanen verlangen ohne freie parlamentarische Zustimmung. Thatsächlich von einander unabhängig, waren doch Regierung und Landtag gegenseitig auf einander angewiesen. Schon hierdurch war eine völlige Entfremdung von Staat und Gesellschaft, eine völlige Teilnahmlosigkeit der Unterthanen an den Geschicken des Staates wie in der letzten Hälfte des 18. Jahrhunderts ausgeschlossen.

Um so mehr drohte, da das positive Recht des Staates fast dasselbe geblieben war wie zur Zeit der Revolution und Reaktion, da die augenblickliche Selbständigkeit der Staatsgewalt nur eine thatsächliche Schöpfung der außerordentlichen in der Staatsregierung vertretenen geistigen Kräfte war, die Gefahr, daß sich einst unter einer schwächeren Regierung einzelne gesellschaftliche Klassen wieder in ähnlicher Weise die Staatsgewalt dienstbar machten wie einst in der Revolutions- und Reaktionszeit, um mit allen Mitteln des Staates die materiellen Interessen der einen Gesellschaftsklasse auf Kosten der andern zu pflegen. Hiergegen galt es Vorkehrungen zu treffen nnd die thatsächlich gewonnene politische Stellung durch das positive Recht besser zu schützen als bisher. Selbst wenn wieder eine Parteiregierung in Preußen eintreten sollte, mußte diese die Verwaltungsorganisation des Staates in solcher Verfassung vorfinden, daß die Verwaltung unmöglich im Parteiinteresse verwertet werden konnte. Namentlich mußten die 1861 gemachten Versuche zur Herstellung einer wirklichen Rechtsprechung auf dem Gebiete des öffentlichen Rechtes statt der Entscheidung abhängiger Verwaltungsbehörden wieder aufgenommen und eine ausgedehnte Verwaltungsgerichtsbarkeit hergestellt werden.

Damit kreuzten sich aber die mit einer unparteiischen Verwaltung völlig unvereinbaren Bestrebungen der einzelnen Gesellschaftsklassen, wenigstens auf die Verwaltung der einzelnen Bezirke wieder einen maßgebenden Einfluß zu gewinnen, welcher von allen Klassen als Selbstverwaltung bezeichnet wurde, während sich jede je nach ihren gesellschaftlichen Interessen etwas anderes darunter dachte. Jedenfalls war die Durchführung eines von staatlichen Gesichtspunkten ausgehenden Systems der Selbstverwaltung anfangs nichts weniger als beabsichtigt. Einig waren alle Parteien mit Ausnahme des Großgrundbesitzes in dem negativen Punkte, daß die bisherige patrimoniale Verwaltung des flachen Landes im Osten der Monarchie aufhören müsse. Was an die Stelle treten sollte, blieb ziemlich unklar.

Der ursprüngliche Plan der Regierung, in dem damals die gesellschaftlichen Anschauungen des berufsmäßigen Beamtentums zur Geltung gekommen waren, zeigt sich am besten in den Kreis- und Provinzialordnungen der neuen Provinzen, die kurz vor der im Osten stattfindenden Reform ergingen. Danach waren in Aussicht genommen kommunale Vertretungen der Kreise und Provinzen, nach Besitzmassen zusammengesetzt, ähnlich wie im Osten zufolge der neuständischen Gesetzgebung, nur mit dem Unterschiede, daß an die Stelle des Rittergutsbesitzes der Großgrundbesitz trat. Die allgemeine Landesverwaltung blieb dagegen ausschließliches Reservatrecht des berufsmäßigen Beamtentums. Man dachte also auf dieser Seite an einen ähnlichen Kompromiß zwischen dem Beamtentum und den übrigen Gesellschaftsklassen, wie er während der zwanziger Jahre in der neuständischen Gesetzgebung zu stande gekommen war: die allgemeine Landesverwaltung ausschließlich für das Beamtentum, die Kommunalverwaltung in möglichst beschränkter Thätigkeit kann in Besitz nehmen wer will. Es sollte demnach an den bestehenden Zuständen höchstens insofern etwas geändert werden, als in der Zusammensetzung der kommunalen Vertretungen zeitgemäße Reformen eintraten.

Die liberale Partei wünschte dagegen kommunale Vertretungen, zusammengesetzt im Interesse des Kapitalismus ungefähr in der Art, wie sie die Kreis-, Bezirks- und Provinzialordnung vom 11. 3. 1850 geschaffen hatte. Die allgemeine Landesverwaltung sollte zwar dem berufsmäßigen Beamtentum verbleiben, dagegen die Kommunalverwaltung möglichst unabhängig von staatlicher Aufsicht und mit möglichst vielen Befugnissen, namentlich der höheren und niederen Polizei ausgestattet sein. An einer erzwingbaren Selbstthätigkeit in der Staatsverwaltung konnte dem Kapitalismus ebenso wenig als einer anderen Besitzklasse gelegen sein. Die wirkliche Geschäftslast der den Kommunalverbänden überlassenen Verwaltung wäre von den Kommunalvertretungen angestellten und besoldeten, also völlig von ihnen abhängigen Beamten zugefallen.

Der Großgrundbesitz hielt dagegen fest an dem bisherigen System, namentlich an der bestehenden Zusammensetzung der kommunalen Vertretungen, höchstens hätte er eine Erweiterung der Rechte derselben und eine Lockerung der staatlichen Aufsicht gewünscht.

Bei diesen entgegengesetzten Anschauungen der einzelnen Besitzmassen und ihren entgegengesetzten Bestrebungen, die mit einander ebenso unvereinbar waren wie mit dem Interesse des Staates, war es in gleicher Weise unmöglich, Kommunalvertretungen nach dem neuständischen Vorbilde wie solche nach dem Vorbilde der Kreis-, Bezirks- und Provinzialordnung vom 11. 3. 1850 zu schaffen, in dem einen wie in dem anderen Systeme hätte die Unterdrückung der einen Gesellschaftsklasse entweder des Kapitalismus oder des Grundbesitzes gelegen. Man konnte daher zur Grundlage des neuen Verwaltungssystems weder Besitzmassen, wie es der Grundbesitz, noch Steuerleistungen, wie es der Kapitalismus wollte, machen, man mußte diese Grundlage darin suchen, worin sich alle Klassen vereinigen konnten, in dem persönlichen Dienste der Unterthanen für den Staat. So gelangte man zu einer wirklichen Selbstverwaltung im staatlichen Sinne, die keine Besitzklasse gewünscht hatte, mit der sich aber schließlich alle Klassen, der Großgrundbesitz allerdings erst, nachdem das Herrenhaus durch Ernennung neuer Mitglieder dazu genötigt war, als einem Kompromiß zwischen den widerstreitenden Interessen einverstanden erklärten.

Dieser persönliche Dienst für den Staat, welcher die gesellschaftlichen Parteianschauungen nicht zur Geltung kommen ließ, vertrug sich auch einzig und allein mit einer Verwaltungsgerichtsbarkeit. Indem die Selbstverwaltung, wie sie jetzt durchgeführt wurde, die ausschließliche Herrschaft einer Besitzmasse in der Staatsverwaltung unmöglich machte, konnte sie allein die Verwirklichung der Ziele des Staates, vor allem die Durchführung des Rechtsprinzips in der Verwaltung vor Augen haben. Selbst wenn man den Versuch hätte machen wollen, neuen Wein in alte Schläuche zu füllen, wäre das berufsmäßige Beamtentum infolge seiner Entwöhnung von einer Verwaltungsrechtsprechung hierzu weniger im stande gewesen als das Laienelement, welches die Abhängigkeit von einer herrschenden Partei noch nicht erfahren hatte. Seit dem Beginn der Reform traten daher die beiden bewegenden Momente derselben, die Verwaltungsrechtsprechung und die Selbstverwaltung, in untrennbare Verbindung, beide zusammen bilden den eigentlichen Inhalt der Reform, welche man der Kürze halber meist als Selbstverwaltung bezeichnet.

Zu einem solchen Verwaltungssystem waren in Preußen die sozialen Grundlagen in erwünschter Weise vorhanden. Es waren auch thatsächlich einzelne Ansätze zu einer Selbstverwaltung der Kreise und Gemeinden bereits gemacht worden. Von den Zeiten des großen Kurfürsten bis zur Verwaltung Hardenbergs hatte der Großgrundbesitz die Lasten der Kreisverwaltung getragen. Die Städte hatten durch Stein eine für damalige Zeiten bewunderswerte Organisation, beruhend auf wirklicher Teilnahme der Bürger an der Kommunalverwaltung wie der allgemeinen Landesverwaltung der Gemeinde, erhalten. Die Landgemeinden Westfalens endlich besaßen in der Amts- und Kirchspielsverfassung während des 18. Jahrhunderts eine ähnliche Selbstverwaltung.

Alle diese Ansätze waren aber durch die Macht der sich in der Centralverwaltung unwiderstehlich geltend machenden gesellschaftlichen Interessen fast spurlos wieder verloren gegangen. Keine Gesellschaftsklasse, die sich in den Besitz der Staatsgewalt gesetzt hatte, konnte es dulden, daß innerhalb des Staates bestehende kleinere Verwaltungsbezirke sich ihrem Einflusse entzogen. Jetzt dagegen wurde jenes bisher nur vereinzelt aufgetauchte Verwaltungssystem als einheitliches Ganzes von den Landgemeinden bis herauf zu den Provinzen durchgeführt. In demselben Maße wie ein von gesellschaftlichen Interessen beeinflußter Staat sich gegen jede Selbstverwaltung sträubt, mußte dieselbe der wiederhergestellten selbständigen Staatsgewalt erwünscht sein.

Zunächst verschwand hierdurch die Gefahr einer Entfremdung von Staat und Gesellschaft. Je energischer die Staatsgewalt alle ihrer Wirksamkeit entgegenstehenden Hindernisse beseitigte, je selbständiger sie den einzelnen Gesellschaftsklassen gegenüber auftrat, um so mehr war zu befürchten, daß dieselben alle Kraft anstrengen würden, sich wieder in den Besitz der Staatsgewalt zu setzen. Die selbständige Entwicklung der Staatsgewalt seit der Zeit Hardenbergs und die darauf folgende Revolution hatte hierfür das beste Beispiel gegeben. Gerade die Selbständigkeit der Staatsgewalt mußte es jedem einzelnen tagtäglich von neuem vor Augen führen, daß dieselbe nicht sein spezielles Interesse als Mitglied der Gesellschaft, sondern etwas ganz anderes vertrete, was der großen Masse fremd war. Von dem Ministerium bis zu dem Gensdarmen sah der Bürger und Bauer die Staatsgewalt als ein ihm fremdes Element sich gegenüber, das ihm bei den stetigen Reibungen des täglichen Lebens nur als ein feindliches erscheinen konnte.

Dieser Gegensatz hörte auf, sobald die besitzenden Klassen in umfassender Weise zu eigener Thätigkeit in der Verwaltung des Staates herangezogen wurden. Die Anordnungen für die örtliche Polizeiverwaltung wie die Erkenntnisse und Beschlüsse in Verwaltungs- und Strafsachen gingen jetzt von Personen aus, die mitten im bürgerlichen Leben standen, die selbst Mitglieder der durch ihre Anordnungen vorzugsweise betroffenen Gesellschaftsklasse waren. Daß hierbei nicht die gesellschaftlichen Interessen den Ausschlag gaben, dafür sorgte die Leitung der Selbstverwaltungsorgane durch Staatsbeamte, dafür sorgte die feste gesetzliche Regelung ihrer Zuständigkeit, dafür sorgte vor allem die Gewöhnung an die Wahrnehmung der staatlichen Gesichtspunkte, welche durch eigene Ausübung der Verwaltung entsteht.

Es waren aber nicht nur die selbst an der Verwaltung beteiligten Mitglieder der besitzenden Klassen, welche auf diese Weise mit dem Staate versöhnt wurden. Auch alle anderen besitzenden Elemente hörten auf, sich in einem Gegensatze zum Staate zu befinden. Naturgemäß mußte sich jeder vor ungerechtfertigten Angriffen auf die bestehende Verwaltung und Rechtsprechung scheuen, da er jederzeit in die Lage kommen konnte, selbst an die Stelle der bisherigen Organe zu treten. In der großen Masse der zu Selbstverwaltungsämtern befähigten besitzenden Klassen mußte, wenn auch noch nicht das klare Bewußtsein, so doch das dunkle Gefühl entstehen, daß jeder Angriff auf die bestehende Obrigkeit, das bei der ausgebildeten kritischen Anlage des Deutschen gerade in Deutschland so beliebte Raisonnieren und Schimpfen auf die schlechte und chikanöse Polizei, auf die Parteilichkeit und Ungerechtigkeit der Richter auf das Haupt des Kritikers zurückfalle, da er über seine eigene etwaige Amtsthätigkeit gerade hierdurch eine um so schärfere Kritik hervorrief.

Damit war der Gegensatz zwischen Staat und Gesellschaft ersetzt durch deren Einheit. Es ist dies freilich nicht buchstäblich zu nehmen. Da die Gesellschaft selbst von Anbeginn sich in einem ununterbrochenen Klassenkampfe zwischen Besitzenden und Nichtbesitzenden wie zwischen den einzelnen Besitzklassen befindet, so kann die Gesellschaft niemals in sich selbst einig sein, also auch nicht als Gesamtheit einig mit dem Staate. Es war daher nur eine Identität des Staates und desjenigen Teiles der Gesellschaft geschaffen, den die zu eigener Thätigkeit in der Staatsverwaltung befähigten besitzenden Klassen bildeten. Dieselben fühlten sich nunmehr mit dem Staate solidarisch.

Dieser neue Aufbau der Verwaltung war aber auch von Wichtigkeit für die Centralregierung des Landes. Die besitzenden Klassen traten jetzt in Landtag und Reichstag ein mit den Erfahrungen und Gewöhnungen, die ihnen die eigene Ausübung der Polizei, die eigene unparteiische Rechtsprechung in Verwaltungs- und Strafsachen gegeben. Diese Erfahrungen hatten ihnen den Widerstreit der einzelnen gesellschaftlichen Bestrebungen gezeigt. Von der Undurchführbarkeit der einseitigen gesellschaftlichen Anschauungen, daß der Staat nur dazu da sei, die Interessen dieser oder jener Klasse zu pflegen, und daß dieselbe sich zu jenem Zwecke unbedingt in den Besitz der Staatsgewalt zu setzen habe, hatten sich auch diejenigen überzeugen müssen, die an ihrem Parteistandpunkte am meisten festhielten. Personen, welche in der Lokal-, Kreis-, Bezirks- und Provinzialverwaltung gelernt hatten, das staatliche Interesse wahrzunehmen, von staatlichen Gesichtspunkten auszugehen, thaten dies naturgemäß auch in Landtag und Reichstag. Eine einseitige Geltendmachung der Parteiinteressen des Kapitalismus und des Großgrundbesitzes wie in der Revolutions- und Reaktionszeit war schon dadurch vollständig ausgeschlossen.

Aber selbst wenn eine solche Parteiherrschaft wieder eintreten sollte, fand doch ihre Wirksamkeit unübersteigliche Hindernisse in der Organisation der Verwaltung. Die Ehrenbeamten standen nicht zur Disposition der Minister, Entlassung und Disciplinarverfahren schreckte sie nicht. Denn ihre materielle Existenz war nicht mit dem Besitze des Amtes verknüpft, falls sie dasselbe verloren, verloren sie keinen einzigen Vorteil, nur ungeheuere Lasten. Dazu kam, daß mit der Selbstverwaltung die Verwaltungsrechtspflege Hand in Hand ging, daß über die wichtigsten verwaltungsrechtlichen Fragen Behörden in richterlicher Unabhängigkeit zu entscheiden hatten. Wie den Centralbehörden alle Mittel zustanden, um die Gesetzmäßigkeit der Verwaltung zu erzwingen, so fehlte ihnen jede Handhabe, zur Ausübung der Verwaltung im Sinne der Zweckmäßigkeit für eine einzelne Gesellschaftsklasse zu nötigen.

Der Besitz der Staatsgewalt, der seit 1848 den einzelnen Klassen die größten Vorteile geboten hatte, verlor also allen Reiz, da die Ausnutzung des Staates im gesellschaftlichen Interesse jetzt in der neuen Verwaltung keine Unterstützung mehr finden konnte. Diese Hindernisse durch Beseitigung der neuen Verwaltungsorganisation aus dem Wege zu schaffen, wie einst Hardenberg die alte Kreisverfassung, die Revolution die Städteordnungen von 1808 und 1831 beseitigt hatte, war nicht mehr möglich, da die Selbstverwaltung nicht nur vereinzelt in den Kreisen oder in den Städten durchgeführt war, sondern als großartiger Organismus die ganze Staatsverwaltung durchzog, da trotz der damit verknüpften Lasten alle Klassen an dieser Einrichtung festhielten, die ihnen Teilnahme am Staate in den gerade ihren Lebenskreis berührenden Punkten gewährte.

In der Selbstverwaltung gipfelte also der neue Rechtsstaat. Der Staat, welcher sich während der Konfliktszeit von dem erdrückenden Einflusse der Gesellschaft befreit, sich wieder eine selbständige Stellung ihr gegenüber errungen hatte, stellte nunmehr umgekehrt die Gesellschaft in seinen Dienst, unterwarf sie seinem Willen. Während bisher der Staat den Interessen der Gesellschaft gedient, diente jetzt die Gesellschaft den Interessen des Staates, vor allem der Verwirklichung des Rechtes in Verwaltung und Justiz. Wie im Mittelalter ruhte der Staat wieder vorzugsweise auf eigenen Diensten seiner Unterthanen. Aber diese Dienste wurden nicht wie im Patrimonialstaate geleistet, weil eine Gesellschaftsklasse ihre Übernahme vorteilhaft fand, um, bekleidet mit dem Nimbus der staatlichen Obrigkeit und mit deren Machtmitteln versehen, desto besser ihre gesellschaftlichen Zwecke, die Ausbeutung anderer Gesellschaftsklassen, zu erreichen, sondern weil der Staat alle besitzenden Klassen zwang, unter Hintansetzung ihrer gesellschaftlichen Interessen lediglich das Staatsinteresse wahrzunehmen, weil er sie nötigte, ohne Ansehen der Person, unbeeinflußt von allen Seiten die staatliche Verwaltung und Rechtsprechung in Gemeinschaft mit dem berufsmäßigen Beamtentume auszuüben. Gerade die Vereinigung verschiedener Besitzklassen mit einander widerstreitenden Interessen sicherte die Unparteilichkeit der Verwaltung.

Hierin und nicht auf anderen Feldern, wo man sie oft gesucht, lag die Bedeutung der Selbstverwaltung. Die Verwaltung wurde nicht billiger, denn das berufsmäßige Beamtentum mußte als Halt für das Laienelement in seiner bisherigen Stärke erhalten bleiben, es war sogar die Schaffung neuer Stellen zur Besetzung der Verwaltungsgerichte erforderlich. Auch eine Vereinfachung der Verwalkung trat nicht ein. Da die Verwaltungsgerichts- und Beschlußbehörden in den bisherigen Organismus eingefügt wurden, wurde im Gegenteil der Verwaltungsmechanismus ein viel verwickelterer als bisher. Selbstverständlich ist es endlich, daß das Berufsbeamtentum weit besser und schneller arbeitet als das ungeübtere Laienelement, welches in Rechtsfragen meist dem Berufsbeamten vollen Glauben schenken muß, ohne eine eigene Ansicht haben zu können. Alle diese Nachteile sind aber doch nur untergeordneter Natur, sie werden reichlich aufgewogen durch die bereits hervorgehobenen unermeßlichen Vorteile des neuen Systems.

Aus den verschiedensten Gründen wurde die Verwaltungsreform zuerst in den östlichen Provinzen mit Ausnahme Posens durchgeführt. Zunächst fürchtete man für Posen, die neuen und die westlichen Provinzen, daß polnische, partikularistische, ultramontane und andere staatsfeindliche Bestrebungen sich in der Verwaltung, falls dieselbe nicht mehr ausschließlich auf dem berufsmäßigen Beamtentum ruhe, geltend machen würden. Die Verwaltung war in diesen Provinzen auch nicht so reformbedürftig wie im Osten, wo die mit dem ganzen staatlichen Organismus in Widerspruch stehende patrimoniale Verwaltung eine möglichst schnelle Beseitigung erheischte. Es waren fernerhin Posen, die neuen und westlichen Provinzen in den über die Gemeinde hinausgehenden Bezirken rein büreaukratisch verwaltet worden, es lagen also keine Erfahrungen vor, ob und welche gesellschaftlichen Elemente für eine eigene Thätigkeit in der Staatsverwaltung vorhanden sein würden.

Dagegen waren im Osten die sozialen Grundlagen für eine wirksame Selbstverwaltung erfahrungsmäßig vorhanden. Seit der askanischen Zeit hatten hier die Erbschulzen und Schöffen alle das Dorf betreffenden Geschäfte der allgemeinen Landesverwaltung wie der Gemeindeverwaltung ausgeübt, ohne dafür irgend eine Entschädigung zu beziehen, da das ursprünglich als Äquivalent des Amtes geltende Schulzengut längst aufgehört hatte eine Besoldung zu bilden und den privatrechtlichen Charakter eines Familiengutes angenommen hatte. Seit fast ebenso langer Zeit hatten die Großgrundbesitzer in einem oder mehreren Dörfern die Lokalpolizei, die Gerichtsbarkeit und die Aufsicht über die Gemeindeverwaltung nicht nur völlig unentgeltlich gehandhabt, sondern auch die baren Auslagen dieser Verwaltung selbst getragen, die nötigen Lokalitäten beschafft, für das erforderliche Unterpersonal gesorgt und dasselbe besoldet, so daß die Lokalverwaltung des flachen Landes von den Domänen abgesehen dem Staate keinen Pfennig kostete. Im 17. und 18. Jahrhundert hatte auf dem Großgrundbesitze sogar die gesamte Kreisverwaltung geruht. Die im Osten vorhandenen Besitzmassen waren also unzweifelhaft für eine Selbstverwaltung geeignet.

Ja in der Ausübung der Verwaltung änderte sich mit der Reform sehr wenig. Der Schulze behielt meist sein Amt, er hatte als Ortsvorsteher genau dieselben Obliegenheiten wie bisher in Gemeinde- und Staatsverwaltung. Der Gutsherr übte als Amtsvorsteher nach wie vor die Lokalpolizei unter der Aufsicht des Landrats aus. Da auch nach dem System des Patrimonialstaates der bäuerliche und der Großgrundbesitz in der Verwaltung selbst thätig gewesen war, so erklärt es sich, daß im Osten der Übergang zu einer

Selbstverwaltung viel leichter war als in dem der Selbstthätigkeit entwöhnten, in büreaukratische Verwaltungsformen eingelebten Westen. Der Osten ist gerade durch sein langes Festhalten am Patrimonialstaate vor der büreaukratischen Schablone der Bürgermeistereien und Unterpräfekturen bewahrt worden. Denn als endlich der Patrimonialstaat fiel, galt das französische Präfektursystem nicht mehr als nachahmungswertes Vorbild, und der Übergang von der patrimonialen zur modernen Selbstverwaltung vollzog sich ganz unmerklich, war jedenfalls viel leichter als der Übergang vom Büreaukratismus zur Selbstverwaltung.

Während also die Ausübung des Amtes fast dieselbe blieb wie bisher, änderte sich allein das Recht zum Amte, worin das Verhältnis von Staat und Gesellschaft ausgesprochen lag. Bisher waren einzelne gesellschaftliche Klassen im ererbten Besitze gewisser Staatshoheitsrechte gewesen, die als untrennbare Pertinenz zu ihrem Grundeigentume gehörten, ihnen nur mit diesem verloren gehen, selbst bei Mißbrauch und Unfähigkeit des Berechtigten nie dem Rechte, sondern nur der Ausübung nach entzogen werden konnten. In diesem Systeme des Patrimonialstaates zeigt sich die völlige Übermacht der Gesellschaft über den Staat. Der Eigentümer des Gutes und des damit verknüpften Amtes war in der Ausübung des letzteren den Staatsbehörden gegenüber unabhängig, mochte er dasselbe auch in seinem gesellschaftlichen Interesse mißbrauchen. Die ärgsten Übelstände, die dieser Zustand mit sich brachte, waren allerdings in Brandenburg-Preußen seit Entstehung des Landratsamtes durch eine strenge staatliche Aufsicht über die patrimoniale Verwaltung beseitigt worden. Sie konnten aber im konstitutionellen Staate um so leichter wieder entstehen, wenn die Besitzklasse, welche die Lokalverwaltung handhabte, gleichzeitig Einfluß auf die Centralverwaltung hatte und die bisherige staatliche Aufsicht zu lockern vermochte.

Nach der Reform dagegen beruhte das Recht zum Amte ausschließlich in der staatlichen Verleihung. Der Staat wählte die ihm geeignet erscheinenden Organe aus, sie standen zum Staate in keinem anderen Verhältnisse wie jeder andere Staatsbeamte, außer daß sie keine Besoldung bezogen. Auch bezüglich des Rechtes zum Amte ist also die bei dem patrimonialen Systeme vorhandene Dienstbarkeit des Staates gegenüber der Gesellschaft verwandelt in dessen Herrschaft über die Gesellschaft.

Die erste Stufe der Reform war die Kreisordnung vom 13. 12. 1872 für die östlichen Provinzen. Dieselbe erging zwar anfangs für sämtliche östliche Provinzen einschließlich Posens. Bezüglich der letzteren Provinz wurde jedoch in § 182 der Vorbehalt gemacht, daß auf dieselbe die Kreisordnung bis auf weiteres keine Anwendung finde, daß sie jedoch in ihrer

Gesamtheit oder in einzelnen Teilen für die ganze Provinz oder für einzelne Kreise derselben durch königliche Verordnung in Kraft gesetzt werden könne, während es bis dahin bei den bestehenden Vorschriften sein Bewenden haben solle. Eine solche Einführung der Kreisordnung hat jedoch in keinem Teile der Provinz stattgefunden, und bei der Revision der Kreisordnung im Jahre 1881 sah man von der Provinz Posen ganz ab, indem man das Wort „Posen" aus den Überschriften fortließ und den § 182 der Kreisordnung aufhob. Die Kreisordnung ist daher nur für die Provinzen Ost- und Westpreußen, Pommern, Brandenburg, Schlesien und Sachsen in Kraft getreten.

Die Kreise mit Ausnahme der Stadtkreise zerfallen nach der Kreisordnung in Amtsbezirke, beziehungsweise in Stadt- und Amtsbezirke, die Amtsbezirke bestehen aus Landgemeinden und Gutsbezirken.

Jede Landgemeinde erhält statt der bisherigen Schulzen und Schöffen einen Gemeindevorsteher und zwei Schöffen, die von der Gemeindeversammlung bezw. Gemeindevertretung auf sechs Jahre gewählt und vom Landrate bestätigt werden. Eine Versagung der Bestätigung ist nur mit Zustimmung des Kreisausschusses zulässig. Zur Übernahme dieser Gemeindeämter ist jeder Gemeindeangehörige verpflichtet, sofern ihm nicht gewisse Entschuldigungsgründe zur Seite stehen. Der Gemeindevorsteher bezieht Ersatz für die baren Auslagen und eine Dienstunkostenentschädigung, die von der Gemeinde aufzubringen sind. Er leitet die Kommunalverwaltung und ist das Organ des Amtsvorstehers für die Polizeiverwaltung, es sind ihm also die Obliegenheiten des bisherigen Schulzen verblieben. Dagegen sind die erblichen Schulzenämter aufgehoben worden, was eine Auseinandersetzung der dem bisherigen Schulzen nachweisbar für sein Amt und der ihm als Privatmann zustehenden Einkünfte und Gerechtsame notwendig machte.

Neben den geschlossenen Landgemeinden standen aber von je her die größeren selbständigen Güter, die sich niemals in einem Gemeindeverband befunden, und deren Besitzer bisher die patrimoniale Verwaltung ausgeübt hatten. Die Verschiedenheit der Interessen des Bauernstandes und des Großgrundbesitzes, die bei der Vereinigung beider Besitzmassen in einem Gemeindeverbande die Zurücksetzung der einen zur notwendigen Folge gehabt, vielleicht zu einem ähnlichen Übergewichte des Großgrundbesitzes wie unter der patrimonialen Verwaltung geführt hätte, rechtfertigte die Aufrechterhaltung der Selbständigkeit dieser Güter. Dieselben blieben also als selbständige Bezirke bestehen, die sonst den Gemeinden zustehenden Rechte und Pflichten werden hier durch die Besitzer der Güter vorgenommen, die, falls ihnen die für die Verwaltung nötigen persönlichen Eigenschaften mangeln, durch besondere Gutsvorsteher vertreten werden.

Ein oder mehrere Landgemeinden und Gutsbezirke bilden einen Amtsbezirk. Nach dem grundlegenden § 46 der Kreisordnung: „Die Polizei wird im Namen des Königs ausgeübt. Die gutsherrliche Polizeigewalt ist aufgehoben," waren neue polizeiliche Organe erforderlich. Die Gemeinden und selbständigen Güter erschienen wegen ihres ungleichen Umfanges hierzu nicht geeignet, und so mußte man meist mehrere derselben zusammenlegen, um angemessene Bezirke zu gewinnen. Nur die größten Landgemeinden und Gutsbezirke bilden daher einen Amtsbezirk für sich.

Die Organe des Amtsbezirks sind der Amtsvorsteher und der Amtsausschuß. In den nur aus einer Gemeinde bezw. einem Gutsbezirke bestehenden Amtsbezirken ist deren Vorsteher zugleich Amtsvorsteher. Dagegen wird der Amtsvorsteher der zusammengesetzten Amtsbezirke auf Vorschlag des Kreistages vom Oberpräsidenten für die Dauer von sechs Jahren ernannt. Der Amtsausschuß besteht in den zusammengesetzten Amtsbezirken aus Vertretern sämtlicher zum Bezirke gehörigen Gemeinden und Gutsbezirke, in den Amtsbezirken, zu denen nur eine Gemeinde gehört, aus der Gemeindeversammlung bezw. Gemeindevertretung, während er fortfällt in Amtsbezirken, die nur aus einem Gutsbezirke bestehen.

Der Amtsausschuß hat die Kontrolle und Bewilligung der von dem Amtsbezirke aufzubringenden Ausgaben der Amtsverwaltung, das Recht der Zustimmung bei den vom Amtsvorsteher für den Amtsbezirk zu erlassenden Polizeiverordnungen, welche Zustimmung im Falle der Versagung auf Antrag des Amtsvorstehers durch den Kreisausschuß ergänzt werden kann, er hat sich zu äußern über Abänderungen des Amtsbezirks, zur Vorbereitung und Ausführung seiner Beschlüsse besondere Kommissionen und Kommissarien zu bestellen und endlich über sonstige ihm vom Amtsvorsteher aus dem Kreise seiner Befugnisse unterbreitete Vorlagen zu beschließen. Dem Amtsvorsteher liegt ob die Ausübung der örtlichen Polizei, soweit dieselbe nicht durch besondere Gesetze anderen Behörden übertragen ist, und die Verwaltung der sonstigen öffentlichen Angelegenheiten des Amtes.

Der Amtsbezirk, welcher besonders zu dem Zwecke geschaffen wurde, die patrimoniale Polizeiverwaltung zu ersetzen, ist daher vorwiegend ein Bezirk für die allgemeine Landesverwaltung. Die zu einem Amtsbezirke gehörigen Gemeinden und selbständigen Gutsbezirke sind zwar durch das Gesetz ermächtigt worden, durch übereinstimmenden Beschluß einzelne Kommunalangelegenheiten dem Amtsbezirke zu übertragen. Hiervon ist jedoch nur in äußerst beschränktem Maße Gebrauch gemacht worden, da die Besitzer der selbständigen Güter eine vielfach ihren Interessen zuwiderlaufende, engere kommunale Verbindung mit den Landgemeinden scheuten. Dagegen ist der

Amtsbezirk stets insofern ein Kommunalverband, als er die Kosten der Amtsverwaltung aufzubringen hat, soweit die vom Staate bereitgestellten Mittel, insbesondere die Kreisdotation hierzu nicht ausreichen. Bekanntlich bestanden die kommunalen Aufgaben der Kreise anfangs ebenfalls nur in der Aufbringung der Kosten für die Kreisverwaltung, erst in diesem Jahrhundert ist die kommunale Thätigkeit der Kreise eine ausgedehntere geworden. In ähnlicher Weise werden sich jedenfalls auch die Amtsbezirke erst im Laufe der Zeit, wenn die Bevölkerung sich in die Existenz dieser Bezirke völlig eingelebt hat, zu Samtgemeinden des flachen Landes entwickeln.

Als weiterer Verwaltungsbezirk wird für das flache Land und die keinen selbständigen Stadtkreis bildenden Städte der Kreis aufrecht erhalten. An der Spitze jedes Kreises steht ein Landrat, der vorbehaltlich des Rechtes des Kreistages, geeignete Personen für das Landratsamt vorzuschlagen, vom Könige ernannt wird. Zu seiner Stellvertretung werden vom Kreistage zwei Kreisdeputierte auf je sechs Jahre gewählt und vom Oberpräsidenten bestätigt. Der Landrat führt als Organ der Staatsregierung die Geschäfte der allgemeinen Landesverwaltung und leitet als Vorsitzender des Kreisausschusses und Kreistages die Kommunalverwaltung des Kreises. Die Rechte und Pflichten des Landrats sind unverändert geblieben, soweit die Kreisordnung nicht neue Bestimmungen getroffen hat. Insbesondere hat der Landrat auch fernerhin die Polizeiverwaltung im Kreise und in dessen einzelnen Amtsbezirken, Gemeinden und Gutsbezirken zu überwachen.

Dem Landrate zur Seite steht der gewählte Kreistag. Je nach der Bevölkerungszahl des Kreises ist die Zahl der Kreistagsabgeordneten verschieden bestimmt. Die Wahl derselben erfolgt durch drei Wahlverbände, den der Großgrundbesitzer, den der Landgemeinden und den der Städte. Und zwar fallen auf die Städte so viele Abgeordnete, als ihnen nach dem Verhältnisse ihrer Bevölkerung zu der des ganzen Kreises zukommen, aber niemals mehr als die Hälfte und für den Fall, daß nur eine Stadt im Kreise liegt, höchstens ein Drittel der Gesamtzahl der Abgeordneten. Die nach Abzug der städtischen Abgeordneten verbleibende Zahl der Kreistagsabgeordneten wird auf die größeren Grundbesitzer und die Landgemeinden je zur Hälfte verteilt. An die Stelle der Übermacht des Großgrundbesitzes, welche das charakteristische Merkmal der Kreisordnungen der zwanziger Jahre bildet, ist also eine sorgfältige Abwägung der einzelnen Besitzmassen getreten, welche keine gegen die andere zurücksetzt, jeder nach Maßgabe der thatsächlichen Verhältnisse dieselben Rechte bei der Zusammensetzung des Kreistages einräumt. Während daher früher die Kreistage vielfach als Interessenvertretungen des Großgrundbesitzes erscheinen konnten, ist gegenwärtig, wo alle drei gesellschaftlichen Elemente eine gleichmäßige Vertretung gefunden haben, schon hierdurch die Geltendmachung eines einseitig gesellschaftlichen Interesses einer Besitzmasse auf Kosten der anderen ausgeschlossen.

Dem Kreistage, welcher unter Vorsitz des Landrates zusammentritt, liegt lediglich die Beschlußfassung über die Kreiskommunalangelegenheiten ob.

Neben dem Kreistage besteht für die Verwaltung der Angelegenheiten des Kreises und die Wahrnehmung von Geschäften der allgemeinen Landesverwaltung ein Kreisausschuß. Derselbe ist zusammengesetzt aus dem Landrate als Vorsitzenden und sechs von der Kreisversammlung aus der Zahl der Kreisangehörigen, die nicht notwendig Kreistagsabgeordnete sein müssen, gewählten Mitgliedern.

Der Kreisausschuß hat die Beschlüsse des Kreistages vorzubereiten und auszuführen, soweit nicht durch Gesetz oder Kreistagsbeschluß besondere Kommissionen, Kommissarien oder Beamte damit beauftragt sind, die Kreisangelegenheiten nach Maßgabe der Gesetze und der Beschlüsse des Kreistages zu verwalten, die Beamten des Kreises zu ernennen und deren Geschäftsführung zu leiten und zu beaufsichtigen, über die ihm von der Staatsregierung überwiesenen Angelegenheiten sein Gutachten abzugeben und die ihm durch das Gesetz übertragenen Geschäfte der allgemeinen Landesverwaltung zu führen. Insbesondere hat dem Kreisausschusse bereits die Kreisordnung in einer Reihe von Fällen die Beschlußfassung und die Verwaltungsrechtsprechung übertragen.

Während der Kreistag ebenso wie die Stadtverordnetenversammlung nach der Steinschen Städteordnung eine gewählte Vertretung der Kommunalsteuerzahler ist und daher lediglich über die Kommunalangelegenheiten zu beschließen hat, tritt in dem Kreisausschusse ähnlich wie in dem Magistrate der Städteordnung von 1808 die enge Verbindung der Kommunalverwaltung mit der obrigkeitlichen Selbstverwaltung unter Leitung eines besoldeten Staatsbeamten zu Tage. Die an die Wahrung der staatlichen Gesichtspunkte in der allgemeinen Landesverwaltung gewöhnten Ehrenbeamten wurden dadurch gezwungen, auch bei der Kommunalverwaltung von demselben Standpunkte auszugehen. An die Stelle des Strebens nach Autonomie, d. h. nach Bildung kommunaler Republiken innerhalb des Staates, im Interesse einer Besitzklasse trat die Neigung, auch die Kommunalverwaltung im staatlichen Interesse zu führen. Andererseits fand aber die obrigkeitliche Selbstverwaltung einen festen Rückhalt in den korporativ geschlossenen Kommunalverbänden.

Als Verwaltungsgerichte höherer Instanz und als Beschlußbehörden in Beschwerdesachen wurde nach der Kreisordnung für jeden Regierungsbezirk ein Verwaltungsgericht gebildet, welches gleichzeitig an die Stelle der durch das Gesetz vom 8. 3. 1871 gebildeten Deputationen für das Heimatwesen trat. Das Verwaltungsgericht wurde nach den Bestimmungen des Gesetzes vom 8. 3. 1871 zusammengesetzt, bestand also aus einem richterlichen, einem Verwaltungsbeamten und drei von der Provinzialversammlung gewählten Laienmitgliedern. Wegen der Verbindung der Beschlußsachen mit den Verwaltungsstreitsachen in der Zuständigkeit dieser einen Behörde wurde jedoch die Bestimmung getroffen, daß der Regierungspräsident oder in seiner Vertretung der Dirigent der Regierungsabteilung des Innern jederzeit befugt sein solle, den Vorsitz im Verwaltungsgerichte zu übernehmen.

Zur Bestreitung der Kosten für Durchführung der Kreisordnung, insbesondere der Kosten des Kreisausschusses und der Amtsverwaltung wurden den Kreisordnungsprovinzen durch das Gesetz vom 30. 4. 1873 bestimmte Summen aus der Staatskasse zwecks Verteilung auf die einzelnen Kreise zur Verfügung gestellt.

Nachdem die Bestimmungen der Kreisordnung in den betreffenden Provinzen allgemein in Kraft getreten waren, erfolgte der weitere Fortgang der Reform durch vier in einander greifende Gesetze, die Provinzialordnung vom 29. 6. 1875, das Dotationsgesetz vom 8. 7. 1875, das Gesetz über die Verfassung der Verwaltungsgerichte und das Verwaltungsstreitverfahren vom 3. 7. 1875 und endlich das Zuständigkeitsgesetz vom 26. 7. 1876.

Die Provinzialordnung organisiert die Kommunalverwaltung der Provinzen nach dem Vorbilde der Kreise. Der Schwerpunkt der Verwaltung ruht in der Provinzialversammlung oder dem Provinziallandtage. In der Zusammensetzung desselben kommen die einzelnen Besitzmassen gar nicht mehr zur Geltung, sondern nur die unter gleichmäßiger Beteiligung aller Gesellschaftsklassen gebildeten staatlichen Verwaltungsverbände, die Kreise. Die Abgeordneten zum Provinziallandtage werden daher nicht mehr direkt durch die einzelnen Besitzmassen wie die Kreistagsabgeordneten, sondern durch die Kreistage unter Fortfall der bisherigen Virilstimmberechtigungen aus den Provinzialangehörigen auf sechs Jahre gewählt. In den Stadtkreisen erfolgt die Wahl durch den Magistrat und die Stadtverordnetenversammlung in gemeinschaftlicher Sitzung.

Der Provinziallandtag, welcher seine Vorsitzenden selbst wählt, wird wenigstens alle zwei Jahre vom Könige berufen. Die Staatsregierung vertritt ein königlicher Kommissar, in der Regel der Oberpräsident. Der Provinziallandtag hat über die Kommunalverwaltung der Provinz Beschluß zu fassen und über die ihm von der Staatsregierung überwiesenen Gegenstände sein Gutachten abzugeben.

Zum Zweck der Verwaltung der Angelegenheiten der Provinz wird ein Provinzialausschuß bestellt, der aus einer statutarisch näher zu bestimmenden

Anzahl von sieben bis dreizehn Mitgliedern besteht. Dieselben werden vom Provinziallandtage gewählt derart, daß alle drei Jahre die Hälfte ausscheidet. Die laufende Verwaltung führt ein vom Provinziallandtage auf sechs bis zwölf Jahre gewählter Landesdirektor, dessen Wahl der königlichen Bestätigung bedarf. Die übrigen zur Verwaltung der Provinzialangelegenheiten erforderlichen Beamten werden ebenfalls vom Provinziallandtage bestellt und genießen die Rechte und Pflichten der mittelbaren Staatsbeamten.

Das Dotationsgesetz vom 8. 7. 1875 überwies auf Grund des Gesetzes vom 30. 4. 1873 den Provinzialverbänden zur Deckung ihrer Kommunalverwaltungskosten besondere Fonds aus der Staatskasse.

Gleichzeitig mit den Bestimmungen über die Kommunalverwaltung der Provinz traf aber die Provinzialordnung Anordnungen über die Organisation der Beschlußbehörden für die allgemeine Landesverwaltung. Jeder Regierungsbezirk erhielt einen Bezirksrat, bestehend aus dem Regierungspräsidenten bezw. dessen Stellvertreter als Vorsitzenden, einem vom Minister des Innern für die Dauer seines Hauptamtes ernannten höheren Verwaltungsbeamten und vier vom Provinzialausschusse aus der Zahl der Bezirksangehörigen gewählten Mitgliedern.

In der Provinzialinstanz erfolgte eigentümlicher Weise eine Spaltung der Kommunalverwaltung der Provinz und der obrigkeitlichen Selbstverwaltung. Als Beschlußbehörde wurde nämlich nicht der Provinzialausschuß, sondern ein besonderer Provinzialrat bestellt, welcher aus dem Oberpräsidenten als Vorsitzenden, bezw. dessen Stellvertreter, einem vom Minister des Innern für die Dauer des Hauptamtes ernannten höheren Verwaltungsbeamten und fünf vom Provinzialausschusse aus der Zahl der Provinzialangehörigen gewählten Mitgliedern bestand. Diese Scheidung zwischen Provinzialrat und Provinzialausschuß erfolgte entgegen der Regierungsvorlage auf Grund der Beschlüsse des Herrenhauses. Der in den Provinziallandtagen sehr stark vertretene Großgrundbesitz hoffte hierdurch eine größere Unabhängigkeit von staatlichem Einflusse zu erreichen, als wenn die Kommunalbehörde zugleich Behörde für die allgemeine Landesverwaltung war und somit berufsmäßige Beamte, besonders der Oberpräsident, die man aus einer Behörde der allgemeinen Landesverwaltung nicht ausschließen konnte, auch an der Kommunalverwaltung der Provinz beteiligt wurden. Alle Vorteile, welche die Verbindung der allgemeinen Landesverwaltung mit der Kommunalverwaltung den Kreisen bot, gingen dadurch den Provinzen natürlich verloren, insbesondere wurde eine Führung der Kommunalverwaltung lediglich von staatlichen Gesichtspunkten nicht in hinreichender Weise gesichert.

Das Gesetz betreffend die Verfassung der Verwaltungsgerichte und das

Verwaltungsstreitverfahren vom 3. 7. 1875 organisierte weiterhin die Verwaltungsgerichte, d. h. die Gerichte, welche zur Entscheidung der in den Gesetzen bezeichneten Streitsachen über Ansprüche und Verbindlichkeiten aus dem öffentlichen Rechte (streitige Verwaltungssachen) bestimmt waren. Für den Kreis war dies der Kreisausschuß, für den Regierungsbezirk ein Bezirksverwaltungsgericht, bestehend aus zwei vom Könige auf Lebenszeit ernannten Mitgliedern, einem zu Richter- und einem zu höheren Verwaltungsämtern befähigten, deren einer zum Direktor ernannt wurde, und drei vom Provinzialausschusse aus den Einwohnern des Bezirks auf drei Jahre gewählten Mitgliedern. Den obersten Gerichtshof in Verwaltungssachen endlich bildet ein nur aus berufsmäßigen Beamten bestehendes Oberverwaltungsgericht in richterlicher Unabhängigkeit, dessen Mitglieder zur Hälfte zum Richteramte, zur Hälfte zu höheren Verwaltungsämtern befähigt, dreißig Jahre alt sein müssen und vom Könige auf Vorschlag des Staatsministeriums für Lebenszeit ernannt werden. Das Gesetz bestimmt außerdem noch die örtliche Zuständigkeit und das Verfahren der Verwaltungsgerichte.

Das Zuständigkeitsgesetz vom 26. 7. 1876 endlich regelt die sachliche Zuständigkeit der einzelnen Verwaltungsbehörden. Für die Stadtkreise werden statt der Kreisausschüsse als Verwaltungsgerichts- und Beschlußbehörden erster Instanz Stadtausschüsse gebildet, welche aus dem Bürgermeister als Vorsitzenden und vier vom Magistrate auf sechs Jahre gewählten Laienmitgliedern bestehen. Bei welchen Sachen nur ein Beschwerdeverfahren und bei welchen ein regelrechter Prozeß, ein Verwaltungsstreitverfahren, stattfindet, wird im einzelnen genau bestimmt. Wegen der verschiedenen Natur der einzelnen Verwaltungsakte, die einesteils vorzugsweise auf Grund eines thatsächlichen Bedürfnisses, anderenteils auf Grund einer gesetzlichen Notwendigkeit ergingen, war eine verschiedenartige Nachprüfung vom Standpunkte der Angemessenheit und von dem der Gesetzmäßigkeit möglich. Je nachdem die eine oder die andere Seite in einem Verwaltungsakte das vorwiegende Moment war, wurde gegen denselben, da ein System doppelter Rechtsmittel nicht durchführbar war, entweder der Beschwerdeweg zur Prüfung der Angemessenheit oder das Verwaltungsstreitverfahren zur Prüfung der Gesetzmäßigkeit gegeben. Das Beschwerdeverfahren wird in der Weise geregelt, daß von dem Kreis- oder Stadtausschuß die Beschwerde an den Bezirksrat, von dem Bezirksrat dagegen an den Provinzialrat geht.

Bei dem kasuistischen Herausgreifen einzelner Verwaltungsangelegenheiten und der Normierung der Rechtsmittel wie des Instanzenzuges für diese mußten aber immer noch zahlreiche Fälle übrig bleiben, in denen weder ein Verwaltungsstreitverfahren noch ein Beschwerdeweg bei den Selbstverwaltungsbehörden gegeben war. Hier konnte nur eine allgemeine Klausel aushelfen. Es wurde daher gegen die nicht speziell hervorgehobenen polizeilichen Verfügungen der Gemeinde- und Amtsvorsteher sowie der Polizeibehörden von Städten bis zu 10 000 Einwohnern die Beschwerde an den Landrat und von diesem an den Regierungspräsidenten, gegen solche Verfügungen der Polizeibehörden von Städten mit 10 000 Einwohnern und darüber die Beschwerde an den Regierungspräsidenten und von diesem an den Oberpräsidenten gegeben. Gegen die in letzter Instanz getroffenen Entscheidungen des Regierungspräsidenten bezw. des Oberpräsidenten findet die Klage beim Oberverwaltungsgerichte statt. An Stelle der ersten Beschwerde an den Landrat bezw. den Regierungspräsidenten ist aber sofort die Klage beim Kreisausschuß, beziehungsweise dem Bezirksverwaltungsgerichte zulässig.

Auf diese Weise war in dem großen Gebiete der polizeilichen Zwangsverfügungen, die sowohl eine Prüfung von der thatsächlichen wie von der rechtlichen Seite zulassen, es demjenigen, an den die Verfügung gerichtet war, ermöglicht, eine Nachprüfung von der Seite des thatsächlichen Bedürfnisses, falls er dasselbe bestritt, oder von der Seite der Gesetzmäßigkeit, falls er diese in Zweifel zog, herbeizuführen. Jedenfalls war jetzt ein wirksamer Rechtsschutz auf dem gesamten Gebiete des öffentlichen Rechts hergestellt.

Endlich erfolgte der vorläufige Abschluß der Reform durch das Gesetz über die allgemeine Landesverwaltung vom 26. 7. 1880. Dasselbe war dazu bestimmt, die allgemeine Landesverwaltung in allen ihren Teilen in Übereinstimmung mit den bisherigen Reformen zu bringen. Da diese erst in einem Teile des Staates durchgeführt waren, so wurde auch das Inkrafttreten des Landesverwaltungsgesetzes, obgleich dasselbe für den ganzen Staat erlassen war, für die westlichen und neuen Provinzen wie für Posen bis dahin hinausgeschoben, bis für dieselben besondere Kreis- und Provinzialordnungen erlassen sein würden.

Das Gesetz organisiert die Verwaltungsbehörden des Staates wesentlich im Anschluß an das bestehende Recht, nimmt aber die bisher schon getroffenen gesetzlichen Anordnungen über die Teilnahme der Selbstverwaltungsorgane an der allgemeinen Landesverwaltung zum größten Teil in sich auf.

Die bedeutendste Veränderung der bisherigen Verwaltungsorganisation bestand darin, daß die Regierungen in ihren Abteilungen überall möglichst übereinstimmend gestaltet wurden. Eine völlige Neubildung erfolgte dagegen nur in der bisherigen Abteilung des Innern. Da die frühere entscheidende Thätigkeit der Regierungsabteilung des Innern zum größten Teile auf den Bezirksrat und das Bezirksverwaltungsgericht übergegangen war, so blieb für die Regierungsabteilung fast nur noch die Exekutive der inneren Verwaltung.

Diese dreifachen kollegialischen Behörden erschienen aber für eine prompte Verwaltung viel zu schwerfällig. Namentlich mußte man neben der Verstärkung der Kontrollen durch die Selbstverwaltungsorgane auch auf eine Verstärkung der Exekutive bedacht sein, wenn die Verwaltung durch den verwickelten Behördenorganismus nicht allzu schleppend werden sollte. Die bisherige kollegialische Regierungsabteilung des Innern wurde daher aufgehoben. An ihre Stelle tritt der Regierungspräsident, der die bisher von der Abteilung bearbeiteten Geschäfte mit mehreren Hilfsarbeitern erledigt, aber allein eine entscheidende Stimme hat.

Außerdem wurden auch die Bestimmungen über das Beschlußverfahren der Verwaltungsbehörden, über Rechtsmittel gegen polizeiliche Verfügungen und über das Polizeiverordnungsrecht, soweit sie in den seit 1872 erlassenen Gesetzen enthalten waren, mit geringfügigen Veränderungen und Ergänzungen in das Landesverwaltungsgesetz aufgenommen.

Da das Gesetz in so umfassender Weise die über die allgemeine Landesverwaltung getroffenen Anordnungen aus den bisherigen Gesetzen übernahm, so war gleichzeitig eine Revision dieser unumgänglich notwendig, zumal da die bei der Verwaltung beteiligten Laienelemente sich ohnedies in der verwickelten Gesetzgebung kaum zurechtfinden konnten. Diese Revision bestand vorzugsweise darin, daß die mit dem Landesverwaltungsgesetze in Widerspruch stehenden Bestimmungen der früheren Reformgesetze geändert, die in dasselbe übernommenen dagegen aufgehoben wurden. So erfolgte eine Revision des Verwaltungsgerichtsgesetzes durch Gesetz vom 2. 8. 1880, der Kreisordnung durch Gesetz vom 19. 3. 1881, der Provinzialordnung durch Gesetz vom 22. 3. 1881.

Die letzte Revision der Verwaltungsgesetze im Jahre 1883 hatte hauptsächlich eine einfachere Gestaltung des Behördenorganismus durch Verschmelzung des Bezirksrats und des Bezirksverwaltungsgerichts zu einem Bezirksausschuß mit fakultativem Vorsitze des Regierungspräsidenten zum Zwecke. Diese Verschmelzung erfolgte durch das neue Landesverwaltungsgesetz vom 30. 7. 1883. Dasselbe nahm außerdem die Bestimmungen über die Organisation der Verwaltungsgerichte und das Verwaltungsstreitverfahren in sich auf, so daß von dem Gesetze vom 3. 7. 1875/2. 8. 1880 gegenwärtig nur noch die §§ 17 bis 30a und 88 in Kraft sind. Fernerhin erging am 1. 8. 1883 ein neues Zuständigkeitsgesetz, welches auf Grund der bisher gemachten Erfahrungen die oberen Instanzen, namentlich das Oberverwaltungsgericht, dadurch zu entlasten suchte, daß es die Entscheidungen der unteren Instanzen in einer Reihe von Fällen, in denen bisher noch weitere Rechtsmittel zulässig gewesen waren, für endgiltige erklärte.

Damit kann die Reform der Kreis- und Provinzialverfassung der östlichen Provinzen, sowie der allgemeinen Landesverwaltung im wesentlichen als abgeschlossen gelten, wenn sich auch im Laufe der nächsten Jahre noch hier und da das Bedürfnis nach einzelnen Verbesserungen herausstellen wird. Nachdem die Grundsätze der Reform in den östlichen Provinzen allgemein durchgeführt waren und als in den wesentlichsten Punkten unerschütterlich angesehen werden konnten, war es nunmehr möglich, die Ausdehnung der Verwaltungsreform auf die übrigen Landesteile, die neuen und westlichen Provinzen und Posen, ins Auge zu fassen.

Bei den verschiedenen sozialen Verhältnissen und der verschiedenen geschichtlichen Entwicklung dieser Landesteile war nicht daran zu denken, für sie die für die östlichen Provinzen erlassene Verwaltungsgesetzgebung, namentlich soweit sie die Kommunalverbände und die allgemeine Landesverwaltung unterster Instanz betraf, unverändert in Kraft zu setzen. Ebenso große Verschiedenheiten, als zwischen dem Osten und Westen bestanden, waren aber wieder unter den einzelnen Provinzen des Westens vorhanden. Der gemeinsame Grundzug des Westens war der Mangel an einem starken Großgrundbesitze, dem Rittergutsbesitze des Ostens. Dagegen war der Unterschied zwischen Hannover und Schleswig-Holstein mit ihrer vorwiegend bäuerlichen Bevölkerung und dem industriereichen Rheinland und Westfalen kaum minder groß als der zwischen diesen Provinzen und dem Osten. Man wählte daher den Weg, für jede Provinz eine besondere Kreisordnung zu erlassen und gleichzeitig die Provinzialordnung mit den für die Provinz notwendigen Abänderungen, die übrige Verwaltungsgesetzgebung dagegen unverändert zur Einführung zu bringen.

Zunächst erfolgte die Ausdehnung der Verwaltungsreform auf die Provinz Hannover durch die hannöversche Kreisordnung vom 6. 5. 1884 und das Einführungsgesetz zur Provinzialordnung. Wenn auch die Grundsätze der Kreisordnung von 1872 überall zur Anwendung gelangen können, wo ein kräftige Staatsgewalt den gesellschaftlichen Bestrebungen gegenübersteht, so mußte doch die Ausführung dieser Grundsätze unter verschiedenen sozialen Verhältnissen eine sehr verschiedenartige werden. Vor allem fehlte in Hannover die Gesellschaftsklasse, auf die sich im Osten die Selbstverwaltung vorzugsweise stützte, der Großgrundbesitz, so gut wie vollständig und, soweit er vorhanden war, stand er dem Staate größtenteils feindlich gegenüber. Dadurch war die hauptsächlichste Abweichung der hannöverschen Kreisordnung von der altländischen, das Fehlen der Amtsverbände und Amtsvorsteher, bedingt.

Die Amtsverbände der östlichen Provinzen waren geschaffen worden vorzugsweise als Bezirke für die örtliche Polizeiverwaltung des flachen Landes, diese war an die Stelle der bisherigen patrimonialen Verwaltung, die Amtsvorsteher an die Stelle der bisherigen Gutsherren getreten. In Hannover waren für die Stellen der Amtsvorsteher, die im Osten fast ausschließlich von den Großgrundbesitzern versehen wurden, die sozialen Elemente nicht vorhanden. Damit waren die Amtsverbände überhaupt ein Ding der Unmöglichkeit.

Da die Ortspolizei bisher von Staatsbeamten, den Amtshauptleuten, nicht von den Gemeindevorstehern gehandhabt war, so erschien es bedenklich, jetzt plötzlich den darin ungeübten Gemeindevorstehern die Ortspolizeiverwaltung zu übertragen. Dagegen sprach außerdem derselbe Grund wie im Osten, die große Ungleichheit der einzelnen Polizeibezirke, welche sich aus einer Verbindung der Polizeiverwaltung mit den einzelnen Gemeindebezirken ergeben haben würde.

Wesentlich im Anschluß an die bisher bestehenden Verhältnisse wurde daher die Ortspolizeiverwaltung des flachen Landes wie bisher den Amtshauptleuten, so jetzt den Landräten übertragen, welche, soweit nichts anderes bestimmt wurde, das Amt der bisherigen Amtshauptleute und Kreishauptleute in sich vereinigten. Die Polizeiverwaltung der Städte und zwar auch derjenigen, welche nicht ihre Selbständigkeit behielten, sondern den Kreisen einverleibt und den Landräten unterstellt wurden, blieb dagegen den Magistraten, soweit nicht besondere Polizeibehörden bestellt waren. Dem Landrate stand hier wie in den anderen Provinzen nur die gesetzlich geregelte Aufsicht über die städtische Polizeiverwaltung zu.

Die Übertragung der Ortspolizeiverwaltung des flachen Landes auf den Landrat hatte nun aber zur weiteren Folge eine im Vergleich mit den anderen Provinzen unverhältnismäßige Kleinheit der Kreise. Der Landrat konnte naturgemäß auf dem polizeilichen Gebiete nicht viel mehr leisten als die bisherigen Amtshauptleute. Der hannöversche Kreis hat daher in der Regel nur den Umfang von einem, höchstens zwei Ämtern, wozu meist noch eine bisher selbständige Stadt mit eigener Polizeiverwaltung kommt. Die Kleinheit der Kreise machte aber wiederum einen geringen Umfang der Regierungsbezirke erforderlich, als welche die bisherigen Landdrosteibezirke unverändert festgehalten wurden.

Im übrigen wurde die allgemeine Landesverwaltung Hannovers ebenso organisiert wie in den übrigen Provinzen, namentlich wurden abgesehen von der Kreis- und Provinzialordnung die übrigen Reformgesetze in Hannover unverändert eingeführt.

Was die größeren kommunalen Verbände anbetrifft, so wurde die Kommunalverwaltung der Kreise ebenso gestaltet wie in den östlichen Provinzen. Die Provinzialordnung gelangte mit ganz unerheblichen Abweichungen, z. B.

der Bestellung eines kollegialischen Landesdirektoriums statt eines einzelnen Landesdirektors, auch in Hannover zur Einführung.

Es folgte demnächst die Verwaltungsreform der Provinz Hessen-Nassau, für welche am 7. 6. 1885 eine Kreisordnung, am 8. 6. 1885 ein Gesetz über die Einführung der Provinzialordnung vom 29. 6. 1875 erging. Von der Einführung von Amtsbezirken konnte in Hessen-Nassau ebenso wenig die Rede sein wie in Hannover, da auch hier der soziale Angelpunkt der Amtsverfassung, ein starker Grundbesitz, fehlte. Dagegen hatten sowohl in Kurhessen wie in Nassau die Vorsteher der Landgemeinden, die Bürgermeister, ebenso wie die der Städte die örtliche Polizeiverwaltung bisher schon ausgeübt. Ihnen diese zu nehmen und auf rein staatliche Organe zu übertragen, lag durchaus keine Veranlassung vor. Die örtliche Polizeiverwaltung blieb daher mit einer Ausnahme bezüglich des Landkreises Frankfurt a. M., die sich durch die besonderen Verhältnisse dieses Kreises rechtfertigte, allgemein den Bürgermeistern. Die Landräte wurden wie in den anderen Provinzen mit Ausnahme Hannovers auf die Aufsicht über die Ortspolizeiverwaltung beschränkt. Dagegen fielen die bisher in einzelnen Teilen der Provinz bestehenden Ämter mit Amtleuten an der Spitze fort. Unter Berücksichtigung dieses Umstandes war eine Verkleinerung der Kreise nur in einigen nassauischen Gebieten erforderlich. Im übrigen wurde die Kreisverwaltung, insbesondere die Kommunalverwaltung der Kreise vollständig wie in den östlichen Provinzen gestaltet.

Größere Schwierigkeiten bot die Einführung der Provinzialordnung in Hessen-Nassau. Bisher hatten der Regierungsbezirk Wiesbaden mit Ausnahme der Stadt Frankfurt a. M. einerseits und der Regierungsbezirk Kassel andererseits besondere Kommunalverbände mit eigenen Kommunallandtagen gebildet, während die ganze Provinz weder die Eigenschaft eines Kommunalverbandes hatte noch überhaupt einen Provinziallandtag besaß.

Bei der Ausdehnung der Reform auf Hessen-Nassau standen zwei entgegengesetzte Bestrebungen einander gegenüber. Die eine wünschte die Aufrechterhaltung der bisherigen Selbständigkeit der einzelnen Landesteile und demnach Teilung der Provinz in zwei besondere Provinzen, Hessen und Nassau, sie war hauptsächlich in der Provinz selbst vertreten, die andere wünschte die Beseitigung der Kommunallandtage und vollständige Verschmelzung der einzelnen Gebietsteile zu einer einheitlichen Provinz. Der schließliche Regierungsentwurf hielt sich zwischen beiden Extremen in der Mitte. An eine Teilung dieser schon an und für sich kleinsten Provinz des preußischen Staates in zwei Provinzen war nicht zu denken. Blieb aber die Provinz eine Einheit, und wurde auf sie die Verwaltungsreform ausgedehnt, so machte die hiernach stattfindende Teilnahme von Selbstverwaltungsorganen der Provinz an der allgemeinen Landesverwaltung dieser wie der Regierungsbezirke auch die Bildung eines Provinziallandtages erforderlich, an den sich die weiteren Selbstverwaltungseinrichtungen der Provinz anschlossen. Es war zu erwarten, daß sich hieraus im Laufe der Zeit auch kommunale Interessen der ganzen Provinz entwickeln würden. Dieselbe wurde daher für einen Kommunalverband erklärt, wenn sie auch kommunale Einrichtungen noch nicht besitzt.

Dagegen schien es ein zu rascher Übergang, die kommunalen Einrichtungen der beiden Regierungsbezirke sofort auf die Provinz zu übertragen, da namentlich die auf dem Provinziallandtage in der Minderheit befindlichen Nassauer hierbei eine Benachteiligung ihres Interesses fürchteten. Die Regierungsbezirke wurden daher vorläufig als Kommunalverbände aufrecht erhalten, wobei die Stadt Frankfurt mit dem Verbande des Regierungsbezirks Wiesbaden vereinigt wurde. Eine vollständige innere Verschmelzung der Provinz, die jedenfalls angebahnt war, blieb einer späteren Zeit vorbehalten. Mitglieder der Kommunallandtage waren die in dem betreffenden Bezirke zum Provinziallandtage gewählten Abgeordneten.

Die allgemeine Landesverwaltung der Regierungsbezirke und der Provinz bietet dagegen keine Abweichungen von der der anderen Provinzen, in denen die Verwaltungsreform durchgeführt ist.

Es sollen demnächst dem Landtage Gesetzentwürfe zugehen, nach welchen die Verwaltungsreform zunächst auf Westfalen und dann auch auf die Rheinprovinz ausgedehnt wird. In Westfalen fehlt für die konsequente Durchführung des Systems der Ehrenämter von unten herauf ebenso wie in Hannover und Hessen-Nassau die hierzu notwendige gesellschaftliche Grundlage, insbesondere der Großgrundbesitz. Dagegen haben sich seit nahezu einem halben Jahrhundert in den Ämtern bäuerliche Samtgemeinden mit besoldeten Vorstehern gebildet, die zugleich die örtliche Polizei ausüben. Eine Zerstörung dieser Samtgemeinden würde zahllose Interessen verletzen, ohne daß voraussichtlich etwas besseres an ihre Stelle treten könnte. In unterster Instanz soll daher die halbbüreaukratische Formation der Ämter erhalten bleiben, und erst von den Kreisen an aufwärts die weitere Durchführung der Selbstverwaltung nach dem Vorbilde der übrigen Provinzen erfolgen. Ein schwieriges Problem der Gesetzgebung wird dabei immerhin noch die Einfügung des standesherrlichen Elements in das System der Selbstverwaltung bilden.

In der Rheinprovinz liegen die Verhältnisse ähnlich wie in Westfalen. An einer obrigkeitlichen Selbstverwaltung von unten herauf nach Art der Amtsverbände der östlichen Provinzen hindert hier außer dem Mangel eines Grundbesitzes, der der Träger dieser Selbstverwaltung werden könnte, die fluktuierende Bevölkerung der Fabrikdistrikte. Für die industriellen Bezirke, die einen großen Teil der Rheinprovinz ausmachen, ist eine energisch durchgreifende Polizeiverwaltung durch berufsmäßige Beamte ebenso erforderlich wie für die großen Städte, für beide kann eine Ausübung der Polizei durch die kommunalen Organe nicht genügen. Die jetzigen rheinischen Bürgermeistereien werden daher wahrscheinlich ebenfalls erhalten bleiben, und die Selbstverwaltung erst von den Kreisen aufwärts zur Geltung kommen.

An die Verwaltungsreform Westfalens und der Rheinprovinz wird sich dann endlich die von Schleswig-Holstein und Posen anschließen, über deren Ausführung im einzelnen noch nichts verlautet. Eine obrigkeitliche Selbstverwaltung namentlich der Polizei auch in unterster Instanz wird aber jedenfalls auch in diesen Provinzen schon wegen der nationalen Verhältnisse unmöglich sein.

Das Staatsgebiet wird sich demnach scheiden in die Provinzen mit vollständig durchgeführter Selbstverwaltung und solche, in denen die Selbstverwaltung nicht schon in unterster Instanz, sondern erst in den größeren Bezirken, den Kreisen, Regierungsbezirken und Provinzen zur Geltung gekommen ist. Gemeinsam ist aber beiden die Selbstverwaltung dieser größeren Bezirke und der wirksame Schutz auf dem Gebiete des öffentlichen Rechts durch die Verwaltungsrechtsprechung. Wenn in den westlichen Provinzen und Posen auch die gesellschaftlichen Grundlagen für eine konsequente Durchführung des Systems der Selbstverwaltuug noch nicht in der Weise vorhanden sind, wie dies in dem Osten der Monarchie durch die lange Erhaltung des Patrimonialstaates der Fall war, so bietet sich doch vielleicht später, wenn die besitzenden Klassen sich in Kreis, Bezirk und Provinz erst wieder an einen persönlichen Dienst für die Verwaltung des Staates und der Kommunalverbände gewöhnt haben, die Möglichkeit, sie auch für den weit beschwerlicheren Dienst der örtlichen Polizeiverwaltung heranzuziehen, wie dies im Osten bereits geschehen ist.

Schluß.

Während eines Zeitraumes von 750 Jahren haben wir die Entwicklung des preußischen Staatswesens begleitet und den ununterbrochenen Kampf zwischen Staat und Gesellschaft wie zwischen den einzelnen Gesellschaftsklassen verfolgt, einen Kampf, der vorzugsweise in dem Verwaltungsrechte des Staates zur Geltung kommt, indem dieses die Grenzen bestimmt, innerhalb deren sich die Staatsthätigkeit gegenüber den Unterthanen zu bewegen hat.

Eine militärische Kolonisation des deutschen Volkes auf slavischem Boden bildet den Ausgangspunkt des Staates, von dem die Neugestaltung Deutschlands ausgegangen ist. Vom militärischen Gesichtspunkte wird die Verwaltung des neuen Staatswesens organisiert, selbst die Schichtung der einzelnen Gesellschaftsklassen, welche infolge des Verfügungsrechts des Landesherrn über Grund und Boden noch in der Hand der Staatsgewalt ruht, erfolgt mit steter Rücksichtnahme auf Herstellung einer möglichst großen Wehrfähigkeit des Landes: ein starker Großgrundbesitz, der fähig ist, den ritterlichen Kriegsdienst zu leisten, wird geschaffen neben einem verhältnismäßig schwachen bäuerlichen Besitze. Rechtlich und thatsächlich von dem flachen Lande geschieden, werden die märkischen Städte als Mittelpunkte von Handel und Verkehr durch die Markgrafen begründet. Über diesem dreifach gesonderten Besitze, den drei weltlichen Ständen des Mittelalters, zu denen als vierter noch die geistigen und weltlichen Besitz in sich vereinigende Geistlichkeit kommt, erhebt sich in völliger Unabhängigkeit von ihren Unterthanen, in einem lockeren Vasallenverhältnis zu Kaiser und Reich die markgräfliche Gewalt.

Doch diese, geschaffen als starker Schutz und Schirm gegen die Slaven, erhält sich mit dem Aufhören der Slavenkämpfe nicht mehr lange in ihrer unabhängigen Stellung. Es ist ein bekanntes politisches Axiom, daß die Macht nur durch dieselben Mittel erhalten wird, durch die sie erworben worden. Der Militärstaat mußte im Frieden seine Spannkraft verlieren, mußte ähnlich dem Schwesterstaate an der Weichsel seiner Bestimmung untreu werden. Die Markgrafen, einst nur militärische Chefs an der Grenzmark des Reichs, betrachten ihre Markgrafschaft nicht mehr als Amt, sondern als ererbtes Familiengut, als Domäne ihres Hauses. Das Land wird unter die verschiedenen Mitglieder der regierenden Familie geteilt.

Wenn so die Askanier ihrer Pflichten vergaßen, wenn sie das eigene Interesse über das Wohl des Staates setzten, so hatten die Unterthanen keine Veranlassung, es anders zu machen. Im Gegenteil finden bei der Zersplitterung des Staatswesens und der dadurch hervorgerufenen Finanznot der Fürsten der mächtige ritterliche Großgrundbesitz und die Städte des Landes zum ersten Male Gelegenheit, ihre Macht zu bethätigen. Der Großgrundbesitz läßt sich die Leistungen und Dienste der übrigen Bewohner des flachen Landes, der Bauern, an den Landesherrn, er läßt sich Gerichtsbarkeit, Polizei und Patronat über die Dörfer verkaufen. Dasselbe thun die Städte als Korporationen für ihr Stadtgebiet und gewinnen auf diese Weise ihre Autonomie.

Während des Zeitraums von ungefähr einem Jahrhundert geht durch diese Veräußerungen der absolute Staat in den ständischen über. Der Landesherr verliert alle unmittelbaren Regierungsrechte über das Land mit einziger Ausnahme seiner Domänen und der dazu gehörigen Dörfer, es bleibt ihm nur das Recht der obersten Aufsicht und der obersten Gerichtsbarkeit. Aber auch in der Ausübung dieser Rechte wird er beschränkt durch die Gesamtheit der Stände, welche auf den Landtagen ihre Interessen gegenüber dem des Landesherrn zur Geltung bringen und jede Steuerbewilligung von der Befriedigung ihrer Wünsche abhängig machen.

Dieser vollständige Sieg der Gesellschaft über den Staat macht jede Reform von innen heraus unmöglich, die Herstellung einer selbständigen und starken Staatsgewalt kann nur erfolgen durch eine neue Eroberung. Die Hohenzollern unterwerfen mit Hilfe ihrer fränkischen Hausmacht und von dem Antagonismus der beiden bedeutendsten Stände, der Ritterschaft und der Städte, Gebrauch machend, zuerst, von den Städten unterstützt, den mächtigen grundbesitzenden Adel des Landes, sodann, vom Adel unterstützt, die Städte wieder ihrer landesherrlichen Gewalt. Sie machen ferner durch die Einführung der indirekten Besteuerung ihre Regierung auch materiell unabhängig von der Übermacht der besitzenden Klassen, der Stände. Durch die Reformation gewinnen sie endlich auf kirchlichem Gebiete eine völlig absolute Stellung, die bisherige kirchliche Thätigkeit wird vom Landesherrn und seinen Beamten ausgeübt, die Kirchengüter werden zum großen Teil Staatsdomänen.

Ohne eigenes Verschulden vermögen aber die Landesherren ihre in langen Kämpfen den Ständen gegenüber gewonnene Stellung nicht zu behaupten. Es ist die durch die Entdeckung Amerikas herbeigeführte große Preisrevolution, welche den Landesherren ihre Einkünfte unter den Händen schwinden läßt und sie nötigt, sich wegen Bewilligung neuer Einnahmen an die Stände zu wenden.

Unterdessen hat sich aber eine gewaltige Umwälzung aller Verhältnisse vollzogen durch die so unscheinbare Erfindung des Schießpulvers und die Einführung des römischen Rechts, welche beide die bisherige ständische Staats- und Gesellschaftsordnung aus den Angeln zu heben drohten. Bisher haben die ständischen Rechte ein Äquivalent und eine Berechtigung erhalten durch die Leistungen der Stände für den Staat. Sie sorgten als Richter und Schöffen ausschließlich für die Rechtsprechung, sie leisteten allein den Heerdienst. Das römische Recht macht die bisherige Gerichtsverfassung, das Schießpulver den bisherigen Lehnskriegsdienst zur Unmöglichkeit. Durch die Reorganisation des Kammergerichts war schon der Grund gelegt zu einer neuen Rechtsordnung, an die Stelle des bisherigen, ständisch gegliederten Rechts war wenigstens ein einheitliches Privatrecht für alle Stände getreten. Noch mehr bedrohte das durch die Erfindung des Schießpulvers notwendig gewordene Berufssoldatentum die Stände, es hätte dem Landesherrn die physische Macht zur Vernichtung der ständischen Rechte gegeben. Die Stände bewilligen daher zwar dem Landesherrn die notwendigsten Steuern, nehmen dieselben aber in eigene Verwaltung, damit sie nicht etwa zur Anwerbung eines der ständischen Rechtsordnung bedrohlichen Söldnerheeres verwandt würden.

Damit ist von neuem in dem Kampfe zwischen Fürst und Ständen oder, wie wir heute sagen, zwischen Staat und Gesellschaft der Sieg zu Gunsten der letzteren entschieden. Wie eine pflichtenlose Aristokratie am meisten geneigt ist, ihr Privatinteresse auf Kosten anderer Gesellschaftsklassen zu verfolgen, so benutzen auch jetzt die auf den Landtagen vertretenen Stände, namentlich der adlige Großgrundbesitz, von neuem ihre Macht zur Verfolgung ihres persönlichen Interesses, zur Unterdrückung und Ausbeutung des Bauernstandes, wozu die von den Ständen völlig abhängige Staatsgewalt alle nur erwünschten Handhaben darbietet.

Erst im Anfange des 17. Jahrhunderts ermannt sich die landesherrliche Gewalt von neuem. Durch Begründung des Geheimen Rats wird wenigstens in der Centralverwaltung eine rein staatliche, von den Ständen unabhängige Behörde geschaffen. Gleichzeitig tritt der Staat in den Mittelpunkt der politischen Bewegungen, indem dem Fürstenhause im äußersten Osten und im äußersten Westen Deutschlands bedeutende Gebiete zufallen, die mit Brandenburg innerlich zu verschmelzen anfangs als ein Ding der Unmöglichkeit erscheinen mußte.

Der Anstoß zu einer energischen Fortentwicklung kam aber erst von Außen, durch den dreißigjährigen Krieg und die dadurch unabweisbar notwendig gewordene Schaffung eines stehenden Heeres. Als gegen Ende des Krieges unter einem genialen Fürsten die Staatsgewalt von neuem erstarkt, da geht von dem Heere jene gewaltige Reform aus, welche für immer die Fesseln sprengt, in die die mittelalterliche Gesellschaftsordnung den Staat geschlagen. An das stehende Heer schließt sich die das ständische System brechende Steuerreform, namentlich die Einführung der Accise in den Städten der östlichen Provinzen, an diese die Umgestaltung der gesamten inneren Verwaltung. Unter dem großen Kurfürsten ist der neue Militärstaat gegründet worden. Es ist ein bedeutsames Zeichen, daß die Militärintendanturen, die Kommissariate, jetzt die innere Verwaltung fast vollständig, die Rechtsprechung wenigstens zum Teil an sich reißen. Das Heer war Ausgangs- und Mittelpunkt der ganzen Verwaltung, es schien, als sei der Staat nur des Heeres wegen da. Und doch ist in dieser Zeit der Grund gelegt für die Größe Preußens. Durch das Heer und die damit in Verbindung stehende Verwaltung sind einzig und allein die verschiedenen Provinzen zu einem einheitlichen Staate verschmolzen worden.

Die Staatsgewalt wird aber nicht nur wieder unabhängig von den Ständen, es wird sogar der trotzigste Vertreter des Ständetums, der adlige Großgrundbesitz, in den Dienst des Staates gestellt. Im Heere muß er die Offiziersstellen übernehmen, das flache Land der mittleren Provinzen wird durch die Vertreter dieses Standes, die Kreiskommissare, Landräte und Kreistage, nach den vom Staate getroffenen Anordnungen verwaltet.

Wenn auch in den ersten Jahrzehnten des 18. Jahrhunderts nach Erwerbung der Königskrone die Fortschritte nicht mehr so in die Augen fallend sind, so war es doch schon von Wichtigkeit, daß das bisher Erreichte erhalten und befestigt wurde, während überall sonst in Europa die ständische Reaktion mit Macht ihr Haupt erhob. Die unscheinbare Thätigkeit Friedrich Wilhelms I. hat durch Vollendung der Steuerreform und durch die unübertreffliche Verwaltungsorganisation die ständische Reaktion in Preußen für immer unmöglich gemacht. Nicht zum wenigsten trug dazu bei, daß schon damals, noch mehr unter Friedrich dem Großen der Adel zum großen Teile in dem Civil- und Militärdienst des Staates stand. Der Plan Friedrich Wilhelms I., durch das Kantonsystem in gleicher Weise auch die übrigen Stände zum persönlichen Kriegsdienste zu nötigen, konnte zwar nicht vollständig durchgeführt werden, war aber doch der erste Versuch, das Söldnerheer durch etwas Besseres zu ersetzen.

Unter Friedrich dem Großen kann sich die seit lange gesammelte Macht Preußens nach außen kehren und unter dem größten Feldherrn und Staatsmanne des Jahrhunderts die bewunderungswürdigsten Erfolge erzielen. Gleichwohl treten in dem inneren Staatsleben schon unter ihm, noch mehr unter seinen Nachfolgern die Spuren des Verfalls unverkennbar hervor. Infolge der Exemtionen aller wohlhabenden Klassen wird das Heer nur noch aus den untersten Bevölkerungsschichten rekrutiert. Wenn auch Beamtentum und Adel dem Staate dienten, so tritt doch die Entfremdung der großen Masse der Bevölkerung vom Staate immer mehr zu Tage. Es zeigt sich hier, wie die kunstvollste Maschinerie, die beste Organisation und Ausbildung von Heer und Verwaltung nur Stückwerk ist, wie eine Maschine nie den lebendigen Organismus ersetzen kann, den die persönliche Teilnahme seiner Unterthanen dem Staate verschafft. Infolge dieser Teilnahmlosigkeit bricht infolge des geringsten äußeren Anstoßes die Katastrophe über den Staat herein.

Nach Abschluß des Friedens sieht daher die Reformpartei mit klarem Blick ihre Hauptaufgabe darin, nicht eine oberflächliche Reform durchzuführen durch Wechsel der Personen und Abstellung einiger äußerlicher Mängel, sondern vor allem wieder eine enge Verbindung von Staat und Gesellschaft, eine lebendige Teilnahme am Staate und einen wirklichen Gemeinsinn zu erwecken. Es fallen die Schranken, welche bisher die einzelnen Stände von einander geschieden, die Städteordnung giebt dem Bürgerstande wieder eine Einwirkung auf seine Gemeinde, sie überläßt den aus der Mitte der Bürger gewählten städtischen Behörden die Kommunalverwaltung wie die allgemeine Landesverwaltung der Städte.

In gleicher Weise auch die bäuerliche Bevölkerung zum Dienste für Staat und Gemeinde heranzuziehen, hindert jedoch die noch fortdauernde wirtschaftliche Abhängigkeit des Bauernstandes vom adligen Großgrundbesitze. Es ist das Verdienst Hardenbergs, durch Regulierung der gutsherrlich-bäuerlichen Verhältnisse und Ablösung der bäuerlichen Lasten die wirtschaftliche Unabhängigkeit des Bauernstandes begründet zu haben. Hieran schließt sich eine Reform des Gewerberechts, beruhend auf dem Grundsatz der Gewerbefreiheit, und eine umfassende Steuergesetzgebung, welche statt der bisherigen nach Ständen geschiedenen Steuerverfassung ein einheitliches Steuersystem durchführt. Die Steinsche Verwaltungsreform wird freilich durch das Hardenbergsche System unterbrochen, die Verwaltung wird Mittel zum Zweck, zur Durchführung der großen Sozialreform, und daher rein büreaukratisch, in völliger Abhängigkeit von der Centralinstanz organisiert.

Die Freiheitskriege bringen zwar außer der Wiederherstellung des Staates auch die endgiltige Durchführung der allgemeinen Wehrpflicht, aber der weitere Ausbau von Verwaltung und Verfassung unterbleibt, der der letzteren hauptsächlich durch den Gang der äußeren Politik veranlaßt. Von neuem ist wie im 18. Jahrhundert eine Trennung von Staat und Gesellschaft vorhanden, nur die Städteordnung und die Heeresverfassung erhalten einen persönlichen Dienst der Unterthanen für den Staat aufrecht.

Erst die neuständische Gesetzgebung, welche schließlich gipfelte in der Berufung des Vereinigten Landtages, sucht durch ständische Einrichtungen wieder einen Anteil an Gesetzgebung und Verwaltung zu gewähren, aber nur für eine Besitzklasse, den Grundbesitz. Infolge dieser fehlerhaften Grundlage scheitert das ganze System, durch die Revolution wird die neuständische Gesetzgebung ersetzt durch eine konstitutionelle Verfassung nach französisch-belgischem Muster, welche dem Kapitalismus die Macht in die Hände spielt. Die Ausbeutung der staatlichen Macht durch die verschiedenen Besitzklassen, Kapitalbesitz und Grundbesitz, liberale und konservative Partei, wechselt rasch mit einander ab, der Staat ist nur noch der Diener der jeweilig mächtigsten Partei.

Aus dieser Erniedrigung erhebt sich der Staat wieder durch die eigene Initiative der Monarchie, welche zuerst durch Zurückweisung der einseitigen Parteiansprüche auf unbedingte Herrschaft in und über dem Staate eine selbständige, von gesellschaftlichen Interessen unabhängige Staatsgewalt wieder herstellt und dann umgekehrt durch die große Reform der gesamten inneren Verwaltung alle besitzenden Klassen dem Staate und seinen Zwecken dienstbar macht.

Dieser kurze Überblick über die Entwicklung unseres Verwaltungsrechts während mehr denn sieben Jahrhunderten ergiebt am besten, daß das Verwaltungsrecht das beständige Kampfobjekt zwischen Staat und Gesellschaft und den einzelnen Gesellschaftsklassen ist. In den verschiedensten Formen und Bildungen tritt immer derselbe Grundzug hervor, wie stets jede Gesellschaftsklasse die öffentlichen Institutionen des Staates umzugestalten oder zu erhalten, wie gegenüber diesen gesellschaftlichen Bestrebungen der Staat seine Unabhängigkeit und Selbständigkeit nach innen entweder zu bewahren oder wieder zu erringen sucht. Die Geschichte bewegt sich hier wie so oft in einem beständigen Kreise. Wenn auch die soziale Schichtung der Bevölkerung und infolge dessen die einzelnen Machtfaktoren verschiedene sein mögen, so ist das Ziel des Kampfes und der Siegespreis doch stets derselbe. Aus den verschiedenen geschichtlichen Entwickelungsphasen treten überall dieselben Parteitendenzen, vielmehr sogar dieselben politischen Schlagwörter hervor. Wir sehen nur in früheren Perioden vielfach jene Parteibestrebungen am Ziele, wir sehen die Folge des Sieges solcher Bestrebungen, die wir in der Gegenwart meist nur in ohnmächtigen Anfängen oder in absteigender Linie beobachten können. Für die Beurteilung politischer Parteien kann deshalb die Geschichte unseres Verwaltungsrechts von größtem Werte sein. Sie muß zur Bildung eines objektiven politischen Urteils, welches sich von gesellschaftlichen und Parteianschauungen frei erhält, wesentlich beitragen.

Dem Historiker ferner eröffnet sich durch die Geschichte unseres Verwaltungsrechts eine ganz neue Perspektive für die Geschichte Preußens überhaupt. Die Zeit, in der die Geschichtswissenschaft fast ausschließlich die auswärtige Politik zum Gegenstande ihrer Untersuchungen und Darstellungen machte, ist allerdings zum Glück lange vorüber, aber doch immer noch nicht völlig überwunden. Immer noch sieht man in der auswärtigen Politik die Hauptsache, in der inneren untergeordnetes Beiwerk. Hat doch der bedeutendste Historiker der Gegenwart die Ansicht ausgesprochen: Die auswärtige Politik wird von der inneren gemacht. Aus der inneren Geschichte unseres Staatswesens ergiebt sich aber im Gegenteil unumstößlich, daß die äußere Politik abhängig ist von der inneren, daß die soziale Entwicklung einer Nation, die Macht oder Ohnmacht der Staatsgewalt gegenüber den gesellschaftlichen Bestrebungen auch der äußeren Politik eines Staates die bestimmende Richtung anweist, daß die Machtstellung nach außen vor allem abhängig ist von der

Machtstellung gegenüber den eigenen Unterthanen. Und was von unserem Staate gilt, dürfte auch wohl Anspruch auf allgemeinere Anerkennung erheben. Von diesem Gesichtspunkte ausgehend, ist auch die Geschichtswissenschaft erst in der Lage, auf das tägliche Leben bestimmend einzuwirken. Sie wird dann von selbst dazu gelangen, jene falsche Wissenschaftlichkeit aufzugeben, welche in der Aufstapelung von Altertümern unter Abstraktion von allen praktischen Zielen ihre Aufgabe sieht.

Von geringerem Werte und nur mit äußerster Vorsicht zu benutzen dürfte endlich die Geschichte unseres öffentlichen Rechts für die praktische Rechtswissenschaft selbst sein. Das Zurückgehen auf die Vergangenheit und auf die Entstehung der einzelnen Rechtsinstitute führt nur allzu leicht, wie dies die historische Schule auf dem Gebiete des Privatrechts am besten gezeigt hat, zu einer Verkennung der rechtsbildenden Kraft der Gegenwart und der jüngsten Vergangenheit, die den einzelnen Rechtsinstituten vielfach andere Zwecke und einen anderen Charakter gegeben hat. Wenn man jedoch diesen Umstand richtig würdigt, kann auch für die Praxis die Geschichte des Verwaltungsrechts zur wissenschaftlichen Durchdringung des heute geltenden Rechts und zu dessen richtiger Anwendung wesentlich beitragen, sie kann zu einer gegenseitigen Ergänzung von Theorie und Praxis führen, welche unmöglich ist, wenn die Rechtsgeschichte sich mit toten Rechtsantiquitäten beschäftigt, die Praxis sich auf die bloße Routine beschränkt.

Anhang.

Quellen und Literatur zur Geschichte des preußischen Verwaltungsrechts.

(Druckfehler und Unrichtigkeiten in den Büchercitaten der Noten sind hiernach zu verbessern.)

I. Quellen.

Zu Band I.

1. Gercken, Ph. W., Fragmenta Marchica oder Sammlung ungedruckter Urkunden und Nachrichten zum Nutzen der brandenburgischen Historie. Wolfenbüttel 1755—63. 6 Stücke (v. 1051—1639).

2. Gercken, Ph. W., Diplomataria veteris Marchiae Brandenburgensis. Salzwedel 1765—67. 2 Bände (1243—1675).

3. Gercken, Ph. W., Codex diplomaticus Brandenburgensis. Salzwedel 1769—85. 8 Bände (957—1572, 937—1563, 946—1623, 923—1636).

4. Riedel, Ad. Fr., Diplomatische Beiträge zur Geschichte der Mark Brandenburg und ihr angrenzenden Länder. Berlin 1833, 1. Teil.

5. Raumer, G. W. v., Codex diplomaticus Brandenburgensis continuatus. Sammlung ungedruckter Urkunden zur Brandenburgischen Geschichte. Berlin 1831—33. 2 Bände (1262—1535).

6. Riedel, Ad. Fr., Codex diplomaticus Brandenburgensis. Berlin 1843—1869. 36 Bände Text und 5 Bände Register (786—1751).

7. Fidicin, Ed., Historisch-diplomatische Beiträge zur Geschichte der Stadt Berlin. Berlin 1837—42. 4 Teile (1. Teil enthält Berliner Urk. v. 1261—1550, 4. Teil von 1232—1700, 3. Teil Berliner Regesten v. 949—1550).

8. Dilschmann, J. L., Urkunden zur diplomatischen Geschichte und Beschreibung der Stadt und Festung Spandow. Berlin 1785.

9. Sachsenspiegel herausgeg. v. Homeyer, Bd. 1, 2. A. Berlin 1872, Bd. 2 und 3 Berlin 1842—46.

10. Landbuch des Kurf. und Mark Brandenburg, herausgeg. v. Herzberg, Berlin 1781.

11. v. Raumer, Die Neumark Brandenburg i. J. 1337 oder Markgraf Ludwigs des Älteren Neumärkisches Landbuch. Mit Karte Berlin 1837.

12. Gerstlacher, C. F., Handbuch der teutschen Reichsgesetze in systematischer Ordnung 1786—1794. 11 Teile.

13. Chr. Otto Mylii Corpus Constitutionum Marchicarum oder Königl. Preuß. in der Kur- und Mark-Brandenburg, auch inkorporierten Landen publizierte und ergangene Ordnungen, Edikta, Mandata, Reskripta, von Zeiten Friedrichs, Kurfürsten von Brandenburg ad annum 1736. 6 Teile. Berlin und Halle 1736.

14. Urkunden und Aktenstücke zur Geschichte des Kurfürsten Friedrich Wilhelm von Brandenburg herausgeg. v. L. Erdmannsdörfer, Ed. Simson, H. Peter, A. v. Häften u. a. Berlin 1864—1880, insbesondere Bd. 5 (Verhandlungen mit den kleve-märkischen Ständen) herausgeg. von Häften, Bd. 10 (Verhandlungen mit den brandenburgischen Ständen) herausgeg. von Isaacsohn.

15. Wöhner, P. G., Steuerverfassung des platten Landes der Kurmark Brandenburg, Berlin 1804/5. Bd. 3, enthaltend Urkunden und Gesetze.

16. Grube, D. G., Corpus constitutionum Prutenicarum oder Königl. Preuß. Rechtsverordnungen, Edikte, Mandate, Reskripte u. s. w. Regiomontan. 1721. 3 Volum.

17. Privilegia des Herzogtums Preußen. Braunsberg 1616.

18. Dähnert, J. K., Sammlung gemeiner und besonderer Pommerscher und Rügischer Landes-Urkunden, Gesetze u. s. w. Bd. 1—3. 1765—68. Suppl. und Fortsetzung Bd. 1, 1782, Bd. 2, 1786, Bd. 3 u. 4 (v. G. v. Klinkowström), 1799—1082 nebst Repertorium zu allen Bänden.

19. Auserlesene Sammlung von Urkunden und Nachrichten zur Kenntnis des Herzogtums Vor- und Hinterpommern. Greifswald 1747.

20. Quickmann, D. Fr., Ordnung und Sammlung derer in dem Königl. Preuß. Herzogtum Pommern und Fürstentum Kammin bis zu Ende des 1747sten Jahres publicierten Edikte, Mandate und Reskripte. Frankfurt a./O. 1750.

21. Mylius, Chr. O., Corpus constitutionum Magdeburgensium oder Königl. Preuß. und Kurfürstl. Brandenburgische Landesordnungen, Edikte und Mandate im Herzogtum Magdeburg von 1680 bis 1714. 6 Bände, Magdeburg und Halle 1715. Contin. 1717.

22. Dietz, H. Fr. v., Archiv Magdeburgischer Gesetze. Neue Ausgabe, Magdeburg 1800.

23. Scotti, J. J., Sammlung der Gesetze und Verordnungen, welche in dem Herzogtum Kleve und der Grafschaft Mark über Gegenstände der Landeshoheit, Verfassung, Verwaltung und Rechtspflege ergangen sind, vom Jahre 1418 bis zum Eintritt der Königl. Preuß. Regierung im Jahre 1816. Im Auftrage des Ministeriums herausgegeben. 5 Teile, Düsseldorf 1826.

24. Culeman, L. A. H., Sammlung derer vornehmsten Landesverträge des Fürstentums Minden. Minden 1748.

25. Verfassungsurkunde des Herzogtums Preußen von 1661 mitgeteilt von Wichert in der Zeitschrift für preußische Geschichte und Landesurkunde, Jahrgang 1874, S. 33 ff.

26. Land- und Appellationsgerichtsordnung für die Herrschaften Lauenburg und Bütow vom 26. 10. 1662 mitgeteilt von Hegert in der Zeitschrift für preußische Geschichte und Landesurkunde, Jahrgang 1882, S. 427 ff.

Zu Band II.

1. Chr. Otto Mylii Corpus Constitutionum Marchicarum, oder Königl. Preuß. in der Kur- und Mark-Brandenburg, auch inkorporierten Landen publicierte und ergangene Ordnungen, Edikta, Mandata, Reskripta, von Zeiten Friedrichs, Kurfürsten von Brandenburg, ad annum 1736. 6 Teile. Berlin und Halle.

2. IV Continuationes und 1 Supplement-Band zur I., II. und III. Continuatio, enthaltend die Verordnungen von 1737—1747.

3. Novum Corpus Constitutionum Borussico-Brandenburgensium praecipue Marchicarum, oder: Neue Sammlung Königl. Preuß. und Kurfürstlich Brandenburgischer, sonderlich in der Kur- und Mark-Brandenburg, wie auch andern Provinzen publicierten Verordnungen, Edikte, Mandate, Reskripte, u. s. w., vom Anfang des Jahres 1751 und folgende Zeiten. Mit Königl. Allergn. Bewilligung und Dero Akademie der Wissenschaften darüber erteilten Privilegio, nebst einer Einleitung in die mannigfaltigen Gesetze eines Staates, und besonders in den Königl. Preuß. nnd Kur-Brandenburgischen, geistlichen und weltlichen, Justiz-, Militär-, Kameral-, Polizei- und übrigen Landes-Gesetzen. Tom. I—XIII v. J. 1751—1810 (Jeder Band enthält die Gesetze von fünf Jahren, gerechnet von 1751 an, Band XIII ist Supplement- und Registerband.)

4. Rabe, Sammlung Preuß. Gesetze und Verordnungen u. s. w., nach der Zeitfolge geordnet. Teil I, bestehend aus 7 Bänden, und Teil II—XIII. Halle und Berlin 1816—1824.

5. Allgemeines Landrecht für die Preußischen Staaten.

6. Allgemeine Gerichtsordnung für die Preußischen Staaten.

7. Preuß, J. D. E., Urkundenbuch zur Geschichte Friedrich des Großen. Berlin 1832—34.

8. Müller, Preußische Schulgesetzgebung. Berlin 1854.

9. Fidicin, Ed., Historisch-diplomatische Beiträge zur Geschichte der Stadt Berlin. Berlin 1837—42. 4 Teile.

10. Grube, D. G., Corpus constitutionum Prutenicarum oder Königl. Preuß. Rechtsverordnungen, Edikte, Mandate, Reskripte u. s. w. Regiomontan. 1721. 3 Volum.

11. Quickmann, D. Fr., Ordnung und Sammlung derer in dem Königl. Preuß. Herzogtum Pommern und Fürstentum Kammin bis zu Ende des 1747sten Jahres publicierten Edikte, Mandate und Reskripte. Frankfurt a. O. 1750.

12. Mylius, Chr. Otto, Corpus constitutionum Magdeburgensium oder Königl. Preuß. und Kurfürstlich Brandenburgische Landesordnungen, Edikte und Mandate im Herzogtum Magdeburg von 1680—1714. Magdeburg und Halle 1715. Contin. 1717.

13. Dietz, H. Fr. v., Archiv Magdeburgischer Gesetze. Neue Ausgabe. Magdeburg 1800.

14. Scotti, J. J. Sammlung der Gesetze und Verordnungen, welche in dem Herzogtum Kleve und der Grafschaft Mark über Gegenstände der Landeshoheit, Verfassung, Verwaltung und Rechtspflege ergangen sind, vom Jahre 1418 bis zum Eintritt der Königl. Preuß. Regierung im Jahre 1816. Im Auftrage des Ministeriums herausgegeben. Düsseldorf 1826.

15. Sammlung aller in dem souveränen Herzogtum Schlesien und dessen inkorporierten Grafschaft Glatz ergangenen und publicierten Ordnungen, Edikte, Mandate, Reskripte u. s. w. seit dem J. 1740. Band 1—19. Breslau 1752—1790 (Gewöhnlich citiert nach dem Namen des Verlegers als „Korn, Schlesische Ediktensammlung“).

16. Neue Sammlung u. s. w. Band 1—12. Breslau 1791—1820 (Gewöhnlich citiert als „Korn, Neue Schlesische Ediktensammlung“).

17. Stenzel, Gst., Scriptores rerum Silesiacarum oder Sammlung schlesischer Geschichtsschreiber, Breslau 1835—51. 5 Bände. Band 5: (v. Gutzmars) Nachrichten von Einrückung der Kgl. preuß. Truppen in Schlesien und dem mit Breslau geschlossenen Neutralitätskontrakt. 1741. Landesdiarium von 1741 bis Ende Juni 1742; die Landes-Ausschuß-Conclusa der Fürstentümer Oppeln und Ratibor (1741—43 und Brieg (1741);

Nachrichten vom Ursprunge und Aufbringung der Steuern in Schlesien im Jahre 1743; Acta et facta dum Fridericus II. copias suas in terram induceret Silesiorum (vom Oktober 1740 bis Juli 1742); Diarium eines Mönches zu St. Vincenz in Breslau vom 6. Januar 1739 bis 20. April 1741; Bruchstücke eines Tagebuchs eines Prämonstratenser Geistlichen zu St. Vincenz in Breslau vom 29. Juli 1741 bis 9. Oktober 1741; Arnold Teichers Nachrichten über das Kloster Leubus: Wie die Breslauer Bürger sich im J. 1740 geweigert, österreichische Besatzung einzunehmen; Hans Ludwigs von Schweinichens Schreiben vom 19. April 1741.

Zu Band III.

1. Novum Corpus Constitutionum Borussico-Brandenburgensium praecipue Marchicarum oder: Neue Sammlung Königl. Preuß. und Kurfürstlich Brandenburgischer, sonderlich in der Kur- und Mark Brandenburg wie auch anderen Provinzen publicierten Verordnungen, Edikte, Mandate, Reskripte u. s. w. Tom. XII und XIII (enthaltend die Gesetze von 1806—1810).

2. Gesetz-Sammlung für die Königl. Preuß. Staaten. Berlin 1810 ff.

3. Bundesgesetzblatt des Norddeutschen Bundes. Berlin 1867—71.

4. Reichsgesetzblatt. Berlin 1871 ff.

5. Amtsblätter der einzelnen Regierungen 1811 ff.

6. v. Kamptz, Jahrbücher für die preußische Gesetzgebung und Rechtsverwaltung. Berlin 1813—44. (Jeder Jahrgang in 4 Heften, die 2 Bände bilden).

7. v. Kamptz, Annalen der preußischen inneren Staatsverwaltung. Berlin 1818 bis 1839. (Erschien in derselben Form wie die Jahrbücher.)

8. Justizministerialblatt für die preußische Gesetzgebung und Rechtspflege. Herausgegeben im Büreau des Justizministeriums. Berlin 1839 ff.

9. Ministerialblatt für die gesamte innere Verwaltung in den Kgl. preuß. Staaten. Herausgegeben im Büreau des Ministeriums des Innern. Berlin 1840 ff.

10. Gräff, Koch, v. Rönne, Simon und Wentzel, Ergänzungen und Erläuterungen der preußischen Rechtsbücher durch Gesetzgebung und Wissenschaft. Unter Benutzung der Justizministerialakten und der Gesetzrevisions-Arbeiten herausgegeben. 14 Bände. Fünfte Ausgabe bearbeitet von v. Rönne. Berlin 1864—1868.

11. Bergius, C. A., Ergänzungen zur Gesetz-Sammlung, enthaltend die ausschließlich durch die Amtsblätter verkündigten Gesetze und die Provinzial-Landtags-Abschiede, nebst einer Übersicht der in der Gesetzsammlung und den Anhängen zu derselben enthaltenen Verordnungen. Breslau 1841.

12. v. Rönne und Simon, Die Gemeindeverfassungen des preußischen Staates. Band 1: Die preußischen Städteordnungen. Breslau 1843.

13. v. Rönne, Die Gemeinde-Ordnung und die Kreis-, Bezirks- und Provinzial-Ordnung für den preußischen Staat nebst dem Gesetze über die Polizeiverwaltung vom 11. März 1850, mit den betreffenden Regierungs-Entwürfen nebst Motiven und den Kommissions-Berichten beider Kammern zusammengestellt und unter Berücksichtigung der Kammerverhandlungen bearbeitet, nebst einem praktischen Kommentar über dieselben. Brandenburg a. d. H. 1850.

14. Lancizolle, C. W. v., Rechtsquellen für die gegenwärtige landständische Verfassung in Preußen. Berlin 1847.

15. R. Th. F. Bormann und Dr. v. Daniels, Handbuch der für die Kgl. preuß. Rheinprovinzen verkündeten Gesetze, Verordnungen und Regierungsbeschlüsse aus der Zeit der Fremdherrschaft. 5 Bände. Köln 1834—37.

16. Bulletins des lois du royaume du Westphalie. Gesetzbülletin des Kgr. Westfalen. Kassel 1808 ff.

17. Scotti, J. J., Sammlung der Gesetze und Verordnungen, welche in dem ehemaligen Herzogtum Jülich, Kleve und Berg und in dem vormaligen Großherzogtum Berg über Gegenstände der Landeshoheit, Verfassung, Verwaltung und Rechtspflege ergangen sind, vom Jahre 1475 bis zu der am 15. April 1815 eingetretenen Kgl. preuß. Landesregierung. Zusammengestellt und herausgegeben nach dem ganzen und auszugsweisen Inhalte der vorhandenen Gesetze und Verordnungen, mit Zugabe mehrerer Urkunden. 4 Teile. Düsseldorf 1821 und 1822.

18. Scotti, J. J., Sammlung der Gesetze und Verordnungen, welche in dem Herzogtum Kleve und der Grafschaft Mark über Gegenstände der Landeshoheit, Verfassung, Verwaltung und Rechtspflege ergangen sind, vom Jahre 1418 bis zum Eintritt der Kgl. preuß. Regierung im Jahre 1816. Im Auftrage des Ministeriums herausgegeben. 5 Teile. Düsseldorf 1826.

19. Scotti, J. J., Sammlung der Gesetze und Verordnungen, welche in dem vormaligen Kurfürstentum Köln über Gegenstände der Landeshoheit, Verfassung, Verwaltung und Rechtspflege ergangen sind, vom Jahre 1463 bis zum Eintritt der Kgl. preuß. Regierung im Jahre 1816. Im Auftrage des Kgl. preuß. hohen Staatsministeriums zusammengetragen. 3 Abteilungen. Düsseldorf 1830 bis 1831.

II. Literatur.

Zu allen drei Bänden.

1. Schulze, H., Das preußische Staatsrecht auf Grund des deutschen. 2 Bände. Leipzig 1872/77.

2. Rönne, L. v., Das Staatsrecht der preußischen Monarchie. 4. Auflage. 5 Bände. Leipzig 1881 ff.

3. Meyer, G., Lehrbuch des deutschen Verwaltungsrechts. 2 Bände. Leipzig 1883/84.

4. Löning, E., Lehrbuch des deutschen Verwaltungsrechts. Leipzig 1884.

5. Droysen, J. G., Geschichte der preußischen Politik. 5 Bände. Leipzig 1855 bis 1881.

6. v. Ranke, Zwölf Bücher preußischer Geschichte. 5 Bände. Leipzig 1874.

7. Roscher, Geschichte der Nationalökonomik in Deutschland. München 1874.

Zu Band I.

1. Bekmann, J. Ch. und B. L., Historische Beschreibung der Chur- und Mark Brandenburg. Mit Karten und Abbildungen. 2 Bände. Berlin 1851 bis 1853.

2. Buchholz, S. und J. F. Heynatz, Versuch einer Geschichte der Churmark Brandenburg von der ersten Erscheinung der deutschen Semnonen an bis auf jetzige Zeiten. 6 Bände. Berlin 1765 bis 1775.

3. (Raumer, G. W. v.), Über die älteste Geschichte und Verfassung der Churmark Brandenburg, insbesondere der Altmark und Mittelmark. Zerbst 1830.

4. Riedel, A. F., Die Mark Brandenburg im Jahre 1250. Nach Urkunden und Chroniken. 2 Bände. Berlin 1831 bis 1832.

5. Fidicin, E., Die Territorien der Mark Brandenburg oder Geschichte der einzelnen Kreise, Städte, Rittergüter und Dörfer in derselben als Fortsetzung des Landbuchs Kaiser Karls IV. Berlin 1857 bis 1884. 4 Bände.

6. Wohlbrück, Sigm. Wilh., Geschichte der Altmark bis zum Erlöschen der Markgrafen aus Ballenstädtischem Hause. Aus dem handschriftlichen Nachlaß mit Zusätzen herausgegeben von Leopold Frhrn. v. Ledebur. Berlin 1856.

7. Wohlbrück, Sigm. Wilh., Geschichte des ehemaligen Bistums Lebus und des Landes dieses Namens. 3 Bände. Berlin 1829—32.

8. Gercken, Ph. W., Ausführliche Stiftshistorie von Brandenburg nebst einem Codice diplomatico. Braunschweig und Wolfenbüttel 1766.

9. Seyffert, Annalen von Küstrin. Küstrin 1800.

10. Hermes und Weigelt, Handbuch des Regierungsbezirks Magdeburg. 2 Bände. Magdeburg 1845.

11. Dreyhaupt, Joh. Christoph v., Pagus Neletici Nudzici oder ausführliche diplomatisch-historische Beschreibung des zum ehemaligen Primat und Erzstift, nunmehr aber durch den westfälischen Friedensschluß säkularisierten Herzogtum Magdeburg gehörigen Saalkreises u. s. w. 2 Teile. Halle 1755.

12. Lucanus, J. H., Beiträge zur Geschichte des Fürstentums Halberstadt. 2 Hefte. Halberstadt 1784—1788.

13. Voigt, Geschichte Preußens von den ältesten Zeiten bis zum Untergange der Herrschaft des deutschen Ordens (1525). 9 Bände. Königsberg 1827—39.

14. Weddigen, Pt. Fl., Historisch-geographisch-statistische Beschreibung der Grafschaft Ravensberg. 2 Bände. Leipzig 1790.

15. Essellen, Geschichte der Grafschaft Tecklenburg. Leipzig 1877.

16. Schaumburg, E. v., König Friedrich I. und der Niederrhein in der Zeitschrift für preußische Geschichte und Landeskunde, Jahrgang 1879, S. 176 ff.

17. Eichhorn, K. F., Deutsche Staats- und Rechtsgeschichte. 4 Bände. 5. Auflage. Göttingen 1843—44.

18. Klüber, Joh. Ludw., Öffentliches Recht des deutschen Bundes und der Bundesstaaten. 4. Auflage. Frankfurt a. M. 1840.

19. Isaacsohn, Geschichte des preußischen Beamtentums. 3 Bände. Berlin 1874 bis 1884.

20. (Fischbach), historisch-, politisch-, geographisch-, statistisch- und militärische Beiträge, die Kgl. preuß. und benachbarte Staaten betreffend. 3 Teile in 4 Bänden. Mit Karten und Kupfern. Berlin 1881—85. (Ein Artikel enthält eine statistisch-typographische Städtebeschreibung der Mark Brandenburg.)

21. Mülverstedt, G. A. v., Verfassung der märkischen Landstände. Berlin 1857.

22. Foerstemann, Zur Geschichte der preußischen Monarchie. Nordhausen 1867.

23. Riedel, L. M., Beiträge zur Kunde des deutschen Rechts. Bd. I: Über die Dorfschulzen in den Ländern östlich der Elbe. Königsberg 1834.

24. von Hübbe, Das Bauernrecht der Altmark in v. Kamptz Jahrbüchern für preuß. Gesetzgebung, Band 45.

25. Haxthausen, A. v., Die patrimoniale Gesetzgebung in der Altmark, a. a. O. Band 32.

26. Zimmermann, A., Versuch einer historischen Entwicklung der märkischen Städteverfassung. 3 Teile. Berlin 1837—1840.

27. Schmoller, G., Das Städtewesen unter Friedrich Wilhelm I. in der Zeitschrift für preußische Geschichte und Landeskunde, Jahrgang 1871, 1873, 1874 und 1875. (Behandelt einleitungsweise auch die frühere Zeit, namentlich die des großen Kurfürsten.)

28. Klaproth und Cosmar, Geschichte des kgl. preuß. und kurf. brandenburgischen wirklichen Geheimen Staatsrats. Berlin 1805.

29. Kühns, F. J., Die Ressortverhältnisse des preuß. Geheimen Staatsrats in der Zeitschrift für preußische Geschichte und Landeskunde, Jahrgang 1871.

30. v. Raumer, Beiträge zur Kriegsgeschichte der Kurmark Brandenburg im 15. Jahrhundert bei v. Ledebur, Archiv für preußische Geschichte, Band 1, S. 258 ff.

31. Gansauge, H. v., Das brandenburg-preußische Kriegswesen in den Jahren 1440, 1640 und 1740. Berlin 1839.

32. L'Homme de Courbière, R. de, Geschichte der brandenburg-preußischen Heeresverfassung. Berlin 1852.

33. Kühns, F. J., Geschichte der Gerichtsverfassung und des Prozesses in der Mark Brandenburg, besonders im 14. und 15. Jahrhundert. Berlin 1865—1867.

34. Gärtner, Geschichte der preußischen Gerichtsverfassung in der Juristischen Wochenschrift v. 1840, S. 215 ff. (Behandelt vorzugsweise die Zeit Friedrichs I.)

35. Koch, C. P. F., Der preußische Civilprozeß. Berlin 1855.

36. Hymmen, Juristische Beiträge.

37. Isaacsohn, Zur Geschichte der Landgerichte in Ostpreußen in der Zeitschrift für preußische Geschichte und Landeskunde, Jahrgang 1874 S. 247 ff.

38. Sonnenschmidt, Geschichte des Obertribunals. Berlin 1879.

39. Riedel, A. Fr., Der brandenburg-preußische Staatshaushalt in den letzten zwei Jahrhunderten. Berlin 1866.

40. Riedel, A. Fr., Die Chatulleinrichtung des großen Kurfürsten in den Märkischen Forschungen, Band 1, S. 324 ff.

41. Isaacsohn, S., Das Erbpachtsystem in der preußischen Domänenpolitik in der Zeitschrift für preußische Geschichte und Landeskunde, Jahrgang 1874, S. 698 ff.

42. Isaacsohn, S., Der br. Kammerstaat, a. a. O. Jahrgang 1876, S. 164 ff.

43. Matthias, W. H., Darstellung des Postwesens in den Kgl. preuß. Staaten. 3 Bände. Berlin 1812—1817.

44. Stephan, Geschichte der preußischen Post. Berlin 1859.

45. Thile, C. G. v., Nachricht von der kurmärkischen Kontributions- und Schoß-Einrichtung oder Land-Steuer-Verfassung des kurmärkisch-brandenburgischen Ritterschafts-Corporis nebst Verfassung des kurmärkischen Lehnwesens. Halle und Leipzig 1768.

46. Wöhner, P. G., Die Steuerverfassung des platten Landes der Kurmark Brandenburg. 3 Teile. Berlin 1804/5.

47. Klewiz, Die Steuerverfassung des Herzogtums Magdeburg. Posen 1796.

48. Schimmelpfennig, Fr. G., Die preußischen direkten Steuern. 2 Teile. 3. bezw. 4. Aufl. Berlin 1859. (Der erste Teil enthält eine pragmatische Geschichte der Grundsteuerverfassungen.)

49. v. Mühler, Geschichte der evangelischen Kirchenverfassung in der Mark Brandenburg. Weimar 1846.

Zu Band II.

1. Förster, Fr., Friedrich Wilhelm I., König von Preußen. 3 Bände. Potsdam 1834—35.

2. Preuß, J. D. E., Friedrich der Große. 4 Bände mit Urkundenbuch. Berlin 1832—34.

3. Preuß, J. D. E., Die Lebensgeschichte des großen Königs Friedrich von Preußen. 2 Teile. Berlin 1834.

4. Carlyle, Th., History of Frederik II. of Prussia. 13 vols. Leipzig 1858—65.

6. Mirabeau, de. Sur la monarchie prussienne sous Frédéric le Grand. 4 vol. Paris 1787.

7. Ranke, L. v., Hardenberg und die Geschichte des preußischen Staates von 1793 bis 1813. 2. Aufl. 3 Bde. Leipzig 1879—81.

7. Roedenbeck, K. H. S., Beiträge zu Erläuterungen der Lebensbeschreibungen Friedrich Wilhelms I. und Friedrichs des Großen. 2 Bände. Berlin 1836.

8. Schmoller, G., Der preußische Beamtenstaat und Friedrich Wilhelm I. in den Preuß. Jahrbüchern, Band 26, S. 162 ff.

9. Isaacsohn, S., Geschichte des preußischen Beamtentums. 3 Bände. Berlin 1874—1884.

10. Meier, Ernst, Die Reform der Verwaltungsorganisation unter Stein und Hardenberg. Leipzig 1881.

11. Schmoller, G., Die Verwaltung Ostpreußens unter Friedrich Wilhelm I. in der Historischen Zeitschrift, Bd. 30, S. 58 ff.

12. (v. Bassewitz,) Die Kurmark Brandenburg, ihr Zustand und ihre Verwaltung vor dem Ausbruch des französischen Krieges im Oktober 1806. Leipzig 1847.

13. Wutstrack, Chr. Fr., Historisch-geographisch-statistische Beschreibung von Vor- und Hinterpommern. 2 Bände. Stettin 1793—95.

14. Schaumburg, E. v., König Friedrich I. und der Niederrhein in der Zeitschrift für preußische Geschichte und Landeskunde, Jahrgang 1879, S. 176 ff.

15. Wiarda, T. D., Ostfriesische Geschichte. 10 Bände in 11 Teilen. Aurich und Leer 1791—1817.

16. Klopp, O., Geschichte Ostfrieslands. 3 Bände. Hannover 1854—58.

17. Hertzberg, F., Südpreußen und Neu-Ostpreußen nebst der vormaligen Woiwodschaft Krakau und den Städten Danzig und Thorn. Berlin 1798.

18. (Fischbach,) Historisch-, politisch-, geographisch-, statistisch- und militärische Beiträge, die Kgl. preuß. und benachbarte Staaten betreffend. Berlin 1781—85.

19. Fischer, Dr. Fr. Ch. J., Lehrbegriff sämtlicher Kameral- und Polizeirechte, sowohl von Deutschland überhaupt als insbesondere von den preußischen Staaten. 3 Bände. Frankfurt a./O. 1785.

20. Hase, A. Fr., Handbuch zur Kenntnis des preuß. Polizei- und Kameralwesens. 2 Bände. Magdeburg 1794 und 95.

21. Richter, Finanzmaterialien, Bd. 1. Berlin 1789.

22. L. v. Rönne und H. Simon, Die Verfassung und Verwaltung des preußischen Staates, eine systematisch geordnete Sammlung aller auf dieselben Bezug habenden gesetzlichen Bestimmungen, insbesondere der in der Gesetzsammlung für die preuß. Staaten, in den v. Kamptzschen Annalen für die innere Staatsverwaltung und in deren Fortsetzungen durch die Ministerialblätter enthaltenen Verordnungen und Reskripte, in ihrem organischen Zusammenhange mit der früheren Gesetzgebung, dargestellt unter Benutzung der Archive

der Ministerien des Innern, der Finanzen, der Justiz, der geistlichen, Unterrichts- und Medizinalangelegenheiten, des Kgl. Hauses und der Hauptverwaltung der Staatsschulden. Breslau und Berlin 1840—54. Davon sind erschienen Teil IV. Die Gemeindeverfassung. Abt. 1. Die Städteordnungen vom 19. November 1808 und 17. März 1831. Teil VI. Das Polizeiwesen. Teil VII. Die Gewerbepolizei. Teil VIII. Die kirchlichen und Unterrichtsverhältnisse. 1. Das Unterrichtswesen in zwei Bänden. 2. Die Verhältnisse der Juden. Teil IX. Die Staatseinnahmen aus Domänen und Regalien. Abt. 1. Das Domänen-, Forst- und Jagdwesen.

23. Schmoller, G., Das Städtewesen unter Friedrich Wilhelm I. in der Zeitschrift für preußische Geschichte und Landeskunde, Jahrgang 1871, 1873, 1874 und 1875.

24. Lamotte, Von den Landräten in der Kurmark. Berlin 1793.

25. Klaproth und Cosmar, Geschichte des kgl. preuß. und kurf. brandenburgischen wirklichen Geheimen Staatsrats. Berlin 1805.

26. Gansauge, H. v., Das brandenburg-preußische Kriegswesen in den Jahren 1440, 1640 und 1740. Berlin 1839.

27. Foerstemann, Zur Geschichte der preußischen Monarchie. Nordhausen 1867.

28. Sonnenschmidt, Geschichte des Obertribunals. Berlin 1879.

29. Starke, W. F. C., Beiträge zur Kenntnis der bestehenden Gerichtsverfassung und der neuesten Resultate der Justizverwaltung in dem preußischen Staate. 4 Teile in 5 Bänden und einem Kartenwerk. Berlin 1839.

30. v. Lamotte, Abhandlung von den Landesgesetzen und Verfassungen, welche die Landstraßen und Wege in den kgl. preuß. Staaten betreffen. Leipzig 1789.

31. Wöhner, P. G., Preuß. Kassen- und Rechnungswesen. Berlin 1797.

32. Riedel, A. Fr., Der brandenburg-preußische Staatshaushalt in den letzten zwei Jahrhunderten. Berlin 1866.

33. Stephan, Geschichte der preußischen Post. Berlin 1859.

34. Thile, C. G. v., Nachricht von der kurmärkischen Kontributions- und Schoß-Einrichtung oder Landes-Steuer-Verfassung des kurmärkisch-brandenburgischen Ritterschafts-Corporis nebst Verfassung des kurmärkischen Lehnwesens. Halle und Leipzig 1768.

35. Wöhner, P. G., Die Steuerverfassung des platten Landes der Kurmark Brandenburg. 3. Teile. Berlin 1804/5.

36. Klewiz, Die Steuerverfassung des Herzogtums Magdeburg. Posen 1796.

37. Schimmelpfennig, Fr. G., Die preußischen direkten Steuern. 2 Teile. 3. bezw. 4. Aufl. Berlin 1859.

38. Beguelin, Historisch-kritische Darstellung der Accise und Zollverfassung in den kgl. preuß. Staaten. Berlin 1797.

39. Appelius, Handbuch über die Acciseverfassung in der Kurmark. Berlin 1800.

40. Brandenburg, Zollverfassung der Kurmark. Berlin 1800.

41. v. Mühler, Geschichte der evangelischen Kirchenverfassung in der Mark Brandenburg. Weimar 1846.

42. Jacobson, Das evangelische Kirchenrecht des preußischen Staates. Halle 1866.

Zu Band III.

1. v. Treitschke, Deutsche Geschichte im 19. Jahrhundert. 3 Bände. Leipzig 1879 bis 1885.

2. Pertz, G. H., Das Leben des Ministers Freiherrn vom Stein. 6 Bände in 7 Teilen. Berlin 1849—55.

3. Denkwürdigkeiten des Staatskanzlers Fürsten von Hardenberg, herausgegeben v. L. v. Ranke. 4 Bde. Leipzig 1877.

4. v. Ranke, Hardenberg und die Geschichte des preußischen Staats von 1793 bis 1813. 2. A. 3 Bände in 2. Leipzig 1879—81.

5. Pertz, G. H., Das Leben des Feldmarschalls Grafen N. v. Gneisenau. 3 Bde. Berlin 1864/69, Bd. 4 u. 5 herausgeg. v. Delbrück. Berlin 1880.

6. (Bassewitz, F. M. v.) Die Kurmark Brandenburg, ihr Zustand und ihre Verwaltung vor dem Ausbruche des französischen Krieges im Oktober 1806. Leipzig 1847.

7. (Bassewitz, F. M. v.) Die Kurmark Brandenburg im Zusammenhange mit den Schicksalen des Gesamtstaats Preußen während der Zeit vom 22. Oktober 1806 bis zu Ende des Jahres 1808. 2 Bände. Leipzig 1851—52.

8. Bassewitz, F. M. v., Die Kurmark Brandenburg im Zusammenhange mit den Schicksalen des Gesamtstaats Preußen während der Jahre 1809 und 1810. Herausgeg. v. K. v. Reinhard. Leipzig 1860.

9. Lancizolle, Über Königtum und Landstände in Preußen. Berlin 1846.

10. Meier, Ernst, Die Reform der Verwaltungsorganisation unter Stein und Hardenberg. Leipzig 1881.

11. Oppenhoff, F. C., Die preußischen Gesetze über die Ressortverhältnisse. Berlin 1863.

12. L. v. Rönne und H. Simon, Die Verfassung und Verwaltung des preußischen Staates (S. S. 334).

13. Starke, W. F. C., Beiträge zur Kenntnis der bestehenden Gerichtsverfassung und der neuesten Resultate der Justizverwaltung in dem preußischen Staate. 4 Teile in 5 Bänden und einem Kartenwerke. Berlin 1839.

14. Dönniges, Die Landeskulturgesetzgebung Preußens. 3 Bände. 1843-47.

15. Doniol, La révolution française et la féodalité. Paris 1876.

16. Gäde, Die gutsherrlich-bäuerlichen Verhältnisse in Neuvorpommern und Rügen. Berlin 1853.

17. Arndt, F. M., Geschichte der bäuerlichen und herrschaftlichen Verhältnisse in dem vorm. schwed. Pommern und Rügen von 1806 bis 1816. Berlin 1817.

18. Stephan, Geschichte der preußischen Post. Berlin 1859.

19. Schimmelpfennig, Fr. G., Die preußischen direkten Steuern. 2 Teile. 3. bezw. 4. Aufl. Berlin 1859.

20. Aegidi, L. K., Aus der Vorzeit des Zollvereins. Hamburg 1865.

21. Weber, Der deutsche Zollverein. 2. A. Leipzig 1871.

22. Nippold, Die verschiedenen Stadien des sog. preuß. Kirchenstreites in den Preuß. Jahrbüchern Band 23, S. 325 ff., 423 ff., Band 24, S. 381 ff.

Alphabetisches Register.

Die römischen Zahlen bezeichnen den Band, die deutschen die Seite.

Druck von E. Buchbinder in Neu-Ruppin.

GPSR Compliance

The European Union's (EU) General Product Safety Regulation (GPSR) is a set of rules that requires consumer products to be safe and our obligations to ensure this.

If you have any concerns about our products, you can contact us on ProductSafety@springernature.com

In case Publisher is established outside the EU, the EU authorized representative is:

Springer Nature Customer Service Center GmbH
Europaplatz 3
69115 Heidelberg, Germany

Batch number: 10844669

Printed by Printforce, the Netherlands